"博学而笃志,切问而近思。"
(《论语》)

博晓古今,可立一家之说;
学贯中西,或成经国之才。

作者简介

李良荣，1946年1月出生于浙江省镇海县。1968年7月毕业于复旦大学新闻系，1982年7月获硕士学位。著名的王中教授是他攻读硕士学位期间的导师。作者现为复旦大学新闻学院教授、博士生导师、院学位委员会主任，并任教育部新闻学教学指导委员会主任委员，上海市学位委员会新闻传播学科召集人，华中科技大学、浙江大学、暨南大学、广州大学、河北大学、南京师范大学等十所高校兼职教授。专长新闻学理论和宣传学，专注于当代中国新闻媒体和世界新闻媒体的发展与改革，著有《新闻学概论》、《中国报纸文体发展概要》、《宣传学导论》、《中国报纸的理论与实践》、《当代西方新闻媒体》、《当代世界新闻事业》等专著及一批学术论文。

新闻与传播学系列教材／新世纪版

博学

西方新闻事业概论

（第三版）

李良荣 著

JC

复旦大学出版社

内容提要

本书客观、系统地阐述了西方新闻传播的历史发展，西方主要国家新闻传播的现状，新闻传播所遵循的基本理论，媒介的经营管理，媒介与社会的关系，新闻业务的变革和走向，以及传播新技术对新闻媒介发展的影响等。其分析鞭辟入里，评判切中肯綮，对于全面、辩证地认识西方新闻事业理论与实践的精髓和缺陷，以在扬弃中给予我们警示和借鉴，在与时俱进中发展中国的新闻传播事业，具有现实意义。

本书可作为新闻传播学科的教材，也可作新闻传播业界业务进修、提高用书。

目 录

前 言 ……………………………………………………………… 1

第一章 世界近代新闻媒体的产生和勃兴 ……………………… 1
    第一节 在争取言论自由的腥风血雨中勃兴 ……………… 1
    第二节 近代报业定型 第四势力地位确立 ……………… 6

第二章 美国新闻业 ……………………………………………… 12
    第一节 美国新闻业简史 …………………………………… 12
    第二节 美国新闻业现状 …………………………………… 14
    第三节 美国传媒业的特点 ………………………………… 17

第三章 英国新闻业 ……………………………………………… 20
    第一节 英国新闻业简史 …………………………………… 20
    第二节 英国新闻业现状 …………………………………… 22
    第三节 英国传媒业的特点 ………………………………… 25

第四章 日本新闻业 ……………………………………………… 27
    第一节 日本新闻业简史 …………………………………… 27
    第二节 日本新闻业现状 …………………………………… 28
    第三节 日本传媒业的特点 ………………………………… 34

第五章 法国新闻业 ……………………………………………… 36
    第一节 法国新闻业简史 …………………………………… 36
    第二节 法国新闻业现状 …………………………………… 37
    第三节 法国传媒业的特点 ………………………………… 40

第六章　德国新闻业 …… 42
- 第一节　德国新闻业简史 …… 42
- 第二节　德国新闻业现状 …… 43
- 第三节　德国传媒业的特点 …… 46

第七章　意大利新闻业 …… 48
- 第一节　意大利新闻业简史 …… 48
- 第二节　意大利传媒业及其特点 …… 49

第八章　当代西方著名媒体 …… 52
- 第一节　西方国家著名通讯社 …… 52
- 第二节　西方国家著名报纸 …… 60
- 第三节　西方国家著名电视台 …… 76
- 第四节　西方国家著名媒体集团 …… 88
- 第五节　世界著名网站 …… 102

第九章　自由主义报刊理论 …… 106
- 第一节　自由主义报刊理论的产生与发展 …… 106
- 第二节　自由主义报刊理论的要义 …… 110
- 第三节　自由主义报刊理论的哲学基础 …… 112
- 第四节　自由主义报刊理论的现实困惑 …… 114

第十章　社会责任论 …… 117
- 第一节　社会责任论的提出 …… 117
- 第二节　社会责任论的理论前提 …… 120
- 第三节　社会责任论的基本观点 …… 122
- 第四节　社会责任论的影响及问题 …… 124

第十一章　客观主义理论及其实践 …… 127
- 第一节　客观主义理论的产生及内涵 …… 127
- 第二节　客观主义理论面临的冲击 …… 134
- 第三节　客观主义理论的拓展 …… 140

第十二章　新新闻主义理论及其实践 …………………… 146
第一节　新新闻主义产生的背景及经过 ………………… 146
第二节　新新闻主义的主要特点及其理论依据 ………… 149
第三节　对新新闻主义的评价 …………………………… 156

第十三章　公共新闻学 ………………………………………… 160
第一节　公共新闻学的兴起 ……………………………… 160
第二节　公共新闻学的理论冲击 ………………………… 163
第三节　公共新闻学的实践和困惑 ……………………… 165

第十四章　西方新闻媒介的功能 ……………………………… 167
第一节　西方学者的新闻媒介功能观 …………………… 167
第二节　媒介主持人的新闻媒介功能观 ………………… 171
第三节　新闻媒介的效果研究 …………………………… 173
第四节　新闻媒介效果的基本理论模式 ………………… 177

第十五章　客观报道 …………………………………………… 185
第一节　客观报道的基本特征 …………………………… 185
第二节　客观报道的写作规则 …………………………… 188
第三节　倒金字塔结构 …………………………………… 192

第十六章　解释性报道 ………………………………………… 194
第一节　解释性报道的沿革 ……………………………… 194
第二节　解释性报道的基本特点 ………………………… 197
第三节　解释性报道的写作要领 ………………………… 199
第四节　全面认识解释性报道 …………………………… 202

第十七章　调查性报道 ………………………………………… 205
第一节　调查性报道的发展过程 ………………………… 206
第二节　面临的困难 ……………………………………… 208
第三节　记者的素质和调查性报道的采写 ……………… 212

第十八章 特写 …… 216
第一节 什么是特写 …… 216
第二节 特写的种类 …… 219
第三节 特写的结构与写作 …… 222

第十九章 精确新闻学 …… 226
第一节 精确新闻学的由来、发展和现状 …… 226
第二节 精确新闻学的基本特点 …… 227
第三节 精确新闻学的报道方法 …… 229

第二十章 评论与辛迪加专栏 …… 230
第一节 报纸言论版的基本情况 …… 230
第二节 西方新闻界关于新闻评论的理论见解 …… 232
第三节 西方评论的一些具体原则 …… 239
第四节 读者投书栏目 …… 243
第五节 辛迪加专栏与专栏作家 …… 245

第二十一章 新闻写作的基本技法 …… 249
第一节 客观性技巧 …… 249
第二节 易读性技巧 …… 250
第三节 时效性技巧 …… 252
第四节 导语写作技巧 …… 253
第五节 新闻用语技巧 …… 255
第六节 注意新闻来源 …… 257

第二十二章 西方新闻媒介的受众调查 …… 259
第一节 受众调查的起源与发展 …… 259
第二节 受众调查的学科背景 …… 262
第三节 受众调查的方法与过程 …… 265
第四节 受众调查对新闻媒介的影响 …… 271

第二十三章 西方新闻媒介的体制和管理 …… 274
第一节 三种所有制形式 …… 274

第二节　三种管理模式 …………………………………… 277
　　第三节　西方国家的新闻法规 …………………………… 279

第二十四章　西方新闻业的经营管理 ………………………… 285
　　第一节　经营管理在西方新闻业中的地位 ……………… 285
　　第二节　西方新闻业经营管理的理论 …………………… 289
　　第三节　西方新闻业经营管理的实践 …………………… 294

第二十五章　新技术和新媒体 ………………………………… 299
　　第一节　互联网技术 ……………………………………… 299
　　第二节　全球宽带和卫星传输网络的发展 ……………… 306
　　第三节　新媒体 …………………………………………… 315

第二十六章　西方新闻伦理问题与新闻职业道德建设 ……… 321
　　第一节　早期新闻职业道德问题与新闻自律思想 ……… 321
　　第二节　社会责任论与西方新闻评议制度 ……………… 325
　　第三节　美国的新闻职业道德建设 ……………………… 329
　　第四节　国际新闻职业道德建设与有关规约 …………… 331
　　第五节　当今西方新闻职业道德问题种种 ……………… 334

再版后记 ………………………………………………………… 339

前　言

　　本书书名《西方新闻事业概论》，内容包含新闻理论与实践。而实际上，在西方新闻学专业的词汇里，"新闻理论"一词已很少见到。并不是西方的新闻学没有新闻理论，而是原先的新闻理论已融入大众传播学理论中去了。我们所理解的新闻理论与西方大众传播学理论已有很大的差别。

　　一、研究的领域不同。新闻理论仅仅研究报纸、广播、电视三大传播媒介的新闻、评论那两大部分，兼带广告和报纸上的副刊，对广播电视的娱乐节目（包括音乐、戏曲、电视剧等）基本不涉及。而大众传播学的研究对象包括报纸、广播、电视、电影、杂志、戏曲六大块的全部内容，而且大众传播学对新闻的研究所占的比重并不大。

　　二、研究的重点不同。新闻理论研究的重点是新闻媒介内部的运行，包括新闻体制、新闻以及新闻媒介的特性、功能、新闻工作的原则、新闻工作的技能技巧等。而西方大众传播学的研究重点是大众传播媒介与社会的互动，即社会（包括政治制度、经济体制、文化价值观、社会结构）和社会变迁对传媒的决定作用，以及传媒对社会、社会变迁的反作用，尤其是传媒的效果研究是大众传播学研究始终关注的重点。

　　三、研究方法不同。新闻理论的研究基本上采用定性的研究方法，而西方大众传播学理论的研究基本上采用定量研究方法，虽然近些年西方批判学派的崛起，强调把定量定性研究相结合，但定量研究仍占统治地位。

　　四、研究的理论背景不同。鉴于政治对新闻媒介的运作过程具有极大的甚至决定性的影响力，新闻理论研究有浓重的政治学背景。而西方大众传播学理论研究的理论背景极其复杂，包括哲学、政治学、社会学、社会心理学、经济学等等，而且不断受到各种思潮的影响，从而使西方大众传播学理论的分支众多，学派、流派纷呈。

中国的新闻理论开始显露向大众传播学靠近的势头,但要建立中国的大众传播学为时尚早,新闻理论研究仍有相当的活力。为了便于研究借鉴,本书已把纳入西方大众传播学的新闻理论部分挖出来加以评述,或者说,还西方新闻理论的本来面貌。

本书涉及西方新闻理论与实践的方方面面,毫无疑问,这些新闻理论与实践植根于西方的资本主义制度之中。西方各国尽管在政治、经济、文化诸方面有不少差异,但作为资本主义制度,其基本特征是相同的,那就是:政治体制是以两党制或多党制为基础的三权鼎立;经济体制是以私有制为主体的市场经济;文化观念是以崇尚个体主义为核心的价值取向;社会结构是以中产阶级为基础的市民社会。西方的新闻理论与实践在其历史发展过程中不断变化,但万变不离其宗,其宗旨就是不断适应西方资本主义制度。这是我们认识、研究、借鉴西方的新闻理论与实践的基本出发点。

同时,我们还需要全面地、历史地认识西方的新闻理论与实践。西方的新闻理论与实践随着西方的历史条件改变而不断演进。有些理论主张曾风行一时,但后来被西方新闻学者们摒弃了;有些理论主张占据着主流地位,有些可能很时髦,但可能是非主流的。所以,对西方的任何一本新闻学著作、各种新闻学观点,要从历史发展观点来看,要在全面认识西方的新闻理论与实践的基础上给予应有的评价。

第一章

世界近代新闻媒体的产生和勃兴

第一节 在争取言论自由的腥风血雨中勃兴

列宁在纵览近代世界史时曾精辟地指出:"'出版自由'这个口号从中世纪末直到19世纪成了全世界一个伟大的口号。"①出版自由决不仅仅是报刊的专利,它决定着人们信仰、思想的自由,信息交流的自由,人身自由。所以,出版自由是从根本上挖掉封建统治的基础,为资产阶级建立政权奠定舆论基础的有力武器。因此,在资产阶级革命时期,出版自由成了封建阶级和资产阶级斗争焦点之一,成为资产阶级推翻封建统治、建立自己政权的核心口号和目标。

纵观世界新闻史,从16世纪到19世纪,争取出版自由的斗争大致有4个时期。由于各国的历史进程不同,时间是交叉的。

一、第一时期(16世纪至18世纪)

1450年前后德国人古登堡发明了活版印刷机,当时正值文艺复兴运动遍及欧洲,封建王朝采取高压政策妄图扼杀出版自由。这两者的碰撞在欧洲引发了一场思想大地震。"由于印刷机的出现,因而产生了'危险思想'的传播远远超过这种思想创始人的直接影响这一前景,

---

① 《列宁全集》第42卷,人民出版社1987年版,第85页。

于是问题尖锐了。"①技术的进步直接威胁到封建王朝的统治,本能的恐惧使各国统治者先后颁布种种法令,严厉压制出版物。这些禁令都不约而同地集中于新兴技术即印刷术上。所以,这场斗争是新思想与旧思想之战,是封建禁锢与出版自由之战,也是王权与新技术之战。

在欧洲各封建王朝扼杀出版自由的禁令中,最著名、最具影响力的是英国都铎王朝于1586年颁布的星法院法令,它成为欧洲各国王朝上百年出版管制的范本。该命令有9条②:

（1）全体印刷商的印刷机必须在"皇家特许出版公司"登记。

（2）伦敦市外,除牛津大学与剑桥大学外,禁止印刷。

（3）除非教会同意,不再允许新的出版商登记。

（4）特许制的各项规定。

（5）非法印刷书籍的惩罚。

（6）（7）皇家特许出版公司有权搜查和没收非法的印刷品与秘密印刷机。

（8）印刷商的学徒不得超过3人。

（9）牛津大学和剑桥大学的印刷商各限有1名学徒。

在16—17世纪,法、德、俄罗斯等欧洲各国封建王朝都先后实施过类似法令。这些严厉的压制措施对处于萌芽时期的报刊无疑是极大的摧残,使得报刊的发展极其缓慢。在星法院法令颁布后的近百年历史里,传播新闻仍以不定期出版的新闻书为主,宣传宗教改革、传播启蒙思想的方式则以政治小册子为主,秘密印刷,暗中流传。

二、第二时期（17世纪至18世纪）:资产阶级革命时期

各国资产阶级革命有先有后,但在此时期,由于敌对双方的宣传需要以及市民对了解错综复杂局面的需要,使得报刊活跃一时,从而大大推动了报刊的发展。

1640年英国资产阶级革命拉开这一时期的序幕。代表资产阶级

---

① 联合国教科文组织国际交流委员会:《多种声音,一个世界》,中国对外翻译出版公司1981年版,第9页。

② 转引自〔美〕费雷德里克·赛伯特:《1476—1776年英国的出版自由》（英文版）,1952年,第69—70页。

的国会派与保皇派都有自己的宣传报刊。敌对双方的报刊都以《信使报》命名,国会派方面有《公民信使报》、《不列颠信使报》,保皇派方面有《神圣帝国信使报》、《学院信使报》。"国会派的信使报与保皇派的信使报之间的斗争是新时代与皇室之间在新闻上的反映。"①这些报刊都曾报道两次内战的战况以及国会、皇室的新闻。但这些报刊发行量小,只有几百份,对英国资产阶级革命影响不大。对资产阶级革命真正产生过重大影响的是资产阶级革命时期(1789—1794年)的报刊。这些报刊都是政治报刊,大力鼓吹推翻僧侣、贵族统治的革命,同保皇派展开论战。其中《杜宣老爹报》、《铁嘴报》、《法兰西和布拉班特革命报》、《宪法保卫报》等都名噪一时,在市民中影响巨大。而这当中最具影响力的是法国大革命时期雅各宾派的领导人马拉创办、主持的《人民之友报》(1789—1792年)。马拉在《人民之友报》上发表一系列政论,严厉抨击大资产阶级的领袖人物拉斐、米拉波、伊索背叛革命的种种行为,揭露保皇派流亡者的复辟阴谋,竭力把资产阶级革命推向前进。《人民之友报》从其出版的第一天起就成了革命民主派的战斗机关报。

法国的贫民、平民、小市民,都把马拉看作自己利益的热烈的保卫者。"马拉揭穿了反革命保皇党的阴谋和秘密计划,揭破了资产阶级贵族及其领袖的两面性的叛变倾向。"②

三、第三时期(17世纪至19世纪):为反对资产阶级政府控制、争取出版自由的斗争

在欧美各国资产阶级革命取得胜利以后,都以不同形式宣布出版自由、言论自由。

英国:1688年"光荣革命"以后,英国议会完全控制权力,实现议会君主制,1689年通过《权利法案》,宣布"国王不得干涉人民的言论自由"。

美国:1791年12月议会通过宪法修正案即10条《人权法案》,其

---

① 〔英〕库尔特·冯·斯塔特汉姆:《英国的报刊》(英文版),1937年,第20—21页。
② 〔法〕曼佛列德:《18世纪末叶法国资产阶级革命》,第65—66页,转引自张隆栋、傅显明:《外国新闻事业史简编》,中国人民大学出版社1988年版,第41页。

中第一条载明:"国会不得制定下列法律:……剥夺人们言论自由或出版自由。"

法国:1789年8月制宪会议通过《人权宣言》,第11条规定:"思想与意见的自由交换,是人类最宝贵的权利。因此,每一个公民享有言论、著作和出版自由。但在法律限制内,须担负滥用此项自由的责任。"

德国:在魏玛公国时期的宪法第118条规定:"每个德国人在一般法律内,都有权通过言论、印刷品、图画及其他方式自由发表自己的意见。"

这些法律条文的确定,无疑是人类历史的巨大进步,标志着资产阶级革命的胜利。但条文毕竟还是纸面上的东西,出版自由的真正体现在欧美各国经历了漫长的道路。在17、18、19世纪,在资产阶级初创时期,有过封建王朝的复辟,有过资产阶级政权对封建阶级妥协,有过独裁统治。欧美各国政府都采取行政的、经济的、法律的各种手段来扼制出版自由。各种政府先后采取的方法有:

1. 出版物的事先检查制

这是欧洲各国资产阶级政府最先采取的措施,防止报刊来批评政府。1662年6月,英国议会制定出版法案,明确规定报刊发行实行许可证制度,规定出版物必须受议会设立的检查官的检查。1688年"光荣革命"后仍然实施,直到1694年通过出版法案才正式废止。拿破仑统治下的法国于1810年重新恢复新闻事先审查制度。而德国从1819年开始重新执行书刊检查制度。

这种事先检查制度使得报刊万马齐喑,也引发越来越激烈的反抗。英国在1695年、法国在1814年、德国(普鲁士)于1850年、俄国于1905年都先后取消了报刊事先检查制度。

2. 政府制定法律扼制出版

为取代报刊事先检查制度,各国政府都先后制定了煽动法、诽谤法来扼制出版物。煽动法、诽谤法对于防止滥用新闻自由以维护国家安全、社会安定是必要的。问题是当时欧美各国制定的煽动法、诽谤法定域太宽,使报刊动辄得咎,得不到伸展空间;尤其是各国政府借此来镇压敌对势力,压制反对政府的声音。在18世纪初期,英国国会拥有可以随意确认煽动诽谤罪的权力。国会认为,凡属诽谤议员、指责议会、批评政府大臣、猥亵不敬议会的言论和报道,均可按煽动诽谤罪论处。

政府或国会如发现可疑的出版物或作者,即可由总务大臣签发逮捕状,对可疑出版物实行搜查、扣押、没收或销毁,对一切可疑著作人、记者直接逮捕、审讯。成百上千名报刊发行人、作者、记者遭到罚款、监禁甚至判刑。在19世纪的开初16年中,在法国的巴黎,有109家报纸受到内务大臣警告,8家报纸被暂时停刊,5家报纸被永久关闭,白色恐怖弥漫欧洲的报界①。

3. 征收印花税、实行津贴制

英国国会在1712年5月16日通过印花税法案,除了报刊税(一般征收1便士左右)外,还征收广告税、纸张税。种种税费占出版费约三分之二,深重的税赋使得报刊人入不敷出。印花税实行不到半年,报刊就停办一半。德国、俄罗斯都先后实行过印花税。直到1861年英国才取消印花税,以后欧洲各国也陆续取消。

与征收印花税相辅相成,政府以津贴方式支持、收买一批报纸,并把津贴列入政府预算。在18世纪前期,英国首相承认报纸每年津贴5 000镑,而"秘密委员会"说每年达5万英镑②。以上种种手段,使得少数期刊在重压下也只能苟延残喘,定价高,售量小,发展迟缓。正像恩格斯所描绘的那样:"诽谤法、叛国法和渎神法都沉重地压在出版事业的身上……英国的出版自由一百年来苟延残喘,完全是靠政府当局的恩典。"③

四、第四时期(18世纪下半叶至19世纪上半叶):政党报刊时期

在欧洲各国资产阶级革命胜利以后,都先后出现了短暂的政党报刊时期。所谓政党报刊时期,就是以不同政党面貌出现的报纸占有主导地位。这既有政治原因,也是环境所迫。从政治上看,资产阶级各利益集团在反对封建王朝的斗争中暂时联合起来,一旦革命成功,不同利益就驱使政党争权夺利。例如,在美国有联邦党与民主-共和党之争,

---

① 〔美〕约翰·马丁:《国际传播潮流》(英文版),1990年,第94页。
② 〔美〕弗雷德里克·赛伯特:《1476—1776年英国的出版自由》(英文版),1952年,第342—343页。
③ 《马克思恩格斯全集》第1卷,人民出版社1956年版,第695页。

在英国有辉格党与托利党之争,政党就利用报纸相互攻击。在报刊环境上,高额的印花税、保证金以及出版物事前检查制、各种莫须有的罪名,使得独立报刊难有生存空间,各种报刊不得不投靠政党、政府。出版自由成了上层社会的奢侈品。

最具代表性的是美国。在1793年到1800年期间,"报纸继续作为主要政党的机关报,它们的主要目的是讨论政治经济问题而不是刊登新闻,报纸反映并加剧了政党政治的恶斗。"①两党论争开始是由宪法引起的。由于宪法没有保障人权的条款,民主-共和党人拒绝批准宪法,而联邦党人一意孤行强行批准宪法。两党自此开始60年的恶斗。在1809年,联邦党拥有157种报纸,民主-共和党拥有158种报纸,可谓旗鼓相当。开始双方还是"文斗",集中火力攻击对方的党魁,从谩骂到捏造事实再到人身攻击,后来发展到"武斗"。像民主-共和党的《综合广告报》主编贝奇和联邦党的《合众国公报》主编劳诺就曾在街头斗殴;还有些报纸纠集一批流氓捣毁对方编辑部、印刷厂,丑闻不断。美国新闻史学界公认这段时间是美国新闻史上的"黑暗年代"。

报纸在诞生以后的300年时间内,为争取自由、获取生存空间经历了反反复复、曲曲折折的过程。从各国封建王朝的扼杀政策到资产阶级政府的钳制政策,再到各政党、政府的控制和利用政策,既反映了报纸从小到大的发展,使得统治集团不敢小视报刊;也反映出报纸的脆弱,无论在政治上、经济上都还不是一个独立的力量,无力与统治集团抗争。

第二节 近代报业定型 第四势力地位确立

在19世纪中叶以前,报业地位脆弱的根本原因在于:报纸还不过是上层阶级的玩物,并没有扎根在民众中,不可能从民众中汲取力量;它虽然有时是社会舆论机构,但只不过反映上层阶级不同派别的观点,并不真正反映民意。这当然不能全怪罪于报纸从业人员,而是当时社会条件使然。

19世纪中叶以后,一种真正面向社会大众的报纸——便士报,开

---

① 〔美〕雅拉德·G·布莱耶:《美国新闻事业史》(英文版),1927年,第152页。

始诞生。

先是美国,接着法国、英国、意大利、日本,也包括中国,都先后掀起了"便士报"热,史称"便士报运动"。

在美国,第一份成功的"便士报"是本杰明·戴 1933 年在纽约创办的《太阳报》。它的创刊词宣称:"本报的目的是办一份人人都能买得起的报纸,为公众报道当天的新闻,同时提供有利的广告媒介。"① 在近代报业史上,《太阳报》有许多首创:报纸以新闻为主,全报没有评论,都是新闻;报纸只售一便士(英镑最小币值);街头零售。《太阳报》的销售量与日俱增,全美各地都掀起了一股创办"便士报"的热潮。到 19 世纪 70 年代,政党报销声匿迹,"便士报"成为全美主流报纸,大街小巷、推车卖浆者人手一份。《太阳报》开创了一个时代。如果把政党报年代称为报界的"黑暗年代",那么《太阳报》的创办意味着"太阳升起",近代报业的黎明到来了。继《太阳报》以后,美国著名的"便士报"还有詹姆士·戈登·贝内特的《纽约先驱报》,霍勒斯·格里立的《纽约论坛报》,亨利·雷蒙德的《纽约时报》。到了 19 世纪的晚期,出现了两张最著名的"便士报",即乔斯夫·普利策的《世界报》(1883 年在纽约收购)和威利姆·赫斯特的《纽约日报》(1895 年在纽约收购)。这两家报纸展开激烈的竞争。两报的共同点都是以社会新闻为主,凶杀、犯罪新闻往往是该报头版头条,并配有大幅照片,极尽煽情之能事。《世界报》星期日版上刊登奥特考特的滑稽漫画"黄孩子",黄孩子身穿长长的黄色睡衣,缺齿、傻笑,以他的所见所闻所经历,描绘纽约社会的众生相,很快成为家喻户晓的人物。后来,奥特考特被赫斯特挖到《纽约日报》,创作的内容更荒诞、更奇特。由此,人们把耸人听闻的新闻称为"黄色新闻",赫斯特被称为黄色新闻大王。

在法国,最早的"便士报"当数吉拉丹于 1836 年 7 月 1 日在巴黎创办的《新闻报》。该报除大量地刊登发生在街头巷尾的社会新闻外,还有许多有关健康、食品、服装、家庭等知识小品及时尚流行介绍。当时法国一批文坛名流如雨果、巴尔扎克、大仲马等大作家都为该报撰写小说。从 1836 年起,该报连载巴尔扎克的长篇小说《老处女》,成为报坛连载小说的首创者。这使《新闻报》不但受到社会底层市民的欢迎,连上层社会也有不少读者,成为当时发行量最大的报纸。到 19 世纪末

---

① 〔美〕弗兰克·奥布莱恩:《〈太阳报〉的历史》(英文版),1928 年,第 6 页。

期,法国也有四家最大的廉价报,即《小日报》(米劳德1863年创刊)、《小巴黎报》(1876年创刊,1888年由让·迪皮接管)、《晨报》(1883年创办,1884年由阿尔弗莱德·爱德华收购)以及《新闻报》。

在英国,1855年取消印花税后,廉价报风起云涌,1857年就达到107种。其中最成功的是斯莱于1855年6月29日创办的《每日电讯报》。该报摒弃英国报纸平铺直叙、四平八稳的传统作风,而是学习美国"便士报"的风格,文情并茂地报道世界各地、英国各地的新闻,读者饶有兴趣。

在德国,19世纪70年代开始出现廉价报,其中鲁道夫·莫塞创办的《柏林日报》(1871年创刊)、奥古斯特·谢尔创办的《柏林地方新闻报》(1883年)和莱奥依德·乌尔斯坦创办的《柏林全德新闻》、《柏林晨报》(1898年)最为著名。

在日本,19世纪70年代末期,三家大众化的廉价报纸出版:《每日新闻》(1872年创办于大阪)、《朝日新闻》(1879年创办于大阪)、《读卖新闻》(1874年创办于东京)。

各国"便士报"各有自己的特色,但其总的特点是:

(1)报纸在政治上、经济上是独立的。它们都自主经营、自负盈亏,不接受政党、政府或明或暗的津贴,也不依附于任何政党、政府,实行对任何政党、政府保持独立的方针。

(2)报纸真正是以新闻为主,而不像政党报那样以评论为主。

(3)面向社会大众。它的新闻是写给社会大众看的,所以有许多街头巷尾的社会新闻,包括大量的煽情新闻、黄色新闻;新闻简短、通俗,有不少新闻带有故事情节,被新闻史学者称为"故事新闻"。它的售价低廉,使平民百姓足以消费。

(4)高度重视经营,广告和其他经营收入真正成为报纸的生存之本。

在世界新闻史上,"便士报"的上述特点奠定了近代报业的基础。"便士报"第一次真正让新闻取代言论成为报纸的主角,报纸真正成为新闻纸(Newspaper)。

"便士报"的崛起在一定意义上是世界工业革命的必然结果。在19世纪中期,美、英、法三国都实现了工业革命。工业革命使城市大量地产生并迅速繁荣,人口急速增加,教育逐步普及使得潜在读者群膨胀,工商业发达使报纸赖以生存的广告增加。这一切都为大众报纸的产生、兴旺创造了全部物质条件。

　　随着"便士报"的普及,报纸开始在社会底层扎下根来,对社会开始产生实际影响。但是,纵观整个"便士报"运动,它对当时各国的政治、经济及对社会发展的进程,甚至对民众的日常生活的影响力毕竟是有限的。"便士报"虽然也有不少政治、经济、军事方面的重大新闻,有不少"便士报",像美国格里立的《纽约论坛报》、法国的《新闻报》等都发表过不少鼓吹社会改革、改良的评论,产生过一定的影响,但从整体看,"便士报"的新闻重在故事而不在信息,重在消遣(煽情新闻),而不在提供决策。美国的"便士报"到后来,随着报业之间相互竞争而日趋煽情化,以追求耸人听闻的新闻甚至制造许多假新闻来刺激销售量,逐步地开始堕落。

　　真正奠定报纸社会地位的是19世纪后半叶到20世纪初一批严肃的综合性日报。在英国以《泰晤士报》为代表,在美国以《纽约时报》为代表。

　　《泰晤士报》创办于1785年。在早期,《泰晤士报》依靠政府的津贴(每年约300英镑)和不少优惠而维持生计。从1803年约翰·华尔特第二接管该报起,《泰晤士报》改变立场,逐渐开始和中产阶级、商业界、证券交易所、制造商站在一起,并对以传统的地主贵族为统治基础的政府越来越有敌意。《泰晤士报》不断抨击政府的某些政策,鼓吹谨慎的改革,刻意维护工商业者的利益。同时,《泰晤士报》在全英各大城市、欧洲各主要国家首都派有记者和聘请当地通讯员,以最快速度刊登英国和欧洲其他国家的重大新闻。这样,工商业界逐渐把《泰晤士报》看成为他们的代言人;为了看新闻,人人都买《泰晤士报》,它的销售量不断增长。到1850年,《泰晤士报》无论其影响力还是销售量都成为首屈一指的大报,它的评论轰动远近,赢得了"雷公报"的美誉①。在1906年英俄巴尔干半岛战争期间,《泰晤士报》作了大量的前线报道,谴责政府的腐败和陆军指挥无能造成英军的作战失利,死伤惨重。这一系列报道和社论迫使拉塞尔勋爵任首相的政府倒台。在鼎盛时期,《泰晤士报》确实一言九鼎,美国总统林肯感叹:"除了密西西比河外,不知道有什么东西像《泰晤士报》那样强大。"②

---

① 〔英〕马丁·沃克:《报纸的力量》,新华出版社1987年版,第46页。
② 同上书,第54页。

过了几十年,美国出现了一份与《泰晤士报》同等力量的报纸《纽约时报》。该报最初是一张"便士报",1892年濒临倒闭。一名德国移民的后代奥克斯以7.5万元买到该报,并改变了办报方针。在《纽约时报》的报头上写着:"刊登一切适宜刊登的新闻。"就是说,《纽约时报》刊登严肃新闻,即全美、全球的政治、经济、军事、社会方面的重大新闻。它很快赢得了工商界的称赞,销售量直线上升。在以后的三四十年时间里,《纽约时报》成了一份记述美国创造历史的那个时代的报纸,美国的政界都承认:《纽约时报》像国务院本身那样,成了东部地带自由派的权势集团不可分割的组成部分[①]。

除了上述两份报纸,在英国还有《每日邮报》(1896年5月由北岩爵士创办),在美国还有《华盛顿邮报》(1877年由斯蒂尔森·哈钦斯创办),法国的《世界报》(1944年12月由伯夫—梅里掌控),意大利的《晚邮报》(1876年由里卡多·帕韦西创办),以及日本的《读卖新闻》、《朝日新闻》等等,都经历了曲曲折折的发展,成为各国近代报业的楷模。这些报纸的共同特点是:

(1)它们继承了"便士报"的传统,在政治上、经济上都是独立自主的,不依附于任何政党、政府,尽管它们和政党、政府有千丝万缕的联系。

(2)它们都是政企合一的综合性日报。所谓政企合一,就是它们追求政治目标和社会影响,自觉地维护国家利益和统治阶级利益,但以企业形式来管理,同样追求经济利益。

(3)它们都以中、上层阶级为主要读者对象。新闻以硬新闻为主,严肃、严谨,很少有煽情新闻,同时高度重视评论。

(4)它们都以现代企业管理方法来经营报纸,注重物色杰出人才,内部管理严格,力争利润的最大化。

这一批报纸的崛起,意味着信息性新闻取代故事性新闻成为报纸新闻主体;意味着政企合一型综合性日报取代廉价小报成为报业主流。

从20世纪开始,报纸对各国乃至对世界的历史进程发挥出越来越大的影响力,一些有影响力的大报构成了国家权力机构的一个部分,成为一个国家综合国力的一部分。美国著名的新闻学家施拉姆曾说过:"有声誉的报纸,在很大程度上体现了该国的领导想要知道和想要人

---

① 〔英〕马丁·沃克:《报纸的力量》,新华出版社1987年版,第249页。

知道的东西。而这个国家的领导也是在很大的程度上体现了报纸告诉他们要做的事。"①报纸成为人们政治活动、经济活动、社会生活不可缺少的一部分,甚至对推动科学技术的发展也有不可低估的影响。1859年,《泰晤士报》委托托马斯·赫胥黎审阅达尔文的《物种起源》,并加以广泛的宣传;《纽约时报》的主编卡尔·范安达领悟了爱因斯坦工作的伟大意义,在《纽约时报》上大力宣传他的相对论;而《华盛顿邮报》在头版上第一次向世人报道爱迪生发明电灯泡一事,并以整版篇幅介绍这次发明的伟大意义。或早或迟,报纸在世界各国的政治、经济、文化、社会生活中奠定了坚不可摧的影响力。在西方各资本主义国家三权鼎立的权力框架中,报纸成了除立法、司法、行政之外的第四种力量。"在行政、立法和司法之间保持均势的任何国家里,报纸将在它们之间的紧张关系和争斗之中形成自由的传统,就像青草在铺路石之间生长一样。"②

在政企合一的综合性日报取代"便士报"成为报界主流之后,"便士报"的地位虽然下降,但并未被完全取代。在西方各国,两种报纸分道扬镳,雅俗分赏。政企合一的综合性日报成为严肃的高级报纸,"便士报"则发展为通俗的大众化报纸,以满足不同阶层读者的不同需要。

---

① 〔英〕马丁·沃克:《报纸的力量》,新华出版社1987年版,第89页。
② 同上书,第23页。

第二章

美国新闻业

美国是西方传媒业的龙头老大,它的许多原创性的新闻传播学理论、主张、政策以及许多科学技术发明在传媒业的运用开创了西方传媒业的历史,它的传媒业影响着世界的历史。

第一节 美国新闻业简史

在美国230多年的新闻史上,影响美国乃至整个世界新闻史进程的重大事件历数如下:

1704年4月24日《波士顿新闻信札》正式出版,这是一份周刊,由波士顿邮政局长坎贝尔创办。这份周刊被视为美国现代新闻史的开端。

1789年9月,美国议会对1787年通过的宪法增加10条修正案,又称人权法案,其中第一条规定:"国会不得制定下列法律:确立宗教或禁止宗教信仰自由;剥夺人们言论或出版自由;剥夺人民和平集会及向政府请愿伸冤之权利。"这个修正案是确立美国新闻自由体制的基石,确保了美国新闻业长达一百几十年的繁荣。

1833年9月3日在纽约出版了《纽约太阳报》,创办人是本杰明·戴。这是世界上第一份"便士报"。6个月后,该报发行量达8 000份,利润丰厚,引发美国新闻史上的"便士报"运动。《纽约先驱报》(1835年5月由詹姆士·戈登·贝内特创办)、《纽约论坛报》(1841年11月由霍勒斯·格里立创办)以及后来的《纽约世界报》(1883年后由普利策主持)、《纽约新闻报》(1895年由赫斯特主持)成为当时名噪一时的报纸。"便士报"运动奠定了现代报业的经营理念和策略,改变了整个世界的报业格局。

1848年,纽约6家报纸合办了"港口通讯社",该社于1857年改组为"纽约报联社",1892年又改称"美联社"(简称AP)。它是美国第一家通讯社。

1846年5月13日,《巴尔的摩太阳报》首次使用电报传递快讯,发出美国总统向墨西哥宣战的消息。此后,在19世纪60年代美国南北战争中,随军记者大量采用电报发消息,由此产生了倒金字塔的消息结构。倒金字塔的写作结构标志着新闻写作体裁的正式诞生,成为消息的典型表现手法,并推广到全球。

1896年8月,阿道夫·奥龙斯接办了《纽约时报》,并将其进行改版,以一句话来概括其办报宗旨:本报刊登适宜刊登的新闻(All the News that's fit to print)。这句话含义是针对当前泛滥一时的黄色新闻,《纽约时报》只刊登严肃新闻。改版后的《纽约时报》以客观、准确为立报之本,大量刊登时政、经济、外交的硬新闻以及立论公正、深刻的社评,吸引了行政、外交、工商界以及知识界人士,大获成功,由此开创报业的新时代——"信息模式",即19世纪30年代—50年代以政党报纸为主的"鼓吹模式",19世纪40年代—20世纪初以"便士报"为主的"故事模式",20世纪初期以《纽约时报》等严肃高级报纸为主的"信息模式"。

1892年,斯克里普斯家族创办全美第一家报纸集团,至1914年该家族已拥有23家报纸。

1920年11月2日,正式领取执照的匹兹堡KDKA电台开始播音,播出的第一条新闻是哈定当选美国总统,由此轰动一时。这一条消息标志着美国电子媒介时代的到来。

1939年4月30日,全国广播公司(NBC)首次用电视转播纽约世界博览会"明天的世界"开幕式,美国总统富兰克林·罗斯福在开幕式上致词,成为第一位出现在电视屏幕上的美国总统。1950年,美国首次播出彩色电视节目,1950年联邦通讯委员会正式批准采用"点描法彩色电视技术标准",通称NTSC制。

1985年,美国国家科学会利用ARPnet系统的技术开发了国家科研基金网NSFnet,采用TCP/IP协议,将各大学、研究所的电脑连接起来,到1990年采用英国人提姆·柏纳·李发展的万维网(World Wide

Web,WWW),自此开创了互联网时代。1993年美国政府提出"信息高速公路"计划,互联网开始起飞。

第二节 美国新闻业现状

美国是现代新闻媒介的发源地,虽然报纸并非在美国最早诞生,但以1833年《纽约太阳报》创办为标志的"便士报"运动开启了报纸现代化之路。广播、电视则首先在美国投入商业运行。

目前,美国拥有1 800家日报,60%的家庭至少订阅一份报纸。日报发行量达到5 560万份,居世界第四位。每千人报纸的拥有量达185份。拥有美国联邦通信委员会(FCC)签发许可证的商业电视台1 202家,另有360家非商业电视台。电视机近3亿台,每千人拥有1 116台,均占世界第一位,65%的家庭接入有线电视,另有80%的家庭拥有录像机。网络媒介快速发展,目前已有3 600万台电脑接入互联网。2004年底,全美广告总支出达到1 410亿美元,人均470美元。其中,报纸广告收入为277.5亿美元,电视为540.7亿美元,电台为73.3亿美元,杂志为126.5亿美元,互联网为74.4亿美元[1]。

毫无疑问,美国是当今世界传媒业的霸主。美国传媒称霸世界,不仅仅因为它拥有世界一批最大的传媒公司,像美国在线-时代华纳、维亚康姆、迪斯尼,更因为美国的媒体已渗透到世界主要国家和地区,媒体产品遍布世界角角落落,对世界事务具有强大的影响力。数其大者——

美国联合通讯社(美联社)是全球最大的通讯社,每天用6种语言提供近百万字的新闻稿以及照片、图片,在全球有2万家媒体的订户,遍布世界115个国家和地区,全球每天有15亿人会接触到美联社新闻[2]。

《纽约时报》、《华盛顿邮报》、《华尔街日报》是全球最具影响力的3家报纸,是各国政要、金融业人士必须关注的案头报。

《时代》、《新闻周刊》是全球发行量最大的两份新闻周刊。《时代》有60个版本,每期发行550万份(欧洲50万、亚洲35万、拉美10

---

[1] 《美公司舍得花钱做广告》,载《环球时报》,2005年3月11日。
[2] 〔美〕威廉·哈森:《世界新闻多棱镜》,新华出版社2000年版,第63页。

万、加拿大35万)。《新闻周刊》在150个国家和地区发行325万份。更惊人的是《读者文摘》,每期以18种语言、47个版本,发行1.3亿份①。

拥有世界覆盖面积最广的电视频道。例如,CNN在125个国家和地区播出,探索频道(Discover)在136个国家和地区播出,而ABC的"娱乐与体育"频道(ESPN)在全球有9 700万个订户②。

以好莱坞为代表的影视剧更是充塞着世界各地。美国人口只占世界人口的5%,但却控制了世界75%的电视节目的制作;美国电影生产量占世界电影产量的6%~7%,却占据世界电影总放映时间的一半以上③。在西欧,美国的电视节目播出时间已达到20万小时,占据英国、西班牙电视剧80%的播出时间。即使在法国,也有40%的电视剧来自美国④。为此,美国的媒体成为获利极其丰厚的企业,其国内生产总值在美国各行业中排名第十位,总出口却占全美出口值的第二位。

从新闻到娱乐,从空中到地面,看的、听的、读的,美国的媒体产品铺天盖地,难怪西方的学者都惊呼:媒体的全球化等同于美国化,媒体的商业化等同于美国化⑤。

报纸:美国报业协会1999年调查显示:从1987年至1997年,美国的广播电视呈现出强烈的娱乐化倾向,然而报纸却依然故我,以提供严肃新闻和解释性报道为主。这并非是由于报纸保守,而是根据报纸受众定位:以受过良好教育的中产阶级为核心读者群。这个群体占有美国60%~65%的成人,他们关心美国和世界的公共事务,需要严肃新闻和解释性报道。

美国最大的5个报业集团(见表2-1)⑥:

---

① 〔美〕威廉·哈森:《世界新闻多棱镜》,新华出版社2000年版,第150—153页。
② 郭景浩:《世纪之交的外国广播电视新动向》,载《世界广播电视参考》,1999年第5期。
③ 徐耀魁:《媒介的世界 世界的媒介》,载《国际新闻界》,2000年第5期。
④ 〔英〕丹尼斯·麦奎尔:《媒介政策》,萨奇出版社(伦敦)1998年版,第110页。
⑤ 同上书,第218页。
⑥ 〔日〕桂敬一主编:《多媒体时代与大众传播》,新华出版社2000年版,第252—254页。

表 2-1 美国最大的 5 个报业集团

企业·集团名称	销售额(亿美元)(1998年)	事　业　内　容
甘乃特有限公司 （总公司:美国华盛顿）	44	全美唯一的全国性报纸《今日美国》及其他92家报纸的发行/电视18个台
赫斯特有限公司 （总公司:美国纽约）	32	ESPN、投资生活时代等节目网、电视16个台/《世界》等月刊杂志、日报
纽约时报 （总公司:美国纽约）	26	日报18家/电视6个台,电台2个台/《高尔夫文摘》等定期刊物多种
论坛公司 （总公司:美国芝加哥）	24	《洛杉矶时报》、《芝加哥论坛报》等日报、福德电视等/电视17个台,电台5个台
华盛顿邮报 （总公司:美国华盛顿）	19	发行日报、《新闻周刊》等周刊杂志/电视6个台/有线系统多个

美国发行量最大的 10 家报纸是(2002 年)①

(1)《今日美国》212 万

(2)《华尔街日报》182 万

(3)《纽约时报》119 万

(4)《洛杉矶时报》101 万

(5)《华盛顿邮报》81 万

(6)《每日新闻报》73 万

(7)《芝加哥论坛报》69 万

(8)《新闻日报》58 万

(9)《纽约邮报》56 万

(10)《休斯敦纪事报》55 万

电视:目前,美国的电视市场基本上被 25 家大电视网所垄断。其中最大的有 5 家(见表 2-2)。

---

① 《传媒经济参考》,2002 年第 16 期。

表 2-2　美国最大的 5 家电视公司

公 司 名 称	拥有电视台数	覆盖率
福克斯电视公司(FOX)	23 家	35%
全国广播公司(NBC)	13 家	25%
美国广播公司(ABC)	10 家	25%
帕克森传播公司(PAXON)	60 家	35%
派拉蒙/哥伦比亚广播公司(Paramount/CBS)	35 家	40%

与其他西方国家相比，美国的电视频道化是比较彻底的。美国目前有 65% 的家庭即 6 500 万户接入有线电视，一般拥有 100 个左右频道。这当中，大概只有 10% 的频道是综合节目，其他全是专业化频道。其中有闻名全球的 CNN 以及 FOX News、NBC 三个全新闻频道，有在全美、全球极高覆盖率的 Animal Planet（野生动物）、Discover（发现）、History（历史）、Travel（旅游）等频道，还有 HBO（家庭影院）、TNT（电影）、E（娱乐）、VHI（音乐艺术）、Comedy（喜剧）、Cinemas（电影）、Showtime（电影）、ESPN、Classic Sports（体育）等等人们耳熟能详的娱乐频道。这批频道在全美、全球都有极高的收视率。除此之外，两个公共频道 C-SPAN1、C-SPAN2 专门报道公共事务，国会开会期间，两家公共频道全程报道。

电台：在电视冲击下，广播曾经很衰落，但 20 世纪 90 年代以后，广播重新寻找到新的定位，那就是彻底走专业性道路。广播成为完全意义上的"窄播"：一家电台只办一个类型的节目，例如音乐类的电台就分为老式摇滚音乐台、途中音乐台、流行金曲台、黑人音乐台、爵士音乐台、西班牙音乐台、古典音乐台、乡村音乐台。这样，电台成本大大降低，可牢牢吸引一批忠实的听众。全美虽有 11 000 多家商业台，实际每个台的工作人员都不超过 10 个人，但收听率却节节上升，2004 年广播的广告收入达到 73.3 亿美元，已经连续 10 年持续增长。

第三节　美国传媒业的特点

与其他西方国家的新闻媒体相比，美国的新闻媒体有其显著的特点——

（1）新闻媒体基本上都是私营的。从 20 世纪 20 年代无线电台诞生开始，英美两国就电台的性质在议会、学者中发生过激烈的争论。争论的结果，美国的广播业坚持走民营之路，只是由政府控制许可证的发放；而英国则视广播为公共事业，走公共广播之路，形成了广播的两种发展模式。现在，尽管美国也有不少非商业性的电台、电视台，但除了公共电视台（PBS，1969年成立）外，其余都是宗教的或小社区的，影响力很小。除此之外，所有的报纸、杂志，绝大多数的电台、电视台（占有95%以上的收视率）都是私营的。

（2）新闻媒介的运作实行彻底的商业化。除公共电视台由政府给予财政支持外，其余所有媒介都以广告收入和其他经营收入作为全部财政来源。商业化运作就是市场导向，即完全按照受众的需求为出发点，以盈利为目的。于是，娱乐化成为媒体的必然选择。

为了争夺受众，各媒体展开激烈的竞争。为吸引受众，各媒体不断推陈出新。节目内容的创新、节目形式的创新是美国传媒业的一大亮点。

报纸、电台、电视台、互联网虽然为争夺受众展开激烈的竞争，但在竞争中，各种媒介扬长避短，均衡发展。据1997年调查，在成人受众市场中，报纸占有58.7%的读者，电视黄金时段拥有42.4%的观众，早晨广播节目占有25.4%的听众，在白天有20%的成人至少上网一次。

竞争还导致了受众市场的细分。作为商业化运作的基础，美国媒体格外重视受众调查，每一种媒体、每一家媒体都确立了自己的核心受众，并根据受众的变化调整自己的内容。

（3）新闻媒介高度垄断。竞争必然导致优胜劣汰、大鱼吃小鱼、快鱼追慢鱼，造成剧烈的兼并。现在美国重要的报刊、电台、电视台以及互联网都被大企业所控制，数家大的垄断公司在全美乃至全球展开激烈的竞争。前10家的报业集团拥有五分之一的日报，报业集团的发行量占全国报纸发行量的五分之四，而且，全美90%左右的城市都是"一城一报"；20家集团控制50%的杂志收入；40%的电台属于广播集团；50%以上的电视台被广播集团控制；所有电影由6家电影公司出品。

（4）美国新闻媒介具有高度独立性。受到美国宪法第一修正案的庇护，美国新闻媒介具有与生俱来的独立性。独立的报格是美国新闻从业人员最珍惜的传统。这种独立性表现在新闻媒介敢于并乐于监督政府、监督大公司的不法行为。虽然美国政府可以通过种种公关手段影响媒体，但确实难以也不能直接控制、暗中操纵媒体。在西方各国中,美国媒体的独立性最强,对社会、对政府的影响力也最大。尼克松总统的"水门事件",里根总统的"伊朗门事件",克林顿总统的"拉链门事件",以及传媒业一系列揭丑报道,都显示了美国传媒业对政府、对大公司的强大威慑力。这在西方其他国家都是罕见的。

第三章

英国新闻业

英国是西方新闻自由的策源地,西方现代新闻体制的创立者,在西方新闻史上占有重要地位。

第一节 英国新闻业简史

英国最早出现的新闻刊物是新闻书,正式出版的是1621年8月13日问世的《来自意大利、德国、匈牙利、波希米亚宫廷、法国和低地各国的新闻周刊》,历史上简称《新闻周刊》,英文News首次出现在此刊名上[1]。1665年11月16日创刊的《牛津公报》却是英国第一家真正的报纸。Newspaper(新闻纸)首次出现在该报,这是对开单张、两面印刷、定期(每周一、周四出版)的出版物,以官方新闻为主,也有一些社会新闻。《牛津公报》奠定了以后几百年报纸版式的基本形态。

1644年,诗人兼政论家约翰·弥尔顿被召到国会接受质询。他在国会慷慨陈词,发表了著名的申辩书《论出版自由》。约翰·弥尔顿在此演说中,猛烈抨击书报检查制度,为出版自由大声辩护。他指出,书报检查是"破坏学术,窒息真理";应该给每个人以自由获知、陈述和辩论的权利,因为出版自由是人类与生俱来的权力,是宗教自由和公民自由的前提。他主张让人们"自由来认识、抒发己见,并根据良心作自由的讨论,这才是一切自由中最重要的自由"。他大声疾呼:"现在正是我们发表写作和言论来推动大家进一步讨论激动人心的事情的时

---

[1] 转引自陈力丹:《世界新闻传播史》,上海交通大学出版社2002年版,第28页。

候……虽然各种学说流派可以随便在大地上传播,然而真理却已经亲自上阵;我们如果怀疑她的力量而实行许可证和查禁制,那就伤害了她。让她(真理)和虚伪交手吧,谁又看见过真理在放胆交手时吃过败仗呢?"① 这是人类新闻史上第一次喊出"出版自由"的口号,第一次全面地论证出版自由的必要性和合理性。《论出版自由》在 1644 年获准出版,但在当时流传不广,影响也有限。1778 年再版以后,才引起西方各国重视,在英、法、美等国广泛流传,产生了巨大影响,无论美国和法国的新闻出版制度都深受此书影响,成为自由报刊理论的理论源头,一代又一代的新闻工作者从中汲取思想,增强争取新闻自由的勇气。可以说,该书至今还在鼓励着世界各国的新闻从业人员。

与争取出版自由的斗争交相辉映的,是当时英国新闻出版界为反抗封建王朝以及当时资产阶级政府为限制出版自由所采取种种举措所进行的前赴后继的斗争。从 16 世纪早期开始,先是当时英国的封建王朝颁布种种禁令和特许证来限制、控制出版物。1640 年资产阶段革命胜利以后,即使在 1688 年光荣革命后,当时的资产阶级政府依然以印花税、煽动诽谤罪、行政制裁和暗中收买等等方法来限制、控制自由出版物。但英国的新闻出版界不怕杀头,不怕坐牢,坚决抗争,迫使资产阶级政府不得不逐步取消限制,最终实行真正意义上的出版自由。新闻自由制度是任何现代国家的标志,新闻自由是全人类的共同财富,从这一点上说,英国新闻出版界的斗争为全人类树立了争取新闻自由的榜样。

《泰晤士报》和《每日电讯报》的诞生对英国乃至整个世界产生极为深远的影响。《泰晤士报》于 1785 年 1 月 1 日在伦敦创刊,原名《每日环球记录报》,1788 年才改称《泰晤士报》,创办人是煤炭业和保险业老板沃尔特第一。迫于政府压力,沃尔特第一接受政府津贴,鼓吹政府施政纲领,办得很平庸。真正使《泰晤士报》名重千古的是其儿子沃尔特第二。1803 年,26 岁的沃尔特第二接过《泰晤士报》以后便进行改版,最重要的是他拒绝政府津贴,打出了报纸"独立于党派之外"的旗帜。现代报业独立的理念自此开始。正是这种理念,使《泰晤士报》敢于抨击政府的政策和政府、军队的种种官僚、腐败行为,从而赢得公众的信任,成为真正的"第四权力机构",使《泰晤士报》在英国乃至当时

---

① 约翰·弥尔顿:《论出版自由》,商务印书馆 1989 年版,第 46 页。

世界各国具有强大的影响力,就像当时美国总统林肯所赞扬的:《泰晤士报》拥有像美国密西西比河那样强大的力量。在管理上,《泰晤士报》在1817年建立总编辑制度,聘任学识丰富的人任总编辑。自此,发行人(老板)、总编辑、总经理的报社体制建立起来,成为现代报业体制的基本框架。沃尔特第二还派出世界新闻史上第一个驻外记者,第一批随军战地记者。《每日电讯报》创办于1855年6月29日,创办人是斯莱上校,该报售价1便士。后来转给印刷商约瑟夫·摩西·利维。在1860年以后,其子爱德华·利维·劳森接管该报以后,进行大胆革新,以社会中下层为主要读者对象,大量刊登老百姓关注的社会热点,成为当时英国发行量最大的廉价报纸。自此,英国报业开创了一个新时代:以《泰晤士报》为代表的严肃高级报纸和以《每日电讯报》为代表的大众化通俗报纸。

1922年11月14日,英国马可尼公司联合另外5家电器制造商组建英国广播公司并正式播音,开创了英国的广播业。1927年元旦起,英王发布"特许状",将民营的英国广播公司改组为公共机构英国广播公司,即BBC,自此开创了不同于美国体制的一个全新的公营广播体制。1954年8月,国会通过广播法案,允许开办民间广播,组建独立广播局,实行公营和民营并行的双轨制的广播电视体制。

1930年BBC播出电视节目,《花言巧语的人》为世界上第一部播出的电视剧。1936年11月2日,BBC正式实时播出电视节目,1967年开始播出彩色电视节目。

第二节　英国新闻业现状

英国是当今世界传媒强国。BBC、《泰晤士报》、路透社等一批著名媒体不但对世界的历史进程产生过重要影响,而且它们的经营模式、经营理念被西方许多国家仿照。

目前,英国的日报、星期日报纸约1 200家,其中全国性日报10余家,其他皆为地方性报纸。日报的发行量近几年呈逐年下滑,2002年发行量为2 300万份。近些年,英国的报业处境艰难。一是发行量不断下滑,从2000年到2004年5年间,发行量下降11.4%,像英国著名大报《泰晤士报》、《每日电讯报》、《卫报》都跌进30年来的谷底。二是广告收入下降,从 2001 年到 2003 年,每年下降 2%~3%。著名报纸《泰晤士报》、《金融时报》的广告收入 2002 年比 2001 年分别下降 37%、23%,《金融时报》在 2002 年下半年首次出现亏损。英国报业不得不紧缩开支,包括冻结工资、解聘雇员,但还是无济于事。从 2003 年开始,一些大报不得不委曲求全,从大报变成小型报,即从对开版缩为四开版。2003 年 9 月 30 日,《独立报》率先变身,发行量猛增 35%。2003 年 11 月 26 日,《泰晤士报》一改 200 多年的模样,从对开大报改出四开小型版,开始一半大报,一半小型版,让市场去选择,一年后,全部改为小型报,读者增加 3.3 万人,发行量上升到 65.6 万份。出小型报除去版面减少,发行费节省外,更主要是便于携带、便于阅读、便于个性化版面安排。2004 年,全英报纸发行量上升 2.4%,广告收入猛增 14%。

广播电视由英国广播公司(BBC)、独立广播局(IBA)和空中广播(BSKYB)3 家垄断。BBC 下属有 15 个地方广播电视公司,IBA 下属有 144 家商业性广播公司。英国的数字广播电视起步最早、发展也最快。到 2004 年底,全英数字电视家庭已达 60% 以上,到 2010 年,全英广播电视全部实现数字化。

BBC、《泰晤士报》以及路透社,我们将在第八章作论述。除上述 3 家媒体外,在英国具有一定影响力的媒体简介如下。

一、《每日电讯报》(The Daily Telegraph)

《每日电讯报》创刊于 1855 年,是当年英国最为成功的"便士报"。目前发行量为 100 万份左右。其办报理念为:提供充分、明了和易于理解的新闻。其政治立场趋于保守,对政府一般持支持立场。

该报每天 30 版,报风处于精英报和大众报之间,既有严肃的时政新闻、评论,也有许多人情味新闻,企图使报纸"雅俗共赏,老少咸宜"。这在英国属于另类报纸。值得一提的是:1976 年 10 月,该报驻京记者沃德第一个向世界报道了中国粉碎"四人帮"的特大新闻。

二、《金融时报》

这是一份具有全球影响的财经专业报,1888 年在伦敦创刊。目前订户遍布全球120个国家和地区,发行量在30万份左右。该报以报道金融、期货、工商界动态为主,也涉及与经济相关的国内外时政新闻。该报每天也只出30版,但信息密集,图表极多,一般每天有30个左右图表,以图表方式报道证券市场、期货市场、银行利率、世界各国汇率、主要商品价格等等变化,大有一报穷尽天下财经信息的气势。

《金融时报》的影响力并非全都源自办报的技术,更主要的是"背靠大树好乘凉":伦敦是全世界最大的金融市场和期货交易中心,它们的任何变动哪怕是微小的变动都将引发"蝴蝶效应"。对于财政界的决策者以及大公司老板,阅读《金融时报》,了解伦敦金融市场和期货交易,是他们每天的功课。

三、《太阳报》

该报目前由默多克的新闻集团控股。这是一份真正的大众化报纸,目前发行量达400万份,是英国发行量最大的日报。该报以全社会尤其下层市民为读者对象,以刺激性、揭丑性的独家新闻为卖点,利用大照片、大标题造成视觉冲击。《太阳报》在全英乃至全球出名,除了上述特点,还有两条褒贬不一的两大看点:一是"三版女郎"。从上世纪70年代初开始,《太阳报》都在第三版刊出整版的单幅裸体女孩的彩照,号称要"扫尽天下美女",许多人就是为了看"三版女郎"才买《太阳报》,从而使发行量大增;二是狗仔队即《太阳报》的摄影记者。他们背着照相机,在全英、全球游荡,像苍蝇逐臭一样盯着名人的举动,尤其他们的隐私,一旦曝光常常造成轰动效应。

四、英国独立广播局(IBA)

1954年6月,英国议会决定允许开办商业电视,并组建独立电视局(Independent Television Authority, ITA)负责对商业电视进行管理。建立商业电视的目的是为打破BBC一家对广播电视的垄断,但由此产生了一个全新的广电运营模式:公(营)私(营)并行的双轨制。1972年,议会又决定开放商业电台,并将独立电视局改名为独立广播局(Independent Broadcasting Authority, IBA),同时管理电台、电视台。在1990年根据《1990年广播法》又将IBA改名为"独立电视委员会"

(ITC),规定 ITC 除原先的管理职责外,还负责所有商业电视服务的执照颁发和管理工作。

目前,IBA 管辖三个全国性电视频道,即第 3、4、5 频道;有 144 家商业性广播公司、14 家地方电视台;两家新闻社——独立广播新闻社、独立电视新闻社,分别向 IBA 所属的电台、电视台提供新闻。这使 IBA 形成一个与 BBC 抗衡的广播电视系统。目前,IBA 的 3 个全国电视频道与 BBC 的三个全国电视频道在收视率上相差无几。

IBA 虽然号称"独立广播局",但政府、议会对它的制约颇多,事实上并不真正独立。这些限制主要包括:严格限制广告商和平面媒体向 IBA 参股,不准任何人(公司)垄断媒体财源;每年必须向国家缴纳 30 亿英镑的广告特权费,促进公平分配;每年以一定比例向第 4 频道提供节目制作费(一般为 5% 的广告收入),因为 IBA 第 4 频道是面向英国少数民族,是一个公益性的电视频道。

第三节　英国传媒业的特点

英国媒体的显著特点在于——

(1)媒体保持相对独立性。在英国,新闻自由的观念深入人心。在英国官员和老百姓的心目中,实行新闻自由,保持新闻媒介的独立性是天经地义的事情,就像私有财产一样,新闻自由同样神圣不可侵犯。BBC 是公营广播公司,其所有权属于议会,在紧急情况下政府有权控制广播。内政部对节目有否定权。但在节目编排、经营上,BBC 可以保持独立,不受干预。而历届政府很少敢冒天下之大不韪,出面干预 BBC 的节目。《泰晤士报》虽则已被新闻集团所收购,但默多克自称"只管经营,从未踏进编辑部一步",不干涉《泰晤士报》的编辑方针和业务。BBC 以其相对比较客观公正的报道赢得受众的尊敬。

(2)英国媒体受到西方其他国家跨国公司的兼并。英国是个羸弱的巨人,西方一些大的跨国公司乘英国之危,纷纷进入英国,收购媒体股份。《泰晤士报》曾是英国人的骄傲,但该报屡屡发生财务危机。1981 年 3 月,《泰晤士报》被默多克的新闻公司收购,新闻公司还收购了《星期日泰晤士报》、《太阳报》、《世界新闻》;1990 年 3 月,新闻公司在英国开办卫星广播,同年 11 月,和英国卫星广播公司合并成立英国空中广播公司(BskyB)，共有6套节目，目前已有600万观众。1999年收入达14亿英镑。英国的世界电视新闻社(WTN)是世界主要的电视新闻供应商，1999年也被美联社收购。

(3) 英国媒体的雅俗分野十分鲜明，尤其是报纸。一种是严肃的高级报纸，以《泰晤士报》、《每日电讯报》、《卫报》、《金融时报》为代表。这类报纸版面多，内容庄重严肃，以报道国内外要闻和评论为主，极少有煽情新闻。报道体裁多为解释性报道。其核心读者群是政界、经济界以及中高级知识分子。这类报道发行量稳定，广告来源也稳定，没有大起大落现象。与此相对应的则是通俗化的大众报纸，以《太阳报》、《每日邮报》、《每日镜报》、《每日快报》为代表。这类报纸以城镇市民为对象，大量刊登耸人听闻的煽情新闻、社会热点新闻，其中犯罪新闻、名人轶闻，即性（两性关系）、星（各种明星）、腥（警匪案）新闻为大宗，发行量非常高。据1993年的统计，严肃的高级报纸最高发行量是《每日电讯报》的107万份，著名的《泰晤士报》才发行61万份，而大众报纸发行量都在100万份以上，其中《太阳报》发行400万份，《世界日报》星期日版高达461万份。

(4) 广播电视的双轨制。英国是世界上最早实行公营台和私营台并行双轨制的国家。1927年元旦，英王颁布"皇家约章"，将私营的英国广播公司改组为公营的英国广播公司(BBC)，1936年成立BBC电视台。成为当时世界上第一家公共广播机构。1954年，根据《1954年电视法》而开办商业电视台，1972年正式改名为独立广播局(IBA)。这样就形成了当时世界上独一无二的公私并举的双轨制。

第四章

日本新闻业

作为后起之秀的西方发达国家,日本的新闻业在模仿当时先进的西方国家新闻业的过程中,逐渐形成自己的特色。

第一节 日本新闻业简史

日本本国的新闻传播,起自"读卖瓦版"。在德川幕府时期(1603—1867年间),用烧制的瓦版来拓印单页新闻纸,沿街叫卖,内容大多为突发事件,如地震、火灾、战争等等。现存最早的读卖瓦版是1615年的《大阪夏之阵图》,记载这年夏天发生在大阪的一次战争①。

19世纪中叶,日本实行门户开放,出现了洋人办报。最先是英文版,英国商人A·W·汉萨德于1861年6月创办的英文《长崎船舶新闻》专供来日本做生意的西洋人阅读。1867年1月英国人贝利创办的日文《万国新闻纸》才是供日本人阅读的第一份日文报。

明治维新以后,日本政府向西方学习,其中包括开放报禁,1869年公布第一个关于报纸的规定《报纸印行条例》,实行出版许可证。1871年12月《横滨每日新闻》出版,这是日本第一家日报。自此,报业快速发展。目前在日本一批大报诸如《朝日新闻》、《每日新闻》、《读卖新闻》等都在此后几十年间陆续创办。

当然,日本政府准许办报,只不过是使报纸成为政府的传声筒,决

---

① 陈力丹:《世界新闻传播史》,上海交通大学出版社2002年版,第286页。

不会使它们成为一支独立甚至反对政府的社会力量。随着报业逐渐壮大，独立声音越来越多，政府于1889年颁布《大日本帝国宪法》，名义上提出"日本臣民在法律范围之内有言论、出版和集会的自由"，但在具体实施中，不断修订的报纸条例对言论出版的条件越来越苛刻，每年都有几十件迫害报纸和记者事件发生。在中国发生"九一八"事件后，日本政府加强对媒体控制，实行法西斯统治，稍有不顺，不是报纸被扼杀，就是记者、编辑被暗杀。

1945年，日本政府投降，美军占领日本，撤销了一切限制新闻自由的条例。1946年10月日本议会通过新宪法，规定"保障集会、结社、言论、出版及其他一切表达的自由，不得对之进行审查。"日本传媒业开始高速发展。

日本于1925年3月22日开始广播电台播音，1953年开始了电视播出。

第二节 日本新闻业现状

20世纪60年代以后，随着日本经济腾飞，新闻业突飞猛进。目前，日本有110家正式日报（参加日本新闻协会的会员），100多家电视台，近千家电台。日本新闻媒体的数量不多，但规模却惊人，按2004年统计，日发行量达7 040万份，占世界第三位（第一位中国，日销9 350万份，第二位印度，日销7 880万份）[①]。按日本1.3亿人口计，每千人拥有近550份，每两人就有一份日报，排世界第二（第一位挪威，每千人达580份）。三大传统媒体广告收入在世界排名第二。

自2000年以来，日本的报纸种数有所增加，2004年比2000年增加4.6%，但销售量却不断下降，2004年勉强增加0.04%，但2004年比2000年报纸发行量总体下滑2.13%。

日本媒体的垄断程度特别高。一批大的媒体以及媒体集团基本状况如下。

---

① 《中国报业》，2005年第7期。

第四章　日本新闻业　29

表 4-1　日本传媒产业基本数据一览（2003 年）①

传媒产业	数　量	销售额（亿日元）	广告收入	从业人员人数（人）
1. 报纸产业	116 家报社	20 500	10 500	53 216
2. 出版产业（含杂志产业）	1 000 家出版社 92 家杂志社	23 000 10 000	4 025 4 025	43 500 13 500
3. 电视产业	198 家电视台	27 943	21 287	39 296
4. 广告产业	3 000 家广告公司	57 000	—	100 000

附注：按 2006 年 2 月 15 日汇率，1 美元约兑 117 日元。

一、《读卖新闻》

《读卖新闻》是日本五大全国性综合性日报之一，每日发行早版和晚版两种版本。2004 年日发行量达到 1 408.1 万份，不但在日本位列第一，而且是世界报业发行量之最。

该报 1874 年 11 月 2 日创刊于东京，《读卖新闻》一词由"读卖瓦版"引申而来，意为让报童边读边卖。该报从一开始就倾向町人阶层——商人、手工场主、农村富农，实际上是面向社会的中下层。一百几十年来，《读卖新闻》主要面向社会中下层的办报方针始终未变，虽然社会中下层的内涵在不断变化中。从这一意义上说，《读卖新闻》是大众化报纸，类似于中国的都市报。据近几年调查，《读卖新闻》读者群集中在从事体力劳动、事务性劳动以及工商服务业人群上。所以，与其他四大报相比，《读卖新闻》在报道社会新闻、生活时尚、医疗护理等方面版面多，内容广泛，文字通俗浅显。

目前，《读卖新闻》集团有 6 000 多名员工，其中记者 2 720 人，在东京、大阪、九州设立 3 个本社，国内记者站 352 个，国外记者站 33 个，合计 385 个采访点，形成覆盖全日本、全球的新闻采集网。另外，该社还在日本建立 27 个印刷点、8 500 家专卖点以及拥有近 10 万名报纸销售人员。

《读卖新闻》是一家经营范围广泛的集团，参见下表②：

---

① 郭亚夫、殷俊：《外国新闻传播史纲》，四川大学出版社 2004 年版，第 355 页。
② 尹良富：《日本报业集团研究》，南方日报出版社 2005 年版，第 92—93 页。

表 4-2　读卖新闻集团控股及关联企业状况

事业类别	机构名称	主要业务内容	是否上市	资本关系
报纸	读卖东京本社	东京周边及以北的报纸出版发行	非	全资
	读卖大阪本社	关西及周边报纸出版发行	非	全资
	读卖西部本社	九州及冲绳地区的报纸出版发行	非	全资
	报知新闻社	体育报纸出版发行	非	全资
	福岛民友新闻	地方报纸出版发行	非	控股
出版印刷	中央公论新社	杂志、图书出版发行	非	控股
	旅行读卖出版社	旅游杂志出版	非	全资
	东京媒介制作	报纸印刷	非	全资
电视	日本电视网	日本最大私营电视网	是	最大股东
	读卖电视台	大阪地区重要的私营电视台	非	控股
	CS日本	卫星电视台	非	主要股东
	读卖映像	电视节目制作	非	全资
销售	读卖信息开发	报纸插页广告的制作销售、区域营销数据服务	非	全资
	读卖资讯中心	与日立合作，负责专卖店销售信息管理	非	大股东
	读卖计算机	职业棒球俱乐部经营	非	大股东
体育休闲	读卖巨人军	职业足球经营	非	全资
	日本电视台足球俱乐部	游乐场经营	非	大股东
	读卖游乐场	旅行	是	大股东
	东读卖旅行	高尔夫球场	非	全资
	读卖高尔夫	交响乐演出	非	全资
	读卖日本交响乐团	文化教育培训	非	控股
文化教育	读卖—日本电视文化中心	为了确保学生送报员的数量，该报设立了培养计算机网络、电脑映像制作、建筑、电子技术、汽车维修、临床器械等技工学校（中专）	非	大股东
	读卖理工学院	汽车维修、临床器械等技工学校（中专）	非	全资

续表

事业类别	机构名称	主要业务内容	是否上市	资本关系
服务	银座结婚会馆	结婚仪式场出租	非	全资
	东京读卖服务	职业中介、专卖店保险代理、安保业务	非	全资
	大阪读卖服务	职业中介、专卖店保险代理、安保业务	非	全资
	读卖不动产	专卖店房屋、宿舍的管理	非	全资
	Yomix	北海道地区的报纸插页广告的制作销售、区域营销数据服务	非	全资
海外法人	读卖香港	发行读卖新闻国际卫星香港版	非	全资
广告	读卖广告	广告代理	非	全资
其他	读卖搬家中心	搬家	非	全资
	YC求人网络	专卖店店员募集	非	全资
	读卖会馆	会场出租	非	全资
	读卖家庭会员卡	对入会者提供体育、演艺门票及百货店打折服务	非	全资
	读卖育英奖学金	对在专卖店打工送报的大中专学生提供奖学金	非	全资
	读卖光与爱事业团	支援视觉障碍、重症残疾儿童的慈善机构	非	全资

二、《朝日新闻》

《朝日新闻》在日本是仅次于《读卖新闻》的第二大日报,也是全球发行量领先的第二大日报。2003 年发行量达 1 260 万份,但其广告收入在日本位居第一。2003 年全年综合收入约为 4 325 亿日元(约合人民币 288 亿元),其中广告收入 2 080 亿日元(约合人民币 138 亿元)。

《朝日新闻》1880 年创办于大阪,其报名蕴含"旭日升天,万象惟明"之意。目前该报在东京、大阪、北九州、名古屋设有 4 个报纸本社,在各县设 42 个总局,在各城镇设 250 个支局,在世界各国设 30 个总局和支局,形成了覆盖全球的采访网点。还拥有双引擎飞机 2 架,直升机

5架,随时飞赴采访现场。在全日本拥有3 600家专卖店,约88 000名销售员。

与《读卖新闻》不同,《朝日新闻》是一份严肃的高级大报,以"精英新闻"定位,该报历来以知识分子、工商业主管、政府官员等中上阶层人士为主要读者,读者群中拥有大学以上学历者占33.2%。在东京国内的大学教授中,高达72%的人订阅《朝日新闻》。该报每日早版为24版,晚版为16版,每周日增加8版,以政治、经济、外交等硬新闻为主,重视言论,社论专栏《天声人语》在日本备受关注。由此,《朝日新闻》在政治、经济以及文化教育领域的影响力处于唯我独尊的地位。以考试为例,从20世纪20年代起,《朝日新闻》上文章常常被编入中小学教材,而且大学入学考试的作文、语文题常从《朝日新闻》中提取素材。2002年日本有287所大学的437个问题是以《朝日新闻》上的内容为素材①。因为,出大学考题的教授大多订阅《朝日新闻》。

《朝日新闻》同样是个传媒集团,经营范围十分广泛。截至2002年4月,朝日新闻集团有企业200余家,业务涉及报刊图书出版发行、文化事业、印刷、运输、广告、销售及零售、报纸插页广告、不动产、物业管理、旅行、网上零售、业务支援等多个领域;另外,在社会贡献方面,该报运营的各类公益性法人有20多个,涉及文化、艺术、社会福利、教育、环境保护等多个领域②。

三、《日本经济新闻》

《日本经济新闻》是日本经济界尤其是金融界(财界)最具影响力的经济报纸,虽为综合性日报,但偏重经济新闻,具有专业报性质。该报代表并反映财界的主流意见,受到日本政府、企业、金融业的格外重视,主要读者群为财经系统、企业、政府官员。2002年日发行量达470万份(早版305万份,晚版165万份)。2002年营业收入为2 276亿日元。

该报于1876年12月2日在东京创办,原报为《中外物价新闻》周刊,1885年改为日刊,1946年3月改为现名。

---

① 尹良富:《日本报业集团研究》,南方日报出版社2005年版,第78页。
② 同上书,第4页。

《日本经济新闻》以平实稳重为主要风格,新闻报道比较客观,极少有情绪化的煽情新闻;评论具有冷峻的批判精神,多与政策建议相关;非常重视基本数据,新闻中有关数据多以图表显示,被专业人士所珍视。

《日本经济新闻》是一家集团公司,主要领域:报纸出版除《日本经济新闻》外,还有5份日报,日发行量达58万份,有8家公司从事信息处理供应业务;拥有东京电视台;还有5家出版社,每年出版30多种杂志和300余种图书。

四、《每日新闻》

该报是日本五大综合性日报之一。最初是1872年创办的《东京日日新闻》和1888年创办的《大阪每日新闻》,1911年两家合并,1943年起正式使用现报名。该报原先的读者对象为农民。20世纪50年代在日本是发行量最大的日报。60年代尤其70年代的石油危机,《每日新闻》遭遇前所未有的困难,到1977年5月,累计亏损高达199亿日元,是其注册资本18亿日元的10倍以上,事实上已破产。后来采取裁员、缩版、压缩开支等等强力措施勉强渡过难关。

目前该报发行量为560万份(早版394万份,晚版166万份,2002年统计)。主要读者为中下层市民。

五、《产经新闻》

《产经新闻》并非经济类专业报,而是名副其实的综合性日报。该报1933年创刊于大阪,1950年才进入东京。据2002年统计,该报发行量为275万份(早版211万份,晚版64万份),读者主要是从事体力劳动和工商零售业者,年龄大多在40岁以上,其中60岁以上占37.6%,读者年龄比较老化,家庭收入也在中下水平。该报是一份大众化城市报纸,但政治上有强烈的右翼倾向,是日本保守派及右翼政客最大的言论阵地,不时宣传日本国粹主义,美化日本对外侵略战争,支持"台独"。可以说,《产经新闻》已是日本极右翼势力的代言机构。

六、日本放送协会（NHK，又译日本广播协会）

参见第九章第三节。

第三节　日本传媒业的特点

日本新闻媒体的显著特点有——

1. 高度的垄断和激烈的竞争

日本的新闻媒体在西方国家中垄断程度最高，日本的报业虽有110家，但真正有影响的报纸就5家。这5家报纸占有日本全国报纸发行量的53.5%①。

日本的广播电视除了NHK外，民营的电视台主要是5家，全部由报纸创办，它们是：

《读卖新闻》经营日本电视广播网（NNN）；

《朝日新闻》经营全国朝日广播（ANN）；

《每日新闻》经营东京广播（JNN）；

《日本经济新闻》经营电视东京（TXN）；

《产经新闻》经营富士电视（FNN）。

2. 新闻媒介和政府、政党关系密切

日本媒体都自称是客观中立的，但事实上各家大的报纸、电视台其政府、政党背景十分明显。这是由政府体制和媒体体制所决定的。日本最大的电视公司NHK是公营的，台长由政府提名、议会批准，视听费由政府的邮政省代收，这就决定NHK天然地倾向政府。在日本，从国会、政府各部、司法机关到地方各级行政机构，从各政党到各团体，都设有记者俱乐部。例如国会记者俱乐部、首都官邸记者俱乐部、外务省记者俱乐部、警视厅记者俱乐部、自民党记者俱乐部等等，各机构都派遣自己的记者常驻在俱乐部。俱乐部常向各新闻媒体发布消息或内部吹风，或透露某些机密，发放试探气球，各媒体记者从中获取信息来撰写新闻。各媒体还专门设立政治部，专职采访政府、议会、司法当局以及

---

① 原载《日本新闻年鉴（1988年）》，参见蓝鸿文：《从数字看日本报业发展的现状》，载《国际新闻界》，1999年第5期。

各政党、大团体的新闻。这些政治记者都有特定的政治背景,和政府、政党关系特别密切。这批政治记者都成了议会、政府、政党和大团体在媒体的代言人或双方的中介者。

3. 背靠大财团、大公司

除了 NHK,日本各大媒体的自有资本额极小,像日本四大私营电视公司自身资本金都不足 1 亿美元,全国朝日广播(ANN)只不过1 000万美元。各大报的自有资本金也不高。所以,媒体的发展,日常运作基本上依靠银行贷款;而银行为分散风险,要求大企业来认购媒体的股份;大公司也同样需要一家大的媒体为自己造势。这样,媒体、银行、大公司就紧密联系在一起。例如,《朝日新闻》依靠第一劝业银行、三井银行、住友银行;《日本经济新闻》背靠三井物产公司,与住友银行、三和银行关系密切;《每日新闻》依托新日本制铁公司,与三菱银行、三和银行关系密切,主要股东有东京电力公司、关西电力公司、新日铁等等。

4. 基本上囿于日本国内

除了富士电视公司在美国有一家公司外,日本其他大的媒体都没有实施跨国经营。与此相一致,外国资本也很少进入庞大的日本市场,除了时代华纳、新闻集团两家公司投入日本的有线电视网络和卫星电视外,欧美大公司都没有在日本传媒业投资。

第五章

法国新闻业

法国是世界新闻自由的另一个策源地。法国独特的新闻体制也曾引发西方国家的注目。

第一节 法国新闻业简史

在法国新闻史上,独裁控制和争取新闻自由的斗争一直伴随着法国传媒业的历史进程。

法国在欧洲曾出版过最早的手抄新闻和报纸,并有发达的印刷业。但从15世纪中叶到法国大革命(1789年)长达200多年的时间里,法国报业受到封建王朝的专制统治,全国只有3份国王钦定的报纸:《公报》(1631年5月在巴黎出版)、《学者报》(1666年1月在巴黎创办)、《文雅信使》(1672年3月创刊于里昂)。通过这些报纸,封建王朝控制了新闻、文学、科学方面的思想传播。18世纪法国著名剧作家博马舍曾经在他的名剧《费加罗的婚礼》中讽刺这种对思想的控制:"只要我的写作不谈当局,不谈宗教,不谈政治,不谈道德,不谈当权人物,不谈有声望的团体,不谈歌剧院,不谈别的戏园子,不谈任何一个有点小小地位的人,经过两三位检查员的审查,我可以自由付印一切作品。我因为想利用这个可爱的自由,所以宣布,要出版一种定期刊物,我给这个刊物起的名字是《废报》。"①

1777年元旦,《巴黎日报》创办,这是法国第一份日报,也经批准出

---

① 〔法〕阿尔贝、泰鲁:《世界新闻简史》,中国新闻出版社1985年版,第17—18页。

版,但主要刊登一些社会新闻。

1789年法国爆发资产阶级大革命,并发表了举世闻名的《人权和公民权宣言》(历史书上大多简称为《人权宣言》)。该宣言第11条规定:"思想与言论的交流乃是人类最宝贵的权利之一。因此,任何公民均享有言论、著作和出版自由。但在法律限制内,须对滥用此项自由负责任。"《人权和公民权宣言》具有法律效力。这是世界上第一次以法律条文规定公民的新闻出版自由,是法国人民对人类文明作出的最伟大贡献之一。它直接影响了当时美国宪法第一修正案的产生,影响了整个世界传媒业的发展,为新闻自由奠定了法律基础。从《人权宣言》提出以后,任何现代国家都不能回避言论出版自由。

在法国大革命期间,各种鼓吹革命的报刊风起云涌,其中最著名的莫过于马拉创办的《人民之友报》(1789年9月在巴黎出版,1792年改名为《法兰西共和国报》)。马拉不断撰文揭露资产阶级贵族的两面性以及叛变倾向,最后遭人暗杀。

然而,在《人权宣言》发表以后,法国历经拿破仑军事独裁、波旁王朝复辟等等,长达90余年时间里,新闻自由一直受到摧残。直到1881年,法国议会通过《出版自由法》,把《人权宣言》的条文具体化,才使新闻自由体制在法国真正确立。

1835年,查理·哈瓦斯创办哈瓦斯通讯社,这是世界上第一个通讯社。

1922年11月,法国邮电部在埃菲尔铁塔上设立电台,定期播放节目,由此揭开法国广播事业的序幕。

1938年开始定时播放少量的电视节目。二次大战后,戴高乐政府接管了国内所有广播电视,取消私营广播,建立了长达30年之久的国营广播电视系统。在资本主义国家,美国的民营体制、英国的公营体制、法国的国营体制构成广播电视的三种模式。

第二节 法国新闻业现状

法国的新闻媒体是西方各国中历史最悠久也是最年轻的媒体。说它悠久,因为它是现代新闻媒介和新闻自由思想的发源地之一,这一点,我们已经在上一节讲过。说它年轻,因为法国现在的所有报刊、电台、电视台绝大多数在第二次世界大战以后才创办。因为在1940年，德军攻占巴黎以后，当时法国的报刊要么投降，要么跟随维希傀儡政权。1944年夏，法国解放以后，以戴高乐将军为首的临时政府规定，凡在敌占区出版15天以上的报纸永远不准再出版，原先的报纸几乎全部关闭。所以，目前法国的各新闻媒介除个别报纸外，其历史最长的也不会超过62年（到2006年底）。

法国的广播电视自1944年法国解放以后，政府宣布接管所有广播设施，1945年又颁布法令，禁止私营的商业广播，电视台也同样如此。广播电视在长达35年时间里，虽然其体制有些微调，但始终由政府主控。直到1982年7月议会通过《视听通信法》，允许开办民营电台，1985年政府又宣布开放商业电视，1986年希拉克当选法国总统，再次修改法律，通过《传播自由法》，政府不再掌控新闻业，允许商业性广播电视自由发展。当时政府所掌握的电视一台、二台、三台、四台、五台、六台全部转型，一台、五台、六台公开招标转让给法国大公司，二台、三台、四台转为公共频道。至此确立了公私并举的双轨制运作模式。

目前，法国闻名于世的新闻机构是法新社和威望迪公司（我们将在第八章作专门介绍）。此外，有250家日报，6家电视台（即电视一台、五台、六台为私营，二台、三台、四台为公营），另有1 000家左右电台。在法国影响较大的媒体有以下几种。

一、《世界报》

《世界报》是法国目前最具影响力的一份精英报，社址在巴黎，2002年底发行量接近60万份，以后一路下滑，2005年底只有32.4万份。其一直受到知识精英、政府官员的关注。

该报1944年12月8日在戴高乐将军直接鼓励下创办。其办报原则为：国际视野，保持质量，维护独立，信守承诺。其中，"维护独立"为其核心理念。该报一向以版面严肃、单调著称，拒绝一切花哨，整个报纸就是一片灰蒙蒙的文字，把照片、插图、广告都排斥在版面外。以后经多次改版，改变其"浅灰色调"的风格，使版面清晰，便于阅读，但其严肃的格调保持不变。直到2005年11月7日，《世界报》新版推出。根据市场调查，确定改版的主要方向：从严肃转向活泼，从单色转向彩色，从沉闷转向生动，从一般转向深入，使报纸更加贴近读者。这次改版最引人注意的变化是头版开始使用大照片。改版后的《世界报》一反传统,在照片使用上大胆、泼辣,尤其是彩色图片,并把字体加大13%,文章数量减少,图片数量加大。

改版后的《世界报》内容分为:时事要闻,新闻解读,与读者的约会三个部分,简单概括就是:新闻、评论和生活。改版后的《世界报》版面,把照片、漫画、卡通、人物素描和图表与新闻报道、文章述评配发,使版面一下子变得轻松活泼、美观大方,受到青年读者的欢迎。

二、《费加罗报》

《费加罗报》1826年创刊,是法国现存历史最悠久的日报,是一份时政类的精英报纸,政治上代表法国右翼势力,在法国被称为最具法国"贵族风格"的报纸,目前发行量在40万份左右,主要读者群为企业界经理层、政治官员、商人和社会名流。

《费加罗报》日出100版左右,内容无所不包,时政、经济、评论是该报强项。每天一个粉红色的经济专版和一个黄色的体育专版是坚持多年的特色版面。

三、《法兰西晚报》

《法兰西晚报》是法国最著名的大众化报纸。该报创办于1944年,在20世纪50年代发行量突破100万份。可以说是法国新闻史上唯一一家、唯一一次销量破百万的报纸。该报后来的销售量逐年下降,目前仅有30万份左右。读者对象主要是社会下层群众。

《法兰西晚报》以社会新闻、娱乐新闻为主,多用煽情笔法,曾每天刊登一幅半裸女郎的彩色照片,不过现在已取消。

四、法国电视一台

原是法国国营电视台,该台是新闻综合频道,一直雄踞法国收视率第一。1987年转为民营电视台,主要控股方为法国兴业银行和布依格建筑公司,成为上市公司,目前覆盖全国90%以上人口,市场占有率为40%。从单个频道看,电视一台依旧是法国第一大电视台,主要听众为

50 岁以下的家庭主妇。

五、法国公共电视台

法国公共电视台由法国二台、三台、五台组成。

该三个电视台原为国营,1987 年转制为公共台,但节目内容基本未变。二台是新闻综合台,面向全国播出。三台也是新闻综合台,但负有对地区和地方广播的使命。除了少量内容外,三台在 22 个地区有不少本地新闻和其他地方性节目,还负责管理法国海外领地。电视五台是公共教育频道,由国家拨 50% 的经费,其他自筹。目前,电视二台的收视率为 20.5%,三台为 15.2%,五台为 3%。

公共电视主要依靠收取观众的视听费维持。2004 年,三个台收取的视听费为 16 亿欧元,另外,广告和赞助的收入为 8 亿多欧元。

第三节 法国传媒业的特点

法国新闻媒体的特点在于——

(1) 政府对报纸和广播电视长期实行二元政策。对报纸,法国政府历来推行多元主义原则,鼓励多种报纸、多种声音,鼓励报业之间展开竞争。随着报业集团的不断壮大,法国议会在 1982 年 11 月制定《反托拉斯法》,限制报业过度集中,而且,政府还通过减免税费,提供运输、通讯等优惠政策鼓励报刊的多样性。但对广播电视,政府却反其道而行之。1944 年 6 月,法国临时政府宣布没收所有私营电台为国家所有。同年 11 月,成立广播电视公司,直属政府情报部,领导法国境内所有电台、电视台,由国家财政支持其日常支出,并且禁止任何公司、私人创办电台、电视台。以后历届政府对电台、电视台分分合合,但国家垄断的方式从未改变。1974 年的法律还规定:"法国公共广播电视部门为国家垄断。"①这种状况直到 20 世纪 80 年代中期才逐渐改变,政府允许开办私营电视。即使在 20 世纪 80 年代法国实行广电公私并举的双轨制以后,法国政府还设立两个机构对广电实行监管。一是最高视

---

① 转引自孙维佳:《法国新闻体制概况》,载《国际新闻界》,1986 年第 4 期。

听机构,以保证公共广播和电视的独立性为主要任务,负有使公共广播机构为公共事业服务并进行监察的责任。该机构由总统、两院议长各推荐3人,共9人组成,任期9年,不得连任,主席由总统指定。具体职责是按照自由、多元的声像传播方针,对广播电视事业实行管理和监督。其权限包括制定各种法规条例,对频道进行分配,为商业广播电视经营者发放经营许可证,对违规行为进行制裁,任免公共广播电视机构领导成员等。二是视听全国委员会,由任期3年的社会各界代表共56人组成,主要任务为应政府和视听最高机构的要求,从各专业领域提供意见。视听地方委员会是各地方普遍设置的行政单位,为最高机构和视听委员会提供促进地区发展的意见和建议。另外,政府的文化部也承担部分对广播电视的行政管理事务①。对报纸、广播电视截然相反的二元政策实在匪夷所思,许多新闻学者对此作出多种解释,都有一定道理,但终究还是难以全部释疑。

(2)强烈的娱乐化取向。时尚和体育比赛是法国媒体永远的主题。曾有这样一句话形容法国的传媒业:法国只有一份报纸闻名于世:《队报》,专门报道足球。法国只有一种新闻让全球关心:时装表演。这当然是极而言之,但法国媒体的娱乐化取向在西方各国媒体中是最明显的。

(3)法国民众逐渐离开媒体。令法国媒体忧虑的是:尽管媒体使出了浑身解数取悦于民,但法国的民众却不买账,与媒体渐行渐远。在西方发达国家中,法国千人所拥有的电视机和报纸在西方各国中都是最少的。据统计,1946年至1976年,法国人口从4 200万增加到5 370万,而同期报纸发行量却从1 512万份下降到1 054万份②;1976年到1997年,法国人口从5 370万减少到5 200万,下降3%多一点,而报纸发行量却从1 054万份下降到882万份,下降6%。民众远离媒体的原因,也是众说纷纭。

---

① 郭亚夫、殷俊:《外国新闻传播史纲》,四川大学出版社2004年版,第112页。
② 中国社会科学院新闻研究所编:《七国新闻事业》,重庆出版社1988年版,第6、37页。

第六章

德国新闻业

德国是曾经为世界新闻传播业作出过独特贡献的国家,现在则在西方传播业中占有重要地位。

第一节 德国新闻业简史

讲到德国在世界新闻史上的贡献,就不能不提古登堡。活版印刷最早在中国发明,但真正对西方文明作出贡献的是古登堡1450年前后发明的欧式印刷术。

1615年,德国人艾莫尔创办《法兰克福新闻》周报,每期刊登数条新闻,被世人视为世界上最早的报纸。

1650年,里兹在莱比锡创办日报《新到新闻》,被世人视为世界上第一家日报。1670—1790年间,德语地区总共出版了3 494种报刊,超过了同时期世界其他地区报刊出版的总和[①]。

在整个19世纪到20世纪初叶长达百余年时间里,德国新闻业在专制压制和新闻自由的拉锯战中曲曲折折前进。在此期间,值得大书特书的是1848年6月1日,马克思和恩格斯在科隆创办的日报《新莱茵报》。它在报头下面,名义上印着"民主派机关报",实际上却是共产主义同盟的机关报,正如马克思所说:"这个民主派到处在各个具体场合,都强调了自己特殊的无产阶级性质,这种性质使它还不能一下子就

---

① 陈力丹:《世界新闻传播史》,上海交通大学出版社2002年版,第95页。

写在自己旗帜上。"①在不到一年时间里，马克思、恩格斯总共撰写400多篇文章，宣传革命纲领，促进德国统一，揭露资产阶级代表人物破坏德国统一的种种阴谋，也批驳共产主义同盟内部的错误思潮。《新莱茵报》对敌斗争犀利无比，恩格斯在回忆中曾激情满怀地写道："这是革命的时期。在这种时候从事办日报的工作是一种乐趣。你会亲眼看到每一个字的作用，看到文章怎么真正像榴弹一样打击敌人，看到打出去的炮弹怎样爆炸。"②正是像榴弹一样的文章引起敌人的仇恨。1849年5月，普鲁士王朝向马克思下达"警察局的逐客令"，其他编辑也受到当局迫害。1849年5月19日，《新莱茵报》被迫停刊。

1918年11月，德国成为共和国即魏玛共和国，在1919年通过的宪法中，正式宣布"不再实行书报检查"、"每个德国人在一般法律范围内，都有通过言论、印刷品、图画以及其他方式自由发表自己意见的权利"③。这部宪法通过后，德国有过短暂的新闻自由以及新闻业的繁荣。但1932年希特勒上台以后，立即就宣布"宪法规定的新闻自由暂时中止"，借口封闭报社，把民间通讯社、电台全部收归国有，实际上就成为希特勒的宣传工具。直到1945年，纳粹政权垮台以后，于1949年5月制订联邦德国基本法（即宪法），再重新确认保护新闻自由。而德国东部由苏军占领，实行社会主义新闻体制，实行国营制。1990年德国统一以后，东、西德新闻体制统一，原东德的新闻媒体被西德的媒介集团收购或改组。

1923年10月，德国在柏林有了第一家广播电台，开始播出音乐和娱乐节目。1950年6月13日，东德开始电视试播，西德在1950年7月12日播出电视节目。

第二节 德国新闻业现状

德国以其雄厚经济实力著称于世，是世界第三大经济体，但新闻业在全球的影响力远不及其经济实力，除了以出版图书而称雄全球的贝塔斯曼集团外，没有其他媒体能在全球争雄。

---

① 《马克思恩格斯全集》第21卷，人民出版社1956年版，第19页。
② 同上书，第89页。
③ 赫尔曼·麦思:《联邦德国大众传播媒介》，联邦德国驻华大使馆，1994年，第3页。

目前,德国有1 600家左右日报,日报总发行量在2 500万份左右;报业整个广告收入为110亿马克左右。德国报业的总体格局是以地方性报纸为主,很分散,全国性大报不多。从20世纪末起,德国报业陷入自二次大战以来前所未有的危机。最初是广告收入大幅下降,著名大报《法兰克福汇报》在2001年广告收入下降38%,2000年还盈利9 000万欧元,2002年却亏损2 800万欧元,不得不停办其柏林版。具有百年历史的《柏林日报》、《柏林信使报》也被迫出卖。《世界报》和《柏林晨邮报》合并,大幅度裁员以节省开支。

"二战"以后,德国广播电视一直是德国广播联盟(德广联,ARD)一统天下。德广联是公共广播组织,但不受中央政府、联邦议会管辖,是由16个州的广播组织自愿组织。这16个州有12个公共广播实体,其中11个实体共同经营面向全德的第一频道(也可以称为德广联的实体),第12个实体经营管理全国性的第二频道(德国电视二台,ZDF)。除此之外,目前还有4个专业频道:少儿频道,新闻纪录片频道,与奥地利、瑞士电视台合办的"三星电视台",与法国电视七台合办的欧洲文化电视台。

1984年,联邦德国议会决定开放私营的商业广播电视,从此实行公私并举的双轨制。从1984年开始,私营广播电视台一时风起云涌,展开激烈的竞争。竞争中有失败者,也有成功者。最大的失败者是基希集团(kirch)。基希本人从上世纪50年代代理美国电影在德国的放映权起家,1985年成为第一家商业电视台Star.1的主要投资者,然后向有线付费电视进军,曾以10亿英镑价格买断2002年和2006年足球世界杯赛的转播权。但有线付费电视出现惊人亏损,到2001年总债务超过65亿欧元,严重资不抵债,2002年4月8日,德国最大的影视传媒集团——基希集团宣布破产。而最大的成功者无疑是卢森堡广播公司,目前,德广联的两个全国性频道和卢森堡广播公司的两个全国性频道收视率不相上下,各占有全国40%的市场,其余20%为卫视与有线收费电视占有。

德国有全球最大的期刊杂志市场。德国人喜欢读杂志,期刊杂志数量多得难以计数,据粗略统计,大约有两万种左右,每期发行1.23亿册,但绝大多数是休闲娱乐性的,与新闻关系不大。

德国著名的媒体,除德广联(在第八章作专门论述)外,主要还有如下这些。

一、《图片报》

《图片报》是德国第一大报,最高发行量达 540 万份(1983—1993 年),目前发行量为 450 万份左右,除俄罗斯之外,是欧洲各国发行量最大的日报。该报 1952 年由斯普林格创办,目前仍属斯普林格报业集团。《图片报》属大众化报纸,以工薪阶层为主要读者,读者覆盖社会各阶层,尤其以中等文化层次的职员和工人为主。该报标题突出,文章短小,新闻性强,信息量大,图片约占报纸版面一半,均为彩色,版面以红、白、蓝的强烈对比调为主。

1967 年,施普林格出版社为该报确立了四项原则:坚决支持德国的统一和自由;调解犹太人和德国人的关系;反对任何形式的政治激进主义;拥护自由的市场经济原则。显然,它当时在政治上是保守的。1971 年以后报纸改变方针,不再突出政治,而强调亲民、客观等等,把以下三点作为工作原则:1)不要挑起公众错误的情绪;2)认真对待人民的问题;3)建立头脑中的秩序。

二、《世界报》

尽管该报目前的发行量只有 25 万份左右,但它无疑是当代德国最具影响力的政治性日报。该报 1946 年由英国占领军在汉堡创办,1952 年被斯普林格买下主要股份,目前是斯普林格报业集团的旗舰报。东西德合并后,1993 年《世界报》总部迁往柏林。该报每天出 20 版左右,以时政新闻与社评取胜,以政界、财经界高层、知识界为主要读者对象。在国内设 11 个分社,在世界重要国家派驻记者。

三、《法兰克福汇报》

这是一份经济类报纸,在全德有十来个地方版,1949 年 11 月创刊,日发行量在 40 万份左右,每天 30~40 版。对每天的全德、全球以及各行各业的经济走势作出分析、评估,在经济界具有一定权威性,主要读者群是企业界和政府官员。目前所有权属"法茨特基金会"。2002 年,该报的柏林版陷入经营困境,不得不转手给斯普林格报业集团。

四、《明镜》周刊

新闻杂志。1997年创办于汉堡,目前是全德最具影响力的政治性新闻杂志,每期发行100万份左右,每期有350页。该周刊追踪德国政界、全球的热点问题作深度报道。在多年的办刊传统中,该刊基本上体现并反映政府当局的政见。

五、卢森堡广播电视公司(RTL)

这是目前德国最大、也是欧洲最大的私营广播电视公司。总部在德国科隆,目前由贝塔斯曼集团控股。在德国,它拥有RTL Television、Super RTL、Vox以及N-TV等频道,与德国广播联盟拥有的一台、二台平分德国电视市场;在法国有M6,在英国有Fire,西班牙有Antena,在荷兰有RTL4,在比利时有RTL TV1,在匈牙利有RTL Klub,等等,每天超过1.7亿欧洲观众在收看RTL的电视节目。2004年的收入达49亿欧元,员工达8 117名。

卢森堡广电公司在1984年才建立。起初是卢森堡国的几名大学生在一个车库里自制节目,以"紧急呼救"节目创造收视奇迹,由此起家,后来把总部迁到德国。

该公司在短短20年时间里迅速崛起,主要得益于其强大的制作能力以及不断创新。RTL集团的内容制作主力军Fremantle Media每年制作8 000多个小时的节目。Fremantle Media在40多个国家创作和制作大量的获奖节目,如黄金时段的戏剧、连续剧、娱乐节目、真实故事和喜剧。Fremantle Media在大约150个国家拥有节目制作权,是美国以外最大的独立电视发行公司。

第三节 德国传媒业的特点

德国新闻事业与众不同之处在于它的新闻体制和运行模式。
在领导体制上,德广联(ARD)领导德国电视一台、二台(即第一套节目、第二套节目),它是各个社会阶层代表组成的公众机构。

德国广播电视的管理形式是独特的。它是由三种组织各司其职。

(1) 电台、电视台理事会。理事会由具有社会影响的民间组织及联邦议会各政党的代表组成。负责监督执行电台、电视台的基本原则,决定章程,对广播电视节目的安排向台长提出建议,决定电台、电视台的预算、年度决算和年度报告,以及对某些疑难问题作出最后裁决。

(2) 管理委员会。是电台、电视台业务领导的监督机关,其职权是审查预算提案、年度决算和年度报告,与台长签订工作合同并且监督电台、电视台的工作。管理委员会有权招聘财务、律师及技术方面的专家,专家们可以列席管理委员会的会议。

(3) 台长。他是包括安排节目在内的整个业务工作的责任领导。台长对外全权代表电台、电视台。台长由电台、电视台理事会每隔数年选举一次,各电台、电视台台长任期年限不统一。

在运营方式上,电视二台采取中央运营的方式,新闻节目由自己制作,从总部所在地美因兹向全国播出。但电视一台却不同,它由11家公营电视台组成。电视一台本身并不制作节目,而是按联邦各州的人口和收到的视听费划分出不同时段和节目比例,在电视一台总部串编以后向全国播出。

德国报业的运行模式也很独特。从严格意义上讲,德国没有全国性报纸,一些报纸都是地方性的,只不过是跨地区发行。德国报纸的大报虽具全国性,且全德大报不过10多种,却有1 600种地区版,形成子母报的独特现象。每一家地方版报纸在经济上、法律上是独立的。但奇怪的是在编辑上却不独立,地方版报纸只采编本地新闻。其他新闻不加任何改变从主报上转载。实际上是把主报换一个报头,插上本地新闻的专版,就成为新的一份报纸。

第七章

意大利新闻业

谈到世界新闻史,得从意大利开始说起。因为意大利是近代报纸的发源地。

第一节 意大利新闻业简史

意大利的新闻史一般都从"罗马公报"讲起。公元前59年,在恺撒担任罗马共和国执政官时,在公共场所挂了一块涂有石膏的木牌,公布元老院会议记录,有政府命令、战争消息、司法、税收情况,以及一些社会新闻。至公元前44年,恺撒遇刺身亡,公告也就停止。今人称之为"每日新闻",其实,无论称它为"罗马公报"还是"每日新闻",当时都没有正式名称。以今日之观点,这些内容都是政府公告、类似于中国明清时期的"宫门抄",发展到现在,就是政府公报,所以,它绝非近代新闻的源头。

世界近代新闻业的源头是"手抄新闻"。手抄新闻最早发源于15世纪意大利威尼斯。威尼斯是当时意大利乃至欧洲商业中心,贸易特别发达。手抄新闻主要刊登船期起航及到达消息,商品行情,也有些政令及战事、灾难消息。手抄新闻,虽然仅仅是手抄的,但它全是自己采编的新闻,面向全社会发行。这两点,就是构成近代报业的基本要素。但随着地理大发现,意大利失去商业中心地位,手抄新闻也逐步衰落,从15世纪到17世纪,意大利的新闻传播业远远落后于欧洲国家。直到1714年,《罗马新闻》在罗马创刊,是意大利第一份日报,可以看作意大利近代报纸的发端。以后,陆陆续续有些日报创办,但意大利新闻业在欧洲并无多大影响力。在意大利新闻业上,只有一份报纸,臭名远扬,那就是1919年墨索里尼创立法西斯党,同时创办《劳工报》作为其机关报,以后又创办《意大利人民报》。在二次大战中,墨索里尼下令封闭其他报刊,只准宣传法西斯主义的报刊才能生存。

意大利广播电台在1924年开播,并成立意大利广播联盟(1927年改为意大利广播收听公司),接受政府特许经营,实际上由官方控制。1944年改名为意大利广播公司,名义上是公共机构,实际上为执政的天民党控制,1954年1月开始播出电视节目。

第二节 意大利传媒业及其特点

一、意大利传媒业

在当代西方国家,意大利的传媒业很不显眼,无论报纸还是广播电视,不要说在全球,即使在欧洲也没有多大影响力。但在当代新闻传播史上,意大利的传媒业却又有一次石破天惊的壮举:开西欧民营商业化广播电视之先河。

自1952年意大利广播电视公司(Rai)正式成立以后,Rai一统天下,政府禁止任何民营公司染指广播公司。但Rai成了政治斗争工具,节目十分枯燥,于是地下电台、电视台不断冒出来,抢走Rai不少受众。Rai一纸状书告到了意大利法院,要求禁止地下台,但出人意料,1976年意大利宪法法院判决这些地下台具有自由播出的权利,从而在意大利掀起一股办电台、电视台热潮,也开启了整个西欧创办民营电台、电视台的闸门。从此,电台、电视台的私有浪潮席卷整个西欧。但意大利又犯他老祖宗的毛病,起步最早,发展最慢。直到1990年,意大利议会才正式颁布"公共和私人广播电视体制之规定",以立法来确认私营电台、电视法的合法性,从而确立公私并举的双轨制。

目前,意大利的广播电视由公营的意大利广播公司和贝卢斯科尼(时任意大利总理)控制的菲尼维斯公司所垄断,双方各有3家电视台,收视率各占45%左右。

目前意大利报纸大约有100多家日报,有代表性的报纸为《晚邮报》、《共和国报》、《新闻报》3家。总发行量700万份左右。

近些年,意大利传媒受到网络的冲击而有所衰退,从1999—2003年间,报纸发行量下降5.5%,总广告收入下降16.3%,直到2004年才略有上升。

目前,意大利著名的媒体有——

1. 意大利广播公司(Rai)

1944年成立,是意大利公共广播机构,名义上为国有的复兴工业公司控股,实际上由意大利最大政党天民党所掌控,主要收入来源是收取受众交纳的视听费,也有一部分广告收入。目前有3套面向全国的广播频率和3套面向全国的电视台,同时拥有54座地方电视台,Rai的电视收视率为45%左右,和其竞争对手菲尼维斯公司平分意大利电视市场。

2. 菲尼维斯公司(Finivest)

意大利目前最大的私营广播电视公司。1980年11月,米兰富商贝卢斯科尼兼并20多个地方电视台组成"电视五频道",面向全国播出,以后又收购了电视四网和意大利电视一台,三个电视台组成菲尼维斯公司,从而形成了可以与意大利广播公司平起平坐的竞争实力。目前,该两大电视公司垄断了意大利90%左右的电视市场。

3. 《晚邮报》

该报是意大利目前发行量最大、历史最长、影响面最广的一份日报,总部在米兰。该报以时政内容为主,代表北部财团利益,每天50版左右,发行量在65万份上下。

4. 《共和国报》

该报目前是意大利第二大报,是一份新崛起的财政类日报,也重视经济新闻,总部在罗马。该报每日50版左右,发行量也在65万份上下。但与《晚邮报》相比,《共和国报》的风格比较活泼,图片、图表多,文字也比较轻松易读。

二、意大利传媒业特点

意大利新闻媒介的最大特点是高度政治化。第二次世界大战以后,意大利几个大政党对峙,群雄混战,政府更迭像走马灯。在激烈的政治斗争中,各派政治力量都需要新闻媒介作为他们的枪手,于是几乎所有大的媒体都有浓厚的党派色彩。各个政党以各种方法操纵不同的媒体，媒体成为某些政治集团的代言人，成为各政党争权夺利的工具。意大利几家大报都分别受几个大党控制：《晚邮报》倾向于天主教民主党，《信使报》投靠社会党，《共和国报》受共产党控制。1975年，议会规定公营的意大利广播公司政治独立、经营自治，但实际上是一纸空文。该公司所属的电台、电视台被各政党瓜分，天民党控制电视一台，社会党控制电视二台，共产党控制电视三台。在这样激烈的政治斗争中，独立的媒体往往成为政治斗争的牺牲品。各家媒体都纷纷寻找大的政党做靠山，从而也卷入政治漩涡中。这样一来，意大利几乎难以找到一份独立的大众化报纸，每次媒介的改组或所有权变更，往往是各党派力量发生变化、要求重新按势力瓜分媒介的结果，这就不可避免地造成媒介内部组织臃肿，职能重叠，人力、财力浪费严重；并且各党派对媒体的分割使媒体结构失衡，传播内容重复、单调，严重脱离受众需要，从而束缚了传媒的发展。

　　正是由于政治斗争的需要，意大利的报纸几乎大多数是全国性的，全国性报纸占全部发行量的73.5%。近几年，意大利公众已逐渐厌倦喧嚣不息的政治报纸，全国性报纸销量逐渐下降；相反，中小型的城市报纸逐渐走俏，这些报纸以服务当地居民生活为宗旨，很受当地居民欢迎。

第八章

当代西方著名媒体

第一节 西方国家著名通讯社

通讯社是为报纸、杂志、广播和电视提供新闻而建立的实体,在存在形式上可以表现为销售新闻的公司或与其他分享新闻资源的报纸协作的写作机构,有时也可表现为政府机构。

通讯社的最大特色在于并不直接向受众发布新闻,它仅仅向各新闻单位提供新闻稿(或称新闻"原坯"),经各新闻单位采用才公之于世。通讯社是在报纸增加到一定数量时才产生的,是为适应各种报纸的不同需求的产物,主要功能是补充各报纸通讯网的不足。当广播、电视产生以后,通讯社又为广播台、电视台提供新闻稿。今天,随着互联网的迅速发展,通讯社也建立了自己的网站,直接发布消息。

通讯社的主要收入来源是向其他新闻组织出售可以被直接利用而不需大修改的文章。随着科技的发展,通讯社的服务内容也大大拓展,从早期的文字和图像扩充为今天的电视节目、图表和互联网传输业务等等。早期的通讯社一般通过电报等有线服务提供服务,今天互联网和卫星传输则成为更加快捷的传输方式;有时一些通讯社也从公司、个人、分析员和情报局等处了解消息。

世界上第一个通讯社创办于1835年,那是西欧各国报纸迅猛发展的时期,由法国人哈瓦斯创办,称哈瓦斯社,后改为法新社。开始是复写的手抄新闻,后来改为油印,从邮局递送到各报社。1840年用信鸽在各国首都传送重大新闻,1848年启用电报。1850年,德国人路透创办了通讯社,后迁往英国,这就是著名的路透社。美国在1848年由6

家报纸为联合采访欧洲船只带来的新闻,成立了一个通讯社,史称港口新闻社,这就是美联社的前身。至1880年,该社订户已达355家报纸。上述几家是世界上最早的一批通讯社。世界著名通讯社还有安莎社(意大利)、塔斯社(俄罗斯)、埃菲社(西班牙)等。

一、美联社(Associated Press,简称AP)

美国联合通讯社(美联社)成立于1948年,是全球最大的通讯社,也是历史最为悠久、信息更新最快的新闻组织。每天以6种语言向世界上数以万计的日报、广播、电视台和网上客户提供新闻消息,覆盖面极广。美联社宣称它的使命是准确、客观、平衡地报道,向媒体提供最高质量、最可靠的全球性新闻消息。

美联社属于合作性非营利组织,在美国本土采用会员制,会员缴交会费并发送新闻稿至总社,总社则免费提供各地新闻资讯给会员。而国外报纸、电台、电视台若要获得新闻则须缴费订购。它拥有3 700名雇员,在全球拥有242家分社。美联社的经营内容主要包括:文字新闻、图片、图表、音像和录影;其数字式图片网络、24小时连续更新网上新闻服务、高端电视新闻服务和全美最大的无线电网络均属于世界先进水平。美联社最大的服务特色是拥有一个商业数字式图片档案库,里面储存了超过1 000万份图像资料,同时提供广告业务。

先进的设备让美联社的日访客户量超过10亿。半个多世纪以来,美联社拥有了一批固定的服务客户,其中包括:

1 700家美国日报、周报、非英语报纸以及学院报纸;

5 000家电视台广播系统;

1 000家网络;

330家国际广播,服务内容包括全球广播新闻服务、电视新闻(APTN)、SNTV和体育转播;

8 500个国际订户接受美联社新闻和图片服务;

121个国家接受由美联社提供的数字服务。

美联社的新闻编辑部门设有总编室、国际部、对外部、经济新闻部、体育新闻部、图片新闻部、特稿部和广播新闻部。1994年增设电视部(APTV),其工作中心在伦敦,通过亚洲、拉丁美洲、北美和全球服务4条专线,向全世界电视订户提供声像新闻。美联社的收入主要包括其出售的新闻产品(新闻、图片、音像、网络)、网络商店(主要提供网上图书销售)和广告业务(电子广告送货业务)等。作为一家老牌的新闻组织,美联社也是获得普利策新闻奖最多的通讯社——48个普利策新闻奖(其中包括29项普利策新闻图片奖)。

下面简要介绍几个美联社的特色服务:

1. 美联社电视新闻(Associated Press Television News)

美联社电视新闻是全球最大的电视通讯社,主要提供国际新闻电视资料。在全世界拥有80个分社,通过网络和全球定位卫星向世界提供电视新闻、体育和娱乐内容。在全球,有500家电视和广播电台向APTN定制门户宽频网络服务。其旗下的主要产品包括:新闻、娱乐、资讯、体育、直播报道、图书馆查询等。

APTN还特别在中东地区设立"中东服务站",向中东地区提供国际新闻和广播服务。

2. ENPS平台

ENPS的前身是AP NewsDesk,于1989年开发。设计AP NewsDesk的主要意图是用最简单的命令得到最快最新最及时的新闻报道、体育赛事转播和最新天气预报,从而帮助媒体削减成本,提高效率。1993年,美联社引进了AP NewsCenter,这是第一个专门适用于微软视窗的新闻计算机系统,拥有一切电视、广播电台需要的生产工具如script文字输入、计划输入、时间展示、简易接口等。该系统还拥有一个强有力的搜索引擎,可以处理接踵而来的新闻资料和突发情况通知,并配有字符发射器。

ENPS是AP的新一代软件,于1997年正式发布,并在短期内迅速成为电视播放的首要软件。美联社广播技术小组负责对ENPS的开发,并分别在华盛顿特区、伦敦设立了分区。ENPS的功能十分强大,包括节目增减、scripting语言、联络、传输、归档、第三方设备控制、导出、全文搜寻等,支持多种语言。

最新的ENPS业务包括媒介对象服务器(MOS)协议、音像资料服务器、桌面音像浏览器和编辑字符发射器和其他新闻生产设备的通信等。ENPS电传应用可以迅速使用电传,直接从ENPS接口导入输出,方便快捷。在今天,全球有48个国家超过500家广播电台使用ENPS系统制作、处理和播放新闻。

二、路透社(Reuters)

1950年10月,德国人保罗·朱利叶斯·路透在德国亚琛创立了一家私人通讯社——路透社,1851年他将路透社迁址到伦敦。到1865年,这家私人通讯社已经扩展成为一家大公司。至今,路透社已经成为世界三大通讯社之一,并素以客观、公正、快速的新闻报道而被世界各地报刊广为采用。

路透社和路透家族的关系随着1915年通讯社创办人之子赫伯特·路透去世而宣告结束。赫伯特·路透自1878年起就领导这个新闻社。他去世以后,原来的家族企业变为了私人公司——路透社股份有限公司。1925年,英国的新闻协会购得该公司的大部分股权,其后的59年内,路透社的股权和管理权就分别由4家新闻群体联合控制:代表伦敦出版业的全国性报纸的报业主联合会,代表郡级报纸的报联社,澳大利亚报联社和新西兰报联社。这4家股东都有代表参加路透社董事会,它们之间有一项确保路透社在新闻报道中所谓"独立性"和"正直性"的"托拉斯协议"。协议原则是:路透社将永不为任何利益团体或党派所拥有;路透社永葆完全独立、公正和客观的特性;路透社应给报纸、新闻社、传播机构和其他媒介订户,以及企业、政府、机构、个人和其他已订有或可能订有合约者,提供客观和可靠的新闻服务;路透社除了顾及传播界的利益外,也会顾及其他服务对象的利益;路透社应尽全力扩充、开发和调整其新闻及其他的服务和产品,以维持在国际新闻和信息界的领导地位。董事会由1名董事长、3名常务董事和8名董事组成。董事会每半年召开一次会议,由董事轮流主持会议,讨论财政和经营管理方面的问题。日常行政工作由执委会(或称经理部)负责。执委会由总经理、两名副总经理、两名助理副总经理和总编辑6人组成。总经理由董事会任命,新闻业务工作由总编辑主持。

路透社的新闻涵盖全球的一般性新闻及政治、经济、金融、体育等新闻,由遍布75个国家的1 200位通讯记者、摄影记者、摄影师尽力合作提供。其消息大致有特急快讯、急电和普通电讯三种。这三种电讯的时效性按顺序递减,篇幅按顺序递增。特急快讯主要针对商业用户,快讯主要适用于政府机关及电子媒介订户,普通电讯则主要服务于其他新闻媒介订户。新闻稿以国际新闻为主,包括一般新闻和经济新闻两大类,采用英、法、德、西、日等10多种文字播发。路透社的国际新闻紧密配合英国政府的外交活动。路透社的经济新闻举世闻名,在路透社的总收入中,85%来自出售的经济新闻,15%来自国内的收入。经济新闻主要属于商情报告,为英国和西方大企业服务。路透社每天24小时通过电子计算机控制,以电视、传真等形式向世界各地的银行、经纪人和工商企业提供经济、金融情报。

在广播、报纸和杂志方面,路透社提供电视新闻以及24小时的新闻稿、新闻图片和电视录像带。路透社属下的国际电视新闻社数量位居全球之冠。每天经由80多个国家的650个广播机构传播的信息,约有5 000万个家庭可以接收到。这些都是透过维氏新闻社(Visnews)运作的,1992年路透社将其全部兼并,改为"路透社电视"(Reuters TV),一跃成为世界最大的电视新闻供应商,在全球拥有38家分支机构。

路透社的订户遍及世界160余个国家和地区,媒介直接订户3 000多家(其中报纸1 000家,电台700家,通讯社130家,图片社440家,新闻订户900家),间接订户1万家(间接订户是指由直接订户转发的媒介)①。路透社1997年的收入达47亿美元,但其中90%并非来自向媒体提供新闻,而是来自向遍布世界的20多万个公司信息终端提供24小时信息服务。

1984年,路透社开始公开发行股票,成为在英国注册的上市有限公司:Reuters Holdings PLC。同时,路透社通过伦敦证券交易所和NASDAQ(全国证券交易商协会自动报价系统)在美国的市场,成为第一家采用双重上市的公司。路透社股票所有权遍布全世界,以英国和美国的持有者最多,该社还有鼓励本社员工持有股票的计划。公开上市后,路透社董事局阵容便有所扩大,更加国际化,更有无新闻背景的董事加盟。董事局现由15人组成,大部分都是非执行董事,包括集团主席在内。董事局指派的总经理,是公司的首席行政人员。执行董事是执行委员会的主席,并指定委员会的成员,该委员会控制公司的一切业务。执行委员会的成员主要负责全球的主要活动,包括编辑、财务、市场拓展、人事和技术,以及日益增加的区域性管理架构。至此,路透社实质上已经成为商业信息公司和电子商务交易公司。路透社有以下几种特色服务。

---

① 〔美〕威廉·哈森:《世界新闻多棱镜》,新华出版社2000年版,第64页。

1. 信息产品

路透社的最大优势产品是"2000系列",主要包括所有的金融市场行情:外汇、货币、债券、证券、期货商品和能源等等。使用者可以根据自己的需要,读取并显示个别的报价行情和其他的商品信息。附加的应用软件,能实时连接电子表格,提供分析的工具。

同时,路透社也在尽力发展配合行政执行的信息产品,如"欧洲共同体报道"(European Community Report)就提供了全面详细的"欧共体"发展细节。这些产品包括新闻和信息行情的主要内容,以及传输该项产品所需的计算机设备和信息管理系统等。路透社的金融客户亦可选择全世界任何一个市场的专题分析服务。这些信息服务都是经由电子通讯设备传送到"路透金融终端机"(Reuter Terminal)上。

2. 数据和数据库

路透社的信息来源十分广泛,其中包括遍布全球的记者和3 000多个金融市场信息提供者,他们都会直接把信息传送至路透社。路透社为数可观的实时报价行情,源自位于纽约、伦敦、东京、基辅、内罗毕和上海等地的180多个交易所和场外市场。除了新设立的或小规模的交易所有可能以人工输入数据外,其他交易所均以每秒钟数百万份信息的速度输入数据。进入路透社的系统,所有的新闻和数据就会分配、整合到信息网络(IDN)上。这是一个高速的通讯网络,将全世界各地路透社客户的计算机连结到路透社的资料中心。

路透社建有一历史数据库,所有路透社的实时信息服务和其他数据来源都尽收其中。路透社数据库可加强实时信息的服务,其中对历史数据的需求不断地增加(有时仅是数分钟前的数据),以供绘图或电子表格类的应用软件。这些亦可利用拨按方式提供。路透社的历史文字数据库,可供查阅的内容包括所有路透社的新闻,以及500多家媒介出版机构的文章。

3. 计算机设备

"路透金融终端机"(Reuter Terminal)在1990年被指定为传送路透社资讯的标准设备。它所提供的信息、图表、分析应用程序和交易设备的范围日益扩大,并使用标准软件,包括最新版的微软窗口(Microsoft Windows)。

路透社提供交易室采用的多人共享信息系统或其他类似的应用程序,以数字或视讯形式组合信息。这些都使用业界标准的软硬件,也可以和客户本身的计算机系统和应用程序整合。这些系统包括网络版"路透金融终端机"（Reuter Terminal）和"交易室系统结构2000"（Triarch 2000），后者供应中大型交易室所使用的先进数字化信息管理系统。"交易室系统结构2000"（Triarch 2000）包括巴黎的 Effix Systems 所开发的 Effix 应用程序集。

另一受欢迎的产品是 Prism，这是全球安装最多的视讯转换系统。Datafeeds 是以数字方式将路透社的新闻和数据传送到分析应用程序上，如"交易室系统结构2000"（Triarch 2000）等系统上，也可传送到客户自己的计算机系统和网络上。它们还包括 Selectfeed，一个可传送 IDN 上所有新闻和数据的数码系统。

4. 交易系统

路透社公司的第一项交易服务产品"屏幕外汇交易系统"（Reuter Monitor Dealing）于1981年推出，是第一个该类型的国际性交易系统，主要供国际外汇市场使用。

1989年起，路透社分两个阶段推出最新的外汇交易服务产品"交易2000"（Dealing 2000）。该工作站以个人计算机为基础，利用人工智能和先进的软件增强使用者的交易能力。"交易2000"（Dealing 2000）在第二阶段时加入了计算机化撮合功能，在交易银行间买卖价格相同时自动完成交易。

在其他交易系统方面，路透社还提供国际的证券电子实时交易网络 INSTINETTM。此一网络由路透社子公司 Instinct Corporation 提供，可输入股票订单、议价和执行交易。同时，路透社和芝加哥商务交易所（Chicago Mercantile Exchange，CME）、芝加哥期货交易所（Chicago Board of Trade，CBOT）以及其他交易所共同开发了 GLOBEX＊，商品市场的自动撮合交易产品。GLOBEX＊是为公开喊价市场及正常交易时段以外进行的交易而设，可完成市场交易和客户订单的执行。

5. 路透社基金会

路透社基金会是慈善信托基金，从事广泛的教育和其他企业支持活动的计划。资金全部来自路透社。该基金会1982年成立，资金100万英镑，主要宗旨在提升国际新闻业的水准。随后又设奖学金计划，供发展中国家的新闻从业人员到欧洲和美国的大学进修。

值得注意的是，基金会一直致力于为东欧和其他新闻从业人员提供国际和商业新闻训练课程，这其中包括通讯和信息科技的技术训练和研究。基金会还支持社区计划、医学研究、环境问题和艺术,并经常支持路透社在世界各地员工从事志愿服务。

三、法新社(Agence France-Press)

法新社是与美联社、路透社齐名的西方三大通讯社之一,也是世界上历史最悠久的新闻机构,前身为哈瓦斯社。1835 年,被称为"新闻之父"的法国银行家夏尔·哈瓦斯(Charles Havas,1783—1858)以自己的姓氏创建并命名了全世界的第一家通讯社,并率先将 Agence 这个单词用于"通讯社"。哈瓦斯通讯社在全盛时期曾垄断了全法的通讯社业务,但在 20 世纪 20 年代末却因财政恶化而不得不接受当时法国外交部的资助,从而变成了"半官方通讯社"。"二战"爆发后,德军占领巴黎,同时接管了哈瓦斯通讯社,将之变为纳粹的宣传工具。哈瓦斯社的一部分爱国员工则在法国国内外建立了 4 个反法西斯通讯机构,包括伦敦的法国独立新闻社、阿尔及利亚的法非通讯社、法国国内的新闻资料通讯社和自由法国通讯社。1944 年 8 月巴黎获得解放后,法国几家参加了抵抗运动的通讯社接管了哈瓦斯通讯社,并于同年 9 月 30 日在戴高乐临时政府的指导下组成了法新社。当时,法新社是法国官方通讯社,社长由政府任命,经费由政府拨款支持。1957 年,法国国民议会通过法新社改组章程,规定该社为"独立的公共企业",社长不再由政府任命,经费依靠向订户出售新闻收入,从而在形式上取得了独立地位。

法新社的总部设在巴黎,在世界各地拥有 2 000 多个职员,在 165 个国家或地区拥有分社、记者或兼职报道员。法新社的新闻采写按照活动领域被分为 5 个报道区:以巴黎为中心的 52 个分社(其中包括在欧洲的 36 个和在非洲的 16 个),负责欧洲和非洲的报道;以华盛顿为中心的 9 个分社负责北美的报道;以蒙得维的亚为中心的 15 个分社负责拉美地区的报道;以香港为中心的 25 个分社负责亚太地区的报道;以尼科西亚为中心的 9 个分社负责中东地区的报道。它们分别以各自所在区域的主要语种采编当地新闻,为当地客户服务,同时供给总社,转发总社的新闻。法新社的国内订户为 2 750 家(650 家报纸杂志、400 家电台、200 家电视台、1 500 家机关和公司用户),国外订户 10 500 家(通过 100 家通讯社向 7 600 家报纸、2 500 家电台、400 家电视台供稿），并提供法语、英语、德语、西班牙语、葡萄牙语和阿拉伯语语言支持①。

法新社的业务相比路透社来说纯粹很多，在新闻产品方面主要包括消息、图片、音像制品、印刷品和动态图表。同时法新社也开始尝试向客户提供电子信息服务（ImageForum 平台）和多媒体产品的销售。法新社的收入来源除了报刊和企业用户之外，主要依靠政府机构订费。这主要是由于法新社的财政情况长期不佳，所以政府机构订费在实际上是政府的变相津贴。

第二节　西方国家著名报纸

随着互联网等新媒体的崛起和电视媒体的异军突起，报纸已经由当初的一枝独秀，到与电视、广播的并驾齐驱，走向危机四伏的多元化媒体市场。西方各国报业都逐渐萎缩，报纸总量也逐步减少。但由于报纸拥有比较稳定和忠实的读者群，同时各国报业也在积极地相应做出调整，应对挑战和冲击，报纸仍然成为今天媒体市场中非常重要的一环。

一、《纽约时报》（The New York Times）

虽然报纸并非在美国诞生，但报纸的现代化之路却是在美利坚的土地上走出坚实的第一步的：其标志即是 1833 年《纽约时报》的创办以及随后展开的轰轰烈烈的"便士报"运动。《纽约时报》是美国影响最大的三家报纸之一（另外两家为《华盛顿邮报》和《华尔街日报》）。最初的名字是《纽约每日时报》（The New York Daily Times），有时也被戏称为"灰色女士"（The Gray Lady）或简称为"时报"（The Times）。

《纽约时报》的创始人是亨利·J·雷蒙德和乔治·琼斯。他们当时的打算是发行一份比较严肃的报纸，来打破当时在纽约盛行的花花绿绿的新闻报道方式。1833 年，《纽约时报》创刊，由"纽约时报公司"在纽约市出版。按当时售价属"一便士报纸"。该报是为了适应纽约

---

① 引自 http://www.afp.com/English/arp。

当时的 50 万居民需要新的、便宜的报纸而创办的,创立伊始就强调准确和详尽地报道国际国内重要消息。1896 年,阿道夫·奥克斯将《纽约时报》收为己有,在他的领导下《纽约时报》获得了国际性的认可和声誉。1897 年他提出了《纽约时报》的格言:"刊登一切适宜刊登的新闻"。这个格言被公认为对"黄色新闻界"的挑战。在主编 C·范安达的帮助下,《纽约时报》更注意登载毋庸置疑的新闻,增出星期日杂志版,取消小说,减低报纸的日摊售价,从 3 美分降至 1 美分。在报道 1912 年 4 月美国邮船"泰坦尼克"号沉没事件后,其声誉大增。20 世纪 60 年代,该报在排印、版面和其他技术方面作了许多改革。今天《纽约时报》的拥有者已是《纽约时报》公司(New York Times Co., NYT),但奥克斯的后代在这个公司内依然保持重要的地位。

《纽约时报》自创刊开始,经历了两次世界大战、经济大萧条、罢工以及多次的家族危机,不仅历经百年长盛不衰,而且以其客观严谨的报道态度,庄重凝练的大家风范,赢得了 20 世纪人类历史的"档案记录报"的美誉。但也时有丑闻。2003 年《纽约时报》承认它的一个记者杰森·布莱尔多年在其新闻报道中做假。2005 年 7 月 6 日,《纽约时报》记者茱蒂丝·米勒因拒绝透露消息来源遭法院判刑入狱。1995 年,"纽约时报公司"建立了自己的报纸网站 www.nytimes.com,提供《纽约时报》的在线阅读。1999 年经过网络方面业务的全面整合,成立了独立核算的"数字《纽约时报》"(New York Times Digital)。

《纽约时报》的受众群主要是中产阶层、国会议员、政府官员和高级知识分子等高端读者。社论常反映美国国务院的观点,报道政府的重要文件和重要人物的言论较为详细。该报为苏兹贝格家族所有,与洛克菲勒财团关系密切,摩根财团对其控制权也逐渐扩大。

在经营内容方面,"纽约时报公司"最核心的产业当然是报业。报业也是迄今为止为其带来最大荣誉的产业,旗下最主要的报纸有 3 家:《纽约时报》、《国际先驱论坛报》和《波士顿邮报》。《纽约时报》电视是美国最大的独立制作商之一,2002 年与时报公司投资 1 亿美元买下探索频道(Discovery Channel)50% 的股份,开办探索时报频道(The Discovery Times Channel),以纪录片为经营特色,为探索电视公司生产至少价值 4 000 万美元的电视节目,目前该频道已经有 2 500 万订户。2003 年美国哈里斯互动公司(Harris Interactive Inc)一项调查研究显示:探索时代频道在美国各知名媒体和电视中居于第六位,第一名是探索频道。旗下的有线频道"新英格兰体育电视网"在美国东北地区有着370万家庭用户的骄人业绩。"纽约时报公司"也拥有两家纽约广播电台。同时,"纽约时报公司"还拥有"新英格兰体育",包括波士顿红短袜棒球队。

《纽约时报》作为一份全球性报纸,以其全国战略,吸引了很多全国性的广告。因为目前该报大多数版面全国共享,所以广告商一买就变成了全国性广告。《纽约时报》也尽量扩大全国性广告的范围,因为这种广告不仅可以提升时报的影响,而且最重要的是比纽约市内的广告贵。目前时报全国性广告占到其所有广告收入的44%。

二、《华尔街日报》(The Wall Street Journal)

《华尔街日报》素来被称为美国实业界政治经济日报。1882年,一位名叫查尔斯·道的经济金融记者与同僚爱德华·琼斯成立道·琼斯公司,收集并定期向股票经纪人发售有关行情的消息。由于生意兴隆,1889年《华尔街日报》在美国纽约正式创刊,为道·琼斯公司拥有。该报从1889年7月8日起,登载道·琼斯公司发布的经济消息和股票指数,延续至今未中断过。

1889年出版的第一期《华尔街日报》,只有两栏金融新闻、两栏广告和一栏拳击消息。那时的美国基本上是个农业国,人口只有6 000万,钢铁产量远远落后于英国,电灯电话刚发明。该报以刊登财政、金融和贸易新闻为主,但是重大国际动态无一遗漏,并有自己的评论。它不直接采用通讯社的消息,在世界各大城市驻有自己的记者。1976年,开始利用人造卫星传播稿子。《华尔街日报》每周出版5期,一般是40余页,分3个部分:要闻、市场消息、金融与投资。1988年统计的发行量是202.5万份。在美国国内分别设18个点,在欧洲和亚洲分别设5个点发行,是美国发行量最大的报纸。

说到《华尔街日报》,就不得不提及其控股公司——道·琼斯公司和道·琼斯通讯社(Dow Jones & Co. and Dow Jones Newswires)。道·琼斯公司是一家集商业新闻和信息服务为一体的跨国媒体集团,有着100多年的历史,由Charles Dow、Eddie Jones和Charles Bergstresser于1882年创立。道·琼斯集团现在的一些核心业务都可以追溯到创业早期,除了创立于1889年的《华尔街日报》,道·琼斯的早期创业产物还有道·琼斯工业指数（Dow Jones Industrial Average，DJIA）（创立于1896年）和道·琼斯新闻服务（即现在道·琼斯通讯社的一部分）（创立于1897年）。主营业务涉及报刊出版、电子出版、广播电视三个方面。作为全球最大的一个业务多样化多媒体财经新闻出版公司，其财经新闻报道包括印刷刊物、电子/网络出版物和电视广播。道·琼斯欧洲业务总部设在伦敦，美洲业务总部设在纽约。

道·琼斯在全球报刊出版业的知名品牌包括：《华尔街日报》、《亚洲华尔街日报》（The Asian Wall Street Journal，AWSJ）、《远东经济评论》（Far Eastern Economic Review，FEER）、美国专业财经杂志 Barron's 和 Smart Money 在内的9种著名媒体；其中《华尔街日报》的发行量在美国报业中排名第二位。电子出版包括道·琼斯通讯社、道·琼斯路透商业信息查询系统、《华尔街日报》网络版（WSJ.com）、"道·琼斯财经门户网站"等4个网站平台；其中《华尔街日报》互动版，拥有64万收费用户。广播电视有著名的 CNBC 全球财经新闻频道（NBC 和道·琼斯合作），还有负责中文业务的"道·琼斯中国"机构。

道·琼斯通讯社在55个国家的90个分社有800名专业记者。作为全球最权威的实时财经信息和评论的独立提供商，其新闻出现在全球34.8万台终端机上。道·琼斯提供多语种新闻，包括中文、日语、荷兰语、法语、德语、西班牙语和印尼语。道·琼斯在全球60个国家有7 500名员工，为全球65个国家多达346 000名专业财经机构客户每日提供超过7 000条经济、金融及影响市场走势的新闻信息。此外全球更有4 000 000名用户通过互联网获取道·琼斯的电子新闻信息，内容涵盖外汇、债券、股票、能源及商品期货五大金融领域。2005年公司公布的收益为17.7亿美元。

在经营方面，道·琼斯公司一直富有商业头脑。20世纪70年代，道·琼斯跨入电子出版领域，收购奥特维报系。同时，道·琼斯开始注重拓展美国以外的市场，首先投资出版了《远东经济评论》杂志，又于1976年出版《亚洲华尔街日报》。20世纪80年代，《华尔街日报》发行量超过200万份，通过购买德励财经（Telurate）着力推出数据库、电视报道和实时市场数据传递等服务。《华尔街日报·欧洲版》于1983年在布鲁塞尔创刊。20世纪90年代，道·琼斯更注重发挥内容实力及竞争优势。1998年将德励财经出售给桥讯通讯；1992年与赫斯特集团合作出版《财智月刊》（Smart Money）——《华尔街日报》个人理财杂志;1994年出版《华尔街日报专刊》;1996年启动《华尔街日报》网络版。同时,道·琼斯成为商业电视节目供应商,"亚洲商业新闻"于1993年首播,"欧洲商业新闻"于1995年首播,还与NBC于1997年建立围绕CNBC的全球商业电视联盟。1999年9月,《华尔街日报》有关个人投资理财及职业生涯文章的《华尔街日报·周日版》开始发行。1999年秋天,道·琼斯还出版了一份名为Vedomosti(《俄罗斯商业日报》)的商业报刊。

由于《华尔街日报》的主要报道内容为财经类信息,所以主要的发行对象是美国的中高收入阶层,中产阶级、金融行业的人士居多,其读者一般是公司和机构的具有决策权的高级管理人员,公司和机构订户超过50万,占其总发行量的1/4。在性别上,《华尔街日报》的阅读对象主要是男性。

《华尔街日报》的收入来源主要是报纸的零售。在电子刊物方面,《华尔街日报》也由当初的免费阅读转为收费订阅。1996年8月《华尔街日报》开始向访问该网址的75万订户收取每年49美元的订阅费,可以免费享受两个星期的服务,此后只能交费订阅。道·琼斯公司负责电子刊物的高级副总裁高登·克罗维茨(Gordon Crovitz)称,这一变化"凸显了广告商充分利用日报特许权的机会"。《华尔街日报》网络版在全球的付费订户为686 000个,其中400 000个订户只订阅网络版。根据美国发行审计局(Audit Bureau of Circulations)的规定,电子刊物的收费达到规定的价格水平后,才能将订户付费纳入发行量,《华尔街日报》网络版因而可以将付费订户中的290 412个收费达标的订户纳入发行量。《华尔街日报》是美国唯一一份有能力将网络版较高付费订户纳入发行量的主要报纸。B2B(商家对商家)广告是《华尔街日报》的另一主要收入。在B2B广告中,《华尔街日报》主要依赖两个领域——IT和金融。2004年,在这两大类广告大量减少的情况下,其数量占该报所有广告版面的31%。2005年前两个季度,根据道·琼斯财报显示:公司一季度净收入仅为820万美元,同比下降54%,二季度下降97%(部分受转出CNBC合作股权的影响)。道·琼斯70%以上的利润来自《华尔街日报》。而2005年上半年,《华尔街日报》的两个主要广告收入来源中,IT广告同比减少了约20%,金融服务类广告缩水了18%。

三、《华盛顿邮报》(The Washington Times)

《华盛顿邮报》是美国首都第一大日报,也是美国最有影响的大报之一。1877 年由斯蒂尔森·哈钦斯在美国创办,1880 年,《华盛顿邮报》成为华盛顿特区首家每日出版的报纸。1905 年,《辛辛那提探询者报》的拥有者购买了《华盛顿邮报》的多数股份。1933 年《华盛顿邮报》因经营不善宣告破产,公开拍卖,后为犹太金融家尤金·迈耶收购。迈耶着重稳妥而独立的编辑方针,逐渐确立了该报的声誉。该报以消息灵通、材料可靠、文章犀利和夹叙夹议的报道而闻名。赫伯特·L·布洛克(人们称作"赫布洛克")的漫画为社论栏增添光彩。1942 年和 1954 年布洛克两次得普利策奖。

1946 年,迈耶选中其女婿菲利普·格雷厄姆作为《华盛顿邮报》的接班人。格雷厄姆使该报的业务蒸蒸日上。1954 年《华盛顿邮报》购买了它在华盛顿特区的主要竞争者《时代先锋报》而成为华盛顿特区的唯一日报。1961 年吞并了《新闻周刊》。1963 年格雷厄姆死后,由其夫人凯瑟琳担起办报重任,使该报声誉日隆,并以重金网罗了很多新闻界的精英。1970 年时它已享有国际声望。1978 年发行量接近 56 万份。20 世纪 80 年代以来每日发行量达 79 万份,星期日可达 114 万份。

《华盛顿邮报》由"华盛顿邮报公司"控股,该公司还拥有一些其他媒介或非媒介的企业,包括《新闻周刊》、《特伦顿时报》和 6 家广播电台以及一个通讯社,在美国 500 家大公司中占有一席。华盛顿邮报集团是一个多元化的媒介与教育公司。其基本的经营内容包括报纸和期刊、广播电视、电缆电视系统、电子信息服务,以及教育和职业服务。目前在它旗下拥有《华盛顿邮报》、The Gazette Newspapers (Maryland)、The Herald (Everett, Washington)、《新闻周刊》,在 Detroit, Houston, Miami, Orlando, San Antonio and Jacksonville 等地的电视台,以及覆盖了中西部、西部和南部诸州的电缆系统。公司同时也拥有 Kaplan, Inc.,互动式新闻周刊,新闻周刊技术媒介集团等。2004 年 12 月 21 日"华盛顿邮报公司"宣布要从微软购买网上杂志 Slate。公司还在 Los Angeles Times-Washington Post News Service and BrassRing, Inc. 等处拥有股份。

公司通过其经营的报纸、期刊、电缆、电信、教育等优质服务获得报酬。按 2003 年 9 月 30 日的数据,《华盛顿邮报》的日平均发行量为 768 023 份,继《洛杉矶时报》、《纽约时报》、《华尔街日报》和《今日美国》位列第五名。电子版《华盛顿邮报》每月售价是 9.95 美元,全年订价 120 美元,纸质版全年订价 180 美元。

《华盛顿邮报》是美国华盛顿哥伦比亚特区最大、最老的报纸。20 世纪 70 年代初通过揭露"水门事件"和迫使理查德·尼克松总统辞职获得了国际威望。许多人认为它是继《纽约时报》后美国最有声望的报纸。由于它位于美国首都,尤其擅长于报道美国国内政治动态,而《纽约时报》则在报道国际事务上更加有威望。也有人指责《华盛顿邮报》过分关心政治而忽略了对其他方面的报道。

四、《今日美国》(U.S.A Today)

《今日美国》创刊于 1982 年 9 月 15 日,是美国最年轻的主流大报,属于甘尼特报系(Gannett Co., GCI)。其总部设在弗吉尼亚州阿林顿。是美国发行量最大的报纸之一。1982 年 9 月正式出版发行。该报分为国内版和国际版。1985 年 10 月在新加坡设立了印刷点,出版向亚太地区发行的《今日美国》报国际版。1986 年 5 月在瑞士的卢塞恩设立了印刷点,出版向欧洲和中东发行的该报国际版。1988 年 4 月,在香港又开设了第三个印刷点。

《今日美国》的最大特色在于它是一份真正意义上的全国性报纸,这在上世纪 80 年代以前的美国是一个空白。人们都认为,全国性报纸在美国没有市场。美国最大的报业集团甘尼特董事会主席艾伦·纽哈斯将《今日美国》定位为一张"全国性的报纸"。纽哈斯在《记者手册》中这样要求记者:"叙事简单,强调新闻,少说背景",不以获得普利策奖项为荣,而以把文章写得精炼为骄傲;不以影响政府决策为追求,而以图表、照片的简单组合和清晰呈现为终极目标。《今日美国》负责发行事务的高级副总裁兼发行部主任拉里林·奎斯特认为,20 多年来,《今日美国》一直没有改变这样的市场定位。

作为一份年轻的报纸,《今日美国》一直处于大胆改革的前沿。比如,该报率先使用彩色印刷,异常慷慨地使用图片,苛刻而吝啬地对待文字新闻,报纸放在售报机里就像一幅静止的电视画面。有人形象地将《今日美国》称之为"麦当劳报纸"、"快餐新闻"。报纸风格跟市场定位相符,保证了《今日美国》的发行量。

《今日美国》的宗旨是适应美国人日益加快的生活节奏,改变报纸的陈旧面貌,力求使其近似于电视新闻,形象生动、明快,消息简短,具有吸引力。所以特别注意报纸的版面设计,采用彩色版面,图文并茂,消息集中,同时比较重视体育报道。有些新闻如体育比赛、天气预报等,力争配上图表,使读者读起来既节省时间,又一目了然。该报的文章大多短小精悍,文字简洁,信息量大;报道面宽,贴近生活。

《今日美国》的成功还依赖于其庞大的发行网络。该报售报机遍布美国50个州高速公路的每个加油站,总数达14万个。另外,在大小城市的售报亭、旅馆、机场,到处可以买到。该报采用最先进的通讯、印刷技术,版面排定后,通过卫星传送到各个印刷点,黑白版3分钟处理1页,彩色版15分钟处理1页。《今日美国》的发行渠道也多种多样,主要有街头零售、家庭投递、邮局订阅和非传统渠道等方式。第一种是街头零售。零售是《今日美国》最重要的发行渠道。通过零售卖出去的《今日美国》占总发行量的68.4%。据了解,《今日美国》的街头零售分为报摊销售、超市代销和售报机销售三种。最值得一提的是售报机销售和超市代销。在全美很多城市都看得到《今日美国》设立的专用售报机,读者只需往里投币,即可开箱取报。该报最多时拥有14万台售报机,如今大约还有4万多台,原因是零售摊点大大增加。《今日美国》也很重视报纸在超市的零售,跟全美各地很多连锁超市都签订了代销合同。超市代销的广告效果非常好。报纸往收银台附近一放,每天可以吸引成千上万顾客的眼球。第二种是家庭投递。美国绝大多数报纸的家庭投递率都非常高,唯有《今日美国》等少数报纸是个例外。据统计,目前通过家庭投递的《今日美国》只占总发行量的13.4%。在美国,人们一般把家庭订阅称为"最有价值的发行",因为家庭订阅最稳定,最不受天气等外部因素的影响,而且订户多为拥有自家住房的中产阶级,这些订户最能吸引广告客户。第三种是邮局订阅。美国报纸基本都是自办发行,邮寄报纸仅限于没有分印点的外地,《今日美国》也不例外。该报每天大约有12万份报纸需要通过邮局寄送,邮局订阅只占总发行量的5%。第四种是非传统渠道。这部分占总发行量的13.2%。《今日美国》在不断开拓传统发行渠道的同时,眼睛却盯上了遍布全美的宾馆饭店和航空公司。在美国报界,《今日美国》率先与宾馆饭店、航空公司、餐馆等公司客户展开合作。《今日美国》定期送报给这些宾馆饭店,宾馆饭店再将这些报纸免费提供给下榻的客人。记者在美国出差,每次在宾馆里都能看到《今日美国》。

在创刊当年,《今日美国》的日发行量就达到36万份,1987年发行量猛蹿到158万份,1997突破200万份大关,达到223万份。近年来,美国各大报纸发行量都有所下降,《今日美国》却是一个例外,它的发行量至今依然保持了强劲的增长势头。根据美国报刊发行量稽核局提供的最新统计数字,《今日美国》2005年平日刊发行量为230万份,周五刊为260万份,继续高居美国报纸发行量排行榜榜首。

五、《泰晤士报》(The Times)

《泰晤士报》是英国历史悠久、最有权威的报纸,现由鲁珀特·默多克新闻集团控股,由泰晤士报业公司出版,社址在英国伦敦。长期以来,《泰晤士报》一直被认为是英国的第一主流大报,被誉为"英国社会的忠实记录者"。

《泰晤士报》诞生于1785年,创始人是约翰·沃尔特。诞生之初报纸的名称是《世界记事日报》(The Daily Universal Register)。1788年1月1日,正式改为现名。约翰·沃尔特同时也是《泰晤士报》的第一位总编。他于1803年辞职,将发行人和总编之职传给了他的儿子小约翰·沃尔特。约翰·沃尔特曾经因为诽谤罪而入狱16个月。然而正是在约翰·沃尔特执掌时期,《泰晤士报》最先将新闻视角延伸至英国之外的其他欧洲国家,尤其是法国。这为《泰晤士报》在政界和金融界内赢得了很高的声誉。

19世纪早期,《泰晤士报》经过三任总编辑约翰·斯托达特、托马斯·巴恩斯和约翰·撒迪厄斯的励精图治,其影响力再次得到增强,尤其是在英国政治和伦敦事务领域。这时正是《泰晤士报》的黄金时代,对当时英国和世界事务的影响可谓举世无双。当时美国总统林肯曾说,除密西西比河之外,他不知道有什么东西拥有像《泰晤士报》那样强大的力量[1]。

《泰晤士报》是第一张拥有驻外记者的报纸,也是第一张派驻战地记者的报纸。W·H·罗素曾经被《泰晤士报》派驻到克里米亚战场,

---

① 〔英〕马丁·沃克:《报纸的力量》,新华出版社1987年版,第54页。

他所撰写的一系列战地报道曾经使这个名不见经传的记者声名大噪。

1847年,约翰·沃尔特第三接任他的父亲成为报纸的发行人。尽管沃尔特家族在政治上越来越保守,《泰晤士报》的言论却始终保持着独立。然而,1850年前后,廉价的"便士报"的迅速崛起对《泰晤士报》的生存和发展形成了巨大威胁。威胁主要来自两张成功的廉价报:《每日电讯报》和《每日邮报》。

1980年,北岩爵士取得了该报的所有权,加以革新,使之重有起色。1922年,约翰·雅各·阿斯特从北岩爵士手中收购了《泰晤士报》。20世纪30年代是《泰晤士报》发展史上极不光彩的一段时期,因为该报秉承"绥靖政策",公然纵容法西斯德国的侵略活动。其时,《泰晤士报》的主编乔治·杰弗里·道森和英国首相张伯伦结成政治同盟,公然支持英国政府的对外政策。

1966年,阿斯特家族将《泰晤士报》出售给来自加拿大的大出版商罗伊·汤姆森。也正是在这一年,《泰晤士报》开始在报纸的第一版刊登新闻报道(在此之前,《泰晤士报》的第一版一般主要刊登小型的奢侈品广告,对象为英国的富人阶级)。这时的《泰晤士报》已经不堪重负。

发生于1979年的一起劳工纠纷使得《泰晤士报》停刊将近一年。直到1981年,新闻集团的鲁珀特·默多克以1 200万英镑收购了该报。默多克新闻集团是世界闻名的新闻集团。它从报纸起家,成为拥有包括福克斯电影公司、英国BSKYB、香港卫视等诸多世界知名媒体的大型跨媒体集团。

默多克在收购《泰晤士报》后,曾一再强调自己不会干涉报纸的编辑方针,不降低其历史积淀的品质和风格,但《泰晤士报》仍然发生了一些变化。比如在编辑风格上,图片新闻更多,社会新闻的比例在加大;在政治倾向上,出现了亲美国政府的趋势。

在收购《泰晤士报》后,默多克撤换了原总编辑威廉·李斯—摩格,委任哈罗德·埃文斯担任新总编。埃文斯对《泰晤士报》做了较大规模的改革,主要包括对新的采访和传播技术的采用以及引入了更加高效的管理系统。1982年,《泰晤士报》开始采用电脑排版和激光照排印刷技术。这一举动导致《泰晤士报》的一次大幅度裁员,其印刷部门的员工总数从375人缩减到186人。

《泰晤士报》一直秉承"独立地客观地报道事实"、"报道发展中的历史"的宗旨,但纵观其 200 多年的历史,可见该报的政治倾向基本上是保守的,在历次重大国内及国际事务上支持英国政府的观点。《泰晤士报》消息灵通,报道严肃,内容详尽,重视国内国际重大事件的报道,对重要文件刊登详尽。它也重视言论,社论版一边刊登社论,一边刊登读者评论。该报每天 40 版左右,分两大部分,一是国内外新闻、评论、文化、书评,一是商业、金融、体育、广播电视和娱乐。在报道和写作上,《泰晤士报》既能够大体上保持独立观点,力求细致准确,又敢于创新。因此,该报在执行温和社论政策的同时,仍以英国"幕后统治集团"的喉舌而闻名于世。20 世纪 50 年代初,为了使该报更加富有生机和趣味,编辑们进行了一些改革。例如头版不再登商业广告和分类广告。

2003 年 11 月,《泰晤士报》为了适应"小报化"对于市场的冲击,再次进行了版面改革。在伦敦地区首先尝试大开张报纸与小开张报纸同时发行,一举获得成功。小报版推出后的第一个月该报的发行量是 63.6 万份,比上月增长 2.29%。到了 2004 年 4 月,发行量回升至 65.5 万份。

《星期日泰晤士报》创刊于 1922 年,与《泰晤士报》同属泰晤士报业公司领导,自己有单独的编辑部,隶属于英国泰晤士报业集团。该报比《泰晤士报》活泼,发行量为 127 万份(1992 年)。《泰晤士报》和《星期日泰晤士报》的电子版完全免费。世界各地的交互网用户每周一至周六格林尼治时间凌晨 2 时 30 分就可调阅《泰晤士报》电子版,每周日凌晨 2 时 30 分就可调阅《星期日泰晤士报》。

《泰晤士报》的主要读者来自政界、工商金融界和知识界[①]。目前的盈利来源主要有三种:报纸销售、电子信息服务(商务邮箱、信息检索、图书馆)和网上商店(主要商品:图书、房产、鲜花礼物快递)。2005 年,英国官方公布的数据显示,《泰晤士报》日均发行量为 68.8 万份。这一销量已经是《泰晤士报》近年来最好的发行水平。

六、《世界报》(法)(Le Monde)

"二战"结束前夕,法国总统戴高乐感到需要有一个独立的新闻和

[①] 新华社国际部编:《世界新闻出版大典》,中国档案出版社 1994 年版。

公众讨论平台,在这样的思想指导下,1944年12月19日,伯夫—梅里和一批独立报人共30人创办了一份报纸,这就是《世界报》——目前法国国内外发行量最大的日报之一。

伯夫—梅里为这份新报纸确定了四大原则:国际视野、保持质量、维护独立、信守承诺。其中,"维护独立"是核心。该报的办报思想和风格为:"在公共生活的一切领域,它忠实于事实,对事实负责","它不为任何权力服务——无论是私人权力还是公共权力;它力求成为一份独立于经济、政治、意识形态权力的报纸"。初建时,其报业集团是一个由9名成员组成的有限责任公司,其成员无权转让他们的股份。1951年编辑协会加入有限责任公司。

《世界报》是一份下午上市的晚报,当天新闻当天见报,但却不是以报道市民生活为主的普通意义上的晚报,它的办报原则使这份"晚报"以内容严肃著称,严肃到连新闻照片都拒之门外的程度。它不仅报道法国的政治、经济、社会问题,而且广泛深入报道国际新闻,很快成为政府官员每日必读、具有国际影响的报纸。《世界报》一向以版面风格严肃、单调著称,拒绝一切花哨的东西,整份报纸就是一片灰蒙蒙的文字,照片、插图乃至广告都被排斥在版面之外。

1945年1月16日,也就是《世界报》出版刚刚第25期的时候,该报第一次改版,将报纸版面由通行的65.5厘米长、48厘米宽,缩小为51.5×34.5厘米。伯夫—梅里认为,改版后的尺寸不仅有别于其他报纸,而且更方便读者在公共场所阅读。这次改版的另一个创新是抛弃了当时其他报纸普遍采用的每版分8栏的做法,改为只有5栏,使整个版面显得既清晰又便于阅读。

此后《世界报》多次改版,主要是版式的变化。比如,1959年12月2日开始,头版版面又由5栏增加为6栏,标题也变得粗大醒目;1980年4月27日,改变了长标题的做法,标题短小,一目了然;1983年12月27日,头版首次刊登两色的漫画,改变了这份报纸"纯灰色调"风格,标题字体更粗、行距更大;1989年12月29日《世界报》作了一次堪称革命性的改版,头版文章数量减少,同时一份报纸由多个部分组成,每个部分都可以成为专辑;1995年1月10日,又作了一次全新的改版,整个版面由原来的竖排改为横排,头版的版面也明显地分成三大部分:最上方是时政大事,中间是一篇短小的文章,下方是对时政的分析或言论,更加方便读者阅读。2005年11月7日,《世界报》的最新版推出。

这次改版最引人注意的变化是头版开始使用大照片,改版后的《世界报》一反传统,在照片使用上大胆、泼辣,尤其是彩色图片,并把字体加大13%,文章数量减少,图片数量加大。

根据市场调查,确定改版的主要方向:从严肃转向活泼,从单色转向彩色,从沉闷转向生动,从一般转向深入,使报纸更加贴近读者。改版后的《世界报》内容分为:时事要闻、新闻解读、与读者的约会三个部分,简单概括就是:新闻、评论和生活。尤其是"生活"内容的增加,一改该报以往的严肃的面孔,在"与读者的约会"这个板块中设立了:日常生活、文化、游戏、电视与广播等栏目。在日常生活这个栏目下还包括了:时尚、健康、心理分析、个人福利、理财、家庭、旅游等等内容,使得《世界报》放下"高贵"的架子,开始走入寻常百姓家。改版后的《世界报》版面,把照片、漫画、卡通、人物素描和图表与新闻报道、文章述评配发,使版面一下子变得轻松活泼、美观大方,受到青年读者的欢迎。此外,该报对电子版的报道方式也进行了改革。该报的深度报道和独家报道在电子版上不再全文刊出,迫使有兴趣的读者订阅或购买报纸。

在经营方面,《世界报》有着独特的理念。1951年,伯夫—梅里决定:向本报编辑出售28%的股权,使他们成为《世界报》的共同拥有者。根据合同,报社的任何重大决策或人事任免,若没有编辑的同意,不能获得通过。这意味着,从1951年起,编辑就和报社最高领导在一起,形成一个"利益共同体",分担责任,共享利益。拥有28%股权的编辑,对报社的大政方针拥有发言权,这就形成了强有力的制衡机制,使报社内部决策更为民主。这个规定至今有效。领导层与编辑在决策问题上虽然有过摩擦和意见冲突,但大体能协调一致,说明这种股权制行之有效。这是《世界报》资本结构最基本的特点。

1968年股权进一步向报社的其他人员开放,5%的股权出售给普通管理层,4%的股权出让给普通职工。不过股权之间是有差别的,领导层和编辑拥有的是A股权,普通干部和职工拥有的是B股权,没有参与决策的权利。这种独特的内部资本结构一直维持到20世纪80年代中期。

1982年到1985年,在法国经济总体下滑的背景下,《世界报》的发行量下降了8万份,广告收入下滑,面临着严重的财政危机。《世界报》不得不打破成立40年来的禁忌,于1985年设立"读者股",首次向外部开放资本。读者股被引进"场外交易市场":凡在金融机构(银行、邮局或货币兑换所)至少购买了《世界报》一份股的人,都是读者股股东。1985年《世界报》用这个办法使1 500万法郎的资金进入《世界报》;1987年获2 100万资金;现在,读者股占总股权的11.3%。

1985年以后,《世界报》继续对外开放资本,新成立的还有"企业股份"等,外来的资本已占总股权的47%,但这些资金持有人还是没有参与编辑决策的权利,这种状况近期是不会改变的。《世界报》编辑的平均月工资为4 400欧元,和法国高级工程师的工资水平相当,这还不包括他们作为股东得到的分红。

1997年,《世界报》职工储蓄方式:全报社职工500人,每人每月从工资中提出152欧元参加"共同投资基金"。"共同投资基金"的股价增长很快,1997年12月至2001年,4年间,总股值从137万欧元增加到1 524万欧元,为报社走集团化道路准备了资金。

与其他法国报纸努力保持报纸的"法国性"不同,《世界报》一直坚持与其他国家媒体的合作。比如,《世界报》每周与美国媒体合作,将美国媒体一周中的重要评论和分析文章照搬刊发,出英文专版。2000年起《世界报》开始陆续创办新刊物,它收购了国内的一些报纸杂志,现已拥有12种全国性出版物,一个网络版,成为法国举足轻重的报业集团。

2002年11月创办的《世界报2》是一本图文并茂的月刊,它精选上个月刊登在《世界报》上的好文章,还邀请专家撰写专题文章,所有重大新闻事件都配有知名摄影师拍摄的新闻照片。刊物做得很精致,问世后广受欢迎,现发行量已达13.2万册。《世界报》网络版创办于1998年,第二年,拉加代尔公司入股,占34%的股份,两家携手共同改进网络版,2000年增扩内容,其中最受欢迎的是它的资料库,存有近4年《世界报》刊登过的70万篇文章。根据Google搜索引擎统计,在全球文字媒体的网络版中,《世界报》网络版的点击率居第九位,在英语之外的文字媒体中,它的点击率居第一位。在法国文字媒体的网站中,更是独占鳌头。网络版的读者主要是35岁以下的青年。他们过去并不读《世界报》,许多人看过网络版后对这份报纸产生兴趣,进而购买或订阅,网络版就成为通向文字版《世界报》的桥梁,为提高《世界报》本身的发行量做出了贡献。

《世界报》还有几项引以为荣的并购活动,其中包括收购《电影笔记》。法国是电影的发祥地,这个国家拥有一批第七艺术——电影的研究者和爱好者,1951年创办的《电影笔记》代表了这个国家的电影研究水平,是一本雅俗共赏的杂志。2000年11月《世界报》收购了这本杂志,2000年,《电影笔记》的零售与订阅量就增加了20%,总发行量增至2.7万册。在所有收购活动中,规模最大的是2000年春天对《自由南方》报业集团的收购。这个集团旗下有南部法国10多个出版物,拥有100万读者。强强联合使《世界报》在法国新闻界巩固了地位。在进行并购的同时,《世界报》进行改版,增加了欧盟版、经济生活版,扩大了体育版等,版面更加美观大方。据法国报刊发行统计机构公布的资料,2001年,全球文字媒体的发行量普遍下降,《世界报》的发行量却上升了3.37%。《世界报》社长在总结这几年的成就时说:"文字媒体的生产与销售不如其他媒体那样快捷灵活,这迫使我们改革。在新闻大战的生死时刻,我们如不改革,不图变,就会被击垮。在当前形势下,也只有通过扩大规模,才能增强财力,也才有可能捍卫我们始终不渝的目标——办一份独立的报纸。"

《世界报》的读者主要是知识分子,其发行范围并不局限于法国,欧洲、北美以及大多数非洲国家都有它的订户。在2002年时,发行量曾经接近60万份;但在2005年,《世界报》的发行量遭遇了"滑铁卢",只有32.4万份。

七、《图片报》(Bild)

德国《图片报》(Bild)1952年7月24日创刊于汉堡,当时模仿的是英国《每日镜报》。《图片报》创刊号免费发送,只印了25万份,后来售价10芬尼。第二年,发行量突破了100万份;20世纪60年代突破400万份,80年代超出500万份。

1967年,施普林格出版社为该报确立了四项原则:坚决支持德国的统一和自由;调解犹太人和德国人的关系;反对任何形式的政治激进主义;拥护自由的市场经济原则。显然,它当时在政治上是保守的。1971年以后报纸改变方针,不再突出政治,而强调亲民、客观等等,把以下三点作为工作原则:1)不要挑起公众错误的情绪;2)认真对待人民的问题;3)建立头脑中的秩序。前任总编Udo Roebel希望把《图片报》办成一份严肃的报纸,因为该报已经拥有了广泛的知名度,"没有哪家报纸比《图片报》更多的在新闻节目中被引用",要珍惜这份知名度。2001年起,该报总编由 Kai Diekmann 担任。

《图片报》的总部设在汉堡,在全国各大城市都设有分部和印刷点。该报是德国最大的报业集团施普林格集团的一家发行量最大的街头售报纸,是德国、也是欧洲发行量最大的报纸,在每年世界日报发行量的排名中,它在第3~6名之间徘徊。最近20多年来,其发行量保持在四五百万份左右,最高发行量为540万份(1983—1993年);目前的发行量大约为470万份,发行量处在新一轮的上升期。在德国是唯一的高发行量日报,位居第二位的日报《西德意志报》,发行量仅为100万份。

《图片报》属于综合性日报,每星期一至六出版,每期通常有10多个版面,主要刊登轰动性的社会新闻、趣味新闻、体育消息以及知识性报道。报纸文章大多简短、标题突出、新闻性强、信息量大。图片约占报纸版面的一半,均为彩色,版面以红、白、蓝的强烈对比色调为主。

该报读者约有1 170万人,占德国14岁以上居民的四分之一左右,读者群覆盖社会各阶层,尤以中等文化层次的职员和工人为主。《图片报》的读者主要是受过中等教育的技术工人,在接受过大学教育的人以及大学生中只有8.1%的人阅读这份报纸。该报男性读者占53%,收入中等,有一份兼职,北方德国人多于南方人。《图片报》的售价目前是每份0.5欧元,80%采取街头零售的方式销售。除了报纸零售,《图片报》的另一盈利渠道是图片销售。同时,《图片报》也拥有一系列子报:如1954年创办的《星期日图片报》(发行量250万份)、1983年创办的《图片女友》(发近200万份)、1986年创办《图片汽车》(80万份)、1988年创办《图片体育》(50万份)、1999年创办《图片计算机》(100万份)和《图片电脑游戏》、2000年创办系列新新人类杂志(总发行量100万份)和2003年创办的《图片摄影和家庭影院》等。

《图片报》的所有人是德国最大的图书出版商阿克塞尔·施普林格(Axel Springer)。施普林格出版社拥有德国代表性的高级报纸《世界报》(Welt),也拥有德国最大的大众化报纸《图片报》,目前控制着德国报纸零售业81.5%的份额、日报市场份额的23.5%和报纸订阅市场份额的6%。

第三节 西方国家著名电视台

1936年11月2日,英国广播公司在伦敦建立了世界上第一个公共电视发射台,定期播出电视节目。"二战"的爆发使得电视的研究、发展暂时中断。"二战"结束后,电视业飞速发展,尤其是彩色电视的崛起震动了世界。美国无线电公司于1940年首先试制成功彩色电视,经过改进,1946年宣布"点描法彩色电视技术标准",1953年美国政府宣布采用此标准,通称NTSC制。1954年,美国全国广播公司(NBC)首先正式播送彩色电视节目。此后,世界各国的电视业以空前速度、规模发展。

一、美国全国广播公司(National Broadcasting Company,简称NBC)

美国三大商业广播电视公司之一,原为美国无线电公司(RCA)子公司。公司总部设在纽约。主要机构有:电视网部、广播网部、自营电视台部和新闻部。1985年,美国国家广播公司被通用电气公司(General Electric)以62亿美元收购,并把直接经营的8座广播电台全部出售。公司现在纽约、洛杉矶、芝加哥、华盛顿、克利夫兰、丹佛和迈阿密7座城市设有直属电视台,并在全国有附属电视台208座。至今掌控股东仍是通用电器公司。

NBC在全美的家庭覆盖率达到了34%,每年广告收入达到20亿美元。NBC每年要播出5 000小时左右的节目,传输到200多家电视台,这些附属电视台在当地拥有电视机的家庭中的覆盖率达到99%。

NBC环球公司(NBC Universal)

2003年10月8日,通用电气正式与维旺迪环球Vivendi公司达成协议,通用电气以140亿美元巨资收购维旺迪环球公司的美国娱乐资产,成立维旺迪环球娱乐公司(VUE)。

2004年5月12日,NBC和维旺迪环球娱乐公司(VUE)正式成立NBC环球公司。通用电气拥有NBC环球80%的股份,其余20%属于维旺迪环球公司。在强大的通用集团里,NBC环球公司的资产是集团

6个资产中最小的一部分。据专家预测,通用电气2005年的收入将达1 700亿美元。而NBC环球公司的2005年销售收入预计为150亿美元,不足整个集团的10%。

合并后的NBC环球公司由于缺少高收视率节目的支撑,在2005年的业绩曾出现明显下滑,NBC环球失去了把持近20年的周四晚收视率冠军宝座,在18~49岁观众收视选择中也从第一位滑落到了第四位。为了应付这种局面,NBC环球采取了成本缩减和更为严格的财务管理。此外,NBC环球不惜以6亿美元的天价购下了美国橄榄球联赛2006—2012年的电视转播权,力图在曾经一度放弃开发的体育类节目上重整旗鼓,促进收视率的提高。这些措施有了明显的成效。NBC环球2005年总收入为149亿美元,2006年预测增加到169亿美元[①]。

MSNBC

通用电气(General Electric)旗下的NBC环球(NBC Universal)从微软(Microsoft)手中买入有线电视频道MSNBC的控股股权。根据协议,NBC在MSNBC公司的股份增加至82%,并购买了两年内微软公司所保持的18%股份的期权。MSNBC.com是一个典型的报纸、电视和网络的结合体,一个综合性的24小时新闻频道以及在线新闻服务供应商,这种结合,主要体现在新媒体(微软)与旧媒体(《华盛顿邮报》和全国广播公司)在新闻内容上的分享。《华盛顿邮报》只提供有限的稿件在MSNBC.com网页上出现,其结果是,将诱惑MSNBC的670万读者到《华盛顿邮报》上浏览。《华盛顿邮报》的记者还经常出现在MSNBC和NBC的有线电视节目里。作为《华盛顿邮报》的回报,消费者可以透过《华盛顿邮报》的网站看到NBC音像资料和新闻。从将来看,NBC和《华盛顿邮报》将可能联手采访,制作新闻节目,特别是在重大独家新闻方面,可能会携手。《华盛顿邮报》允许MSNBC.com在它的网页上刊登该报采写的突发新闻,以换取NBC的电视节目[②]。

据市场调研机构Nielsen公司称,与其他广播和有线新闻机构相比,MSNBC公司是全球最大的互联网新闻网站之一,它的观众每月平均达到2 400万,近年来其收视率已跌至全美第三位,远远落后于有线新闻电视台CNN和福克斯新闻频道。

---

① 李薇:《环球公司收购梦工厂成定局》,载《北京现代商报》。
② 《美国主流媒体在网络时代的重组》,摘自《传媒观察》,中华传媒网。

二、美国广播公司（American Broadcasting Company，简称 ABC）

美国三大商业广播电视公司之一。1941 年春,联邦通信委员会决定,全国广播公司不得同时拥有红色广播网和蓝色广播网。1943 年 10 月,爱德华·诺布尔以 800 万美元买下蓝色广播网(拥有 116 座附属广播电台),1945 年 6 月 15 日正式使用美国广播公司的名称。1953 年 2 月被联合派拉蒙剧院公司(United Paramount Theaters)以 2 500 万美元买下,组成美国广播—派拉蒙剧院公司(American Broadcasting Paramount Theaters, Inc.)原联合派拉蒙剧院公司董事长伦纳德·戈登森(Leonard Goldenson)出任新公司的董事长。1965 年 4 月,改称美国广播公司。1985 年 3 月,大都会通信公司以 35 亿美元收购。迪斯尼于 1996 年花 190 亿美元巨资收购了美国广播公司电视网。公司经营的电视台分别设在纽约、芝加哥、底特律、洛杉矶、休斯敦、费城、弗雷斯诺和旧金山,并有 220 座附属电视台。公司还经营调幅和调频广播电台,并有多座附属广播电台。

在三大电视网中,美国广播公司电视网起步最晚。1948 年,当美国的传播事业进入电视时代时,ABC 发现自己的处境非常艰难,各家广告公司和电视制作公司都不约而同地把目光投向力量雄厚的全国广播公司或哥伦比亚广播公司,而只把美国广播公司看作是最后的选择。ABC 在收视率方面一直屈居第三。1958 年,ABC 电视网为了吸引广告商,把日间节目的广告费用降到原来的一半。同时开始关注电视观众的构成,把自己黄金时段的节目剪裁得适合年轻的、城市的、成年的那部分观众群收看。在实际节目安排和节目制作中,就是强调电视画面的动作、暴力和性。NBC、CBS 会为了自己全国范围内的声誉和影响而注意调整各种节目之间的关系,以取得平衡,而 ABC 却从来不理会平衡节目构成这一套。

迪斯尼于 1996 年收购 ABC 之初,在 18～49 岁的观众中占有优势的美国广播公司是一家盈利的广播公司,收视率排名第二。第二年开始,情况急转直下,ABC 的业绩非常不理想。到 2000 年,其观众数量已减少了 32%。之后美国广播公司的收视率一直处在下滑亏损状态。据一家市场研究机构估计,2002 年美国广播公司的亏损额高达 4 亿美元。美林公司分析师曾预测,2003 年该公司亏损额继续扩大到 5.4 亿美元。根据尼尔森市场调查公司于 2004 年 4 月的统计数据,ABC 电视台平均每晚的收视人数为 740 万人,比美国收视率冠军哥伦比亚广播公司 CBS 的收视人数少 580 万。这些一度使得前任总裁艾斯纳在 2003 年度发出了"我真不该收购 ABC"的声音。

迪斯尼表示,为了提高收视率和安抚投资者,迪斯尼将对下属的美国广播公司电视网,也就是 ABC 电视台的管理层进行改组。迪斯尼的改组举措主要是让 ABC 电视台现任董事长布朗辞职。迪斯尼集团有线电视部门总裁斯文尼拟接管 ABC 电视台,并且把集团的重点放在改善主题公园和美国广播公司的业绩上。2005 年,ABC 电视收视率占全美家庭的 30.13%,电视收视率和广播收听率均排列第二位。依赖两部热门电视剧《疯狂主妇》和《迷失》的开播,那段时间,美国广播公司的事业有了起色,不仅都创下了骄人的收视率,更获得了多项大奖肯定。

三、哥伦比亚广播公司(Columbia Broadcasting System,简称 CBS)

美国三大商业广播电视公司之一,经费来自广告广播收入。1927 年 2 月 18 日创办,原为 16 家广播电台组成的独立广播电台联盟(United Independent Broadcasters, Inc.),后与哥伦比亚唱机唱片公司(Columbia Phonograph and Records Company)联合组成哥伦比亚唱机广播公司(Columbia Phonograph Broadcasting System),通过 16 家附属广播电台向全国广播,成为第二个全国性广播网。不久,哥伦比亚唱机唱片公司退出,公司改用现名,总部设在纽约。哥伦比亚广播公司是一个多元化的信息传播企业,主要机构有:广播部、电视网、自营电视台部和新闻部。此外还经营音乐唱片、乐器、玩具、电化教育资料、戏剧影片、家用电脑软件、图书杂志出版等业务。其电视新闻节目颇具特色,如《晚间新闻》、《CBS 报道》、《60 分钟》等都是美国名牌电视节目。公司在纽约、芝加哥、洛杉矶、费城、圣路易斯等城市拥有 7 家直属电视台,并在全国有附属电视台 200 座。公司还经营调频广播电台,并有多座附属广播电台。1995 年,该公司被美国西屋电气公司以 54 亿美元买下。1999 年 10 月,全球五大传媒集团之一的维亚康姆公司,又以 397 亿美元的代价收购了哥伦比亚广播公司(CBS)。

2005 年,该公司电视收视率占全美家庭 31.53%,排名第一位。

广播收听率也排在各广播机构的首位。自 2000 年维亚康姆和 CBS 牵手后的几年里，CBS 的业务情况并没有像当初预期的那样乐观，华尔街也因为 CBS 的无限广播公司和户外广告业务的疲软状态，与维亚康姆快速发展的有线网络之间的不协调发展而对维亚康姆日益不满，其股价最近 5 年来一直在低迷线上徘徊。

与 Google 合作

Google 共同创始人和产品总裁 Larry Page 与 CBS 公司总裁 Leslie Moonves 向演艺界宣布，CBS 与 Google 之间合作的新的 Google Video Store，使 CBS 和 Paramount Studios 电视可以低成本地利用 Google Video Store 进行显示。Moonves 表示："CBS 是世界第一的传统媒体，而 Google 已迅速攀升到新型媒体的前沿，因此这是内容和分布的一种完美的结合。"Google Video Store 也具备包括 NBA 比赛、Sony BMG 音乐视频、动画片和 Charlie Rose 剪辑在内的全面的图书馆能力。Google Video Store 的内容可以在一个新型可下载 PC 视频播放器、苹果 iPod 或便携式 Sony PlayStation 上播放。

四、福克斯电视（FOX）

1986 年 10 月在美国新创办的商业电视网，1987 年 4 月开始播出广播网联播节目。公司由原澳大利亚籍的报业家鲁珀特·默多克在 1986 年购得的 6 家电视台组成，并且联合 105 家独立电视台形成广播网。节目早先以电影和娱乐节目主，1990 年开始经营新闻性节目，并向有线电视业发展。现已开办了福克斯新闻频道（Fox News），通过有线系统传播。

福克斯电视网旗下已拥有 35 家电视台，分布于美国 40% 的区域，是美国四大电视网之一。2001 年"9·11"事件为 Fox News 竞争 CNN 提供了历史契机，它以 34.8% 的高收视率跃居全美电视新闻频道榜首。从 2002 年起，Fox News 不但在收视率上，而且在全天的收视户方面，都超过了 CNN。从 2004 年 12 月—2005 年 6 月的黄金时段节目调查中，尼尔森数据显示 Fox News 享有有线新闻网 51% 的观众，CNN 观众占有比率为有线新闻网的 26%。目前已是美国第一大新闻频道[①]。

---

① 殷俊、代静：《CNN 与 Fox News 竞争分析》，载《国际新闻界》，2006 第 1 期。

有线电视频道主要盈利来源于广告费和收视费。收视费是由有线系统根据自己的订户数量付给有线频道的,CNN 是每个订户 39 美分,Fox News 则是 23 美分。主要原因是 2005 年以前,Fox News 的局部市场必须依靠时代华纳有线系统。但 Fox News 提高收视费指日可待,一是 2004 年底新闻集团购买了直接卫星电视(DirecTV),Fox News 拥有了独立的有线传输系统;二是 Fox News 长期客户的收视费合同 2006 年到期[1]。

Fox News 更注重在观众定位上贴近普通大众,在形式上更趋于娱乐化和口语化,脱口秀是其主打节目。Fox News 注重对观众关注的新闻事实加入观点和评价,叙述并表明怎么看待这些事件,即"广播谈话"模式。栏目设置基本以滚动新闻栏目为线,以深度访谈、辩论类栏目为点,以杂志类栏目为面,对观众关注的新闻事实加上适当的评价以引导观众,帮助观众更好地理解新闻[2]。

Fox News 制播的新闻更偏向于传达见解,定位为"公平、平衡"(fair and balanced),观点鲜明,把爱国精神凌驾于新闻原则之上。"我们不仅是记者,我们更是美国人!",这个口号表明 Fox News 处理新闻时具有明确的倾向性。

五、有线电视新闻(Cable News Network,简称 CNN)

CNN 总部设在亚特兰大,1980 年,CNN 创办第一个新闻频道并向美洲国家播送电视新闻,1982 年,CNN 又成立了第二个新闻频道(Headline News)。随后进军欧洲、亚洲,一步步地走向世界。1986 年现场报道了美国航天飞机"挑战者"号失事的实况,1989 年广泛报道了苏联和东欧的政局动荡,1991 年海湾战争中迅速、及时、详尽地报道了多国部队在伊拉克的"沙漠风暴"行动,从此奠定了作为世界性新闻电视网的地位,为国际社会所瞩目。CNN 旗下的新闻业务共有 10 项:CNN(新闻频道)、CNN Headline News(简明新闻频道)、CNN International(国际频道)、CNN fn(金融新闻频道)、CNN SI(Sports Illustrated,

---

[1] 殷俊、代静:《CNN 与 Fox News 竞争分析》,载《国际新闻界》,2006 第 1 期。
[2] 刘琼:《从福克斯新闻频道看中国新闻频道的发展》,http://www.cjr.com.cn/gb/node2/node26108/userobject15ai3620556.html。

体育新闻频道)、CNN en Espanol(西班牙语频道)、CNN Airport Network(空港新闻网)、CNN Radio(广播新闻)、CNN Radio Noticias(广播简报)、CNN Interactive(互联网络)。

  作为美国有线电视新闻网鼻祖的 CNN,长期以来在有线新闻网中一枝独秀。面对 FOX 的竞争,CNN 对于新闻理念和节目策略作了认真的反思,在回归中坚持新闻理念并创新报道风格:一方面,回归传统的新闻主义路线,加大对硬新闻(Hard news)的报道力度。拥有 11 个国内分支机构,28 个国外分支机构的 CNN,在国际新闻采集方面具有不可比拟的优势,增加国际新闻报道的比重无疑扬了 CNN 之长。另一方面,CNN 采用"现场报道+有声磁带+采访片段"的新报道模式,注重对新闻报道进行精心编辑,挖掘新闻的深度和广度。在观众构成方面,CNN 更能吸引那些偶尔需要收看新闻的轻度观众,其累积观众人数(即 cumulative ratings),即暴露于某一特定信息(如电视节目、广告片)的观众人数或总人口百分比领先于 Fox News。根据尼尔森数据,2004 年,CNN 的累积观众有 3 040 万,Fox News 只有 2 370 万。CNN 推广了"一揽子广告"的销售策略,即将广告同时放在其子机构上播出,包括受众具有相似性和共通性的简明新闻频道(Headline News)和 CNN 国际频道(CNN International)①。

  CNN 在互联网的发展上具有很强的优势:CNN 每周提供的信息量为 2 500 万网页,在全球的 30 个记者站,每天为网站提供 50 页到 100 页的新内容;高度重视国际新闻报道,CNN 的《世界》新闻栏目细分为欧洲、非洲、亚太地区、拉美和中东地区 5 个分支栏目。据 2005 年 10 月统计的数据显示,CNN.COM 的点击率是各大新闻网站中最高的,达到了 3 180 万次,如此的高点击率实现有效的跨平台广告,传统的广告销售从高速发展的在线广告市场中分得一杯羹,实现传统与在线的双赢,进而形成集聚优势②。

---

  ① 殷俊、代静:《CNN 与 Fox News 竞争分析》,载《国际新闻界》,2006 第 1 期。
  ② 殷俊:《CNN 经营方略》,原载《中国广播电视》,《新闻与传播》全文转载,2005 年第 10 期。

六、英国广播公司（British Broadcasting Corporation，简称 BBC）

成立于1922年，是世界最早的公共广播机构。BBC 一直被视为公营广播电视事业的典型。BBC 不播广告，它主要依赖政府的拨款和收视许可费支撑运作。BBC 是国营公司，又是相对独立的"特殊法人"。其所有权属于议会，在紧急情况下政府有权控制广播，内政部对节目有否决权。但在节目编排、经营上，BBC 可以保持独立，不受干预。而历届政府很少敢冒天下之大不韪，出面干预 BBC 的节目。

BBC 有两套全国性综合节目频道即 BBC1——以新闻节目为主，BBC2——以教育、电视剧、艺术节目为主。此外还有 BBC News 24——全新闻频道。BBC 把客观、公正作为报道的总方针，并以新闻报道的客观、公正等成为实力人物每天必看必听的工作日程。它非常重视新闻报道的可靠性，力求真实。BBC 堪称当今世界上机构最庞大、覆盖面最广、影响最大的一家新闻机构。

2004年年初，BBC 前董事会主席戴维斯（Gavyn Davis）和总裁戴克（Greg Dyke）因为"赫顿调查报告"与政府在伊拉克报道问题上的争执而相继辞职，英国公共广播 BBC 经历了有史以来最大的危机。2004年3月，马克·汤普森（Mark Thompson）继任总裁一职，并在就职时表示，BBC 需要在未来几年内进行史无前例的巨大变革。一年后，人们终于看到了 BBC 史无前例的巨大变革——2005年3月2日，英国文化大臣乔威尔正式公布了政府如何改革 BBC 公共广播的"绿皮书"，宣布历时78年的 BBC 董事会制度被取消。

英国政府发布的全称为"BBC 皇家管理宪章分析——一个独立于政府的强大的 BBC"的"绿皮书"全文近12万字，由三大部分20个问题组成，它详细地对 BBC 的运营做出了规划。其中的几个关键提案是：

（1）"绿皮书"宣布取消历时78年的董事会制度，取而代之的是两个政府挟制下的管理机构，即监督管理 BBC 的工作将分别由 BBC 托管（BBC Trust）和一个执行委员会（Ex-ecutive Board）替代。BBC 现任董事会主席迈克尔·格雷德（Michael Grade）将成为 BBC 托管的第一任主席，领导托管委员会，负责监管 BBC 的发展战略、政府投资和公共利益。BBC信托将代表电视执照费缴纳者的利益,并负责保证BBC的独立。议会通过这个方案后,任命BBC现任总裁马克·汤普森来领导执行委员会负责BBC的日常运营。

（2）BBC继续执行"皇家管理宪章"。BBC是1927年首次得到所谓"皇家管理宪章"(Royal Charter)的,它规定了BBC节目制作以及运营的范畴。那之后,每隔10年,BBC管理层需要向有关广电管理部门述职,以便赢得新的"皇家管理宪章"。"绿皮书"规定BBC将继续保留皇家宪章及宪章所赋予的"电视执照费"。目前的皇家宪章于2006年年底到期,更新后将从2007年延续至2016年年底。相应地,BBC赖以生存的"电视执照费"也将在未来10多年里得以继续保留。

（3）继续收取电视执照费(license fee)。"绿皮书"还阐明,目前BBC赖以生存的电视执照费将不会改变。目前,BBC向每户拥有电视的英国人收取约每年121英镑"电视执照费"。任何拥有可以接收到电视信号电视机的家庭,必须依法交纳"电视执照费"。

（4）不得商业化。BBC全国性和地方性广播电视机构因为属于公共广电机构,不得承揽广告,均依靠向全国电视收看家庭收取"电视执照费"运营。整个BBC目前共有员工约27 000人。BBC的经费主要来自收视户缴付的"电视执照费"。BBC每年获得的"电视执照费"总额约为28亿英镑,相当于每户英国家庭头上的一份额外广电税,将可以再维持10年。每月10英镑的"电视执照费"的具体分配如下:地面电视:£5,数字电视:£1,广播:£1.20,地方电视和广播:£1.50,网站建设:£0.30,传输发射:£1。

2005年3月21日,英国广播公司宣布,由于遭遇公司有史以来"最艰难的时期",计划裁员3 780人,以节约资金、提高运作效率和节目质量。裁员计划预计可为公司每年节约3.55亿英镑(5.11亿欧元/6.74亿美元)的费用。目前,BBC在全球拥有27 000多名员工,继2005年3月初宣布裁员1 730人之后,BBC宣布进一步裁员2 050人,裁员人数占到BBC英国员工的20%。

BBC此次裁员的举动,与公司的财务状况恶化紧密相关。2003—2004财政年度,BBC的财政赤字为2.49亿英镑。BBC与英国政府交恶是造成公司巨大财政亏空的原因之一。BBC经费主要来源于每年28亿英镑的收视费。就在2005年3月,英国政府公布了改革BBC的计划,规定BBC在2016年后不能再向用户收取这笔收视费,英国政府将考虑让 BBC 通过其他手段融资。BBC 面临的市场压力陡然增大。

5月23日,英国广播公司(BBC)上万名记者和技术人员进行了声势浩大的罢工,抗议公司大规模裁员计划,致使这家世界上最大的广播公司部分频道的节目一度中止。英国"独立电视台"在这期间进行了一项观众调查,该调查表明支持 BBC 员工罢工的人占到了69%,而30%左右的人则持相反意见。从此项调查来看,BBC 员工的罢工还是得到了大多英国民众的支持。现任总裁汤普森不得不出面与工会代表谈判、调停。汤普森说,他愿意举行谈判,但是不会做出进一步妥协。汤普森计划裁员近4 000人,但是他表示 BBC 提出在2006年7月之前不会进行强迫裁员,这是 BBC 的最后决定。

七、日本广播协会(Nippon Hoso Kyokai,简称 NHK)

日本最大的电视公司 NHK 是具有半官方性质的公营广播电视机构,日本《广播法》所规定的实行自主经营的"特殊法人",不以营利为目的,其宗旨在于提供新闻、娱乐,以提高国民的文化水准。NHK 不播广告,其经费来源全靠电视执照费,它拥有日本全国最大的广播电视系统。台长由政府提名、议会批准,视听费由政府的邮政省代收,这就决定 NHK 天然地倾向政府。

NHK 是日本最具影响力的电视台,它包括全国68个放送局、支局和众多的中转局。职员14 000人,全年预算3 500亿日元。NHK 通过与用户签订收视契约来收取视听费,目前有3 600万左右的订户,卫星用户达到817万户。

NHK 2005年年报显示全年总收入6 724亿日元,其中其他收入246亿日元(3.7%)。总支出6 687亿日元,其中项目生产和制作费(国内)4 885亿日元(73%),项目生产和制作费(国外)118亿日元(1.7%),合同及其他手续费819亿日元(12.3%),接待费72亿日元(1.1%),公共关系费53亿日元(0.8%),项目调查和技术研发费193亿日元(2.9%),行政管理费301亿日元(4.5%),金融损失和额外开支243亿日元(3.7%)。财政赤字由2004年的209亿日元减少到163亿日元。

NHK 拟通过互联网提供节目,以加速电视与通信的融合进程。NHK 已开始探讨在2006年春季前后向互联网影像发送运营商提供节目的问题。NHK 会长桥本元一表示,截至 11 月底,拒绝或暂时停止向其交纳收视费的用户已达 128 万。NHK 希望通过以收入源多元化为目标的改革加快拆除通信与电视间的壁垒。

目前,NHK 已开始在软银集团网络发送服务"TVBANK"的实验中试行提供"X 计划"等纪录片。今后它将通过其节目制作销售子公司——NHK 娱乐公司提供节目。NHK 表示,它还计划向 NTT 子公司的门户网站运营商 NTTRESONANT 提供节目。目前,已有多家公司前来咨询节目提供事宜。2006 年春季前后,在完成防止个人电脑收视的非法拷贝技术实验后,NHK 将开始向各公司提供节目。NHK 还将加快著作权等知识产权方面的交涉,以便能够在纪录片之外提供音乐和电视剧等内容。

八、法国新频道(Canal +)

Canal + 于 1995 年成立,2003 年该付费电视频道已经拥有了近 450 万个订户,成为法国最大的付费电视运营商。2002 年危机时期 Canal + 曾流失了大约 7 万个订户,但同时也新签了 40 万个新用户。而 Canal + 集团的分支 Canal Satellite 在去年更是新增了 20 万个新用户,使目前的订户总数达到了 200 万个。Canal + 于 2005 年 7 月宣布将对订户提供维旺迪的 SFR 移动电视服务,可以选择的频道多达 20 个。

The Canal Plus Group 为维旺迪公司所有。2003 年维旺迪环球把 The Canal Plus Group 的分支 Canal + Technologies 卖给汤姆逊,其股份从 89% 减少到 3.19%,从而得到 1.9 亿欧元的现金。Canal + Technologies 还有 3 个小股东,分别是日本索尼公司、西班牙 Sogecable 公司和美国 SUN 公司。总部设在瑞士的 Kudelski。集团出资 2.4 亿英镑购买汤姆逊旗下的 Canal + Technologies MediaGuard 业务,MediaGuard 资产连同其大约 200 名员工都将被转到 Kudelski 集团所属的一家法国实体的麾下。2004 年 Canal + 宣布与法国电信在有线部门进行合并,双方各占 20% 的股份,Liberty Media 被视为最有可能加入的第三方。

九、德国卢森堡广播电视台(RTL)

RTL是德国最大的私营电视台,由1984年诞生的卢森堡广播电视台-德国台逐渐发展起来。RTL的有线传送节目收视区域覆盖德国、奥地利和瑞士,而卫星节目则在整个欧洲拥有众多的观众。此台全天24小时播送的节目,内容和格调相当受欢迎。RTL电视台的总部坐落在有"德国媒体城"之称的科隆市。RTL电视台没有收视费,主要依靠广告收入为生,它的实际广告播出时间一般占整个节目的15%~20%。

经过近20年的竞争和发展,RTL电视台注重开源,找准市场切入口,有步骤地强化宣传,抓准节目设计,广结客户。现在它不仅在法国、英国等10多个欧盟国家设有分台,而且已涉足唱片、出版、体育等领域,赢得了难以估量的声势和财源。在德国媒体纷纷出现赤字,广告收入锐减14%,营运额下降30%的今天,RTL电视台2003年却盈利15.5亿欧元,与其下属的RTL二台、超级RTL及VOX一起成就了德国媒体的"盈利神话"。

德国RTL电视台如此成功,得益于它有一套有效的经营模式。20世纪80年代,RTL电视台首创"合纵连横拓市场"的经营模式。90年代,在欧洲其他国家创办各个分台;1999年史无前例地创立了RTL在线公司,开展电子商务业务;进入21世纪,又制定了"多媒体战略",重组了集团,把电子商务纳入到"直接集团"。RTL电视台在全球率先设立了首席创意官,其主要工作就是在部门间相互"授粉",每年颁发协作奖。

RTL总部设在科隆,在各国、各地区又设有分部,总部向各分部提供新闻、体育、大型娱乐、影视剧等"基本"节目,分部则再加进自己制作的地方新闻和地区性节目,然后向本地区传送整个RTL电视台的节目。各分部自然也无偿地向总部提供自己制作的地方性节目,以通过综合处理尽可能地为其他地区所用。这样就使RTL电视台以有限的投资,针对性地覆盖整个德国乃至许多欧洲国家。就连德国电视一台也开始模仿这种方式开展其经营活动[1]。

---

[1] 《欧洲电视老大——德国RTL电视台的经营之道》,载《广播电视信息》。

第四节 西方国家著名媒体集团

西方媒体的集中化在20世纪90年代前期已初露端倪,而《1996年电信法》一出笼,先是在美国,后来在欧洲掀起一股集中化的狂飙。在集中化的过程中,主要的方式有两种———一是纵向兼并、联合,造成纵向一体化公司,这发生在跨行业。二是横向兼并、联合,造成规模化大公司,这发生在同类媒体、跨媒体的兼并、联合上。几乎所有巨型媒体公司既进行纵向集中,又进行横向集中,从而迅速壮大。据西方学者描述,经过几十年大规模集中化,西方强国产生了世界媒体的巨无霸,其中有6家属第一集团的媒体大集团[1]。

一、时代华纳(Time Warner Inc.)

时代华纳总部设在美国纽约,是世界最大的传媒集团之一,旗下有CNN、TNT等电视台,多家著名的杂志、报纸、出版社以及网站,在音乐、电影和有线电视等方面也具有强大的竞争力。1985年成立的AOL(美国在线)在两公司合并前是世界最大的ISP(互联网接入服务提供商)公司,拥有超过2 200万用户,1999年AOL买下软件公司Netscape震惊业界,它还拥有网上最流行的聊天软件ICQ和虚拟社区数字城市(digital city)。2000年1月美国在线公司(AOL)以1 500亿美元收购了全球最大娱乐公司——时代华纳,组成美国在线—时代华纳公司,这一兼并震撼全球,成为一时佳话。但是,并购后的新集团并没有实现预期的效果。美国在线部分的业绩不断下滑,最终拖累了整个集团的发展。2003年10月美国在线—时代华纳正式发布公告,称公司将正式更名为时代华纳,从而将原来名称中的AOL彻底去掉。公司在纽约股票交易所的股票代号也将同步更新为"TWX"。此前,美国在线—时代华纳在纽约股市(NYSE)的交易代号为"AOL"。"这次更名所代表的意思是很明确的,一个传统的传媒巨头的互联网梦想结束了,自然要把这次失败的一些标志性的符号抹去,就像人们掸走衣服上的灰尘一

---

[1] 〔美〕爱德华·赫尔曼等:《全球媒体》,天津人民出版社2001年版,第79—130页。

样"。一位华尔街的分析师这样总结①。

尽管经历了下滑阶段,美国时代华纳公司仍然是名副其实的媒体巨人,拥有一系列影响力巨大的品牌,如 CNN、HBO、《时代》、特纳广播系统和华纳兄弟电影公司等等。在有线电视、网络、出版、电影等业务的拉动下,2005 年时代华纳的销售收入为 437 亿美元,较之 2004 年的销售收入 420 亿美元已经有所增长,雇员总数为 85 000 人左右。此外,尽管有关时代华纳抛售 AOL 的讨论甚嚣尘上,但是 AOL 母公司时代华纳 CEO 理查德·帕森斯(Richard Parsons)表示,AOL 部门今后将给整个时代华纳带来巨大增长机会,因而肯定不会放弃 AOL。

旗下公司

▲ 美国在线(CompuServe、数字城市、地图查找、AOL Movietone、ICQ、AOL Instant Messager、AIM Triton、Spinner 流行音乐和 Winamp 下载等等)。

▲ HBO 电影频道,制作的《黑道家族》(The Sopranos)和《欲望都市》(Sex and the City)等系列剧集已成为美国电视界最受欢迎的剧集。

▲ 时代杂志出版公司,包括《时代》、《人物》、《财富》、《体育画报》等。

▲ 特纳广播系统(CNN、TNT、the TBS Superstation、特纳经典影片、卡通网络、华娱卫视)。

▲ 时代华纳有线网络。

▲ 华纳兄弟电影公司,出品《黑客帝国》、《完美风暴》、《哈利·波特》等。

▲ 新线电影公司,出品《指环王》。

市场地位

▲ 以网站流量及即时通信规模为标准,AOL 仍为美国三大门户网之一。提供全球最大的网络接入服务,世界上最大的在线即时通信软件 ICQ。

▲ 时代杂志出版公司拥有超过 150 份杂志,占美国消费类杂志广告收入的 23.1%。

---

① 《传统传媒巨头梦碎互联网时代,华纳摘掉 AOL 帽子》,载《北京青年报》,2003 年 10 月 15 日。

▲ 美国最赚钱的付费电视网 HBO 和它的姊妹频道、只播放电影的 Cinemas 的总订户已达 3 500 万,占到美国付费电视频道市场的 90%。
▲ 特纳广播系统拥有 9 000 万美国收视用户。
▲ 美国第二大有线电视运营商,拥有 14% 市场份额。
▲ 世界最大的影视片库。

合并以来,美国在线的业务下滑,影响了时代华纳公司的整体业绩。美国在线业务的下滑主要体现在用户量锐减和广告收入减少两个方面。随着越来越多的用户转向宽带网络,美国在线拨号用户人数继续减少,降幅高达 40.57%。此外,广告收入也不断下降。由于目前互联网业务已经占到了时代华纳总收入的 20% 以上,时代华纳也一直担负着严重的损失。

2002 年 5 月 16 日时代华纳新 CEO 理查德·帕森斯(Richard Parsons)上任以来做出了一系列的努力,一方面缩小战线,把旗下的华纳音乐集团以 26 亿美元的价格卖给了一家由前任环球(Universal)集团总裁小艾德加·布隆夫曼(Edgar Bronfman Jr.)领导的投资集团;把图书出版部门以 5.375 亿美元的价格出售给法国媒体集团 Lagardere SCA;把麾下亏损严重的"华娱电视"64.1% 的股份以 680 万美元的价格出售给香港巨商李嘉诚所属的网络、出版和广告集团 TOM 公司。另一方面试图解决美国在线的亏损状况,将美国在线从众多子公司中单列出来,作为基础部门之一,充分体现了时代华纳力图重造美国在线的决心。2005 年第二季度,美国在线的广告收入已经比去年同期有所上升。

对于未来,时代华纳的总裁兼运营总监杰弗里表示,时代华纳的增长引擎将可能是有线电视业务部门的"四合唱"——集电话、手机服务、有线电视、宽带连接于一体的综合服务。

二、维亚康姆(Viacom)

维亚康姆是仅次于时代华纳和法国维旺迪的世界第三大传媒集团,总部位于纽约,雇员人数约为 13.38 万左右。2004 年总收入达到 225 亿美元。2005 年 6 月 14 日维亚康姆宣布分拆为 CBS 集团和新的维亚康姆集团:新的 CBS 集团包括 CBS 电视网、UPN、CBS 电台、维亚康姆户外用品、维亚康姆电视台集团、派拉蒙电视、King World、Simon & Schuster 出版公司、Showtime 和派拉蒙公园。新的维亚康姆集团将包括 MTV 网络、BET、派拉蒙影片公司、派拉蒙家庭娱乐公司、Famous Music。其中，MTV 网络拥有多个广受欢迎的有线频道，比如 MTV、VH1、Nickeloden、Nick at Nite、Comedy Central、CMT 等。

市场地位

▲ 世界上最大的 24 小时黑人电视节目网 BET。

▲ MTV 是世界上最大的音乐频道，连续 6 年来被《商业周刊》评为全球最有价值的品牌。MTV 拥有 167 个国家 4.4 亿收视用户。

▲ 美国最大的户外广告公司。户外广告业务更是遍及全球 11 个国家。

▲ 拥有美国 90 个城市和墨西哥、加拿大、英国、爱尔兰及欧洲大陆等地的公共汽车、地铁、火车、电话亭和路牌广告的专营权。

▲ Nickelodeon 针对 2～14 岁群体，是全美所有电视节目中收视率最高的频道，占据儿童节目市场的 50% 以上。

经营特色

维亚康姆作为"内容为王"的传媒娱乐内容提供商，较少从事传输载体的经营。在世界各地为维亚康姆 MTV 工作的员工当中，绝大部分都是当地人才，这些人对本地的文化与市场有较强的认知与适应能力。这对以"内容为王"的媒体来说尤为重要，只有适合当地文化与习俗的节目内容才能很快融入当地市场。在中国推广维亚康姆 MTV 音乐频道方面，其中国区女总裁李亦非功不可没，而李本人则是曾经入选《财富》全球企业新星的中国企业家。

其本土化经营策略除了充分利用中国国内资源与人才外，就是努力制作推广反映中国文化及其品位的节目，做到内容本土化。MTV 音乐网为打入中国市场，根据中国观众的欣赏口味和中国政府的有关制度和规定，更新节目，如 MTV 天籁村、MTV 学英语和 MTV 光荣榜等，取得了很好的效果。从 1999 年起，MTV 天籁村、MTV 学英语和 MTV 光荣榜等，取得了很多的效果。

维亚康姆旗下的 MTV 和尼克儿童频道在美国针对青少年和儿童的电视频道中占有主导地位。为了进一步将儿童节目方面的优势从电视扩展到互联网，维亚康姆与儿童网站尼奥宠物（Neopets）达成收购协议。维亚康姆旗下的 MTV 开通了"MTV 直播",这一宽带服务使 MTV 通过个人电脑这一途径,来到更多的受众中。

财政情况

长期以来,包括 MTV、Nickelodeon 少儿频道和 Paramount studios 等在内的业务单元已经形成了快速发展的势头,而 CBS 与无限广播公司等业务却发展缓慢,拥有 185 个站点和绝大部分市场占有率的无限广播业务的业绩三年来一直平平。业务发展的不均衡导致投资者对维亚康姆的强烈不满,其股价自 2004 年 4 月以来一直停留在 40 美元以下(而在 1999 年曾经达到 90 美元),2005 年第四财季亏损额更是高达 184.4 亿美元,合每股亏损 10.99 美元。

为了解决亏损状况,维亚康姆拆分后投资者能够根据多样的投资需求来做出合适的选择。按照董事会决策层的判断,以 MTV 等有线网络为主体的新维亚康姆公司应该可以吸引寻求快速增值的短期投资商,而以广播电视网为主体的新哥伦比亚公司,将凭借其稳定可观的最终利润吸引到长线投资者的关注。然而兼并、联合、重组,走集团化道路,一度是西方传媒集团发展壮大的法宝,维亚康姆的拆分势必将大大削弱两个公司之间的协同效应。对维亚康姆来说,目前拆分或许是上上策,除了可以解决继承人的问题,还有利于取悦华尔街。但是拆分对其各项业务的展开和发展究竟是利是弊,现在还难以下定论[①]。

维亚康姆近期的大动作是派拉蒙公司于 2005 年 12 月 11 日花费 10 亿美元巨资完成并购梦工厂,也接过了梦工场接近 6 亿美元的债务。

三、新闻集团(News Corporation)

总部位于美国纽约,雇员总数达到 3 万多人,在亚洲地区超过 1 800 人。总资产为 550 亿美元,2005 年年收入 240 亿美元。

旗下公司
直播卫星电视:
美国:直播电视集团(The DirecTV Group ,Inc.)

---

① 程亚婷:《全球媒体五虎将——你们的公司还能赚钱吗?》,载《环球企业家》,http://finance.tom.com。

英国：英国天空广播公司（BSkyB）
澳大利亚：FOXTEL
意大利：意大利天空电视台（Sky Italia）
报纸：
美国：《纽约邮报》
英国：《泰晤士报》、《星期日泰晤士报》、《太阳报》、《世界新闻报》
澳大利亚：《澳大利亚人报》、《每日电讯报》等超过100家全国/地区性报纸
杂志：
《电视指南》杂志
出版：
哈珀·柯林斯出版社
电视：
美国：福克斯广播公司、福克斯电视台（旗下35家电视台分布于美国40%的区域）
  欧洲：Balkan News Corporation
  拉美：Cine Canal 和 Telecine
  澳大利亚/新西兰：Premium Movie Partnership
  亚洲：星空传媒集团（旗下包括星空卫视、Channel[V]音乐台、卫视体育台、卫视国际电影台、卫视新闻频道以及国家地理频道等）
电影：
20世纪福克斯影业公司
有线网络节目制作
美国：福克斯新闻频道
福克斯有线电视网
澳大利亚：福克斯体育（澳大利亚）
技术：
NDS有限公司
市场地位
  ▲ 全美最大的卫星电视运营商DirecTV，占有12%市场份额。
  ▲ 全球最强大的体育电视。
  ▲ 持有亚洲、欧洲、拉丁美洲和澳大利亚的有线、无线、卫星电视频道的股份。

▲ 拥有美国、英国、澳大利亚、新西兰、斐济等国的175种报纸和20多种杂志。

▲ 新闻集团可以用8种语言,通过40多个频道向亚洲53个国家提供娱乐和信息节目。

经营特色

面临技术变革的挑战和机会,新闻集团认为,得以实现其全球化战略的技术是卫星电视。新闻集团1991年购买了BSkyB进入卫星电视领域;1993年7月,购买了亚洲的STAR。Sky Global成立于2001年,综合了新闻集团主要的国际卫星电视及相关资产。Sky Global是全球化和跨媒体的结合点,也是新闻集团致力于完全融合的互动多媒体内容和发布平台的重要一步。此后,新闻集团又收购了DirecTV,DirecTV作为全球最大的卫星数字电视服务提供商,终于使得新闻集团的全球卫星电视版图进一步完整了。

全球化是新闻集团区别于其他媒体的战略之一。与其他媒体相比,新闻集团在海外市场的经营本土化程度较高。新闻集团往往拥有当地市场中的独立品牌,而其他公司则更多地与母公司相连。比如在亚洲市场,隶属于新闻集团的STAR已经被视为一个亚洲公司[①]。

盈利模式

(1) 改造亏损企业

默多克对亏损企业的改造有一套独特的模式,即:默多克内容＋默多克的管理＝印钞机。

所谓默多克内容就是:含有性、运动和刺激的内容。这是默多克多年职业生涯总结的盈利模式,默多克认为,媒体应以内容为主。

以《太阳报》为例。在新闻集团买下《太阳报》之后,默多克立即对《太阳报》进行了一番默多克式的包装,他要求每一期《太阳报》的头版一定要送给他过目。在默多克的管理下,《太阳报》装上了默多克内容。女性裸照与生动活泼的言论充斥《太阳报》的版面。为了加速《太阳报》的盈利,默多克不但裁员节流,还将《太阳报》由大开张改成了小开张。仅用了4年时间,《太阳报》的销售量就从不到100万份猛增到300万份。

(2) 利用银行贷款,低价收购经营不善的媒体,然后售出盈利。

---

① 王英霞:《新闻集团:跨媒体的全球战略》,载《中国经济时报》。

(3) 资源共享,节约成本。

由于新闻集团旗下的媒体遍及世界,所以默多克将新闻集团的内容资源在世界范围内充分利用。这样一来,默多克企业就大大节约了成本。默多克常常将新闻集团内各个子公司拥有的精彩内容统一调配,新闻集团内的优秀稿件,默多克常常"供应"到世界各地的子公司。

(4) 投资政治人物,收取巨额回报。

典型的事例就是默多克对英国"铁娘子"撒切尔夫人的支持。1982年,英国与阿根廷为争夺马尔维纳斯群岛发生了冲突。英国首相撒切尔夫人在1982年的5月发动了战争,以武力解决问题。默多克新闻集团旗下的媒体极力支持撒切尔夫人的行动,不遗余力地打击"铁娘子"撒切尔夫人的政敌。战争结束之后,撒切尔夫人投桃报李,尽管多方人士控告默多克垄断了英国三分之一的报业,但是,撒切尔夫人置若罔闻,听任默多克继续吞并英国的传媒①。

四、迪斯尼(Walt Disney Co.)

总部设在美国佛罗里达州,现有雇员约13.3万,总收入321.32亿美元。

旗下公司

▲ 电视网 ABC 和 ESPN 及 ABC 广播网,迪斯尼频道。

▲ 沃特·迪斯尼电影公司出品《狮子王》、《花木兰》等。

▲ Touchstone 电影公司出品《珍珠港》。

▲ Miramax 电影公司出品《莎翁情史》。

▲ Buena Vista 集团出品音乐剧《狮子王》、《美女与野兽》。

▲ Hyperion Books 出版公司,出版迪斯尼儿童图书。

▲ 杂志出版:Discovery、Talk。

▲ 网络集团:ABC.com、ABCNews.com、Oscar.com、Disney.com、Family.com、ESPN.com、Soccernet.com(60%)、NFL.com、NBA.com、NASCAR.com、Toysmart.com(部分所有权)、Go Network。其他:Mr. Showbiz、Disney's Daily Blast、Skillgames、Wall of Sound。

---

① 陶丹:《默多克新闻集团的经营管理特色》,载《中国记者》,2003年第2期。

▲ 主题公园和度假村：迪斯尼王国（Disneyland）、巴黎迪斯尼乐园、迪斯尼度假村、迪斯尼度假俱乐部、神奇王国（Magic Kingdom）、东京迪斯尼乐园（部分拥有）、迪斯尼世界、迪斯尼动物王国等约 13 个主题公园和度假村。

▲ 体育：阿纳海姆神奇鸭队（全美曲棍球联赛）。

▲ 零售业：迪斯尼商店。

▲ 金融投资：Sid R. Bass 石油和天然气生产（部分股份）。

市场地位

▲ 世界最大的主题公园经营公司。

▲ ESPN 国际频道（ESPN International）每天用 21 种语言向 140 多个国家和地区的 1.19 亿用户播放各类体育节目。

▲ 全球最大的动画片制作商、供片商。

经营情况

随着有线电视和卫星频道从美国广播公司（ABC）抢走越来越多的观众，其生存空间已愈发狭窄。自 1997 年后，迪斯尼业绩步步下滑，2001 年第四季利润曾暴跌 82%，其麾下 ABC 广播新闻网广告量锐减和主题公园游览人数暴跌。"9·11"事件后，ABC 有线新闻网持续数天免费新闻播发和收视率的不断下降使广告收入大幅下滑。位于佛罗里达州的迪斯尼乐园收入也因人们纷纷取消出游计划而遭受严重影响。这对迪斯尼是双重打击。2002 年利润与 1997 年相比下降了三分之一。迪斯尼进行了两次重组，但仍未能从根本上扭转局面。迪斯尼公司于 2005 年 3 月 13 日宣布，总裁兼首席运营官罗伯特·伊格尔将接替迈克尔·埃斯纳担任首席执行官。伊格尔的第一个任务将是摆脱对埃斯纳的批评，把重点放在改善主题公园和美国广播公司的业绩上。随着香港迪斯尼乐园开幕，消费品业务从香港转移到上海，迪斯尼在中国地区的业务也有所发展。

目前，迪斯尼已经连续 8 个季度利润增长，预计在 2007 年以前都能保持盈利的两位数增长。迪斯尼品牌在 Business Week/Interband 评出的世界品牌价值 100 强（世界上最权威的品牌评估机构之一）：2005 年品牌价值 264.41 亿美元，名列第 7 位。美国 2005 年十大畅销 DVD 中，迪斯尼占了 3 个，包括《超人特工队》、新片《国家宝藏》和老片《仙履奇缘》。曾经打造了《海底总动员》的动画工作室 Pixar 也很有可能与已经分手的迪斯尼再次签订新的合作协议。

五、贝塔斯曼集团(Bertelsmann AG)

德国贝塔斯曼集团创建于1835年,已有160多年的历史,现已发展成为全球性的传媒集团。总部设在德国尼特斯洛,是全球最大的图书出版商、音乐出版商和音乐分销商。旗下掌控的公司集团有RTL集团、蓝登书屋、古纳亚尔、BMG、欧唯特集团和直接集团。贝塔斯曼集团是一个非上市(non-listed stock)公司,贝塔斯曼基金会、Groupe Bruxelles Lambert和摩恩家族为其大股东。3家股东控制公司股本:贝塔斯曼基金会(57.6%),摩恩家族(17.3%)和Groupe Bruxelles Lambert(25.1%,其中0.1%没有投票权)。贝塔斯曼基金会和摩恩家族所持投票权由贝塔斯曼管理公司(BVG)行使。因此,BVG掌握了贝塔斯曼集团75%的投票权,而Groupe Bruxelles Lambert则掌握了25%的投票权。

旗下公司

RTL集团

作为欧洲最大的广播和制作公司,RTL集团在10个不同国家经营电视台和广播电台,同时也是全球领先的节目内容制作商。每天,超过1.7亿的欧洲观众在观看由RTL集团经营的电视频道:德国有RTL Television,Super RTL,VOX以及N-TV;法国有M6;英国有Five;西班牙有Antena;荷兰有RTL 4;比利时有RTL TVI;匈牙利有RTL Klub……不胜枚举。RTL集团的电视节目具有强烈的吸引力,向各年龄层、兴趣不同的人们提供最新的新闻和娱乐节目。

精彩的内容是电视获得成功的关键。RTL集团的内容制作主力军Fremantle Media每年制作8 000多个小时的节目。Fremantle Media在40多个国家创作和制作大量的获奖节目,如黄金时段的戏剧、连续剧、娱乐节目、真实故事和喜剧。Fremantle Media在大约150个国家拥有节目制作权,是美国以外最大的独立电视发行公司。RTL集团的电视频道麾下拥有因特网领先品牌:RTL.de,M6.fr and rtl.nl,每月吸引了数百万访客的浏览。

市场地位:RTL集团是欧洲领先的广播和制作公司,在布鲁塞尔和卢森堡的股票交易所上市。

员工人数:8 117(截至2004年12月31日)。

收入状况:49 亿欧元(2004 财年)。

股东:贝塔斯曼:90.4%（其中 BW TV 持有 37%，贝塔斯曼持有 BW TV80%的股权,WAZ 持有剩余 20% 的股权）。公开交易股权:9.6%(其中 0.7%作为库存股份由 RTL 集团和 CLT-UFA 持有)。

蓝登书屋

蓝登书屋每年推出大约 9 000 种出版物,在世界图书出版市场上雄居榜首。蓝登书屋的品牌象征着最优秀的品质和最广泛的阅读体验。遍布 16 个国家 100 多个出版社的编辑力量提供种类多样的丰富内容,包括经久不衰的 Doubleday 和 Alfred A. Knopf(美国),Ebury 和 Transworld(英国),Plaza & Janés（西班牙）,Sudamericana(阿根廷)和 Goldmann(德国)。蓝登书屋非常注重出版社的独立自主权:其出版方针正是产品的多样性。

市场地位:蓝登书屋是世界最大的通俗读物出版商。

员工人数:5 383(截至 2004 年 12 月 31 日)。

收入状况:18 亿欧元(2004 财年)。

股东:贝塔斯曼集团(100%)。

古纳亚尔

古纳亚尔在新闻领域独占鳌头,其超过 125 种报章杂志分布世界 10 个国家,并在德国和美国拥有印刷工厂,还有专业网站。古纳亚尔名下拥有杂志王国经典的"GEO"、"Capital"、"Schoner Wohnen"和"Eltern"品牌。在德国以外地区,古纳亚尔同样获得了不菲的成绩:一半的法国人阅读由古纳亚尔子公司 Prisma Presse 出版的 19 种杂志中的至少一种。而在波兰,古纳亚尔则是广告市场的领头羊。古纳亚尔在德国发行 5 份报纸,其中《德国金融时报》(Financial Times Deutschland)是 21 世纪新出版的第一份报纸,成为影响德国舆论的重要媒体之一。此外,广告销量也在稳步上升。Sachsische Zeitung（SZ）是德国首屈一指的地方性报纸,获得了很高的利润。

市场地位:国际印刷和出版公司古纳亚尔是欧洲杂志出版业的领跑者之一。

员工人数:11 671(截至 2004 年 12 月 31 日)。

收入状况:24 亿欧元(2004 财年)。

股东:贝塔斯曼集团(74.9%)和亚尔家族(the Jahr family)(25.1%)。

BMG

BMG 部门包括 Sony BMG 音乐娱乐合资公司和 BMG 音乐发行公司。富有传奇色彩的唱片公司,如 Arista,Columbia Records,Epic Records,Ricordi,Funhouse,Jive,J Records 和 RCA Records,都纳入了 Sony BMG 旗下。BMG 音乐发行公司是全球最大和最成功的音乐发行商之一,与其签约的词曲作家也是名声显赫。贝塔斯曼持有 Sony BMG 50% 的股份;而 BMG 音乐发行公司则是贝塔斯曼全资控股的子公司。

股东:贝塔斯曼(50%),索尼美国公司(50%)。

欧唯特集团

作为世界最大的服务供应商之一,欧唯特集团提供多样化的全套服务——从传统的印刷到现代服务,如呼叫中心、财务清算以及移动服务。欧唯特旗下的印刷公司在欧洲市场处于领先地位:位于居特斯洛的 Mohn Media Mohndruck GmbH 运用平版印刷,位于纽伦堡的 Maul-Belser 媒体集团使用凹版印刷。在美国,平版平装书制造公司每天的生产量超过 100 万本。此外,顶尖的全新欧唯特印刷厂也在意大利的特雷维利奥和英国的利物浦大兴土木。于 2004 年 9 月启动的欧唯特、古纳亚尔和 Axel Springer 集团之间的凹版印刷合资公司也将为这些公司在欧洲的印刷业中争得一席之地。

市场地位:欧唯特集团是全球最大的传媒服务公司之一。

员工人数:33 813(截至 2004 年 12 月 31 日)。

收入状况:38 亿欧元(2004 财年)。

股东:贝塔斯曼集团(100%)。

直接集团(Direct Group)

将传媒产品送到人们手中。无论客户身在何方或需要何种产品:从传统的精装本或平装本到 DVD 应有尽有。旗下俱乐部和在线商店提供各种品类的高质量产品,吸引了来自 22 个国家的 3 200 万会员。

市场地位:直接集团俱乐部在全球范围内拥有 3 200 万会员,是全部地区性市场的领军人物。

员工人数:12 116(截至 2004 年 12 月 31 日)。

收入状况:22 亿欧元(2004 财年)。

股东:贝塔斯曼集团(100%)[1]。

---

[1] 参见 http://www.bertelsmann.com.cn/。

经营特色

贝塔斯曼集团能获得今日的辉煌，至少能总结出两大原因。一是"贝塔斯曼模式"。1947年，海因里希·摩恩的儿子——年仅26岁的第五代接班人莱恩哈德·摩恩重组了出版公司。他为积累资本，在公司内部实行了"利润分享"的新举措，公司将盈利分给员工，员工再将这笔资金投入公司以求发展。他倡导的"分权管理，权责分明，自由创新，遵守公司规章制度"的理念被誉为"贝塔斯曼模式"，一直沿用至今。"贝塔斯曼模式"为贝塔斯曼公司从一个中等规模的印刷和出版企业，逐步发展成为立体、多元的传媒公司。

另一个重要的原因，是贝塔斯曼能够敏锐地捕捉具有战略意义的发展机遇，及时采取具有前瞻性和战略性的对策，比如进行一系列大收购。1977年公司收购哥德曼出版公司，在后来的20年里，它成为德国最大的图书出版社。1984年贝塔斯曼参股40%进入第一家德国电视台RTL，并迅速发展成为欧洲广告收入最好的电视频道。1995年贝塔斯曼进入多媒体时代，与美国在线合作，成立了欧洲在线AOL，并收购了德国多媒体的领头羊皮克斯尔帕克公司。贝塔斯曼收购了美国最大的图书公司——蓝登书屋，控制了50%以上的英文出版物市场。2002年集团又确定了新的发展战略，将多媒体产业和娱乐业，包括电影、电视、广播电台和音乐作为今后发展的重点，让科技与经济、产业和文化更好地结合①。

六、维旺迪环球集团（Vivendi Universal）

总部设在法国巴黎，现有雇员总数约37 906人，年收入约为269.22亿美元。维旺迪环球集团原来以经营水处理闻名世界，20世纪80年代开始涉足媒体。首先把新频道收归旗下。当新频道纯利润每年以30%的速度增长时，激发起维旺迪高层全力挺进媒体的决心。从1996年起，维旺迪总共花了875亿美元收购各种媒体。包括：远征好莱坞，以340亿美元收购环球电影、环球音乐，108亿美元收购美国USA的电视网，以110亿美元收购法国一家有线电视台公司。这样，维旺迪拥有了世界第二大影视片库，欧洲最大的付费电视、数字电视公

---

① 尤红梅：《贝塔斯曼：森严的德国古堡》，载《周末画报财富版》。

司,以及欧洲最大的电影公司,在美国拥有 8 200 万有线电视用户。

旗下公司

维旺迪环球集团主要经营 6 个行业:电视业、音乐、出版业、电信业、互联网和环保业。

维旺迪环球公司的影视部分由两大集团组成:环球电影制片公司和法国 Canal + 有线电视网。维旺迪环球音乐公司拥有 85 万版权产品,业务覆盖全球 63 个国家,占据着全球音乐市场的 22.5%;维旺迪环球出版公司的前身是法国哈瓦斯出版集团,2001 年并购了美国霍顿·米夫林出版社(Houghton Mifflin)。出版公司的业务包括文学、参考书、教育以及教育软件、游戏等。公司在法国、美国、西班牙、巴西和阿根廷等国家都拥有著名的出版社;维旺迪互联网集团在欧洲 8 国提供互联网接入门户网站服务,包括 Vizzavi、MP3.com、Allocine、Flipside、Education.com、i(france).com、RollingStone.com 等。维旺迪环球通讯公司拥有法国两家主要的移动通讯运营商:Cegetel 和 SFR,在欧洲、地中海沿岸和非洲提供固话和移动通讯业务;维旺迪环保公司在 100 个国家拥有业务。目前维旺迪环球持有环保公司 63% 的股份。

市场地位

▲ 拥有欧洲最大的电影公司和美国第二大电影公司,世界第二大影视片库;控制着 80% 的法国电影制作;2000 年全球票房收入 10 亿美元。

▲ Canal + 有线电视网是欧洲最大的付费电视和数字电视运营商,拥有欧洲 11 个国家的 1 550 万用户。

▲ 世界最大的爵士乐和古典音乐唱片发行商,大约占据全球古典音乐市场的 40%。

▲ 全球最大的教育软件生产商、最大的在线游戏提供商和第二大电脑游戏开发商。

▲ 世界第三大图书出版商,第二大教育图书出版商。

▲ 欧洲和美国的第二大互联网内容提供商(ICP)。

▲ 世界最大的环境服务公司。

经营情况

维旺迪环球公司几乎一夜成名,也几乎一夜跌落。迅猛的发展使资金周转不灵,众多的公司一时难以消化,导致利润下降,回收成本日子遥遥无期,债务高达 290 亿美元,股票价格直线下跌;维旺迪的总裁梅西埃一夜之间从民族英雄变成堕落天使,最后被解职。

新总裁雷恩·福尔图上任后致力于减轻公司庞大的债务负担。2003年维旺迪将旗下的美国娱乐资产以140亿美元出售给通用旗下的美国国家广播公司NBC。维旺迪环球集团称今后将专注于从事电话及法国的收费电视业务。另外,公司将继续拥有世界上最大的唱片公司环球音乐集团的股份。

第五节 世界著名网站

市场调查公司EMarketer 2005年8月期间评出了以用户访问量为标准的十大美国网站,其中雅虎网站用户访问量高达1.013亿人;位居第二的是微软网站,为9 560万人;位居第三至第六的网站分别是:微软MSN(9 210万)、Google(8 040万)、AOL(7 570万)、eBay(5 520万)。以新闻访问量为标准,雅虎同期也达到了2 490万人,位居此类排行榜榜首。名列第二至第五的新闻类网站分别为MSNBC(2 380万)、CNN(2 130万)、AOL新闻(1 740万)、甘尼特集团(Gannett Newspapers,1 130万)。

一、Google

Google Inc.创建于1998年9月,创始人为Larry Page和Sergey Brin。他们开发的Google搜索引擎屡获殊荣,是一个用来在互联网上搜索信息的简单快捷的工具。Google是万维网上最大的搜索引擎,使用户能够访问一个包含超过80亿个网址的索引。Google坚持不懈地对其搜索功能进行革新,始终保持着自己在搜索领域的领先地位。它提供了简单易用的免费服务,用户可以在瞬间返回相关的搜索结果。在访问Google主页时,可以使用多种语言查找信息,查看新闻标题,搜索超过10亿幅的图片,并能够细读全球最大的Usenet消息存档,其中提供的帖子超过10亿个,时间可以追溯到1981年。

"Google"是一个数学名词,表示一个1后面跟着100个零。这个词汇是由美国数学家Edward Kasner的外甥Milton Sirotta创造的,随后通过Kasner和James Newman合著的"*Mathematics and the Imagina-*

tion"一书广为流传。Google 使用这一术语体现了公司整合网上海量信息的远大目标。

搜索的网页:80 亿+

图片:10 亿+

Usenet 信息:10 亿+

Google 界面的可用语言:100 多种

Google 搜索结果所采用的语言:35 种

国际域名:100 多个

员工:全球 3 000 多人

Nielsen/NetRatings 公司 12 月 14 日公布的调查报告显示,全球搜索引擎巨头 Google 继续主宰美国在线搜索市场。根据这份调查报告的统计数字,2005 年 10 月,Google 在美国在线搜索市场所占比重达到 48%,意味着当月美国共有 24 亿人次使用这个搜索引擎。此外,Google 曾创 5 个月内美国用户访问量增幅高达 21.8% 的纪录,比搜索行业的平均增幅高出 6.8 个百分点。Nielsen/NetRatings 公司战略分析部门负责人肯·卡赛尔指出,美国整个在线搜索市场处于扩张状态,Google 凭借强劲的增长势头继续占据主导地位。

二、AOL(美国在线)

美国在线公司(AOL)创建于 1985 年。1992 年在凯斯的领导下,在纽约股市挂牌上市,并筹集了数目可观的资金。凯斯确定了美国在线的战略核心,他认为,美国在线应该以为用户提供方便迅捷的网络服务为目标。相对于当时许多高科技公司通过出售软硬件盈利,美国在线为消费者提供的是在网络上即时通讯的便利条件。这种大众化的风格得到了消费者的支持,也使得"美国在线"的品牌深入人心。

此外,美国在线在网络广告方面也拔得头筹,先是和一家长途电话公司签下了 100 万元的生意,随后又吸引了亚马逊网上书店和最大的零售书店 BarnesNobel,它们都开始利用美国在线进行书籍的销售。不仅如此,美国在线还将它所拥有的世界上最庞大的聊天社区对广告商开放。紧接着,美国在线收购了网景,并在 1996 年推出了第一种网络信用卡——美国在线 VISA 卡。当人们拥有这种网络信用卡时,网上购物变得更加方便,美国在线的电子商务也发展起来了。

现在的美国在线作为时代华纳的子公司，在互动服务、网络品牌经营、互联网技术和电子商务领域都处于全球领先地位。在互动服务、网络品牌经营、互联网技术以及电子商务领域，她都在全球居于领先地位。美国在线的用户基数依然庞大（约2 000万人），其网络服务公司 CompuSeve 还拥有 280 万名用户，即时聊天服务 ICQ 拥有 8 000 万用户，Netscape.com 有超过 4 000 万注册用户。同时，美国在线还经营着一些很受大众欢迎的网络服务，如，数字城市、地图查找、AOL Movietone、ICQ、AOL Instant Messager、AIM Triton、Spinner 流行音乐和 Winamp 下载等等。

2005 年底，美国在线决定以 10 亿美元的价格向 Google 公司转让 5%的股份，这次交易将大大促进两个当今最流行的网络之间加强联系。在双方最终达成的协议的官方公告中，AOL 所拥有的市场领先的即时通讯服务，将和 Google 公司刚刚推出 4 个月的即时通讯"互联互通"。而 AOL 希望通过 Google 的搜索引擎的帮助令网页吸引到更多的访问量。Google 还给予了 AOL 利用 Google 强大的搜索引擎技术为网页出售广告的权利。

三、Yahoo（雅虎）

雅虎公司总部位于美国加利福尼亚州的桑尼维尔市，业务覆盖欧洲、亚洲、拉丁美洲、澳大利亚、加拿大和美国，在全球共有 25 个网站，18 种语言版本。Yahoo 的两位创始人大卫·费罗（David Filo）和杨致远（Jerry Yang）是美国斯坦福大学电机工程系的博士生，于 1994 年 4 月建立了自己的网络指南信息库，并渐渐地将兴趣发展成了事业。

雅虎公司是全球领先的互联网通讯、商务和媒体企业，在全部互联网搜索应用中所占份额高达 36%左右，每月为全球近 2.5 亿用户提供多品牌的综合网络服务。作为互联网上的第一家提供在线导航服务的公司，雅虎 www.yahoo.com 在访问量、广告、家庭和商业用户领域均属领先者。

雅虎为全球网络用户提供广泛的交流和通讯服务，包括雅虎电邮、雅虎通、雅虎日历、雅虎聊天、雅虎贺卡等。作为全球最大的消费者在线交易服务供应商，雅虎提供了雅虎购物、雅虎财经和雅虎旅游等商务服务。雅虎同时还涵盖大众流行领域的精彩内容和媒体服务，其中包括雅虎体育、雅虎音乐、雅虎电影、雅虎新闻和雅虎游戏等。

2005年第二季度雅虎的营业收入达到了12.53亿美元,较去年同期的8.323亿美元增长了50.5%。在董事长赛梅尔的带领下,雅虎从一个门户网站发展成为一家业务范围非常丰富的综合性公司,从可视化广告发展到搜索广告以及网络音乐定制和高速互联网接入。2005年雅虎携同电信运营商Verizo共同推广高速互联网接入,通过此项合作,雅虎旗下的月租用户数量已经达到了1 200万户(2005年数据)。

第九章

自由主义报刊理论

自由主义报刊理论是资本主义国家最早形成的一种新闻理论系统,是西方各国新闻体制的基石和主导性理论。它影响巨大,在现代,虽然遇到种种矛盾和挑战,但迄今还被西方各国新闻界奉为圭臬。

第一节 自由主义报刊理论的产生与发展

关于自由主义报刊理论的发展历程,美国传播学家弗雷德·西伯特作了这样的概述:"16 世纪提供了直接的现实基础;17 世纪见到了哲学原理的发展;18 世纪将这些理论付诸实践。"①

这里所说的"直接的现实基础"是 16 世纪资产阶级报刊反对封建专制的斗争。在 15 世纪,近代报刊已在欧洲各国发展起来,但当时报刊主要传播商业信息。进入 16 世纪,报刊开始转向思想传播和政治斗争,引起各国封建王朝的恐惧,纷纷建立严厉的报刊审查制度,以控制、限制报刊。在整个 16 世纪,资产阶级为争取出版自由所进行的斗争此起彼伏,慷慨悲壮。这些斗争虽则取得了一些具体成果,迫使封建王朝不得不做些让步,但由于没有系统的理论作指导,不可能从根本上动摇封建专制的新闻制度。资产阶级报刊的先驱者为争取报刊自由的斗争呼唤着资产阶级新闻理论。

在 17 世纪的欧洲,在为资产阶级革命进行舆论准备的过程中,欧洲早期的思想家们所提出的关于人的理性、人的权利、国家性质和作用

---

① 〔美〕韦尔伯·施拉姆等:《报刊的四种理论》,新华出版社 1980 年版。

等一系列学说,不仅构成了整个西方资产阶级社会政治理论的核心,而且成了西方各国自由主义报刊理论的主要思想来源和基础。其中,英国政治思想家约翰·弥尔顿以及美国政治思想家约翰·洛克,为自由主义报刊理论做出了直接的贡献。

1644年弥尔顿向英国国会提交一篇演说词,抨击出版检查制度,争取言论自由,后来印成小册子《论出版自由》,产生了深远影响。弥尔顿主张每个人都有将自己的思想诉诸社会的自由权利。他提出,言论出版自由是"一切自由中最重要的自由"。"这自由是一切伟大智慧的乳母"。他坚决主张让一切思想、主张都公开地表达出来,真理必定会在思想的自由市场上击败谬误。他呼吁"让她(真理)和虚伪交手吧,谁又看见过真理在放胆交手时吃过败仗呢"?因为人是理性的,人的本性决定了人必定会选择真理,自我修正谬误。从弥尔顿的思想出发,发展出自由主义报刊理论的两大基本原则,"意见的自由市场"和"自我修正"。

约翰·洛克从自然权利说出发,第一次从理论上论证了资产阶级天赋人权的原则,即生命、自由、财产是人人与生就有的不可剥夺的权利,而天赋人权应该受到法律的保障。为了保障天赋人权,洛克提出了分权学说,即立法权与执行权分开。他认为,不分权就没有自由。洛克的政治思想学说奠定了西方的社会政治制度,包括报刊制度的理论基础。

孟德斯鸠从三权分立的原则出发,阐述了言论自由对于维护资产阶级政权的极端重要性。他认为,要防止滥用权利,除了必须以权力约束权力外,还必须看到舆论可以作为一种权力形式而对权力机构实行约束。而发挥舆论力量的前提必须实行言论自由。他认为,言论自由乃是人的一切自由权利中最重要的权利,没有这一自由,其他自由也就无从谈起了①。

从18世纪开始,随着资产阶级政权的先后建立,新闻业的不断发展,西方新闻自由从理论探索转向制度化的实践探索。在这一历史过程中,西方各主要资本主义国家经历了尖锐的矛盾冲突。这一矛盾冲突不再是资产阶级对封建专制的斗争,而主要是发生在资产阶级内部不同派别、不同利益集团的冲突。其原因就在于,新闻自由原则对任何

---

① 孟德斯鸠:《论法的精神》上卷,商务印书馆1963年版,第322页。

权威所构成的挑战性、批判性以及某些破坏性,会对刚建立的资产阶级政权构成现实的威胁,资产阶级政权对新闻自由原则有一个重新认识、重新建构的艰难过程。

众所周知,英国是资产阶级革命的发源地,也是最早提出新闻自由口号的国家。1694 年,英国国会废除了象征封建专制的特许制,宣布新闻自由。但 1712 年国会又颁布印花税法案,对报刊课以重税,使其难以生存。印花税制实行不到半年,英国一半的报刊被迫停刊。同时当局还采取一系列规定来限制新闻采访和公开报道。例如,禁止记者采访国会辩论。而威胁最大的是对那些敢于揭露政府弊端的报人以诽谤罪、叛国罪进行制裁。经过长达百余年的斗争,直到 18 世纪末,印花税法和其他限制新闻自由的规定才得以取消,英国的新闻自由才得以实现。正如恩格斯所言:"诽谤罪、叛国罪和渎神罪,都沉重地压在出版事业身上……英国的出版自由一百年来苟延残喘,完全靠当局的恩典。"[①]

法国被称为资产阶级革命最彻底的国家。1789 年通过了人权宣言,取消了一切限制新闻自由的封建王朝法规和任何形式的出版许可证,获得了充分的新闻自由。但不久,热月党人专政,对反政府的报纸大开杀戒。拿破仑称帝后,对新闻事业的压抑甚至比君主专制还厉害。1800 年 1 月 17 日颁布的一道法令规定,在巴黎只有 13 家报刊准许出版,并威胁如果刊登诋毁当局的文章,立即予以取缔。1830 年,波旁王朝的查理十世甚至颁布取消一切新闻自由的法令,终于引爆人民起义,推翻了波旁王朝。新建立的政府再一次宣布取消一切新闻检查,法国新闻界从此获得相对的独立。

美国为新闻自由同样在资产阶级政权内部引发了一场激烈的斗争。独立战争胜利以后,以汉密尔顿为代表的联邦党人与以杰弗逊为代表的民主党人就国家的体制问题展开了一场论战,新闻自由是这场论战的一个要点。最后,美国国会终于在 1789 年通过宪法的 10 条修正案(又称"人权法案"),其中第一条就明确宣布:"国会不得制定下列法律,确立宗教或禁止宗教信仰自由;剥夺人们言论或出版自由;剥夺人民和平集会及向政府请愿伸冤之权利。"至此,报刊自由得到了美国法律的确认和保护。

---

① 《马克思恩格斯全集》第 1 卷,人民出版社,第 695 页。

在西方各资本主义国家确立自由主义报刊体制的历史进程中,贡献最大、影响最大的当推杰弗逊。

托马斯·杰弗逊是美国独立宣言的起草人,曾任第三、第四届美国总统(1801—1809)。他是17世纪欧洲思想家们所创立的一般自由主义理论的忠实信奉者和伟大实践者。他不但力争美国宪法第一修正案在国会的通过,而且以总统的权力来确保自由主义报刊体制的确立。1787年,在给他朋友卡林顿的一封信中,杰弗逊写道:"民意是我国政府存在的基础,所以我们先于一切的目标就是保持这一权利;若由我来决定我们是要一个没有报纸的政府,还是没有政府的报纸,我会毫不迟疑地立即回答:我宁愿要后者。"[1]杰弗逊如此重视报纸,重视新闻自由,在于他的坚定信念。他认为,人们只有利用报纸,自由地交流思想,才能认识真理,人们的分歧通过自由讨论而自行澄清[2]。只有提供新闻的自由和发表各种言论的自由,人民才能有效地监督政府,政府才能听到人民的意见[3]。而且报纸自由是人民其他一切自由和安全的最大保障,"哪里报刊是自由的,并且每个人都能阅读它们,一切就是安全的。"[4]更加难能可贵的是:在他担任总统期间,正是美国新闻史上所称"黑暗年代"的政党报刊时期,联邦党人和民主党人利用各自报刊相互攻讦、造谣、诽谤、谩骂,甚至大打出手。杰弗逊作为民主党人的代表成为联邦党人报刊攻击的首要目标,深受其害。杰弗逊有时痛心疾首,有时被弄得心灰意懒。他曾愤怒地写道:"报刊随心所欲和撒谎到放肆的程度,从而使它完全丧失人们对它的信任。"[5]但即便如此,他仍然坚信自由主义报刊的原则,仍为新闻自由而辩护。

经过长达300余年的艰苦探索和斗争,到18世纪末、19世纪初,西方各主要资本主义国家基本上都以法律确认的形式,使自由主义报刊成为一种制度,成为资本主义政治制度的一个组成部分,也是根本标志之一。这反映了处于上升时期的资产阶级的进步性。正如列宁所说:"出版自由这一口号,从中世纪末到19世纪,在全世界成了伟大的口号。为什么呢?因为它反映了资产阶级的进步性,即反映了资产阶级反对僧侣、国王、封建主和地主的斗争。"[6]

---

[1][2][3][4][5] 《杰弗逊文选》,商务印书馆1963年版。
[6] 《列宁全集》第32卷,人民出版社1990年版,第492页。

第二节 自由主义报刊理论的要义

一、关于新闻自由种种

自由主义报刊一词的英文是 Freedom of Press。这个词在西方国家的不同历史时期有过不同的内涵。在文艺复兴运动期间，Freedom of Press 仅指言论自由，即文艺复兴运动的先驱们反对教会的思想禁锢，争取自由表达自己的意见。在弥尔顿那个时代（17 世纪初），西欧各国印刷术广泛应用，Freedom of Press 主要指出版自由；到报刊开始在西欧各国兴起，Freedom of Press 又主要指报刊自由；而在现代，在原有含义基础上，强调了信息交流的自由。Freedom of Press 一词中文有不同译法，"出版自由"、"言论自由"、"言论出版自由"、"报业自由"等等，现在一般都译为"新闻自由"。"自由主义报刊理论"是近些年的译法，专指相对社会责任论而言的一种新闻理论，以区别于西方国家作为一种政治制度的新闻自由。

什么是新闻自由？有各种不同的说法，但基本上是大同小异。新闻自由包括：不需批准即可自由出版报刊，即不必向政府申请营业执照或交付保证金，在政治上、经济上不受限制，人人都拥有出版权；不受任何形式的事先审查，可以发布任何新闻和发表任何意见（当然，事后的追惩在任何国家都存在，即不容许报刊自由地损害国家、社会、个人）；不受限制地自由接近新闻源。简要地说，新闻自由就是新闻媒介拥有出版权、采访权、发布权。

二、自由主义报刊理论的内涵

而自由主义报刊理论是为了确立、维护和发展新闻自由（当然，这里的新闻自由都是指资产阶级的新闻自由，以下皆同）所作的理论探索，力图以理论的形式来阐述、论证新闻自由的合理性、必然性；而探讨新闻自由和政府、社会、个人的关系则是自由主义报刊理论的主要内涵，并由此确立其基本原则，主要有：

1. 报刊不受政府的干涉

报刊和政府的关系是自由主义报刊理论中的一个关键性问题。自由主义报刊理论主张,政府不得采取任何措施来干涉、收买或控制报刊。政府的唯一职责是采取措施来保护新闻自由,为新闻媒介的采访、发布新闻提供种种方便。

2. 报刊拥有对政府的监督权

资产阶级的理论先驱们从权力相互制衡的原则出发,认为,除了立法、司法、行政三种权力之间具有相互制约的关系外,公众的舆论无疑是约束权力的一种权力。美国第三任总统托马斯·杰弗逊把新闻自由的实践看作是探索美国民主政治体制如何有效运行的伟大尝试。他反复指出:"人民的意见是各级政府的基础。""人民是统治者的唯一监督者。"①"要使他们永远关心国事。假如他们一旦不关心公共事务了,那么你和我,以及国会和州议会,法官和州长,都要变成豺狼了。"②人民有权监督政府,通过什么途径和手段来实现呢?杰弗逊认为,最主要最经常的中介就是报刊。这个思想以后就引申为:报刊是行政、立法、司法以外的国家第四势力或第四种权力。

3. "意见自由市场"和"自我修正"理论

让人民群众、让各党各派都利用报刊充分地、自由地表达各自的意见。而充分地表达意见的前提是给予人民有关各项事务的充分信息。如前所述,"意见自由市场"的理论最早是从英国的约翰·弥尔顿的《论出版自由》一书中引申出来的。其后,有许多西方著名的学者对此作过系统的论述。在这些论述中,一个非常集中的问题是人民通过报刊或者报刊本身发表了错误的意见怎么办?英国的哲学家约翰·斯图伍特·穆勒对此作了最全面的阐述。他认为,任何试图利用权威的力量来压制言论的自由表达的做法都是不合理的。他的逻辑证明是:假如被压制的言论是正确的,不仅显而易见地践踏了被压制者的政治权力,而且压制者自身也被剥夺了以错误换取真理的机会;假如被压制者的言论或思想是错误的,这也意味着大家同样失去了让真理同错误在公开的较量中使真理更加显明的机会。因此,压制人们的言论或思想使之不能自由地表达,必然是一种对个人乃至整个人类的智慧力的掠夺③。而杰弗逊则断言:"如果严厉地惩罚人民的错误,就会有损于唯

---

① 转引自〔美〕英文版《托马斯·杰弗逊传》。
② 《杰弗逊文选》,商务印书馆1963年版,第8页。
③ 穆勒:《论自由》,商务印书馆1982年版,第30页。

一的公众自由的安全保障。""事实已经证明,当报刊不犯错误时,它就是软弱无力的。"①对正确意见与错误意见的辩证阐述,使得"意见自由市场"在理论上站稳了脚跟。

4. 对事实的信念

从个体主义至上的价值观出发,自由主义报刊理论强调,新闻报道的最终目的不是向公众灌输某种标准的观点,而是客观地反映现实,让人们对外部世界形成独立的见解。"公共报刊向读者提供的最崇高的服务是鼓励他们形成独立的见解。"②为了使新闻报道满足不同政治立场、不同社会阶层、不同职业的个体需要,自由主义报刊理论把客观地向公众提供事实作为新闻报道的最高标准和新闻从业人员的职业道德标准。所以,自由主义报刊理论崇尚并提倡客观性报道。可以说,客观性报道是自由主义报刊理论在新闻实践中的具体体现。

第三节 自由主义报刊理论的哲学基础

依照西方学者的看法,新闻自由所涉及的,决不仅仅是报刊自身的问题,而是"人的性质、社会的性质、人与社会的关系,以及知识与真理的性质"③。就是说,涉及哲学、政治学中的基本问题。理性原则、自然法则、权力制衡学说则是构成自由主义报刊理论的三个理论前提。

一、理性原则

理性至上是文艺复兴中为反对神权至上所兴起的,并在16、17世纪响彻欧洲大地的口号。法国哲学家笛卡儿、英国哲学家培根都反复指出,理性是每个正常的人所具有的;具有理性的人都能够运用自己的理性去分辨真伪和善恶,而无需由神或帝王来代替人的理性发号施令。弥尔顿在《论出版自由》一书中,从理性原则出发,提出了出版自由的论断。弥尔顿认为,真理是确定无疑的东西,是通过人的理性表达出来的,只要允许真理参加自由而公开的讨论,真理就会显现出战胜一切谎言和谬误而为人们普遍接受的力量。这就是说,让各种意见自由而公

---

① 转引自〔美〕英文版《托马斯·杰弗逊传》。
②③ 韦尔伯·施拉姆等:《报刊的四种理论》,新华出版社1980年版。

开地表达出来,人既然是理性的,那么人们总会自然地接受真理而抛弃谎言和谬误。真理总是越辩越明,越辩越会有更多的人接受。以此出发,弥尔顿猛烈地抨击了代表封建专制主义和宗教蒙昧主义的"许可制"和"查禁制"。弥尔顿的这一思想使他本人被西方新闻史奉为新闻自由理论的开山鼻祖,并被后来的新闻学者认可、发展。

二、自然法则

荷兰哲学家别涅狄克特·斯宾诺沙从反对封建神学出发,提出自然权利说,即每个人都拥有财产权、信仰自由权和思想自由权。而英国的政治思想家约翰·洛克进一步发展自然权利说,第一次提出"天赋人权"的基本原则,即生命、自由、财产是人人享有的不可剥夺、不可转让的权利。而且提出"天赋人权"应当受到法律的保护,"法律的目的不是废除和限制自由,而是保护和扩大自由"①。自由既然是人的天赋权利,那么,出版自由、言论自由(新闻自由)是无需任何权威认可的自然权利。从而把新闻自由放在不可动摇的基石上。

三、权力制衡

这是自然法则的必然延伸。为了保障自由,免受专制主义的压迫,那么必须让权力分立,以权力制约权力。洛克鲜明地提出,不分权就没有自由②。洛克提出了立法权和执行权分开。法国启蒙运动先驱孟德斯鸠则明确地提出"三权分立";而且,他在三权分立之外,把舆论看作一个权力形式而对掌握国家权力的人实行约束。为了实行有效的舆论监督,必须实行言论自由。这样,言论自由的意义从哲学原理上升到政治学原理,从人的一般性质上升到国家的性质。由此确立了言论自由(新闻自由)在国家政治结构中不可动摇的地位。

除了上述三个理论前提外,自由主义报刊理论在其形成过程中还受到牛顿力学和古典经济学的影响。从牛顿的永恒机械运动原则,引申到世界这架机器按某种不变的自然法则永恒地运动着。古典经济学则确认,政府保持最低限度的干预,让市场这只看不见的手自然调节,

---

①② 徐大同主编:《西方政治思想史》,天津人民出版社1985年版,第36页。

经济将健康地发展下去;当人们为自我利益而工作时,就不可避免地为公众而工作。这一切引申到新闻学上,就是要求政府尽可能少干预报刊,让人们自由地表达自己的观点,而报刊按它自身要求去发展。

第四节 自由主义报刊理论的现实困惑

出版自由、言论自由,这是资产阶级的理论先驱们为反对封建专制主义和宗教蒙昧主义而进行的一场斗争,它是资产阶级处于上升时期政治斗争的需要和经济发展的需要在新闻事业上的反映。资产阶级在取得政权以后所推行的自由市场经济,其基本前提是信息的自由流动,是各利益集团意见的自由表达。否则,自由市场经济无法运转。自由主义报刊理论适应了资产阶级在政治上、经济上发展的需要,使其在西方各国逐渐成为主导性理论。同时,这一理论也大大推动了新闻事业的自由发展。从19世纪中叶,自由主义报刊理论在制度上得以确立以后,西方各主要国家的新闻事业得以迅猛发展,成为各国最具活力、最有生气的新兴产业。

但是,由于阶级的局限性和历史的局限性,自由主义报刊理论从其一开始就带有片面性和空想成分。绝对自由化曾使西方新闻界陷于一片混乱。杰弗逊曾带着美好的理想进行新闻自由的伟大实验,却被热衷于党派纷争的报刊弄得濒于绝望。他愤懑地写道:"一个令人感到悲哀的事实是,禁止报刊发行反而比放纵那些荒诞无稽的谎言泛滥使国家的利益受到较小的损害……从来不看报的人要比读报的人消息更灵通。"[①]从不择手段的相互攻讦到耸人听闻的煽情新闻泛滥,从漫无边际的谎言到煽动战争狂热,都被自由主义报刊理论召唤出来。进入20世纪,西方报刊的混乱情况虽然稍有改善,但基本问题依然没有解决。这个基本问题就是:支配着西方报刊的,不是自由主义报刊理论的设计者们所设想的理性至上,而是利润至上、金钱至上。利润至上的原则支配西方新闻媒介,带来一系列严重的后果。

---

① 转引自〔美〕英文版《杰弗逊文集》第8卷,第216页。

一、资本取代行政(政府)控制了报刊

广告收入是西方报刊主要的经济来源,有些甚至是全部来源。在西方国家,报纸、杂志一般必须有60%以上的版面提供给广告,报刊才能维持下去。一批大的企业成为广告最稳定的来源,从而也成为任何报刊的经济支柱。从而,一批大的企业尤其财团掌握着报刊的生死兴衰。不但广告版面迁就大的企业,而且新闻、言论也俯就大企业。一旦得罪大企业,大企业随时以撤销广告相威胁。在西方各国,除了极少数实力雄厚的大新闻媒介外,没有一家报刊敢得罪大的企业。自由主义报刊理论设计者的初衷是希望报刊能摆脱政府的控制,让报刊自由地表达人民的意愿,而在利润支配下的报刊,仅仅大企业的老板们才能自由地表达他们的意愿。

二、煽情新闻泛滥

报刊要争取广告客户,其前提就是要有一定的销路(发行量),销路越大,广告收费也越高。扩大销路,争取读者,当然有多种途径。比如,以独到的见解、独具慧眼的独家新闻来吸引读者,这是西方严肃报刊,诸如《纽约时报》、《华盛顿邮报》、《泰晤士报》等所走的路,但这毕竟要付出艰辛的努力和很高的成本,且曲高和寡,读者群有限。另一条简便的途径就是搞煽情新闻——绘声绘色的色情新闻,血淋淋的暴力新闻。这就是西方大多数的大众化通俗报纸所走的共同道路。一百几十年来,西方报刊的煽情新闻屡禁不止,原因就在于煽情新闻是西方大多数报刊刺激销路的必由之路。

三、自由竞争被垄断取代,垄断扼杀意见自由市场

进入20世纪,西方各主要资本主义国家由自由竞争走向集中的现象在资本主义报业中也明显地反映出来。例如,到20世纪40年代,美国报业中,十大报业垄断集团控制着60%的报纸、80%的发行量;日本报业被三大报团所垄断,控制着80%的发行量;英国、法国、德国的报业也分别被三四家报团所垄断。小型报纸纷纷倒闭,全国报业总数下

降。在美国，1909年全国有2 600家日报，到1946年跌到1 750家。自由竞争被垄断竞争所取代。各垄断集团为攫取更大份额的新闻市场，凭借其雄厚实力，纷纷采用最新技术和设备，从而造成成本支出大幅度上升，由此引起报业创办和维持费用呈几何级数增长。这个态势导致两方面的后果：一是创办新的报刊更加困难，在20世纪40年代的美国，想要成功地创办一家新的大都市报纸的投资估计要在500万~1 000万美元，中等城市花费75万美元到几百万美元之间。对于西方各国的普通老百姓或一大批小资本家来说，创办新的报纸成了难以实现的梦想。于是，出版自由就成了一句空话——不是政府不容许，而是资本控制。同时，报业的垄断和创办新报的困难，严重威胁了报业的多样化。而众所周知，意见自由市场是以报业多样化为基础的，报业多样化一直是自由主义报刊理论与体制所追求的基本目标。报业多样化的动摇意味着意见自由市场的解体。

　　上述事实显示出，自由主义报刊理论面临的是深刻的危机，这个危机所揭示的是资本主义社会里资本的私人占有和生产社会性的矛盾，在新闻事业中则表现为报刊的拥有者与读者利益、社会利益不可调和的矛盾。

第十章

社会责任论

社会责任论是20世纪30年代由美国一批学者正式构建,20世纪50年代被西方大多数国家所接受,并逐渐取代自由主义报刊理论成为西方大多数国家的主导性理论。尽管它自身有着不可克服的致命缺陷,但西方大多数国家仍把社会责任论作为新闻立法、制订新闻政策和构建新闻工作者道德规范的理论依据。

第一节 社会责任论的提出

要叙述社会责任论提出的经过是很简单的。

1942年,时代出版公司的创办人亨利·鲁斯提议:"对报刊自由的现状和前景进行一项调查分析。"并由该公司出资20万美元给予经济资助。一年以后,组成了报刊自由委员会(又称"哈钦斯委员会")承担起对报刊自由的现状和前景进行调查分析的任务。该委员会有13名成员,他们是:

主席:罗伯特·哈钦斯,芝加哥大学校长。故报刊自由委员会又名"哈钦斯委员会"。

副主席小泽长赖亚·查菲,哈佛大学法学教授。

成员:哥伦比亚经济学教授约翰·克拉克;宾夕法尼亚大学法学教授约翰·迪辛森;哈佛大学哲学教授威廉·霍金;耶鲁大学法学教授哈罗德·拉斯威尔;前助理国务卿阿奇博尔德·麦克利什;芝加哥大学政治学教授查理斯·梅里亚姆;联合神学院宗教伦理和哲学教授莱因霍尔德·尼布尔;芝加哥大学人类学教授罗伯特·雷德菲尔德;哈佛大学

历史学教授阿瑟·施莱辛格和乔治·舒斯特；联邦储备银行纽约分行主席比尔兹利·鲁梅尔。

很奇怪,在报刊自由委员会的名单上没有一名新闻学教授。这不是一个无意的疏忽。要知道,排名全美第一的密西根大学新闻系就在芝加哥附近。这说明,在美国一批学者的眼中,报刊自由主要不是一个新闻理论问题,而是政治的、经济的、法律的、社会的以及哲学、伦理上的问题。正如该委员会所提交的总报告《一个自由而又负责的报刊》开宗明义写到的：

"本委员会首先回答的问题就是,新闻自由是危险的。这是因为,第一,新闻出版已经成为大众传播的一种手段,其对于公众的重要性正在迅速增长；在作为大众传播手段的新闻出版业迅速发展的同时,公众能够通过新闻出版表达意见和思想的比率却大大减少。第二,掌握大众传播媒介的极少数人未能提供满足社会需要的服务。第三,传播媒介的所有者不时地参与社会批评,这种情况使他们不可避免地形成了对社会的控制和操纵。"①

几百年来,资产阶级的先驱们为实现报刊自由作了不懈的努力和不倦的斗争,从理论探讨、法律保证到制度完善。而到了20世纪40年代,一批学者却惊呼"新闻自由是危险的",这不能不说是一个时代的转折。然而,这正是提出社会责任论的历史背景。

新闻自由是危险的。正是这个危险正危及资产阶级的统治,危及资本主义制度。这具体表现在：

其一,新闻媒介迅速扩展,组成了一个无孔不入的信息传播网络和体系,成为影响国家稳定和发展方向的准权力中心。正如一名美国学者威廉·里弗斯所说："几乎每个人都确信,不管是好是坏,大众媒介已成了现代社会的中心。"②具有如此强大力量的新闻媒介必须纳入有序的轨道上,才能维持整个资产阶级的利益。如果听凭几名新闻媒介的巨头为所欲为,势必危害整个资产阶级的利益。

其二,自由主义报刊理论的核心是政府不得干预新闻媒介,而新闻媒介却有监督政府的权利。面对新闻媒介不论出于何种动机,不论是真是假的指责、批评甚或无中生有的诽谤,政府只能被动挨打。面对新

---

① 〔美〕W·富赖特等：《帝国的代价》,译林出版社1991年版,第42页。
② Willam E. Lifis, *Responsibillity of Mass Communication*, Grid. Inc. ,1975, p. 3.

闻媒介种种胡作非为,政府也无能为力,以致政府官员、普通读者、学者专家不断地呼喊:"媒介监督政府、监督社会,那么,谁来监督媒介"?政府与媒介之间的关系越来越对立。这种对立已危及资产阶级的统治。美国的一名开国元勋詹姆斯·麦迪逊在《联邦党人》杂志所写的一篇文章中毫不掩饰地写道:"在组织一个人统治人的政府时……首要的问题是使政府能统治被统治者,其次才是迫使政府约束自己。"①这说明,即便资产阶级承认新闻自由的实践,那也是新闻自由必须满足有助于统治者去统治被统治者这一前提。看来,自由主义报刊理论在实践中显然背离了这一前提,它必须被修改。

其三,新闻媒介的所作所为引起社会各界的广泛不满。社会责任论的倡导者将此归纳为七个方面:

"第一,报刊行使巨大的权力为自己的目的服务。报刊拥有者特别在政治和经济事务中宣传自己的观点,不惜损害反对的观点。

第二,报刊屈从于大商业,并且让广告客户控制其编辑方针和编辑内容。

第三,报刊抵抗社会变革。

第四,报刊对当前所发生的一切进行报道时,常常更多地将注意力投向肤浅的和煽情性的事情,而不是有意义的事情。

第五,报刊已损害了公众的道德。

第六,报刊无正当理由地侵犯了个人的隐私。

第七,报刊被一个社会经济阶层,或笼统地说'商业阶层'所控制,对于新来者来说难以进入这个行业,所以自由而又开放的思想市场被损害了。"②

上述种种不负责任的表现,损害了信息和思想最大的自由流通,进而危害了以高度发达的市场经济为基础的西方社会的生存和发展,同时,也危及新闻媒介自身的生存和发展。社会各界难以容忍新闻媒介的为所欲为,不断呼吁政府干预新闻媒介。

"新闻自由是危险的"。这个危险不是来自外界对新闻媒介自由的干预,而是来自新闻媒介对新闻自由的滥用。这就是社会责任论倡导者在面临的问题前发出的呼吁。

---

① 〔美〕英文版《詹姆斯·麦迪逊传》,第52页。
② 〔美〕韦尔伯·施拉姆等:《报刊的四种理论》,新华出版社1980年版。

第二节　社会责任论的理论前提

社会责任论的倡导者惊呼"新闻自由是危险的",其初衷并非要否认新闻自由,而是要保护新闻自由,只不过,他们认为,倡导自由主义报刊理论的先哲们对新闻自由的理解有偏颇,有些理解要作出新的解释。

对一般自由的认识是自由主义报刊学说的理论基础。所以,社会责任论者也以此为出发点,重新阐发一系列理论观点。

自由是什么?社会责任论者认为:"自由就是使用人的行动的权利。"要实现这种自由,需要两个基本前提:第一,"没有来自外部的限制和控制"。第二,"具有行动所必需的手段和设备"①。

对自由的这种理解是对传统认识的一种修正。过去认为,自由是:"不受某些东西约束的自由,即行动不受专断的阻碍,不受统治权力或权威的制约。"可以概括为"不受……约束的自由";而社会责任论的认识则强调了自由必须有条件——手段和设备,可以概括为"有做……的自由"。

从这一点出发,社会责任论者对报刊自由提出三点新的见解。

一、有限制的自由

"完全的自由和绝对的自由是没有的","没有限制的自由只是一种幻想"②。这是因为,自由必须受到他人相等的自由的限制。每个人、每个机构自由的界限在于不损害他人行动的自由。同样,报刊自由必须以不损害公众的自由为界限。为了报刊自由而损害全社会的自由,这是荒谬的。这样,社会责任论坦率地承认:美国的宪法修正案(即人权法案)对报刊自由字面上没有附加任何条件,在事实上却是附有种种条件的,是有限制的自由,容不得报刊为所欲为。

二、公民"知的权利"

美国第一宪法修正案规定要保障言论自由或称新闻自由。那么,

---

①② "A Free and Responsible Press", U and C Press,1947.

究竟要保障谁的言论自由？因为事实上存在着两种自由：报刊自由，公众的自由。过去，自由主义报刊理论从来没有注意到两者的区别。他们认为，只要报刊获得了自由，那么公民也自然而然获得了言论自由。但社会责任论的倡导者们经过调查发现：这两者实际上不是一回事。自由主义报刊理论所倡导的新闻自由只不过是报刊媒介的自由，法律保障的也仅仅是报刊媒介的自由，公众实际上得到的仅仅是一种自由：逃避的自由。即当公众讨厌报刊的时候。"报刊自由包含着消费者不消费任何特定的报刊产品的自由"①。社会责任论者认为，应该明确地提出：公众的自由高于报刊媒介的自由。公众拥有获得新闻的权利。即"知的权利"或称"被告知的权利"。保护报刊的自由仅仅是为了保护报刊消费者的利益；如果不能满足公众对新闻的需求，那就不应该再对报刊发行人提供足够的保护。

"知的权利"，可以说是社会责任论的一个核心观点，也是对美国宪法第一修正案在观念上的修正。从此，"知的权利"首先在美国，进而在世界其他国家成为公众维护自己获得新闻的权利的普遍口号。

三、报刊必须约束自己的行为

自由主义报刊理论的核心是处理政府与报刊之间的关系，"我们的先辈满怀理由地认为，如果他们能够阻止政府对报刊自由的干涉，那么报刊自由就有了充分保障。"②所以，自由主义报刊理论千方百计地论证政府干涉报刊的危险性。但社会责任论的倡导者认为，随着历史的发展，政府对报刊自由的威胁已退居次要地位，报刊自由的主要威胁已来自报刊自身。报刊发行人为了自身的利益而损害公众利益的不负责表现，已损害了信息和思想在社会内的自由交流和流通，从而激起公众的强烈不满。如果报刊不能约束自己的行为，那么公众不得不呼吁政府或公众自己的组织来管制报刊。可以说，自由主义报刊的立足点在约束政府行为，那么社会责任论立足点是约束报刊自由行为。

报刊自由委员会的上述理论主张，有其深刻的哲学、政治学、社会学等方面新的学科背景。"现代思想革命已几乎摧残了支撑报刊自由理论的世界观，决定20世纪世界观出现的是达尔文—爱因斯坦革命，

---

①② "A Free and Responsible Press", U and C Press, 1947.

它引起了社会知识界的思想的深刻革命。"①正是在这样新的知识革命和思想革命推动下,报刊的社会责任论倡导者对报刊自由理论的基本概念作了全面的考察,作出上述新的解释。

第三节 社会责任论的基本观点

在论述社会责任论的基本观点之前,我们必须强调:社会责任论并没有抛弃自由主义报刊理论;社会责任论的基础仍旧是自由主义报刊理论,只不过对自由主义报刊理论作了某些修正、修补,或者说社会责任论是嫁接在自由主义报刊理论树枝上的新枝而已。

报刊自由委员会在其总报告《一个自由而负责的报刊》中要求报刊对全社会负责,对报刊提出五项具体要求。即社会责任论对报刊的基本要求。

一、新闻报道的真实、全面、理智

"对每日的事件给予真实的、全面的和理智的报道,并将它们置于能显示其意义的特定的前后联系之中。"②这个要求包含着三项内容:

(1)新闻必须真实、全面。这个要求看上去简单,但切中当时美国报刊的最大弊病。新闻失实已使公众对报刊失去信任。

(2)新闻报道必须理智,减少那种耸人听闻的煽情新闻,那些诲淫诲盗的细节描写。

(3)新闻要作出合乎真实的解释,即把每一项重大事件放在特定的社会背景、各种事物的联系中去分析其产生的原因、社会影响、后果。

二、报刊要成为"交换评论和批评的论坛"③

要求报刊担负起社会成员之间交流思想观点的责任,"社会中的所有重要思想观点都应该出现于大众传播机构之中。"④尤其是与报刊相反的观点。报刊可以不赞成他们的观点,但应该给他们公开表达的

---

① 〔美〕韦尔伯·施拉姆等:《报刊的四种理论》,新华出版社1980年版。
②③④ *A Free and Responsible Press*, U and C Press, 1947.

机会。

三、报刊要反映出社会各个集团的典型画面

社会责任论者认为,在现代社会,公众越来越依赖报刊所提供的情况作出好或坏的判断。这就要求报刊对社会各集团、各种族、各阶层、各区域作出合乎实际的正确描述,彼此了解、理解,避免因误解而引起各集团的冲突,以此确保美国社会的稳定。

四、报刊要澄清和提出社会的目标和价值观

这是社会责任论者对大众传播媒介提出的全新要求,即大众传播媒介必须承担起教育和宣传的职责。自由主义报刊理论仅仅强调"意见的自由市场",让各种意见都平等地表达出来,从理性出发,人们自然而然地会拥护真理,抛弃谬误。但事实上,受众或者时常跟着潮流走,醉心于时髦的思潮,或者会固执己见,拒绝服从真理。同时,伴随着各种思潮包括马克思主义的传播,使社会责任论者意识到西方社会赖以生存的价值观受到动摇。为此,他们不得不大声疾呼:"我们必须承认,大众传播机构是一种教育工具,可能是最有力的教育工具;并且它们必须承担教育者的责任,陈述和澄清为之奋斗的理想。"①

五、报刊要"完全接近每日的(现实)信息"

这是对新闻时间性的要求,保证每个公民能平等地共同分享信息。

社会责任论者还向政府发出了呼吁。自由主义报刊理论的核心是反对政府对报刊活动的任何干预。但在新的历史条件下,报刊不能真正实行自律,公众对报刊的不负责任又无能为力,社会责任论者只能求助于政府来管束和制约新闻媒介。报刊自由委员会的总报告向政府提出五个方面的要求。主要有:要求制订反垄断法来制止新闻媒介的过度集中,保持大众传播业的竞争。同时,鼓励传播行业的新投资者。以此试图维持思想和意见的自由市场。要求政府采取措施,保证公众及

---

① *A Free and Responsible Press*, U and C Press, 1947.

时、全面了解政府的政策以及政策制订的目的。必要时,政府可以创办自己的媒介以保证上情下达,政令畅通。切实保障言论自由。

第四节 社会责任论的影响及问题

社会责任论在20世纪40年代中期问世,10年以后,不仅在美国新闻界得到普遍的认同,而且开始风行西方各国。从实践情况看,某些西方国家,像日本、德国、加拿大等比美国走得更远。这说明,社会责任论在一定程度上适应了西方社会的变迁,适合西方国家的现实需要。

毫无疑问,社会责任论是维护西方资本主义的社会政治制度的。但同时,它从现实出发,在理论上修正了自由主义报刊理论的许多缺陷,比较好地协调了公众、新闻媒介和政府三者之间的关系。它一方面提出公众具有"知的权利",另一方面又一再宣称要保障新闻自由;它一方面揭露和批评了新闻媒介滥用新闻自由的种种弊病,同时却一再保护新闻媒介的私有制;它一方面要求政府出面来约束新闻自由的行为,另一方面又一再提醒政府对这种约束要有限制,并保证新闻媒介对政府的舆论监督。这样,社会责任论照顾了各方面的利益,缓和了三方面的冲突。

社会责任论对美国、对西方其他国家的新闻媒介确实产生了某些积极的影响。具体表现在:

第一,它为公众评价西方的新闻媒介建立了一个价值体系,成为人们对大众传播媒介进行批评的武器,从而对传媒造成巨大的社会舆论压力。

第二,西方各国的新闻媒介先后都依据社会责任论建构新闻道德自律,以及同业协会进行自我监督和相互监督,甚至在英国、美国等国建立新闻评议会,处理公众对新闻媒介的投诉和新闻媒介违反职业道德的问题。

第三,由于自律以及来自各方面的压力,使新闻媒介的煽情新闻在一定程度上得到抑止。至少,在新闻界逐步形成一定的风气:刊登煽情新闻是不光彩的。

第四,在一定程度上,影响了司法机构的判案标准。在肯定新闻自由的同时,注意保护公民的权利,例如隐私权、知的权利(公民的新闻自由权）；也影响了议会、政府对新闻媒介的态度，制订了反垄断法等法律。

第五，社会责任论成为新闻从业人员培训和新闻教育的重要内容，教育了几代西方新闻从业人员。

但是，即使在西方，一些新闻理论工作者对社会责任论的评价并不高。《报刊的四种理论》一书作者就指出："社会责任理论现在主要地仍然是一种理论，记住这一点是重要的。"它仅仅是理论，还没有付诸实践。《报刊的四种理论》出版到现在，过去了40年，社会责任论还是写在纸面上的东西，情况并无根本改观。原因在于：社会责任论由于内在致命的矛盾而难以付诸实践。

我们在第二章《自由主义报刊理论》中指出：导致自由主义报刊理论衰落的主因在于新闻媒介无限制地追求利润，不是自由主义报刊理论所设想的以理性原则指导办报，而是以利润原则为报刊一切行为的出发点和归宿点。而以利润原则来指导办报的根源正是报刊的私人占有。这就形成报刊的所有制私有性和新闻媒介本身的社会性之间不可调和的矛盾。社会责任论者不但未能正视这一矛盾，相反，一再宣称要维护新闻媒介的私人占有。那么，西方新闻媒介本身的基本矛盾就永远存在着。

那么，社会责任论怎么来解决以利润为导向所引发的一系列矛盾呢？他们只有两种办法。一是向人的道德、良心呼吁。这实际上是对人的理性发出呼吁。但这就造成了社会责任论理论上的自相矛盾。它一方面以大量事实对传统的新闻自由所赖以立论的抽象的人性论和理性观提出怀疑和指责；另一方面又把克服现实矛盾的方案和建议，寄托在人的道德良知和人的理性觉醒上。希图以道德良知来抑制资本家的追求利润的欲望，无异于缘木求鱼。二是向政府发出呼吁，要求政府有限制地管束新闻媒介。但这又是一个不可克服、无法实践的矛盾问题。因为社会责任论所要竭力保护的是新闻自由的基本原则，这个基本原则包括着不受政府的干涉以及对政府的批评监督权。社会责任论者既要防范政府对新闻媒介的干涉，又来呼吁政府管束新闻媒介，这种自相矛盾的理论无法付诸实践。

所以，社会责任论的提出，只能在一定程度上缓和西方新闻媒介和公众、政府的矛盾，但并不能从根本上消除新闻媒介和社会大众的对立。就以宣扬暴力的电视片为例，几十年来，社会各界以及广大受众对电视中的暴力提出严厉的批评,但暴力片却愈演愈烈。1996年3月,日本最大的民间电视台之一的东京电视台(TBS)在日本奥姆真理教事件上的丑闻被揭露,震撼日本新闻界。1989年10月,日本的一名律师坂本揭露奥姆真理教的欺骗性,东京电视台以《奥姆真理教受害者之会》为题拟播出坂本律师的谈话。但此事被奥姆真理教的头目麻原彰晃获知,指派手下人与东京电视台作了一笔交易:让东京电视台独家采访麻原去德国的访问活动。东京电视台立刻取消坂本谈话的播放计划。而坂本律师却遭麻原手下人暗杀。此事直到1996年3月才被揭露,日本电视界将3月26日定为整个电视界的耻辱日。但日本许多学者指出,这个事件不是偶然的、孤立的事件。各家电视台将收视率视为首要课题,靠事件和桃色新闻吸引观众,有时甚至不惜制造假新闻。东京地铁沙林事件发生后,各电视台为了竞争收视率在奥姆教问题上大做文章,频频让奥姆教人员在电视上露面,不加批判地播放麻原主张,甚至不惜采用花里胡哨的标题和猎奇的图像音响,以致整个电视界不得不呼吁重建电视伦理。这些事件都说明,社会责任论并不能从根本上改变新闻媒介不负责任的状况。

第十一章

客观主义理论及其实践

客观主义理论(Objectivism)脱胎于自由主义报刊理论,或者说是自由主义报刊理论应有的题中之义。但在西方各国的新闻界,客观主义理论是与新闻工作关系更密切、更直接的基本理论之一,它关系新闻从业人员的理念,指导新闻业务的操作。

客观主义理论在美国产生、发展,并影响到西方各国的新闻界。尽管在不同时期、不同国家对客观主义理论在认识上有些差异,但迄今仍是西方新闻界流传最广、影响最大、争议最多的基本理论。

一般说来,客观主义理论包含着两个层面的内容:一是指客观性原则,指新闻从业人员的职业道德和工作态度。二是指客观性报道,作为新闻报道的一个基本方法。这两层含义既有区别又有联系。

第一节 客观主义理论的产生及内涵

从18世纪70年代美国获得独立直到19世纪30年代,美国报业中一统天下的是政党报纸。这一时期政党报纸的办报模式可称为"政论模式"。这种模式与现代意义的新闻事业有明显区别,以至于报纸沦为党派争斗的工具,故而这一时期被新闻史研究者称为新闻事业发展史上"最黑暗的年代"。

一、"政治模式"的主要特征

1. 言论为主

政党报纸有明确的政治宗旨,其主要目的是利用报纸维护本党派利益,这也包括攻击与本党观点相左的其他政治团体。传播新闻、满足读者信息需求不是报纸的主要任务。报纸言论最适宜阐述本党派的观点、立场,也最便于与反对派进行论战。因此,这种报纸言论不是客观地反映、代表公众舆论,而是小集团意志、利益的表现,具有强烈的主观性。新闻报道在报纸中始终处于附属地位,只是做点缀之用。

2. 经济不独立

政党报纸的经费来源大多是政治团体的资助、津贴。经济上的依附性导致报纸丧失独立性,客观报道无实行的可能。正如一美国新闻史研究者指出的那样:"政党报纸的编辑迫于资助者的压力,只得将政治攻势的需要和策略置于经营的稳定性和发展的努力之上。"①

3. 宣传至上

宣传是政党报纸的首要职能。在报纸内容的选择上,新闻性是次要的,党派利益是最高标准。因此报道内容具有强烈的主观倾向,而大量新鲜的事实被排斥在外,客观报道既无可能也无必要。

"政论模式"的弊病显而易见,为社会所淘汰也是历史发展之必然。

1833年9月3日《纽约太阳报》创刊。以此为标志,美国的新闻事业出现了重大转折。此后,类似于《纽约太阳报》的报纸在美国各大城市出现,此种报纸售价低廉,读者面广,因曾卖一便士一份被称为"便士报"。经过一段时间的发展,"便士报"终于形成规模并逐渐代替政党报纸而成为美国报业的主流。"信息模式"取代"政论模式"在新闻理论及实践两方面占尽优势。

---

① An History Approach to Objectiving and Profesionalism in America, Journal of Communication, 1979, p. 8.

二、"信息模式"的主要特征

1. 新闻为主

美国著名的新闻史学家法兰克·莫特指出:"与新闻史上的这一伟大事件(便士报产生)相伴随的是有关新闻概念的新观念被提了出来,在发展迅速的机器时代,通讯传播的速度也不断增强,这一切导致了一场新闻报道方面的革命"①。在报道内容上,"事实"取代"意见","新闻"代替"社论",在版面上占据主要地位。新闻而非言论是"便士报"的主体,完成了由"政论报"向"新闻报"的过渡。报纸以传播新闻为基本职能,以充分满足社会的信息需求为生存前提。

2. 经济独立

"便士报"的主要经费来自广告及发行收入。"便士报"首次将新闻作为普通人的消费品推向市场。由于读者面广,发行量大(《纽约太阳报》的日销量曾达15 000份),"便士报"有了可观的经济收入,足以独立维持报纸的生存和发展。

3. 政治中立

维持财政上的自给自足,才使报刊能够不受特殊利益的压迫。在经济来源上摆脱政党或集团的控制,就可以保证政治立场的独立性。如果说自由主义报刊理论从理论方面论证了报刊独立的必要和重要,那么"便士报"将这种理论由假设变成了现实。

"便士报"提供的崭新的"信息模式",为新闻事业在现代社会中的发展树立了开拓性的样板,也为新闻理论提供了全新观念。它确立了新闻在报纸内容上的主体地位,传播信息为新闻事业的基本功能。这奠定了新闻作为一门学科的理论基础。新闻学科其他重要的理论概念与理论分支都是在这一基础之上生发开来的。它准确地把握住新闻事业在社会生活中的地位,使新闻事业脱离了政党报纸充满主观偏见的狭隘范畴,进入了广阔、辉煌的新领域。

---

① *An History of Newspapers in United States* 1690—1940, Macmillan Company, 1949, p. 215.

三、"便士报"的致命缺陷

"便士报"的巨大发行量、市民读者群以及追求高额利润的经营准则,决定了新闻的软性化。戏剧冲突性、刺激而富于煽动性、人情味趣味性等等成了新闻选择的一些主要标准。"便士报"在高速发展的过程中暴露出自身的致命缺陷:即片面追求煽情性新闻(凶杀、抢劫、色情、个人隐私等等),在写作上也极尽渲染夸张之能事。品位粗鄙欠文雅,以至于黄色新闻泛滥。这一切招致了社会对新闻业的不满与指责。"美国记者的特点就是公开而又粗劣地迎合其读者的激情。"①著名作家狄更斯也从这一角度抨击了美国报刊,他为煽情性报刊刻画了一幅肖像,认为它们提供更多的是愚昧和无知,而不是知识和理解,他说:"报刊用恶眼窥视每一户人家……下流无耻的诽谤成为这个行业唯一的资本……长此以往,它必将激起全国百姓的同声愤慨,它所干的勾当也必将在共和国昭然若揭。"②"便士报"过分注重软新闻的报道不仅导致了黄色新闻的泛滥,也削弱了报刊在社会生活中的地位与作用。重大题材——有关政治、经济、社会事件的报道成了空白点。社会对硬新闻的需求促使"信息模式"中的另一大类型的报纸——严肃报纸的出现。

四、严肃报纸的典范

阿道夫·奥克斯经营的《纽约时报》是严肃报纸的典范。当时纽约有两家著名的"便士报",普利策创办的《世界报》和赫斯特的《电讯报》,发行量均高达 300 000 份,拥有庞大读者群。奥克斯干脆放弃了与之竞争读者的做法,开创了自己独特的办报方式。他要出版一份严肃、典雅、富于教养的报纸去奉献给纽约城的那些优秀的人。他的口号是:"报纸不应该弄脏他们早餐的餐巾。"③《纽约时报》发表的文章也不是那类吵吵嚷嚷的文章。奥克斯想要的不是那种会使人震惊、发怒

---

① 〔美〕德·托克维尔:《美国的民主》,新华出版社 1982 年版。
② 赫伯特·阿特休尔:《权力的媒介》,华夏出版社 1989 年版,第 57 页。
③ *The Powers that be*, Grid Inc., 1982, p. 272.

或引起论战的文章。因为他不能够靠刺激性新闻去赢得某些市场,他要用庄重、严肃来赢得读者。他强调新闻要严肃,要有价值,要使那些受到尊敬的金融界人士和政府官员乐于阅读。那时纽约是这个国家的金融中心,于是为了引起这些人的兴趣,奥克斯决定在他的报上尽可能多登一些新闻,内容包括所有的金融消息、市场采访、不动产交易和一切政府公告,尤其是一些长而沉闷的新闻,其他的报纸往往忽视,而《纽约时报》则是欢迎的。"①

《纽约时报》开创了一个新的时代。严肃报纸的出现使得"信息模式"真正成为现代新闻事业的代表。严肃报纸不仅保持了新闻为主、经济独立、政治中立的特点,而且在报道内容上更胜一筹。"当奥克斯买下这份报纸时,为了与其他报纸竞争,他提出了一个口号,这个令人敬畏的口号是很有远见的:'报纸应是纯粹的新闻工具,而不是流言蜚语的学校!'"②。可以这样假设,如果"信息模式"只有以软新闻为主的"便士报",那新闻业在很大程度上只是一种提供消遣娱乐的消费品制造商罢了。只有严肃报纸才真正确立了新闻事业在社会生活中的重要地位,以至于产生了具有强大理论张力及实际约束力的客观主义理论。

五、客观主义理论应运而生

客观主义理论深刻反映了当时人们对"事实"的推崇与极端信赖。19世纪30年代的美国,正处于从传统到现代、从乡村到城市、从社区到社会的转型剧变期,人们对周围世界的了解需求日益迫切。"事实"成为人类生存环境中的重要因素。文学的现实主义传统和科学的经验主义思想给记者提供了描述事实的手段,即注重客观叙述与实证分析。客观报道和当时的现实主义文学思想有很大的共通成分。

1. "信息模式"的推动

"信息模式"从新闻实践方面给客观主义理论以强大推动力,使其产生并逐步走向成熟。

报业作为信息行业,是通过提供信息服务、满足社会对信息的需求

---

① *The Powers that be*, Grid Inc., 1982, p. 273.
② Ibid, p. 278.

来维持生存,获得利润的。报纸提供的商品就是新闻,报纸的用户是社会上形形色色的庞大人群,他们有着迥然不同的社会背景:包括年龄、性别、文化程度、经济状况、社会地位、政治立场、宗教信仰等等,报纸要扩大发行量、争取更多的读者就必须提高产品的通用性。不偏不倚、客观中立的报道手法则是最佳手段。任何有主观倾向的新闻报道都可能与某一部分读者发生冲突以致最终失去他们。"政治上的中立就是商业上的盈利。"①换言之,实行客观性法则有利可图。"人们确实常常说(虽然这种说法未能证实),客观性目标是由美联社创造出来的。美联社的一位代表在提出某些有关确实可靠的问题时,首次运用客观性作了解释。"②通讯社作为一种特殊的新闻传播机构,同样采纳了"信息模式"。以美联社为例,它的用户包括1 000家以上的报纸及广播台、电视台、杂志、政府部门、大专院校、研究机构等等。为了与其他媒介竞争,最大限度地争取订户,就必须使新闻产品充分满足不同口味、立场的用户需要。除了客观报道之外,别无选择。美联社驻华盛顿机构的负责人劳伦斯·戈布赖特曾这样说过:"我的职业是传播事实,我所得到的指令不允许我对我所传播的事实发表任何评论,我的新闻电讯稿被送往持有各种不同政治态度的所有报纸那里,那些报纸的编辑说他们有能力对送给他们的事实发表任何评论。所以,我将自己限制在我认为的真实的新闻范围内。"③市场竞争中的利润原则在新闻市场上同样起作用,客观主义理论之所以能为新闻业接受,有着深刻的经济因素。

2. 保护新闻业自身的有效方法

客观报道手法也是新闻业保护自身的有效方法。"盖伊·塔奇曼认为新闻记者在抵御别人指责其作品歪曲或曲解时,客观性变得极为有用。她说,这里所包含的是一'战略上的礼仪'。塔奇曼文章的精神与社会学家的观点一脉相承,他们把传播媒介作为社会机构进行研究,这种社会机构与其他专业机构一样,自身具有一套自己的官僚机构和价值体系。"④对"信息模式"中的两大支柱硬新闻与软新闻分别加以分

---

① 〔美〕赫伯特·阿特休尔:《权力的媒介》,华夏出版社1989年版,第153页。
② 同上书,第152页。
③ Charles H. Brown, *Informing the People*, Holt Rinehart and Wister, Inc., 1957, p. 92.
④ Ibid, p. 151.

析,就可以清晰地了解这一道理。硬新闻大多涉及重大政治、经济、社会问题,极为敏感,报纸稍有不慎就可能触及政治团体及其他社会集团的利益,要详尽、深入地报道各种重大事件,而又须避免卷入集团纷争,客观报道手法是最佳选择。软新闻对性及犯罪等黄色新闻的过分关注,可能使报纸触犯某些法律,如侵犯名誉权、隐私权、妨碍司法公正等等。此时,客观报道又成了最具说服力的挡箭牌。因此,美国新闻界一种颇具代表性的观点认为:"看来被当作新闻报道正式标准的新闻步骤,事实上是新闻工作人员用以保护自己免遭批评而提出职业上力争客观真实的战略方针。一旦他们的专业知识得不到新闻消费者的足够重视,并有可能成为招致激烈抨击的根据时,这种情况尤其如此。"①

3. 客观性原则影响、制约新闻业务

客观性原则亦成为新闻职业准则中最核心部分。塔奇曼在分析客观性原则时,为了将事实与主观判断区分开来,确定了四项记者需遵从的"战略步骤":1)提供争论双方的"观点",以便识别冲突情况下对手之间的真实主张。2)提供代表这些真实主张的确切陈述。3)直接用引号指明这是消息来源而非记者之言。4)首先依照提供最多的"事实材料"的方式组织报道。新闻报道的客观性被列为与新闻报道的准确性、时间性和兴趣性等同等重要的职业准则和职业规范教育之中。新闻事业的发展促进了新闻教育的普及。1908年,密苏里大学建立了全美第一个新闻学院。到了1920年,全美国已有131所大学和学院设有新闻学院、新闻系、新闻专业或开设新闻学课程。在普及、规范的新闻教育体系中,客观主义理论倡导的客观性原则及客观报道手法被广泛传播,灌输到新闻从业人员的观念中,并直接影响、制约其新闻业务操作。

4. 客观主义理论的内涵

客观主义理论主要包括这样的内涵:其一,新闻报道的最终目的是客观地反映现实。新闻报道将客观世界如实地呈现在公众面前,其作用在于将个人与外部世界连接起来,从而有助于个人形成对外部世界的独立判断,正如《纽约时报》的创办人亨利·雷蒙德与《芝加哥论坛报》的霍勒斯·怀特分别所说:"一张日报应该按照本来的面目准确地

---

① Charles H. Brown, "Informing the People", Holt Rinehart and Wister, Inc., 1957, p. 184.

反映这个世界。"①"公共报刊向读者提供的最崇高的服务是鼓励他们形成独立的意见。"②其二,客观地反映现实之所以可能做到,是因为事实和意见是应该而且可以完全分离开的。"客观性的信念是对'事实'的信任,是对'价值'的怀疑。同时又赞同将两者分离"③。事实是可以独立地被证实的客观世界,它与任何可能导致认识偏差的主观倾向无关;而价值是对客观世界的主观判断与解释,是个人意愿的倾向性表达。报纸服务公众的手段应该是提供客观事实而不是宣传主观价值。客观性原则和客观报道被看作是"'新闻'对言论的胜利"、"'事实'对意见的胜利"④。

客观主义理论在理论方面被深入阐释,在实践方面大加推行,对新闻事业产生了巨大、深刻的影响,以至于许许多多的人将其奉为新闻职业的最高道德观念。曾任美联社总经理达25年之久的肯特·库珀宣称客观性法则"作为一种至善至新的道德观念,发展于美国、奉献于世界"⑤。"我们认为所有的男男女女都必须有某种圣杯之物,都必须有为之奋斗的某种事业,都必须有即使不能使之完美无缺,但仍须为之竭尽全力的某种东西。对新闻工作者而言,圣杯应当是客观性法则,如果他缺乏这些东西,其身份就会贬低,结果就可能使其职业遭到灭顶之灾。"⑥

客观主义理论确立了自身在新闻领域不可动摇的地位。

第二节 客观主义理论面临的冲击

客观主义理论在巅峰时期,甚至被认为是新闻领域神圣不可侵犯的神谕,是新闻业赖以生存的法宝之一。但任何有用的理论或法则都不可能是至善至美的,客观主义理论也逐渐暴露出致命的弱点。实际上,缺陷在理论产生之时就存在于其内部,只是由于新生理论处于上升时期及其在实践领域产生了魔术般的效应,以至于一向乐观自信的美

---

① Charles F. Wingate, *Views and Interviews on Journalism*, Grid Inc., 1975, p.75.
② 〔美〕韦尔伯·施拉姆等:《报刊的四种理论》,新华出版社1980年版,第80页。
③ Charles H. Brown, *Informing the People*, Holt Rinehart and Wister, Inc., 1957, p.91.
④ Michael Schudson, *Discovering the News*, Basic Books Inc., 1973, p.14.
⑤ 〔美〕赫伯特·阿特休尔:《权力的媒介》,华夏出版社1989年版,第152页。
⑥ 〔美〕韦尔伯·施拉姆等:《报刊的四种理论》,新华出版社1980年版,第102页。

国人以为找到了适用于新闻业的终极真理。

一、理论上的缺陷

仅从理论上分析,我们就可以发现,早期客观主义理论所标榜的纯客观是不可能做到的。在新闻业的运行过程中,主观性无法避免。客观性至少受到两方面因素的干扰。

1. 社会控制

当新闻事业作为一项社会事业参与社会活动,就不可避免地与社会上各种利益集团产生各种各样的关系。这诸多集团自然会出于各种目的,采用各种形式,自觉或不自觉地给新闻事业施加各种影响。新闻事业在现代社会中不可能是随心所欲、为所欲为的。这种由社会施加的影响和控制有时可能是必要合理的,有时可能是消极反动,但难以消除或抵抗的。这种影响通常来自这样几个方面:

(1) 政府。

政府不仅可以依法管理新闻媒介,还可能利用庞大的国家机器及严密的行政网络及特殊权力迫使新闻媒介传播有利于政府的观点。

(2) 金融财团。

经济实力在许多时候是起决定作用的。具有强大经济力量的财团在社会生活中有着举足轻重的作用,新闻媒介在某些情况下不得不屈服于经济压力,广告商利用金钱魔棒驱动新闻媒介屡奏神效就是一个明证。

(3) 公众舆论。

新闻媒介可以影响舆论,反过来,公众也可能利用舆论力量对新闻媒介的行为施加影响。在现代社会,受众在很大程度上控制着新闻媒介运作的各个环节,虽然这种控制不是通过正式系统实施的;另外,某些具有特殊社会影响力的集团也可能将新闻媒介视做自己的宣传工具,如政党。

2. 新闻从业人员的主观意识

事实和新闻报道并不是一回事。新闻报道实际上是记者、编辑对事实的人为加工。不管新闻从业人员如何要求自己遵守客观、公正的职业准则,或是他们自我标榜自己是毫无个人偏见的,实际上,其主观性总是或多或少,有意识或无意识地存在着。他们的私人情感、个人经历、文化背景及价值观念都将在对事实加工的过程中呈现出来,从而使新闻报道的客观性大打折扣。记者、编辑从来都不可能是被动反映事实的机械摄录机。

二、实践中受到的挑战

理论上存在的缺陷终于在实践中得到印证。客观主义理论受到了挑战。

1. 第一次世界大战中的冲击

美国新闻业在第一次世界大战中的经历直接动摇了新闻从业人员对客观主义理论的信赖。

研究者们发现,在第一次世界大战中,在美国由中立国变为参战国的过程中,主观倾向明显的新闻媒介起了至关重要的作用。

美国政府在大战初期,出于本国利益需要,采取"中立"立场。在战争期间向欧洲各国供应大量军火和其他战争急需品,从中取得巨额利润。战争后期,考虑到参战能给美国带来更大利润,美国政府即改变政策,决意参战。战争期间,美国政府视新闻媒介为良好的宣传机器,积极鼓动新闻从业人员介入政府的战争宣传。历史证明,这一时期的战争宣传取得了令人瞠目结舌的效果,政府成功地利用新闻媒介进行了大规模的、卓有成效的宣传。"虽然宣传可以追溯到 2400 年前,但只是到了第一次世界大战,人们才目睹它第一次以组织化、科学化的方式加以运作。"[①]美国新闻从业人员有史以来第一次大规模地参加了政府的各种宣传工作。其主要方式为:1) 在政府的国内外宣传机构中任职。如《芝加哥论坛报》的总编辑詹姆斯·基利代表美国参与协约国宣传委员会工作;著名报人沃尔特·李普曼以上尉军衔出任陆军部长助理,负责战时军事消息控制与发布工作,并兼任美国驻巴黎的宣传主管;《纽约时报》的言论版编辑查里斯·默茨以中尉军衔协助李普曼工作;经当时美国总统正式任命的公共信息委员会负责人乔治·克里尔也是一位报纸编辑。2) 在报刊上大量刊登政府和战时宣传的各种宣传材料。在美宣布参战的第七天,经由政府批准的公共信息委员会成立。它负责对战地记者颁布纪律与条例,同时对发送回国的报道进行

---

① Michael Schudson, *Discovering the News*, Basic Books Inc., 1973, p.142.

检查删改。为了煽动民众情绪鼓动民众投入战争,报刊传播的新闻具有浓厚的宣传意味和主观色彩,甚至不惜制造假新闻。公众信息委员会曾炮制出6 000条报刊消息。当时曾产生轰动效应的两则报道事后被证明为捏造,即关于德国人建造工厂焚烧英法战俘以取油脂的报道,以及关于比利时婴儿的手臂被德国人砍掉的报道。3)各家报社的记者和编辑在日常的新闻报道中掺入战争宣传的内容。"公众信息委员会曾雇用了许多记者收集、写作和传播有利于美国战争努力的消息。"①这些消息使得战争宣传渗透在公众生活的方方面面,从而更具隐蔽性及实际效果。

第一次世界大战中美国新闻从业人员的地位是颇为微妙的,"许多记者直接卷入到第一次世界大战的宣传中去了。一方面,美国记者们发现自己作为欧洲的战地记者成了军事检查的牺牲品,另一方面,他们又成了美国国内外宣传机器的代理人。"②这一不同寻常的经历引起社会各界尤其是新闻界人士的深刻反省。正如爱德华·伯奈斯在《宣传》一书中指出:"正是大战期间使人震惊的宣传的成功,打开了各个领域里的少数有才智的人的眼界,使他们看到了管辖人的头脑的可能。"③人们痛苦而清醒地意识到:新闻业所推崇的神圣不可侵犯的事实本身并不是完全可靠的,因为新闻报道中的事实很可能就是一种假象。"在战时和战后,记者们开始把每件事都看作假象,因为有足够的证据证明每件事都是有自我意识的制造假象的能手的产物"④。在认识到政府操纵新闻业可能性存在的同时,对客观主义原则的信仰也就受到了致命打击,新闻事业难以维持自身的独立地位,客观报道也就无从谈起。

2. 公关业对客观性原则的威胁

第一次世界大战给客观主义理论形成的冲击是非常态的。它揭示出在非常情况下,新闻媒介是如何为他人操纵从而使客观性原则遭到破坏的。而20世纪初兴起的一种社会职业——公共关系业则在社会的各个层面旷日持久地构成了对客观性原则的威胁。一般而言,公共关系是指某个组织为取得公众的了解支持而进行的信息沟通、自我宣

---

① ② 〔美〕韦尔伯·施拉姆等:《报刊的四种理论》,新华出版社1980年版,第142页。
③ Edward L. Bernays, *Propaganda*, Horace Liveright, 1928.
④ Michael Schudson, *Discovering the News*, Basic Books Inc., 1973, p.142.

传等社会活动。在某种程度上,公关活动就是利用媒介的宣传活动。公共关系的第一代从业人员绝大多数是新闻记者或编辑,公认的美国第一位公关代理人艾维·李就曾是《纽约时报》的记者。至今,美国的公关人员大多有大学新闻专业的教育、培训的知识背景。他们深知如何处理与新闻媒介的关系,并有一套熟练的新闻业务技能。这就可以有效地将宣传材料制成新闻报道加以传播。这给新闻实践构成极大威胁。首先,公关人员向媒介大量提供公关材料。内尔森·克劳福德在1924年出版的《新闻道德论》一书中估计:每家大报每天收到15万字的公共关系材料。其次,社会各种团体都设置公共关系部门以接触媒介对外宣传。公关人员成了事实与记者之间的中介。据估计,"1926年12月19日的《纽约时报》的255条消息中,至少有147条来源于公关人员的作品;1926年1月14日的《纽约太阳报》的162条消息中,至少有75条出自于公关人员之手。《纽约时报》大约60%的报道受到公关代理人的影响。公关业的一位创始人伯内斯称:公关人员不仅是新闻的供应者,更合乎逻辑地说他是新闻的制造者。"[1]著名报人沃尔特·李普曼在其名著《舆论学》中道出了公关业威胁客观性原则及客观报道的原委:"公关人员的发展是一个十分明显的标志,它表明事实在现代生活中不是自然地呈现被人知晓的形式。事实必然被某些人赋予一种形式,由于在每天的日常生活中记者们不能给予事实一种形式,由于几乎没有什么消息不与一定的组织有利害关系,因而利益集团就按自己的需要阐述事实。"[2]公共关系对客观主义理论的威胁在于:在新闻实践的实际操作中,客观报道手法不如以往那样简便有效了,主观倾向时刻可能渗透在报道中而不被人们察觉。由此,客观性原则也受到根本性怀疑。

3. 知识界的质疑

如果说第一次世界大战中新闻业的曲折经历以及公关业的兴起直接促使客观性原则遭受实践与理论的双重挑战,20世纪初期社会科学及自然科学的研究成果也为质疑客观性提供了知识背景。19世纪,客观性观念在美国知识界十分流行。"每个领域里的人都在使用客观一词,希望它能为他们创造出魔力。客观一词被赋予了一大堆扩展了的

---

[1] Edward L. Bernays, *Crystallizing Public Opinion*, Horace Liveright, 1923, p. 195.
[2] 〔美〕李普曼:《舆论学》,华夏出版社1989年版,第218页。

含义,非党派的,非自我卷入的,平衡于两个极端之间的,符合事实的,准确的,全面的,完全的,科学的,物质的而非心灵的,可被物理标准测定的,真实的,等等。"① 进入 20 世纪,美国整个知识界开始对客观性产生怀疑。如果人们根本不可能客观地观察、认识、揭示外部世界,那么人类以往的所有研究成果都是不可信的了。许多历史学家、社会学家、心理学家、哲学家乃至自然科学家都开始探讨这一问题。虽然没有定论,但怀疑倾向是明显的。社会学家霍华德·贝克尔认为:"这个词(指客观)现在已有那么多的矛盾,及在方法论上的含义也是模糊的,它的精确意义不能在同样的前后联系中被详细地阐明。因而它决不应该再被使用。"② 这一倾向在新闻领域则反映为对绝对客观的怀疑以及对主观性的认识与理解。新闻业在实践与理论两方面开始了由绝对客观向相对客观的过渡。

4. 解释性新闻初露端倪

20 世纪 20 年代,美国报业悄然出现一个引人注目的现象:各报纷纷推出专门评述政治、经济、军事、文化等重大新闻的专栏。1921 年,海伍德·黑尔·布龙在《纽约世界报》开设专栏。1931 年,沃尔特·李普曼在《先驱论坛报》开设"今天与明天"专栏。1934 年雷蒙德·克拉珀在《华盛顿邮报》开设评论专栏。这些"主要针对政治和经济事务进行评价"③的专栏在美国报业形成风潮,报纸专栏作家也成为受人瞩目的社会知名人士。尤其值得注意的是:专栏作家的影响力是通过评述新闻而产生的,新闻从业人员开始以主观意见参与社会生活,而不仅仅局限于客观提供新闻。这种影响力有时是巨大而有实效的,并得到了社会各界的广泛认同。如李普曼曾与美国政府有着密切而微妙的关系,他本人确曾以新闻评论这一形式参与并影响了美国政府的决策。专栏的风行在新闻业不是偶然现象,具有相同意义的事件接连出现了:一些著名报纸开始刊载一周新闻综述。1931 年《纽约太阳报》在周六版上刊出一周新闻综述。随后,美联社也于周末传送一整版的一周新闻综述。这种新闻综述与每日刊载的新闻讯息相比有更多的撰稿人主观意见的渗入。它所注重的是对重大新闻的概括、总结、揭示、分析以

---

① Ken Macrorie, *Objectiving Dead or Alive*? Journalism quarterly, Spring 1959.
② Howard Becker, *Through Values to Social Interpretation*, Horace Liveright, 1950, p.34.
③ 〔美〕韦尔伯·施拉姆等:《报刊的四种理论》,新华出版社 1980 年版,第 145 页。

及主观判断,以至于有的报纸将其放在言论版而不是新闻版中。更意味深长的是:20世纪20年代一种崭新的新闻传播工具的样式——新闻杂志出现了。1923年,亨利·卢斯和布里顿·哈登共同创办了著名的《时代》杂志。1933年,日后闻名于世的《新闻周刊》创刊。这类新闻杂志问世后极受欢迎。20世纪30年代,人们将新闻杂志视为与日报相匹配的竞争者。新闻杂志亦形成潮流,成为新闻业不可忽视的重要分支。时至今日,著名新闻杂志享有的世界声誉足以与报纸、广播、电视相媲美。在讲求速度的新闻业,新闻杂志赖以生存及与其他媒介竞争的不可能是速度,而是报道的深度,对简单信息的开掘,即主观分析、解释。

丰富的新闻实践终于催生了新的理论。实际上,一种有别于客观报道手法的新的报道方式已经运用在新闻报道中了。这就是解释性报道(详见本书第十六章)。

对客观性的怀疑,公关业和解释性报道的兴起,对客观主义理论形成巨大的挑战,客观主义理论面临深刻的危机。

第三节 客观主义理论的拓展

在客观主义理论的内涵以各种不同方式变换的过程中,美国新闻史上悄然出现了一种现象——新新闻主义。这一现象是颇具戏剧性的:开始不被人注意,形成一定声势之后,曾为新闻界的正统人士嗤之以鼻。谁也不曾料到,新新闻主义几乎演变成一股狂潮席卷美国报业直至美国文化领域,成为20世纪60年代美国文化的重要组成部分。而其结局更令人深省,极度喧闹之后是过分的冷清,新新闻主义仿佛突然销声匿迹,静悄悄地退出了新闻舞台。这一过程为理清客观主义理论的嬗变提供了一个极好的例证和参照物。

一、新新闻主义的冲击

新新闻主义是对客观主义理论的反叛。在认识到绝对的客观不可能达到,客观性受到多方质疑的前提下,一部分新闻从业人员选择了另一个极端。他们在实践和理论两方面都背叛客观性原则而走向主观。

新新闻主义与客观报道最重要的区别是记者和他的报道对象之间的关系发生了变化,记者再也不是置身于事实之外的冷静旁观者、客观叙述者。客观主义理论所奉行的在报道中尽量避免主观介入的原则被完全打破了。新新闻主义作品的主要特点是:具有一系列被传统新闻忽略的内容:气氛渲染,个人情感,对事件的解释,宣传鼓动,各种观点,小说式的人物塑造和描写等等。大量的文学手法(尤其是小说手法)的运用,甚至允许虚构、夸张在报道中出现,使得新新闻主义作品更接近于小说而非新闻。新新闻主义的离经叛道给传统新闻业带来极大冲击。新新闻主义作品一度在美国的报纸杂志上红极一时,新新闻主义所崇尚的主观性理论也震撼了新闻观念的基石——客观性原则。令人深思的是新新闻主义的命运——来也匆匆去也匆匆,昙花一现之后即在新闻业悄然退隐,如今只是在某些极富戏剧性的特殊报道中偶见其真容。这明确地预示着:客观主义理论虽然有着种种缺陷,但它在新闻领域中的地位是不可动摇的,它可以被改造,但绝不可代替。

二、拓展客观主义理论

新新闻主义是一种极端现象。实际上,明智的新闻从业人员深刻领悟到客观主义理论的合理内核,即使在看清楚其存在的种种缺陷的同时,也从不曾放弃它。更多的人试图发展客观主义理论的内涵,拓展它的理论范畴,使其更加合理和完善。例如,在承认解释性报道的部分主观渗入时,客观性原则并不曾被完全否定。柯蒂斯·麦克杜格尔在《解释性报道》一书中指出:"将来,最为成功的报人将是那样一些人,他们具有受广泛的教育的经历,在一个或更多领域内具有专家才有的知识,具有避免唯情论的能力,具有保持客观性和描述性的风格的能力,具有很强的观察能力。除了这一些之外,还具有领悟到迅速发生的新闻事件与更广泛的社会、经济和政治潮流的关系的能力。"[①]麦克杜格尔试图将"保持客观性和描述性风格"与"领悟到迅速发生的新闻事件与更广泛的社会、经济和政治潮流的关系的能力"相提并论,前者是指新闻报道的客观性,后者是指新闻报道的解释性。在他的理论体系中,客观性和对新闻的主观认识并非是互相排斥、绝对对立的。记者必

[①] Curtis D. Macdougall, *Interpretive Reporting*, Macmillan Publishing Co. Inc., 1983.

须具有这两种能力,它们是可以并存的。更为有意义的是:许多新闻研究者一再强调,在解释性报道中,对新闻的解释也不是记者主观性的任意发挥,它主要是通过两种方式实现的:一是提供大量的有关新闻事件的背景材料,二是报道有关人士对新闻事件的观点、意见。可以看出,即使在解释性报道中,客观性原则在某种程度上也是必须遵守的。在这里,客观主义理论又一次显示出它在新闻实践中难以被毁灭的强大生命力。

三、客观报道仍是新闻职业的准则

李普曼是客观主义理论的忠实维护者。他在《舆论学》一书中道出对客观主义理论的深刻理解与体察:"当我们的心灵深刻地感觉到他们的主观倾向时,我们发现自己仍然热衷于客观方法",因为"无法体悟周围环境中的相关事件的人,必然成为煽动与宣传的牺牲品。"所以"当你意识到现代世界是在多么巨大的程度上依赖于它的新闻的时候,人类本性的弱点就不成其为道歉的理由,而是成为一种永恒警惕的理由。"[①]李普曼对于客观主义理论的观念代表了相当一部分新闻从业人员的基本态度。有一组调查数据印证了这一点。有这样一个疑问困扰着新闻研究者:即客观主义理论在历经多次冲击之后,究竟还有多少新闻从业人员对其持肯定、乐观的态度。为此,约翰·博耶在20世纪70年代后期抽样调查了50家美国报纸的编辑。他的调查结果发表在1981年春季的美国《新闻学季刊》上。他根据编辑们对问卷的回答,用数理统计中的方差分析法(即把所有样本平均数一起加以考虑的方法),将编辑们的态度分为三大类。依据方差分析法,总方差百分比为65.43%。其中,持第一类态度的在总方差百分比中占41.27%,这类编辑认为"客观性是可能的"。他们"感到需要在他们的工作中寻求某种客观新闻的编辑的行为"。持第二类态度的在总方差百分比中占17.97%,这类编辑们认为"客观性是一个无法达到的目标"。持第三类态度的在总方差百分比中占6.42%,他们认为"客观性完全能做到",同时还认为"事实可以毫无偏见地被选取"。这项调查结果表明:绝大多数新闻从业人员认为客观性是可能做到的,客观报道仍是新闻

---

① 〔美〕李普曼:《舆论学》,华夏出版社1989年版。

职业的准则。

四、追求和接近客观性原则

客观主义理论已被实践和理论证实存有多种缺陷,但新闻领域仍将之奉为不可替代的基本理论及行之有效的职业操作法。这似乎是一个矛盾的结论。于是,新闻理论家们开始研究这一既成事实存在的合理性。巴巴拉·菲利普斯经过大量的实地观察、抽样调查和访问新闻从业人员之后,完成了论文《客观性的探究:新闻业的观点对社会科学的观点》。她认为:从实践方面看,有五种客观条件的限制促使新闻从业人员必然将客观主义理论奉为职业准则。1)缺乏人力、财力和时间。这决定了新闻传播媒介只能快速地传播新闻,失之偏颇、粗浅在所难免。2)避免触犯受众中的某一部分人,以及引起意识形态和社会产生不合的种种问题。客观性是避免这类问题产生的挡箭牌。3)挑选证据和判断真实情况的困难。4)记者在许多领域里缺乏专门知识。记者只能客观报道,忠实记录他人的看法和判断。5)记者不会将他们自己的经验上升到一般的东西,或将特有的、具体的事实放入到更为广阔的理论框架里去。因此,他们只能对报道中事实的客观性负责。这一论点比较圆满地解释了客观主义理论中存在的矛盾。新闻工作的特殊性决定了客观性原则和客观报道手法的有效性和广泛适应性,虽然不是完美无缺、百试不爽的,但舍此别无他法。

现代新闻业对客观主义理论形成了一种相对稳定的态度:"绝对客观性不可能达到,只会引起永无休止、徒劳无益的争吵辩论。……客观性并不意味着指望要达到它,而是对现实反映的一个过程、一种态度、一套思维方法。例如迈克尔·舒登声就将新闻学里的客观性视为信仰体系中确定无疑的那种知识。他还进一步指出,这是一种伦理学——指明人们在道德上作出决定时应当采取何种思考方式。于是,客观性不再被认为是可望而不可即的问题,而是有益的、应该力求达到的,它是把'是'和'应该'融为一体的途径。"①

上述这段话,是当前西方新闻界对客观主义理论认识的典型表达。当前,西方新闻界已把客观性原则当作一种理想去追求——绝对客观

---

① 〔美〕赫伯特·阿特休尔:《权力的媒介》,华夏出版社1989年版,第148页。

性是不可能的,但可以尽可能地接近它;当作一种职业道德和工作态度——不要以自己的偏见去歪曲事实,以主观愿望代替事实;当作一种思维方法——尽可能客观地再现事实。而客观性报道则具体化为一套操作规范。

五、弥补客观主义理论的缺陷

确定了客观主义理论的地位,接下来研究者所要做的事情就是正视客观主义理论存在的缺陷并尽力去弥补它。有不少学者进行了有益的尝试。

客观性不可能完全达到,新闻报道中的偏见总是存在的,那么偏见究竟是由哪些因素引起的呢? 在 20 世纪 70 年代至 80 年代,偏见与客观性的研究,成了新闻学和大众传播学研究中的重要课题。业已取得的成果表明,新闻报道中的偏见主要由四种原因造成:1) 民族利益。这大量体现在国际新闻中。"美国新闻界对第三世界国家镇压行动的报道,以及对美国在这种镇压行动中的作用的报道,因媒介屈从于美国政治和经济的上层人物的利益和看法而带有歪曲。"[1]其他研究还证明,美国新闻业的这种歪曲也存在于对西欧和日本等美国伙伴国家的报道中。2) 阶级和种族。许多研究结果证实,美国的新闻报道基本上反映了中产阶级的看法和情绪,长期以来对黑人、东方人等有色人种存有明显的偏见。3) 政治。美国学者对总统竞选、政策问题、政治家活动等方面的报道进行了大量的内容分析,发现媒介拥有者的政治态度、编辑和记者的政治态度明显影响新闻报道。这种影响主要表现在,"一是在竞争的观点之间缺乏平衡;另一个是带有倾向性和党派性地歪曲现实"[2]。4) 文化和意识形态。新闻报道中造成的大量偏见危害极大,其产生的根源在于文化和意识形态的影响。

那么,又如何来防止偏见,做到尽可能的客观呢? 1971 年,菲利普·亚耶出版《精确新闻学:社会科学方法的记者入门书》,标志精确新闻学的诞生。他认为,传统的采集和加工新闻信息的做法,只能对新

---

[1] Robert A. Hackett, *Decline of a Paradigm?*, Critical Studies in Mass Communication Vol. 1, p. 231.

[2] 〔美〕韦尔伯·施拉姆:《报刊的四种理论》,新华出版社 1980 年版,第 261 页。

闻事件作一般性描述和似是而非的评介,因此欠准确、客观。他主张用当代社会科学研究中通行的定量分析方法来进行新闻领域内的信息采集、加工、传播的工作。他在书中介绍了诸如数理统计、抽样调查、计算机数据处理等方法,他认为新闻从业人员一旦采用了这些方法,就能使新闻报道做到精确和客观。

亦有研究者从新闻职业化、专业化角度去解决问题,寻求出路。他们认为新闻从业人员必须经过专门的职业培训,并遵循一整套新闻同业者所公认的科学步骤与程序。例如,对新闻材料进行分类:可公开发布类,可间接引用类,可引用大意类,不可公开发表类;对新闻材料反复核实,避免失实;写作中忌用暗示与影射,采用平衡收录各方观点的手法;使用引语时应避免断章取义,有意无意地删除原文中的限定性字句等等①。

大量的新闻实践与理论研究表明,尽管客观性原则和客观报道手法不是尽善尽美的终极真理,但它确实在新闻领域内产生过重大影响,具有极强的实用价值。这种影响及价值仍将在现在与未来继续存在。客观主义理论将不断丰富、发展,并逐渐地趋于完善。

---

① 〔美〕麦尔文·曼切尔:《新闻报道与写作》,中国广播电视出版社1981年版,第44页。

第十二章

新新闻主义理论及其实践

新新闻主义(New Journalism)似乎是世界新闻史上来去匆匆的过客,崛起于20世纪60年代初,一时来势汹汹,席卷美国新闻界,波及西方各国,到20世纪70年代初又突然销声匿迹,只留下一堆作品供人玩味。说它"新",因为新新闻主义无论其理论还是实践都是新闻史上前无古人的,它和传统的新闻工作理念、实践处处相对立。

第一节 新新闻主义产生的背景及经过

19世纪,实证主义的狂飙席卷美国各领域,自然科学的迅猛发展冲破了在中世纪占统治地位的唯心理论。人们坚信,客观世界是一个能用各式各样的科学理论和实验验证其特性的具体实在。"客观性"成了检验真理的唯一标准,"客观性"的观念在美国学术界风行一时,几乎统治了所有的知识领域和生活领域。但是,进入20世纪以后,"客观性"观念开始遭受怀疑和挑战,人们对人类是否能真正客观地观察、反映、揭示外部世界产生了疑问,对客观知识能否解决人类所面临的一切问题发生了怀疑。由此,自然科学和社会科学几百年以来研究成果的客观性和真实性成为人们竞相探讨的一个基本问题。应该说,这一问题的提出不仅仅局限于美国,而具有全球性。世界各国诸多的哲学家、历史学家、社会学家、心理学家及自然科学家都产生了这种怀疑倾向。美国一名社会学家说:"这个词(指客观)现在已有那么多的矛盾,它在方法论上的含义也是模糊的,它的精确意义不能在同样的前后联系中被详细地阐明,因而它决不应该再被使用。"①在不断怀疑客观性的过程中,许多研究者开始重新审视主观性在科学研究中的地位与作用。于是出现了这样一种倾向:人们开始返回自身,在自己的意识领域内寻找认识、衡量世界的标准。

20世纪,主观性渐渐地代替客观性渗入社会科学领域,著名的存在主义哲学家克尔凯郭尔反复强调:主观性就是真理。只有当真理变成我身上的生命时,我才认识它。意识从自身出发创造出真实。这些表述实在是新新闻主义的绝妙注释。现代派绘画中,画家根据他个人的内心体验,将各色颜料任意随性地涂抹在画布上,或是将人体形象分解成许多部分再加以重新组合。他们认为只有渗入了画家的主观性感受的作品才是最真实的。文学领域中,"从垮掉派诗歌和小说开始,主观性、自我表现和对自我的浪漫主义信仰回到了文学表达的前列。50年代的批评家往往诉诸文化传统,而60年代的批评家则可能用个人的陈述结束争论。"②"60年代的文化与60年代的政治颇为相似——认为每个人都是有利害关系的一方:它珍视直接性、对抗和个人见证。"③

这种主观性渗透至新闻界导致了许多新的新闻现象的出现,新新闻主义就是这些现象之一。它对传统的新闻理论及新闻写作手法都形成了一定的冲击。

许多年来,客观性原则是新闻理论最为重要的基石之一,客观报道是新闻写作的最基本的报道手法。但正像我们在第四章《客观主义理论及其实践》中所陈述的那样:进入20世纪,客观主义理论受到了严重的挑战。对第一次世界大战期间美、英、法等国家宣传伎俩的揭露,使新闻从业人员对客观主义理论产生普遍的怀疑;而公关业的兴起,解释性报道在新闻媒介中地位的确认,使客观主义理论发生了动摇。虽然还没有新的理论可以取代客观主义理论,新闻从业人员还不得不遵循,但至少,过去神圣不可侵犯的客观主义理论已被撕开一个大缺口,使得新新闻主义理论可以长驱直入。

新新闻主义崛起于20世纪60年代,则有其直接的社会背景。60年代是美国社会的"反叛时代",以肯尼迪总统遇刺身亡为开端,

---

① Howard Becker, *Through values to Social Interpretation*, 1950, p. 34.
②③ 莫里斯·迪克斯坦:《伊甸园之门——六十年代美国文化》,上海外语教育出版社,第137页。

反越战浪潮席卷全美,黑人争取合法权利的抗议此起彼伏。美国社会动荡不已。伴随着社会动荡,文化界掀起反传统、反正统的浪潮,黑色幽默、摇滚乐异军突起,权威与理性受到怀疑,躁动不安的情绪蔓延全国。新闻报道传统的客观性报道——平实、冷静的手法已不能全面反映社会的复杂性、多样性和深刻的变化,而且也不再受到读者的欢迎。

社会对新闻业的新需求必然会激起新闻从业人员的反应,这一过程是曲折而又饶有趣味的。美国报界通常把记者分为两种类型:一种是"抢新闻"式的,他们在竞争中主要以速度和信息量取胜,这种方法广泛应用于硬新闻的写作;另一类记者则是所谓的"特写记者",他们通常写一些篇幅较长、内容较详尽的报道。在当时的美国新闻界,许多"特写记者"的目标并非是写好新闻,而是想借新闻记者的职业之便搜集素材,成为出色的小说家。所以这类记者中有不少本来就是小说作家。他们逐渐开始抛弃传统的常规新闻报道手法,借用小说的某些手法撰写长篇的新闻报道:更多地注重细节、心理描写;花费更多的时间深入现场采访,记录下人物的对话、姿势、面部表情、生活环境等等。更为重要的是,他们加入了某些短篇小说的组成部分:人物的主观感受和感情生活。渐渐地他们不仅在技术方面,也在观念上超出了传统新闻的范围。出乎人们意料的是,这些小说家式的新闻记者的新闻作品比他们的小说更为出色。慢慢地,这些作者以其众多的作品在新闻界形成了一种鲜明独特的写作风格,并随之出现了一股时兴的潮流,这被人们名之为"新新闻主义"。这个名词似乎没有确切的定义,甚至连新新闻主义的始作俑者也没有十分清醒地意识到他们已经创造了一种与传统新闻报道截然不同的崭新方法。新新闻主义在 20 世纪 60 年代的美国文坛掀起了一股声势浩大的狂飙,并以此为发端,纪实文学浪潮席卷文坛。这些作品的主要特点是:倾向于纪实的形式,倾向于个人的坦白,倾向于调查和暴露公共问题,倾向于作者在自己作品中的卷入。"这些不同类型的写作都具有一系列被传统新闻忽略的内容:气氛渲染,个人情感,对事件的解释,宣传鼓动,各种观点,小说式的人物塑造和描写,少量的淫秽内容,对时髦事物和文化变革的关心,以及政治见识(在任何一个作家身上,并不能发现所有这些特点)。有时这些作家仅靠打破禁区,不仅讨论禁谈的题目,而且更多地采用老式新闻教条所禁用的手段和写法,就形成了一种新声。"①在这一浪潮中,涌现出了一批新新闻主义的著名作家,如诺曼·梅勒、杜鲁门·卡波特、汤姆·沃尔夫等。其中汤姆·沃尔夫又以新新闻主义理论家著称。新新闻主义作品主要发表在《纽约》、《村声》、《滚石》、《老爷》等杂志上。值得注意的是:以新新闻主义为发端的纪实文学狂潮对美国的报刊产生了巨大影响,20世纪50年代,美国杂志内容三分之二为小说,三分之一为写实文学作品;60年代,写实文学作品已占了三分之二。60年代,是新新闻主义的黄金时代,此后,由于种种原因,新新闻主义逐渐退隐,传统的客观主义报道仍在新闻界占主导地位。在现代美国新闻界,新新闻主义也并非完全销声匿迹,在上述的某些杂志中仍可见到新新闻主义的作品。目前,新新闻主义一般只在比较富于戏剧性的事件报道中偶尔出现:如竞选总统,揭露政府某要员丑闻等。

第二节 新新闻主义的主要特点及其理论依据

新新闻主义具有非常强烈的主观色彩,与传统新闻报道的客观性形成了极鲜明的对比。新新闻主义的主要理论及其写作技巧、语言形式都具有与传统新闻报道截然相反的特征。新新闻主义的信奉者们离经叛道的所作所为曾遭到某些传统的新闻从业人员和理论家的攻击,他们认为新新闻主义不过是一些小说家异想天开的游戏。实际上,新新闻主义的实践,有其一定的理论基础,新新闻主义的主观性也有自己特定的内涵,它具体反映在其独特的写作技巧和理论依据上。

一、新新闻主义的主要特点(与传统新闻的区别)

1. 新新闻主义与传统新闻最主要的区别之一就是记者和他的报道对象——人物或事件之间的关系发生了质的变化

在传统的新闻报道中,采访者的职责是客观地将事实传递给公众。因此,采访者必须尽量避免在作品中表露自己的思想和情绪,采访者充当的是一个无偏见的冷静的旁观者角色。记者的主观性介入以及在报

---

① 莫里斯·迪克斯坦:《伊甸园之门——六十年代美国文化》,上海外语教育出版社,第133页。

道中表达个人的具有倾向性的意见、感受、情绪是违反客观性原则的。新新闻主义则反其道而行之,他们主张将采访者本人完全投入到采访对象中去。他们有自己的观点,个人完全卷入到了他们所写的东西之中去了。在新新闻主义的作品中,经常可以看到采访者作为一个人物出现在作品中,这个人物尽情地、毫不避讳地叙述着自己的所见所闻、所感所思。当然,在许多新新闻主义作品中采访者并不直接露面,但读者不难发现其中充满了极其明显的采访者的主观性。这种采访者的主观卷入具体表现为:在作品中直接表达个人的情绪和感受,在叙述事实的过程中不时加入个人的意见和观点。美国著名的文化学研究者莫里斯·迪克斯坦认为:新新闻主义就是主观性的新闻,"在这种新闻中,作者作为一个中心人物而出现,成为一个对各种事件进行筛选的个人反应器。"[1]在新新闻主义的众多作品中,几乎全部都带有强烈鲜明的主观性,只不过各个作者的表达方式各不相同。新新闻主义最著名的作者之一诺曼·梅勒的代表作《夜晚的军队》被汤姆·沃尔夫称为"自传性"的作品。在这个非虚构的文章中,梅勒本人就是故事中的一个主要人物。这个人物详尽全面的叙述,给读者创造了一个奇妙有趣、仿佛身临其境的氛围。可以说,这篇文章的内容完全是作者本人所见所思的主观体验和感受。

2. 新新闻主义报道大量采用小说技法,其形式和风格大多从小说演变而来

莫里斯·迪克斯坦在评价汤姆·沃尔夫的《新新闻主义》一书时指出:"沃尔夫在他的入选作品、批注和长达五十页的前言中只强调了新新闻的一个极为肤浅的特点:它的小说特性('像一部小说')。沃尔夫选择了一些结构如同短篇小说的作品,作为一名时时夸耀自己学历证书的编者,他喋喋不休地诉说着它们的叙述手法。"[2]虽然莫里斯·迪克斯坦多方批评,甚至是全面否定汤姆·沃尔夫的《新新闻主义》,但他还是承认了小说特性是新新闻主义的一大特点。对那些新新闻主义的作者们而言,自己的作品无论是大量刊载在报章杂志上,或是被新闻理论家们将其划分在新闻作品一列,他们中的许多人仍然认为自己

---

[1] 莫里斯·迪克斯坦:《伊甸园之门——六十年代美国文化》,上海外语教育出版社,第139页。

[2] 同上书,第133页。

是在创作一种特殊的小说。比如诺曼·梅勒更喜爱小说家和历史学家的称号,当有人称他为"美国最佳记者"时,他便大光其火。他将自己的作品称为"作为小说的历史"和"作为历史的小说"。在传统新闻写作中,有着许多约定俗成的手法和技巧,如文章结构的"倒金字塔"式,语言叙述的平实简洁,多用动词少用形容词等等。新新闻主义作家反其道而行之,将这些条条框框抛置脑后,可以毫不夸张地说,小说(包括现代派小说)中的许许多多写作技巧,全都可以在新新闻主义作品中加以运用。从组织材料、安排结构到叙述方法、语言特征诸方面,新新闻主义更接近小说而不是传统的新闻作品。在新新闻主义的一篇著名作品《在冷血中》(又译《残忍》)中,作者使用了两条线索的平行叙述法,类似电影蒙太奇的剪辑手法,完全突破了传统新闻报道的模式。汤姆·沃尔夫甚至在他的一篇报道中采用了意识流的写作手法。沃尔夫说:"许多新新闻主义作品只要稍作加工就可以当作小说来读。"

二、新新闻主义的写作手法

传统的新闻报道是不太讲究写作技巧的,尤其是一般的客观主义报道。几乎所有的文章都有着规范统一的写作格式:"倒金字塔"结构、平实准确的语言等。新新闻主义则视这些准则为写作大忌。新新闻主义的报道都各具特点,色彩纷呈。正是由于新新闻主义的写作技巧是各种各样、无一定规的,这就无怪乎新新闻主义常常作为一种写作方式被人们提及。

1. 采用多个场景与画面组合的结构来描写事件,尽量避免历史叙述法

所谓历史叙述法即传统新闻报道中常用的依据时间、空间或事件发生过程的先后顺序来安排结构的方法,一般为平铺直叙,这可以看作是一种纵向的结构方式。而新新闻主义的某些作品则倾向于描绘各个场景,各个画面,以此来串联、组合整个报道,也就是截取事物发展过程中某些重要横断面。这样安排结构看起来似乎隔断了人物或事件在时间、历史上的延续性。但新新闻主义理论认为,具有特殊意义的各场景画面能最生动、真实地反映报道对象,而且这些场景、画面之间也有着内在的联系。因此,每当新闻事件发生后,一些新新闻主义记者的通常做法是:及时赶到现场,象征性地按下"快门",像摄影记者那样"拍摄"

一个个场景、画面,只不过这种"拍摄"是用文字描述而非照相机、胶片。然后再将这些场景、画面组接起来,使这幕活剧在读者面前重现。当时著名的新新闻主义记者布莱斯林在报道一个公司老板的敲诈案件时,就使用了这种场景组合法。

场景①:该老板在公司的办公室里逍遥自在地说:"呵,今天可是个钓鱼的好天气。"同时习惯性地在他助手的肩膀上击了一掌,另一位助手给他递过来一根鱼竿。

场景②:门铃响,侦探进来,搜寻到了敲诈的物品。

场景③:法院开庭审判,该老板被判了7年刑,他鼻上的汗都渗出来了。

2. "第三者的眼光"

所谓"第三者的眼光"就是指通过一位特殊人物的眼睛来将其所看到的场景如实地传递给读者的一种技巧。它包括将这个人物在经历新闻事件时内心真实的思想感情呈现给读者。一般而言,记者如果在事件发生时便身临现场,那么他只需以目击者的身份写出自身的所见所感即可。但这种情形对一个新闻记者来说是极少见的,绝大多数记者的采访往往是在事件发生以后进行的。新新闻主义理论认为,在这种情况下记者如像传记文学作者或小说家那样用第一人称写作,他所能表达的只是记者个人——这样一个不在事件发生现场的人物的所思所想,这种写作方法对叙述事件及读者阅读都是极为不利的。因此,记者在报道时应尽量从新闻事件目击者的角度来写作。为了保证报道的真实性,记者必须深入采访这个特殊人物,了解他的思想感情。在新新闻主义的著名作品《严父》、《酸性试验》中都有这种技巧的大量运用。因此,新新闻主义作品中常常可见大量的人物心理描写,甚至是内心独白。

3. 充分记录人物的对话

写人物的语言,是小说家描写人物的拿手好戏,一般而言,一个人的思想感情、性格特征都充分体现在他的言谈之中。新新闻主义作者充分借鉴了这种文学表现手法。他们认为:与其像传统新闻报道那样偶尔引用一些人物的谈话或奇闻轶事,不如充分地做些谈话记录。记录人物的对话能最迅速、最有效地描绘出人物的性格。沃尔夫关于这一技巧有一段精辟论述:"狄更斯有一种方法在你的头脑中树立起一个人物形象,你好像觉得他描述了人物外表的每一细微处,再回头看就能发现其实他只用了两、三句话描写人物外貌,其余的则都靠记录人物的对话。"①新新闻主义的绝大多数作品中都有大量谈话记录。

4. 在报道事件时,用作者的观点来综合材料、安排布局

沃尔夫曾在《新新闻主义》一书中提到一篇作品的结构:首先描写一个小镇的情景,然后再叙述谋杀者的活动及犯罪经过。叙述者是隐而不见的,但行文至此,作者突然将自己作为一个人物介绍给读者。他叙述他如何来到这个小镇,如何和市民及目击者谈话。也就是说,他最终决定告诉读者他是如何按照自己的观点组织这篇文章的。其实,按照自我的创造性观点来组织材料、安排布局对新新闻主义来说是不足为奇的。这也正是他们在作品中充分体现主观性的重要手段之一,只不过这位作者将他的构思如实地告诉了读者。

5. 描写细节,包括记录人物的表情、姿态、穿着、习惯等

像小说家一样,新新闻主义作者也非常注重细节描写,他们中的许多人原来就是为写小说做准备的。因此,在当时广泛流行于小说创作中的白描手法也同样吸引了他们。新新闻主义的许多作者在他们的作品中大量采用细节描写,记录下人物极其细微的外貌、动作及人物生活的各种细节,如同画家创作素描画一样,为读者提供一个生动、具体、准确、极具现实性的画面。在传统的新闻报道中,细节描写也是常用的写作手法,所不同的是,细节描写在新新闻主义作品中不是可有可无、或多或少的点缀。它在报道中所占的地位,所起的作用都是至关重要的。正是基于这一观点,新新闻主义作品中的细节描写面面俱到,极其细致,甚至达到了在常人看来是繁琐无聊的程度。沃尔夫就极端强调细节描写的重要性。这种描写包括:人物的姿势、习惯、举止、家具风格、衣饰品味、饮食方式以及对孩子、佣人、上司、下级及同辈的不同态度。他认为,这样的细节描写才能真实、准确地在报道中再现人物。

6. 合成人物

即把诸多人物的性格特点及传闻轶事集中到一个单一的有代表性人物身上。传统新闻报道讲求严格、绝对的真实性,因此绝对禁止将非报道对象的所作所为、所思所想加在人物身上。"合成人物"的写作手法与之相去甚远,就连沃尔夫也认为这种手法并不只限于新新闻主义的创作。不难看出:合成人物实际上是文学中"艺术的真实并非是事

---

① Tom Wolfe, *The New Journalism*, p. 31.

实的真实"命题的翻版。因此,合成人物是新新闻主义遭受攻击最多的写作手法之一,因为它和传统的新闻观点及写作方法是水火不相容的。据沃尔夫所称:合成人物是为了准确地描绘出一种类型的人物而非一个特殊的人物。

以上是新新闻主义主要的六项基本手法。除此之外,还有诸如渲染气氛,解释事件,倒叙,反复,预示,悬念,大量使用象声词、标点符号、刺激性语言等手法。

三、新新闻主义的理论依据(与客观主义理论的区别)

清楚、准确地描述、概括现代西方哲学的特征是很困难的。我们只能浅显地说明它反映在社会文化中的某些特点,如反理性,强调主观体验与感受,以人为万物尺度等等。正是这些理论奠定了新新闻主义与客观主义截然相反的哲学基础。

客观主义崇尚理性,认为人是理性的动物,"人的最主要特点是他具有思考和推理的能力并具有思想"[1],而且"人基本上是按照他的思想方式行动的。"[2]而新新闻主义者则崇尚感性,他们认为人首先是一种感性的动物,重感觉,重情感,好冲动。基于此,新新闻主义者认为新闻报道所能提供给读者的不是具有严密逻辑性的客观事实,而是一种真实的感受。因而新新闻主义强调用感性去认识事物。

客观主义认为,现实存在主要是一种独立于人们的意识的现象,因此,客观地反映现实存在不仅是必要的也是可能的。新闻记者的任务就是完全客观地反映现实存在。而新新闻主义者则认为现实存在离开人就毫无意义。现实存在必须通过人的意识才能显现出来,这类似于中国古代的哲学命题"万物皆备我心",即被报道的现实存在主要是内在的,存在于人的意识里面。所以,新新闻主义者认为客观世界只要为人们所了解,其中就必然带有主观因素。

客观主义认为,人类基本上是相同的,正是他们的相似性才是有意义的。新新闻主义者却认为"人最主要的是他的多样性"。所以客观

---

[1] Joseph M. Webb, *Historical Perspective on the New Journalism*, Journalism Historical Summer, 1974, p.38.

[2] Ibid, p.38.

主义者注重外部世界,他们感兴趣的是多种多样的现实世界,而新新闻主义则注重描画人物的丰富的内心世界。

客观主义者将整个社会看作一个没有变化的机械世界;而新新闻主义者则认为社会是充满变化的,这种变化的动力来自人的活动。他们主张通过报道人物的沉浮来长期跟踪所报道的人物。以此揭示社会的变化。所以新新闻主义注重人物内心世界的刻画。

客观主义认为,为了理解现实存在,现实必然被分割成一个个小部分,否则它就不能被理解。新新闻主义者强调不能将社会分割成一个个的部分来予以报道,应将社会作为一个有机整体。

从与客观主义截然不同的哲学观点出发,新新闻主义对客观主义理论作了无情的批判,有些批判确实击中了客观主义的要害。

新新闻主义者认为,从理论上说,客观主义报道方法是荒谬的。因为客观报道并不能真正地、完全客观地反映事实。首先,新闻从业人员选择事实的过程就是一个主观选择的过程,在这个过程中记者不仅要受其自身主观意识的支配,还要受到来自社会的各种影响。记者"私下里从内心直接体会到究竟是什么力量在驱动轮子转动,并且有时甚至能将他了解的某些情况悄悄写进报道。但在更多的时候,由于报纸新闻的刻板常规,加上组织内部金钱和权势当道,他无法这样做。"[①]其次,从语言学的角度看,语言和事实总是存在着部分脱节,也就是说,被报道的事实总是由主观性的语言叙述的,所以就不可避免地带有叙述者的主观因素。因为语言的运用就是主观的过程,因此语言与事实之间总存在着距离。迪克斯坦说:"一位优秀的记者为了保持编辑和消息来源对他的信任,无论需要怎样阿谀逢迎,也会很快地对权势人物采取一种健康的怀疑态度,他比任何人都了解诺言与行动、事实与外表、言词与实情之间存在着鸿沟。"[②]任何语词都不可避免地带有感情色彩,这种主观性是记者不管怎样努力也不能消除的。与其追求达不到的客观,不如不加隐瞒地在报道中加入作者的主观性。

由此可见,新新闻主义否定客观报道是基于这样一个基本理由:完全的客观从理论上讲是根本不可能达到的,所谓客观报道只不过是记者隐瞒了其中夹杂的主观性,这种以客观性面目出现在报道中的主观

[①][②] 莫里斯·迪克斯坦:《伊甸园之门——六十年代美国文化》,上海外语教育出版社,第130页。

倾向对新闻真实性的危害是潜在而巨大的。新新闻主义者认为,强调公开在报道中表明记者的主观性,这实际上比客观报道更接近于真实。

第三节 对新新闻主义的评价

一、新新闻主义在新闻史上的影响

从新闻事业的发展过程来看,新新闻主义的产生是有着确定背景的,不是一些文人随心所欲、异想天开的结果,而是占主导地位的传统新闻报道手法——客观报道在理论和实践两方面均遭受一定挫折、新闻事业的发展面临窘迫和选择的转折时刻出现的。而且是在众多新闻从业人员不断的新闻实践中逐渐形成的。因而新新闻主义既是对传统新闻的反叛,也是对新闻事业的开拓与发展,因此可以说是一种积极的反动。从当前情况看,在理论与实践两个方面,新新闻主义远不足以成为与客观主义报道相抗衡的一方。客观性原则及客观报道在新闻界仍占据着主导地位,但新新闻主义的影响仍是不可低估的。首先,新新闻主义冲破了传统新闻一成不变的固定模式,诸如"倒金字塔"结构一统天下的条条框框正在被打破。如果新新闻主义在新闻史上算不得一种成功的范例,那么它至少为新闻业的发展提供了新的途径,或者说提供了变异的可能性。不难看到,在当代,人们的思维方式有了转折性的变更和发展,崭新的思维方式正在各个领域内为人们所接受。新闻也毫不例外。传统的纯信息式的报道手法已不能适应越来越广泛的需要,解释性报道、调查性报道包括新新闻主义对传统新闻而言都是一种创新和发展。其次,虽然纯粹的新新闻主义作品在报刊上不占据主导地位,但新新闻主义的某些理论及方法已渐渐渗透到现代新闻业中,例如新闻大特写就有许多方面类似于新新闻主义的作品,两者共同注重气氛渲染、细节描写、采访者的个人感受等等。近年来我国新闻界有人倡导"新闻散文化"理论,强调用散文笔法写新闻,注重文字的优美抒情,讲究写作技巧,描写人物心理活动,抒发作者的个人感受,这与新新闻主义的某些主张更是如出一辙。近年来风靡新闻界和文学界的报告文学,也与新新闻主义有某些相似,在阐发作者思想、抒发个人感情及合成人物、综合材料方面,报告文学甚至走得更远些。当然,这些写作方式和新新闻主义并无直接的师承关系,但不可否认,与新新闻主义类似的写作手法正越来越多地出现在各种类型的新闻报道中。纯粹提供信息,平实简单的新闻一统报刊的局面不复存在,新闻写作方法正日益多样化。

二、新新闻主义和主观报道

主观性是新新闻主义的核心所在,也正是新新闻主义遭受攻击的最大问题,有人以为主观主义与新闻传播信息客观公正的基本原则背道而驰,因此对新新闻主义完全予以否定。实际上,这其中有一个很大的误解。我们应该注意到,无论是新新闻主义者的理论与实践均表明:他们的初衷并非是歪曲事实,将主观意图伪装成客观存在强加给受众。正相反,新新闻主义者反复声明,他们采用的这种新的写作手法是为了更准确、更真实地向受众反映事实,传递信息,只不过基于上文中提到的种种原因(如客观主义报道并不能真正客观地反映现实)以及他们的理论依据(主张以感性认识世界),所以采取了一种与客观报道截然相反的手法。所以新新闻主义与客观主义是殊途同归的,两者都追求真实地反映客观世界,只不过方法各异罢了。(当然,实践证明,新新闻主义的许多理论与方法都不能承担真实反映客观世界的功能)。可以看出,新新闻主义与我们通常所说的主观报道有质的不同。首先,新新闻主义的根本目的是传达真实的事实,采访者作为事实和公众之间的中介,尽管他写出了许许多多个人的感受,加入了鲜明的主观色彩,其目的只是为了让读者如身临其境般更真实深入地了解事实;而主观报道的目的是为了传达作者的个人意图,事实只是这种意图的一个载体。这样,事实成了作者主观思想和公众之间的中介,强扭角度、歪曲事实则是主观报道的惯用手法。其次,新新闻主义可以看作一种写作方式,它刻意追求写作技巧,其中当然不乏掺入主观因素,而主观报道则非一种写作方式,它也许是一篇平实简单、毫无技巧可言的纯新闻,但由于作者根据主观意图篡改了事实,因而只不过是一些虚假信息的堆积。正因为主观报道与新新闻主义有着质的不同,所以新新闻主义的某些写作手法能为当代的新闻报道所借鉴,而主观报道则因其完全违背新闻的客观真实性原则为新闻界所唾弃。

三、新新闻主义的致命弱点

无论客观主义报道方法怎样招致人们的怀疑,新新闻主义曾经在新闻史上产生过怎样轰动的影响,一个不可否认的事实是:新新闻主义的狂潮在 20 世纪 70 年代就渐渐消退了。人们最终还是选择了客观主义报道手法,客观报道在新闻界仍占主导地位。这一事实说明,新新闻主义有其致命的弱点。

新新闻主义无限地夸大了新闻的社会作用。新闻媒介无疑是了解世界、认识现实的有效手段,但只是诸多手段之一。其他如文学、社会学、历史学、哲学以及某些自然科学等等都是人们认识世界的工具。这些学科有各自特定的内涵和特点。新新闻主义者试图以新闻来担当需要各个学科共同协作才能完成的全方位了解世界的任务,无疑是荒谬的,也难免在实践中碰得头破血流。比如:刻画典型环境中的典型人物,本来是由文学来完成的,所以有艺术虚构、心理描写等文学技巧。如果超越新闻学的功能范围,让新闻媒介来担此重任,在新闻实践中是绝对行不通的。再比如,对现有的事实材料进行分析、概括、总结勾勒整个社会的基本风貌,在很大程度上不是由新闻报道来单独完成的,而是要靠各门科学的整体作用。在其中,新闻媒介所起的最重要的作用就是提供事实。新新闻主义要求报刊全面而非部分地反映世界,记者本人阐明事件发展的前因后果及对事件的主观看法,细致入微地刻画人物内心世界,甚至合成事实描写时代的典型人物等等,这些要求部分超出了新闻的基本功能范围,因而不能为新闻实践本身所接纳。

新新闻主义不能广泛地适用于新闻写作的各个方面。新闻媒介的基本功能就是传播信息,了解事实始终是人们对新闻媒介最基本的期望。因此,无论在何时何地,以传播事实为主的纯新闻在新闻媒介中一直占主导地位,因而客观报道仍被最广泛地使用着。新新闻主义的某些写作技巧只能部分地运用于通讯、特写等长篇报道中,可以这样说,如果新闻媒介主要刊登新新闻主义者的文章,那么无异于取消了新闻媒介赖于生存的条件——及时、准确地传播信息。此外,新新闻主义的某些理论与实践是与新闻事业的基本规律相矛盾的,比如合成人物显然违背了新闻真实性的原则。新新闻主义作品篇幅较长,而且采访、写作均要耗费大量时间,有时甚至达几个月,这就不符合新闻时效性的要求,不能快速、及时地传递新闻。

　　真实、及时是新闻的两个最基本特征或最基本要求,新新闻主义的主张违背了新闻的这两个要求,它必然被淘汰。进入20世纪70年代,美国社会重新稳定下来,反叛的思潮消退了,社会再次归入传统的轨道,新新闻主义失去了它生存的环境,于是,它也不得不退出历史舞台。

第十三章

公共新闻学

"公共新闻学"(Public Journalism),又称为"公民新闻学"(Civic Journalism)兴起于21世纪80年代后期的美国新闻界,尔后波及西方其他国家,但主要的理论和实践展开还是在美国。

在美国,公共新闻学被称之为"美国新闻理论的第三次革命"或"第四种新闻理论"。但公共新闻学无论是理论还是实践,都还处于探索阶段,争论颇多,前景难测。

第一节 公共新闻学的兴起

什么是公共新闻学?这在公共新闻学的发源地美国的新闻学界、业界也是一个众说纷纭的难题。

最早提出"公共新闻"理论的学者是纽约大学新闻学系的罗森(Jay Rosen)教授,他认为,"新闻记者不应该仅仅是报道新闻,新闻记者的工作还应该包含这样的一些内容:致力于提高社会公众在获得新闻信息的基础上的行动能力,关注公众之间对话和交流的质量,帮助人们积极地寻求解决问题的途径,告诉社会公众如何去应对社会问题,而不仅仅是让他们去阅读或观看这些问题。"他还进一步提出,新闻业是健康的公共生活中的重要组成部分,"所有被公共生活包围着的人——记者、学者、政治家、市民、左派、右派、中立者……都应该认识到,如果市场取代了公众而成为现代社会中唯一的舞台,我们将全部沉沦。"[①]

---

① Jay Rosen, *Public Journalism: A case for scholarship*, *Change*, May 1995, pp.42-43.

罗森教授提出的公共新闻学的要点包括了四项基本诉求:1)视人民为市民、公共事务的潜在参与者,而非媒体商业的消费者或受众;2)帮助本地区社群针对问题而行动,而非仅仅知晓问题;3)改善公共讨论的环境,而非眼看着它被破坏;4)帮助改善公共环境,使得它值得人们关注。

而一直致力于倡导公共新闻学的北卡罗来纳大学教授菲利浦·迈耶(Philip Meyer)提出公共新闻学可以从六个方面进行界定:

一是对重新树立公共意识的一种期望。公共意识是一个社会存在的基础,公共意识的消减与报纸读者的减少是有因果关系的,实际上报纸和读者都是社会体系中的一部分,对公共生活的不关心,使得读者不再需要报纸。

二是更长时间的注意力的保持。新闻媒介不能总是从报道一个事件迅速地转向另一个事件,而应该对那些重要的公共问题保持更长时间的关注,直到这些问题的所有方面都为公众了解,并且使他们能够认真地思考和做出决策。

三是深刻地解析引导我们生活的社会系统的愿望。仅仅关注事件本身的报道,不但在时间跨度上是受限制的,而且在内容挖掘上也是肤浅的,不能帮助读者看到事实背后所潜在的社会问题的根源。

四是对中间部分的更多关注和少走极端。从概率统计学角度说,绝大多数的人,以及他们的行动,是处于中间部分的,而不是处于两个极端的少数。但传统的新闻报道往往只是关注处于"极端"的反常情况。

五是有关政治争论的报道应重视内容,而不是技巧。如总统大选类的报道,应该更多关注的是这类选举对公众利益和社会发展的影响,而不是竞选活动本身及竞选者的表演。

六是培养公众思考能力的一种愿望。因为表述自己的观点固然重要,但了解他人的看法也同样重要。新闻媒介应该帮助社会的每一个成员去了解他人,促进人与人之间的相互理解,这是"公共新闻"的重要的一个方面[①]。

从这些对公共新闻学内涵描述性的论述中,我们可以看到,公共新闻学赋予媒体全新的功能。按照公共新闻学的要求,媒体不仅仅提供

---

① Philip Meyer, *Public Journalism and the Problem of Objectivity*, http:// unc. edu / pmeyer.

信息,也不仅仅设置议题,而且还要往前再进一步:引导或发起社区公众来讨论问题,达成共识,解决社区面临的问题。"最为理想的是,这种协商或讨论要以公众判断而告终,问题的解决应建立在广泛参与、明达辩论以及尽可能地达成共识的基础之上。"①

公共新闻学的核心概念是两个关键词:公共利益和民主。媒体必须承认并把维护公众利益置于自己工作的首位,而不是把谋求媒体的自身利益(盈利)放在首位。而且媒体要唤起公众对自身公共利益的关注,积极投身于社区的民主协商中去。

公共新闻学的兴起,源于新闻界对于自身危机的反思。"公共新闻的概念起始于对新闻与民主处于危机中的共识"②。这个危机是指公众对于公共事务和对于媒体的逐渐疏远和冷漠。美国参加总统大选的选民人数逐年下降,在20世纪90年代,参加大选的选民只有"二战"前的50%,而且与自己社区也渐行渐远。并非公民不关心国家利益、自身利益,而在于他们感到纵使关心也于事无补,无法发挥作用,人微言轻,对政治进程、改革社区生活难有作为。公众对于政治生活和社区生活热情的下降直接导致了他们对于新闻报道兴趣的减弱。读报的人数在逐年下降,据1995年的一份统计,90年代只有45%的美国人每天读报,而在1965年,这一数字是71%③。至于公众对新闻报道兴趣的逐年衰退,传媒业的应对并不是改革新闻报道,而是以娱乐化来应对,一浪高过一浪的娱乐浪潮,从新闻娱乐化到脱口秀、真人秀,从情景剧到怪诞剧,怪招迭出,这使公众更加疏远新闻报道。这引起新闻学有识之士的忧虑和反思。公共新闻学的提出就是这种反思的新理论。公共新闻学的倡导者希望报道贴近公民生活、关乎公民切身利益的新闻来重新唤起公民参与公共生活、维护自己利益的热情。从而也使媒体尤其报纸重新赢得公众的信任,重新焕发报纸的活力。从这一点上看,公共新闻学是积极的。

公共新闻学的兴起还得益于新技术即互联网的运用。一个社区的公民可以依据报纸上提供的信息和议题,通过互联网展开网上讨论,在

---

① James Curran, "Mass Media and Democracy Revisited", in *Media and Society*, p. 101.
② 罗伯特·哈克特、赵月枝:《维系民主》,清华大学出版社2005年版,第165页。
③ Corrigan, Don H., *The Public Journalism Movement in America*, Praeger Publishers, 1999, p. 11.

广泛互动中达成共识,从这个意义上说,公共新闻学是植根于互联网的事业。

第二节 公共新闻学的理论冲击

公共新闻学,有学者称之为美国新闻学的第四种理论模式。前三种模式是:鼓吹模式:传媒业依附于政党或其他政治团体、宗教、社会运动,成为其宣传机构,传达并鼓吹一种政治主张。在西方各国的新闻史上称为"政党报"时期。托管人模式:传媒业是公众托管给专业人士经营的一项事业。因此,它必须代表公众的利益,成为公众的"看门狗"。其职责主要就是监测环境,监督政府。传媒业必须及时地准确地告知公众信息,进行可靠的和批判性的判断,客观性成为新闻业的专业标准。市场模式:传媒业以盈利为最高目标,并把受众当作消费者,以迎合消费者的需求来吸引受众,最后取悦广告商。

公共新闻学摒弃了鼓吹模式和市场模式,而在托管人模式的基础上向前跨出一大步。公共新闻学要求记者提供准确无误的信息,并要求对信息进行深入的详细的解读,使公众能理解这些信息的内涵。但公共新闻学却摒弃了托管人模式中记者仅仅是信息的告知者、事件的旁观者和中立者的角色。公共新闻学主张在下面两种情况下发挥能动作用[①]。

首先,对于是否存在积极的大众参与和讨论,或社区是否正视遇到的问题这样的议题,记者不应假装保持中立。对自己的职业至关重要的某些基本价值,如言论自由,记者从不声称要保持中立。公众新闻可以看成是这一价值的延伸。

第二,一旦公众达成共识以后,公共新闻就可以积极倡导对某一问题的政策性解决方案。

但公共新闻学在托管人模式基础上向前跨越一步,却动摇了托管人模式的专业标准即客观性原则。传媒业不再是旁观者、中立者,不再独立于任何社会运动之外,而成为社区生活的积极参与者。可以说,这是自新新闻主义运动以来,客观性原则再次受到了严重的挑战。

---

① 罗伯特·哈克特、赵月枝:《维系民主》,清华大学出版社2005年版,第167页。

也正是客观性原则受到挑战而引发美国进而是整个西方新闻学界、业界的辩论。

从公共新闻学的实践中，我们可以看到，公共新闻学实践的局限：

（1）公共新闻学的实践都在美国县一级的小城镇范围内，人口一般都在10万人以下。像纽约、华盛顿、洛杉矶等那样大城市或州一级行政区域内还没有展开公共新闻学实践的个案。

（2）与此相一致，公共新闻学的实践都在城镇一级的媒体（而且基本上是报纸）展开，像《纽约时报》、《华盛顿邮报》、《今日美国》等大报不但不支持，而且成为公共新闻学的最强烈的反对者。因为这些大报的合法性和声望很大程度上归于客观性原则。

（3）公共新闻学实践的议题基本上环绕着民生问题诸如社区安全、邻里关系、吸毒犯罪、环境保护等展开，也有地方选举案例。这些问题都直接关系公众切身利益，而且也容易达成共识，很少有涉及美国体制性问题，例如美国当前面临的最大问题是反恐，但至今还没有就此问题展开讨论的个案。

毫无疑问，从实践的结果看，美国的公共新闻学运动对于缓解社区矛盾、整合社区资源、协调社区建设产生了积极意义。同时，也加强了报纸和公众的沟通，并在一定程度上使报纸赢得社区公众的信任。公共新闻学的倡导者期望以一种新的理论来唤醒新闻从业人员的社会责任意识，树立崇高的职业理想，从而赋予报纸新的活力，在实践中也取得了积极效果。这都必须加以肯定。

但公共新闻学从一开始就陷入了无法解决的两大盲区。

（1）动摇了客观性原则。新闻媒体与生俱来的基本功能是传播信息，新闻媒体赖以生存的社会基础也是传播信息。信息传播必须真实、及时、准确、可靠，这必须以客观性原则来保证。从这个意义上讲，整个新闻媒体是建立在客观性原则的基础上。动摇客观性原则，就可能导致整个新闻媒体的崩溃。客观性原则作为新闻媒体的生命线，对它的任何非议都势必引起新闻界的强烈反弹。正是这一点，预示着公共新闻学难有大的作为。

（2）低估了社区共识的复杂性。公共新闻学以维护公众利益为诉求，以社区公众的共识为解决社区问题的途径，这个意愿无疑是好的。但一个社区，少则数千人，多则数万人，一个社区内因职业、文化程度、种族、年龄、性别、社会地位、收入等等而分成不同群体，他们既有共同利益,也有不同的群体利益。有些问题,比如社区安全、邻里关系、犯罪等等因为利益一致而容易取得共识,但有些问题,比如社区建设规划、阶级以及种族不平等、妇女流产等等问题要取得共识就相当艰难,有些问题则根本不可能取得共识。公共新闻学运动只能避重就轻,设置一些不冒犯群体利益的话题来达成表面上的共识。

另外,公共新闻学还存在一个陷阱,成为报纸提高发行量的招牌。某些报纸可以装模作样地设置一些引人注目的议程,煽动公众的热情,而对社区建设却没有实质性推进,推进的仅仅是报纸发行量的提升。这在美国已有不少案例。"奈特-里德报系支持自家报纸进行公共新闻的实践,毫无疑问是因为它认为这是阻止不断下滑的发行量的可行方法,也因为市场研究显示那些关心周围社区的人更愿意读地区性报纸。这种公司性自利行为使公共新闻在现存媒体中有更大可行性,但这也造成其中紧张态势和局限性。积极处理富有争议的问题的公共生活目标与提高发行量的商业性目标,也许是不相容的。"①

第三节 公共新闻学的实践和困惑

在美国,新闻业界已对公共新闻学作了不少探索性的实践,有不少成功的个案。

1993年,纽约州的《夏洛特观察者》日报在报道一场当地居民间与种族分裂相关的冲突时,没有着力去抓取那些很有刺激性的冲突场景和故事,而是对这个地区的居民进行了全面细致的调查,包括对冲突双方当事人、目击者、白人家庭、少数民族居民,还有与这个地区相邻地带的居民们进行访问,请他们就事件发表自己的意见。报社为此进行了大规模的专题报道,所有人的观点都在报纸上得到了客观的反映。在报社的努力下,居民们开始选派代表组成代理机构,专门讨论解决问题的对策,并拿出了一系列具体措施,最终使这场冲突没有进一步激化,社会生活重新回到正常轨道②。

1994年,华盛顿州的《奥林匹亚人》发表了"县城基础设施建设需

---

① 罗伯特·哈克特、赵月枝:《维系民主》,清华大学出版社2005年版,第168—169页。
② 此个案出自美国《公共新闻的成果》,此处转引自蔡雯:《探索美国的公共新闻及其研究》,2004年3月6日,中华传媒网。

求,新商机以及产业发展和生活质量"的报道,发动公众对县城的建设作广泛讨论,提出他们的诉求、建议、规划,然后在报纸上作及时报道。

1996年,明尼苏达州的《圣保罗先锋报》开始了名为"更安全的城市"的计划,他们资助了资深记者理查德·秦深入圣保罗犯罪率最高的地区之一弗罗格城进行采访并发表了他的观察报道。秦写道:"我们并不是呆在办公室,通过电话采访我们熟悉的新闻渠道写出这些报道的……除非我们到那里去进行采访,那么类似弗罗格城的地方仅仅是我们驱车回家或者到其他地方采访时挡风玻璃外一闪而过的景象而已。"

有些人对公共新闻学表现出由衷的赞赏。美国斯坦福大学新闻传播系教授Theodore L. Glasser在总结"公共新闻"的目标时提出,"及时地重新树立社会公众对新闻媒介的信赖,重新建立与正在流失中的受众的联系,重新完善新闻报道者的职业理想……"这番话,表达了美国新闻界热衷于"公共新闻"的理由和目的。

有些人却有些困惑和担忧,正如热衷于公共新闻学的北卡罗来纳大学新闻与传播学院教授菲利浦·迈耶(Philip Meyer)在一篇论文中谈到,对"公共新闻学"最大的困惑是认为这个理论是与新闻报道的客观性原则相矛盾,因为理论的初创者们没有对公共新闻这个概念给出定义,而且在理论框架上也是比较模糊的。

而有些人则对公共新闻学表现出不屑。《华盛顿邮报》主编Leonard Downie认为这个被称作"公共新闻"的东西,更多的像是报社发展推广部门要做的事情,而不是记者应该做的事。

但不管人们对公共新闻学持何种态度,有一点是达成共识的:美国新闻界对"公共新闻"的实践探索和学术争议,是美国社会发展和大众传媒发展的结果,它表现了美国新闻工作者在新的历史条件下对媒介社会责任的新的思考和努力[①]。

---

① 蔡雯:《美国新闻界"公共新闻"之争》,载《新闻战线》,2000年12月。

第十四章

西方新闻媒介的功能

功能(Function)这一词,在不同的场合有不同的含义。在新闻学中,它基本有三个不同的含义。

(1) 功能是指新闻媒介本身的、在它和社会互动中可以发挥的作用。随着人们对新闻媒介的认识不断深化以及新技术的不断采用,新闻媒介的功能不断被人们挖掘出来,所以,新闻媒介对社会可以发挥的作用是历史地展开的。

(2) 功能是指新闻媒介的主持人以及社会上方方面面从其自身利益出发希望(或期望、或要求)新闻媒介发挥的作用,或者说希望新闻媒介成为他们的某种工具。

(3) 功能是指新闻媒介在其传播过程中在社会上实际产生的作用。目前,西方新闻界以"效果"这一词概括。

现在我们按上述三方面的含义逐次评述。

第一节 西方学者的新闻媒介功能观

新闻媒介在和社会的互动中究竟可以发挥什么样的作用众说纷纭,其中以哈罗德·拉斯威尔和查尔斯·赖特两人的正面功能和拉扎斯菲尔德的负面功能研究最具影响。

一、新闻媒介的正面功能

1948年,现代传播学的奠基人之一拉斯威尔在《社会传播与结构》

一书中,提出了新闻媒介的三大功能。

(1)监视环境。这是指新闻媒介准确地、客观地反映现实社会的真实情景,再现周围世界的原貌及重要发展的功能。传播学大师施拉姆有一个广为流传的比喻——社会雷达,指的正是媒介的这种监视功能。社会犹如一个生物有机体,必须时刻监视周围的环境以确保生存的需要。在发挥这个功能时,新闻媒介经常向我们发出某些即将到来的危险的预告,向我们提供有关经济、公众与社会的重要新闻等,帮助我们确定自己所处时代的社会环境。监视环境要求准确、客观、及时。

(2)联系社会。这是指新闻媒介将社会的各个部分、各种环节、各类因素整合为一个有机整体,以适应环境的变化和应付环境的挑战的功能。这一功能体现为对环境信息的选择与解释。美国著名传播学家、《大众传播通论》的作者梅尔文·德弗勒说:"新闻是监督。评论或解释性报道就是联系。"[①]新闻媒介联系社会的功能,首先表现为协调思想,引导社会舆论;其次表现为强化社会规范,维护社会价值观念;再次表现为授予某些人物以地位,发挥监督政府的作用;最后表现为促进社会各部门与各阶层之间的联系,提供下情上达的渠道。

(3)传递文化。这是指新闻媒介将社会成员共同积累起来的科学知识、社会经验、价值观与道德规范等从社会的老成员传给新来者,使社会的文化传统永久延续的功能。过去,这种功能主要通过人际传播的途径来实现,随着新闻媒介的发展,文化传递的功能逐渐转向新闻媒介。书籍、杂志、报纸、广播、电影、电视等在向儿童灌输知识、培养情趣、塑造思维模式、确立行为规范等方面,发挥着越来越显著的作用。

1975年,社会学家赖特发表《大众传播的社会学观点》一书,对拉斯威尔的功能学说作了重要补充,提出了新闻媒介的第四大功能——娱乐功能,使新闻媒介的功能观更趋完善。

新闻媒介的娱乐功能是指新闻媒介为受众提供消遣和乐趣的功能。在当代社会中,新闻媒介已成为提供娱乐的主要渠道。"几乎全部美国商业电视,除了新闻和广告(其中很大一部分也是供人消遣);大部分畅销杂志,除了广告的那几页;大部分广播,除了新闻、谈话节目和广告;大部分商业电影;还有报纸内容中越来越大的部分——都是以

---

① 〔美〕梅尔文·德弗勒、埃弗雷特·丹尼斯著,颜建军等译:《大众传播通论》,华夏出版社1989年版,第117页。

让人娱乐而不是以开导为目的。"①媒介提供的娱乐,有助于人们回避烦恼、消遣余暇。

上述新闻媒介的四大功能说是西方学者长期研究之后得出的结论。这种论述并未得到世界所有学者的赞同。与西方学者四功能说不同的观点中,以前苏联学者 E·普罗霍罗夫的关于新闻媒介的三组职能说最有影响。第一组是思想职能。它决定了"新闻活动在形成群众的意识和觉悟,在形成社会理想、志向、动机,在达到阶级目标的途径和方式方面的思想教育性质"。第二组是直接的组织职能。它要求新闻媒介"认真分析社会生活中这些或那些范围内各个企业和机关的活动,以达到在传播先进经验、利用潜力或纠正过失、缺点、错误方面的实际效果"。第三组为文化娱乐性职能,即"在群众中传播广泛的知识,传播和介绍文艺作品以及供闲暇时间欣赏的报道"。他还把广告和服务性报道也划入此类②。

二、新闻媒介的负面功能

1948 年,正当拉斯威尔为新闻媒介的正面功能作出经典论述之际,拉扎斯菲尔德与罗伯特·默顿合著的《大众传播的社会作用》一书则对其负面功能进行了深刻的分析。他们认为新闻媒介的负面功能主要体现在以下几个方面:

首先,新闻媒介持续不懈的宣传会使人们完全失去辨别力,从而不假思索地顺从现实。新闻媒介通过反复传播某些内容和对另一些内容不予传播,使人们除了毫无选择地接受和顺从现状以外别无选择,从而使社会成员成了失去批判力的"单面人"。

其次,新闻媒介是使大众的审美鉴赏力退化和文化水平下降的重要原因。随着新闻媒介的兴起,文学艺术市场大为拓展,音乐、戏剧、舞蹈、绘画等越来越成为社会大众共同的精神食粮。为了迎合大众的口味,媒介就不得不降低艺术的品味。久而久之,大众的审美能力当然就

---

① 〔美〕韦尔伯·施拉姆、威廉·波特著,陈亮等译:《传播学概论》,新华出版社 1984 年版,第 37 页。

② 〔前苏联〕E·普罗霍罗夫著,赵水福等译:《新闻学概论》,新华出版社 1987 年版,第 59—60 页。

日趋退化。

再次,新闻媒介常常以低廉的代价占用甚至剥夺了人们的自由时间。本来,随着生产的现代化和社会文明程度的提高,可供人们自由支配的闲暇时间越来越多。但是,新闻媒介却乘虚而入,以诱人的通俗货色将人们的自由时间占有和剥夺殆尽,使之在消遣、娱乐、平庸之中化为乌有。施拉姆对此有一个形象的比喻,说媒介就像"时间窃贼",是盗窃时间的扒手。

第四,新闻媒介的负面功能中最为关键的是对受众精神的麻醉作用。一方面,新闻媒介让人沉醉于虚幻的满足之中;另一方面,新闻媒介由此剥夺了人的行动能力。由于人们把越来越多的时间用于收听广播和收看电视,因此有组织地参与活动的时间越来越少,人们渐渐地将阅读、收听和思考代替了决断和行动。与日俱增的大众传播品可能无意之中使人们的精力从积极参与事件转变为消极地认识事件。

诚然,新闻媒介的功能必须在和社会互动中才能产生出来,也就是必须经过受众接触(阅读、收听、收看)媒介以后才会有作用。那么,受众以什么样的行为方式来接触新闻媒介呢?西方学者基本认同了三种模式。

1. 信息寻找模式

新闻媒介监视环境、传递信息。但是,随着信息日益以前所未有的速度和规模而生产、扩散,有关信息的获取日益困难。1973 年,多诺休与蒂普顿为此提出了他们的信息寻求模式。他们认为,个人可以通过两种策略寻求信息。一种叫宽聚焦策略,个人首先对可能的信息来源进行编排,加以研究,然后选出可供使用的信源;另一种是窄聚焦策略,把一个单个的信源作为寻求所需信息的出发点,并以此为信息寻求基础去进一步寻求信息。前者可以称为筛选法,后者可以叫做扩散法。

2. 游戏模式

心理学家威廉·斯蒂芬森认为,与其把新闻媒介当成工具,不如把它视为玩具。在《传播的游戏论》一书中,他集中探讨了新闻媒介的游戏性质。他区分了两种传播模式。一种是工作性传播,另一种是游戏性传播,而新闻媒介的传播属于后者。因为"阅读新闻是一种没有报偿的传播——愉快",更不用说文艺、体育、娱乐等方面的内容了。

3. 参与模式

随着新闻媒介的私有化、商业化、垄断化以及依社会责任标准建立的公共广播机构的集中化和官僚化,弊端日益显现。在这样的背景下,一些学者提出了"民主—参与理论",反对新闻媒介领域的内容一致、管理集中、价格昂贵、高度专业、态度中立以及政府控制等情况,主张新闻媒介内容多样化,管理小规模化、非机构化,强调传者与受者的互动关系,认为公众有使用新闻媒介的权利,受众应有参与新闻媒介的机会。

第二节 媒介主持人的新闻媒介功能观

远早于学者们关于新闻媒介功能的学术性研究的,是媒介主持人对新闻媒介的功能的探讨和论述。他们根据特殊的目的,在可能的范围内自行设计,并在实际操作中付诸实践,仔细考察新闻媒介的历史和现状,可以发现因为媒介主持人的类型不同,他们关于新闻媒介的功能观也不尽相同。

一、政治性媒介主持人的功能观——宣传功能

近代新闻媒介在创始之初,本以传递信息为其主要功能。后来,随着政论报刊、政党报刊的出现,新闻媒介的消息传递功能逐渐被政治宣传功能所取代。因为这类新闻媒介的主持人大多具有坚定的政治主张和鲜明的政治倾向,他们的媒介活动首先是政治活动。作为媒介主持人,他们首先是政治活动家。因此,他们势必利用新闻媒介来宣传其政策、方针、观念。拿破仑将《总汇通讯》变成政府的机关报之举,便是一例。在美国独立战争中,《波士顿公报与乡村新闻》便是革命宣传的中心,1772年,亚当斯与杰弗逊等人甚至建立了"通讯委员会",这是一个报道机关,但更是革命的指挥机关。美国独立战争之后的联邦党与共和党之争中,报业界又出现了一个新概念——"机关报"。汉弥尔顿曾称联邦党于1789年在首都纽约创办的机关报《合众国公报》为"党的喉舌",说明它是宣传联邦党的政策的重要工具。今天,美国的公营广播、电视机构依然是宣传的阵地,如"美国之音"便是典型的例子。

法西斯分子曾把新闻媒介的宣传功能发挥到了极致。早在1920年,德国纳粹党就买下了《人民观察家报》作为机关报,为希特勒上台大

造舆论,为纳粹党夺取政权和发动罪恶的侵略战争立下了汗马功劳。希特勒对新闻媒介的宣传功能具有深刻的认识,在《我的奋斗》一书中,他曾写道:"报纸的重要性,就是在于能以一致而坚定的重复方法来施教",因此,"国家须以不屈不挠的决心来控制这种通俗的教育工具"。

二、商业性媒介主持人的功能观——盈利功能

当今的西方新闻媒介大多是私营企业,在英、美、法、德等国家,90%以上的报纸是私人创办的。在美国,私营广播电台占全国广播电台总数的93%,私营电视台占全国电视台总数的76%。这样的新闻媒介完全是商业性的,它们的主持人是名副其实的商人。对于他们而言,新闻媒介的首要功能是盈利赚钱。在"多数法则"的支配下,其内容只要能吸引最大多数的受众从而赚取最大数目的广告收入,就是要提倡甚至是必须提倡的内容。娱乐性节目是可以最直接最迅速地达到盈利目的的内容。所以,新闻媒介的娱乐功能在商业性媒介中得到了充分的发挥。还不止于此,为了最大限度地盈利,商业性媒介上甚至经常出现被丹尼尔·鲍斯汀所批评的"炮制出来的事件",不惜制造"形象",制造"名人",或者刊登假消息、伪新闻以及煽情新闻、黄色新闻,以期制造轰动效应,招徕顾客,从而成为西方新闻媒介中的一个痼疾。

三、其他社会团体的新闻媒介功能观

不同的社会成员和团体从各自的利益出发,同样希望利用新闻媒介以达到自己的目的。但是,与媒介主持人直接控制媒介不同,社会其他成员或团体只能间接地影响媒介以达到自己的目的,而这种间接的影响只能凭借于媒介的广告功能和公关功能。

1. 新闻媒介的广告功能

德弗勒和丹尼斯在《大众传播通论》一书中把通过广告进行商品销售服务列为印刷媒介的第四种功能。在西方,广告业主要依赖新闻媒介作为主要的传播工具。但是,同样不可忽视的是,新闻媒介作为商业企业所具有的偿付能力在很大程度上依赖于广告。美国广告主协会认为:"广告是付费的大众传播,其最终目的为传递情报,改变人们对广告商品之态度,诱发其行动而使广告主得到利益。"实质上也就是说,新闻媒介

的广告功能就是为了推销商品。事实上,新闻媒介上刊出的广告占所有广告的绝大多数,"大约60%至80%的报纸版面和大约70%的电视播放时间(电台广播占的比例更高)都用于广告"[①]。其实,广告商不仅利用媒介,甚至在某种程度上还控制了新闻媒介。经济学家戴维·波特曾指出:"广告统治了媒介,对大众标准的形式有巨大的影响。它是很有限的几个超社会控制作用的机构中货真价实的一个。"[②]

除了商业性广告,还有政治性广告,即意见广告。这是广告主利用新闻媒介推销精神产品的一种形式。1980年,日本政府就曾在新闻媒介做过一则"和平不是别人给予的"的广告,为政府的扩军作宣传。

2. 新闻媒介的公关功能

一般认为,新闻媒介的公关功能源自19世纪中叶美国的"便士报运动"。这是一场以大众为读者对象的、通俗化报纸纷纷诞生的运动。从这一运动开始直至现在,一些公司和组织乘机而入,充分利用新闻媒介,通过新闻报道的形式,不断宣传自己,为自己的公司和组织制造神话,甚至雇佣专门人员,制造煽情性新闻,以此来扩大自己公司和组织的影响。在题为《大众传播、大众爱好与有组织的社会行动》一书中,拉扎斯菲尔德与默顿最为关切的一个问题,就是新闻媒介被有权势的集团或组织用以实行社会控制。他们指出,那些在主要权力集团中"占有最注目位置"的组织化企业,已通过运用"公关"宣传取代了对公众实行最直接控制的办法。新闻媒介的公关功能可以增加社会成员与组织之间的相互了解,但是,有时也会造成消极影响。卡特利普等人就认为:"公共关系把我们已建立起来的信息渠道弄得拥挤不堪,混淆是非而不是澄清事实的虚假事件和假话空话充斥着信息渠道,冷嘲热讽及'信誉缺口'使我们的信息渠道遭到严重的腐蚀、损坏和浪费。"

第三节 新闻媒介的效果研究

新闻媒介从诞生之日起,就包含着对效果的预设。实质上,传播效

---

① 迈克尔·柏伦蒂著,韩建波、刘先琴译:《美国的新闻自由》,河南人民出版社1992年版,第83页。

② 转引自〔美〕梅尔文·德弗勒、埃弗雷特·丹尼斯著,颜建军等译:《大众传播通论》,华夏出版社1989年版,第471页。

果是新闻媒介得以存在和发展的首要条件。正因为如此,新闻媒介的效果研究历来就是人们关注的第一要点。

西方学者对于新闻媒介效果的正规的、大规模的研究始于 20 世纪 30 年代末至 40 年代初。最初在美国,到 60 年代,欧洲和日本等国家的学者也纷纷加入。西方学者对新闻媒介效果的研究经历了三个时期,即强效果——弱效果——强效果,或称强效果论——有限效果论——适度效果论,走了一个马蹄形。

一、早期强效果论

20 世纪二三十年代的效果研究中,人们认为新闻媒介具有横扫一切、难以抵御的传播威力,而受众则处于被动挨打、不堪一击的地位。新闻媒介的信息就是"魔弹",而受众只是应声而倒的"靶子"。这就是所谓的"魔弹论"或曰"靶子论"。这一理论的产生有其特定的社会背景。

第一,这一理论直接产生于受众的"恐惧遗传"。自大众媒介产生以后,人们便一直对之责难不已,担忧大众媒介对受众的思想观点、态度、行为产生消极的影响。19 世纪 30 年代第一批大众报一经出现,人们便开始担忧大量的犯罪报道会引发犯罪;到了 20 世纪 20 年代,随着报纸在发达国家的普及,人们对新闻媒介的广告与公关宣传的威力日益感到恐惧。无线电广播问世以后,同样成为指斥的对象。特别是 1938 年 10 月 30 日晚上,美国哥伦比亚广播公司(CBS)根据威尔斯的科幻小说《星球大战》改编的广播剧播出时,更引起了成千上万听众的恐慌,使人们误以为火星人真的在进攻地球,酿成了传播史上的一次空前的"火星人入侵"事件。总之,人们对新闻媒介宣传威力的恐惧成为"魔弹论"产生的直接土壤。

第二,这一理论问世的关键在于两次世界大战前后的宣传战和围绕它进行的大量宣传研究。可以说,魔弹论正是这种宣传战和宣传研究的理论化表现。1914 年爆发的第一次世界大战,不仅是人类有史以来的一场全球性战争,而且也是一场规模空前的宣传大战。当时,交战各方调动一切新闻媒介开展宣传活动,德国的报纸上充满了"反抗的残酷行为"的种种故事;而德国人更被协约国的新闻媒介描绘成人面兽心的家伙,因而呼吁整个世界都来反对德国,以保护人类文明的成果。后来美国出兵的一大因素就是由于这种战争宣传所造成的印象。战争结束以后,许多人针对战争中的宣传问题进行研究,拉斯威尔的博士论文《世界大战中的宣传技巧》便是其中的代表作。20世纪30年代,随着法西斯主义的崛起和新的战争威胁的加剧,战争中的宣传问题更加成为研究的热点,在当时那种大难将临的历史氛围中,当人们注意到成千上万的民众如痴如醉地聆听希特勒的演讲、歇斯底里地向纳粹党魁欢呼致意时,便不由自主地夸大了宣传的效力,把许多事情都归结为新闻媒介的影响,甚至连麦克卢汉也相信:没有广播,便没有希特勒。正是因为战时宣传和围绕它而进行的宣传研究,"魔弹论"才得以广泛流传开来。

第三,"大众社会"的假设是"魔弹论"产生的前提。20世纪初,一些社会学家如特尼斯、韦伯、涂尔干等人认为:随着近代工业文明而兴起的新兴城市社会是由形形色色缺乏强大社会联系的个体组成的"大众社会",其本真意义原指"乌合之众"的社会。每个人都以独立的个人身份投身社会,在心理上属于"孤独的群体",因此特别容易接受外来的影响。媒介之所以称为"大众媒介",其中的"大众"(mass)实际上就是导源于大众社会所指的那个"乌合之众"(mass),即那个孤独的群体。在这样的"大众社会",作为"乌合之众"的受众,除了被新闻媒介所左右外,又能有何作为呢?伊莱休·卡茨和拉扎斯菲尔德在《个人影响》一书中说:"一方是全能的媒介在发送讯息,另一方是分化的大众在等待接受它,其间别无他物。"

"魔弹论"导源于当时的心理学和社会学理论,而战争中宣传战的巨大效力似乎又为之提供了确凿证据。

二、有限效果论

20世纪20年代末开始,心理学和社会学的研究有了新的发展,产生了新的理论,这些新的发展和理论不可避免地影响了对新闻媒介效果的研究。

个人差异成为当时心理学研究的焦点。研究表明,个人在需求、态度、价值观、智力等方面的差异对个人行为的形成起着关键的作用;同时,社会类型及其行为则成为社会学家关注的中心。他们所关心的是社会结构的本质和变化,以及在社会结构中处于不同地位的各种类型的人——种族集团、社会阶级、城乡大众及其年龄差异、性别差异——的不同行为特点及其成因。

对个人差异和社会类型的关注经新闻媒介的效果研究产生了极大的影响,早期的"魔弹论"逐渐被抛弃,代之而起的是在20世纪40年代产生的有限效果论。这一理论认为新闻媒介所产生的效果是有限的,甚至是微弱的。一些关键性的研究实例也为这一理论提供了有力的支持。第二次世界大战爆发后,耶鲁大学心理学教授霍夫兰受命领导和主持利用《战争前奏》、《纳粹的进攻》等纪录影片对新入伍的士兵进行说服宣传的效果研究,结果表明,影片在传递信息、使士兵获知事实方面有效,在士兵改变对盟国的态度方面收效甚微;在鼓舞士气、加深对敌仇恨方面几乎完全无效。1940年拉扎斯菲尔德及其助手在伊里县进行的选举研究同样表明,新闻媒介虽可以强化选民已有的态度和观点,或使选民的态度进一步明朗化,但在改变受众的原有态度方面,作用却非常微小;而且传受过程有时甚至是一种"二级传播"。他们的研究对持"魔弹论"观点的人不啻是一剂很好的清醒剂。

约瑟夫·克拉珀在1960年出版的《大众传播的效力》一书中对有限效果模式作了很好的说明:

(1)大众传播本来并不是对传播对象产生效果的一种必要和充分的因素,而是属于和通过中介因素的影响的关系来起作用。

(2)这些中介因素向来只赋予大众传播以一种在加强现有条件中的辅助的代理者的作用,而不是唯一的因素。克拉珀的这种理论被人们视为"最小效果论"或"无效果论"。

三、适度效果论

无论是"魔弹论",还是有限效果论,对媒介效果的认识都表现出以下几个特点:1)效果主要是发送人预期的效果。2)它们是短期的,或者说即时的和暂时的。3)它们必然与个体的态度、信息或行为的改变有关。4)它们相对说又是非间接的。事实上,"效果"这一概念本身就暗示了一种过于简单化的倾向。

进入20世纪60年代以后,西方的社会矛盾发生了极大的变化,资本主义国家的冷战体制逐渐瓦解,西欧六国成立了欧共体与美国抗衡,各主要资本主义国家的国内矛盾日益激化,资本主义国家与第三世界国家的民族矛盾也日益加剧。与此同时,新闻传播媒介的集中和垄断达到了新的高度,大量中小型传播媒介越来越集中于大企业手中。在这种社会背景下,传统的传播研究,因为只注重对受众个人或小社会群体的调查分析而显得苍白无力。西方传播学者们开始修正传统的观点,探讨新闻媒介与整个社会历史变革之间的关系以及与资本主义社会制度的关系,着重研究媒介长期的、无计划的,间接的以及集体产生的而非个体产生的影响。

首先崛起于英国的批判学派对西方传统的传播学研究特别是美国的主流学派提出了强有力的挑战。关于新闻媒介的效果研究,他们提出了这样的观点:第一,应重视广大受众的利益需求,因为他们具有选择、分析、判断信息的能力。第二,效果研究必须和社会各种因素联系起来。传播学者们开始认识到:"大众传播不仅对个人而且对整个社会或文化都有影响;它可以影响到一个团体的共同信仰和价值观,影响它对英雄与恶棍的选择,影响它的公共政策与技术。特别是媒介持续不断的信息传播,能对社会变革产生真正深刻的影响。"①

尤其是进入20世纪70年代以后,以德国学者伊丽莎白·诺埃尔-纽曼为代表的一些学者,开始重提新闻媒介具有强大效果的观点。在《重归大众传播的强力观》中,纽曼写道:大众媒介确实对于舆论有强大效力。当然,这并不意味着回归到了20年代的"魔弹论"。事实上,当代研究往往有意回避那样来谈论效果,而是倾向于以特定"输入"与特定"输出"的关联来讨论媒介效果,而避免出现早期研究中那种简单的、直线性的"原因—效果联系"的暗示。

第四节 新闻媒介效果的基本理论模式

新闻媒介的效果研究经历了三个时期。在每一个时期,不同学科背景的学者从不同的角度对新闻媒介的实际效果进行调查,或对新闻媒介的一些重要案例进行分析,从而提出了不同的理论模式。目前,在西方新闻界对新闻媒介效果的研究有心理学、社会学、社会心理学三个角度。

---

① 〔美〕梅尔文·德弗勒、埃弗雷特·丹尼斯著,颜建军等译:《大众传播通论》,华夏出版社1989年版,第328页。

一、从心理学角度提出的理论

1. 魔弹论(The Magic Bullet Theory)

这是早期关于新闻媒介效果研究中影响深广的代表性理论。这一理论受心理学中机械的"刺激—反应"论(S—P)的影响，认为新闻媒介发送的信息一经"命中目标"，就必然产生传播者所预期的效果。

佩恩基金会的研究为"魔弹论"提供了证据。其中，社会学家布卢默的研究认为，电影对儿童游戏具有巨大的影响；鲁恩·C·彼得森和L·L·瑟斯顿通过研究，断定电影可以改变儿童的态度，有时甚至可以引起显著的变化。

但是，"火星人入侵"事件发生后，立即对此进行研究的普林斯顿大学广播研究室的哈德利·坎特里尔教授得出了如下结论：批判能力是人们对广播节目作出反应的判断能力。这一结论事实上与魔弹理论相背离。实际上，一些研究人员正是从这一事件开始而产生了对"魔弹论"的怀疑。

2. 选择性理论

1960年，哥伦比亚学派的主要成员约瑟夫·克拉珀出版《大众传播效果》，认为新闻媒介向受众传播信息的过程并非注射式的和直接的，而是必须经过中介因素，因此，其效果只能是有限的。

克拉珀列举的影响大众传播效果的几项重要中介因素中，第一项就是心理的倾向性和选择过程。心理的倾向性是指受众原有的态度趋向、观点和兴趣。这种倾向性影响着传播效果的实现。因为受众心理倾向性势必导致受众对传播者和传播信息的选择。首先是有选择地接触，即受众习惯接触与他的现有观点、兴趣和态度相一致的大众传播内容，并有意无意地避免接触与其观念相左的信息。因此，效果就只能是强化而不是改变受众原有的态度。其次是选择性理解，即受众总是依据自己的价值观念及思维方式对所接触的信息做出独特的个人解释，使其与原有的认知相互协调而不是相互冲突。第三是选择性记忆，即受众在接触和理解信息的两个过程完成后，往往只是记住自己所赞同的内容，而忘却不赞同的内容。

3. 使用与满足模式(The Uses and Gratifications Model)

这是以"受"为中心，从受众利用媒介的动机和目的是否满足来衡量媒介效果的理论。它与从传播者的角度出发研究理论的效果完全不同。使用与满足的概念最早由伊莱休·卡茨于1959年提出,而实际的研究早在20世纪40年代已经开始。"对'使用与满足'的注意和研究,最早公开出现于1940年的《声音广播和印刷物》这本书中。"①

使用与满足模式理论可以分为"传统"与"现代"两个时期。传统的使用与满足模式理论包括赫佐格和贝雷尔森等在20世纪40年代进行的研究。1944年,赫佐格对100名听众进行了长时间的采访,还对2 500多名听众进行了短期的采访,写出了《我们对白天连续节目的听众究竟有多少了解》的论文。赫佐格的研究证实,许多收听白天广播连续剧的妇女,怀有各种各样的动机,有的是为了发泄自己的不快,有的是为了从中获得处世经验的指导,有的则是为了沉湎于节目之中而忘记自己的苦恼。贝雷尔森则于1949年进行了"没有报纸对人们意味着什么"的研究。当时,纽约报界举行罢工,各报停刊,贝雷尔森就此开展了调查研究。调查了解到,对于大多数读者而言,他们期待的并不是某一条或某种特定的新闻(消息),而是感到没有报纸仿佛是"离开了世界","好像"不在"这个世界上了。也就是说,看报是一种习惯,没有报纸,人们就要找到一种新的办法来消磨时间。

20世纪50年代,由于对媒介劝服效果研究的重视和"使用与满足"研究自身方法的局限性,"使用与满足"研究几乎销声匿迹。但是到了六七十年代,这一理论又得到了重新重视。与40年代相比,现代"使用与满足"的研究有以下几个特点:1)重视形成人们接触大众传播媒介动机的心理、社会条件,并试图探明这些条件跟"使用与满足"类型的关系。2)在调查"使用与满足"的状况时,试图运用统计调查的手法,抽出若干类型,采取定量操作的方法。

研究者对"满足"的类型进行了各种各样的概括和论述,日本学者的归纳较有典型性:

(1) 解闷消愁。
    a. 逃避日常生活的种种制约。
    b. 逃避劳苦和烦恼。
    c. 解放情绪。
(2) 人际关系。

---

① 竹内郁郎著,张国良译:《大众传播社会学》,复旦大学出版社1989年版,第106页。

a. 同节目中的人物结成假设的社会关系。
　　　b. 获得有利于日常社会关系的效用。
　(3) 确认自我。
　　　a. 寻找确定自己位置的坐标。
　　　b. 学习应付现实问题的方法。
　　　c. 强化价值。
　(4) 监视环境。

二、从社会学角度提出的理论

1. 二级传播理论

"二级传播"理论是拉扎斯菲尔德及其同事1940年在美国俄亥俄州的伊里县进行的关于总统竞选宣传调查而取得的意外收获。调查的目的是确定大众传播媒介——当时主要是无线电广播和报纸——对选举具有重大影响。然而，被调查的人当中只有少数人说他们曾经受到媒介的影响，真正影响投票的则是个人之间面对面的接触和劝说。循此深入，研究人员发现，那些接触传播媒介较多、热衷选举、关心政治问题的人能够在人际交流中对周围选民的态度产生这样或那样的影响。这些人被称为"舆论领袖"。研究人员由此第一次提出了"二级传播"的假设：概念往往先从无线电广播和报刊流向舆论界的领导人，然后再从这些人流向人口中不那么活跃的部分。这种由"大众传媒——→舆论领袖——→受众"构成的传播过程被称为"二级传播"。

"二级传播理论"的关键是舆论领袖。他们上通媒介，下连公众，其传播更具针对性、灵活性，更易为受众接受。研究人员由此而揭示了人际传播在大众传播中的重要作用。这是人们认识大众传播过程、探索传播规律的一大进步。循此思路，后来的研究人员又提出了"N级传播"理论。

2. 含义论

含义论把行为当作内心理解的产物，也就是说，个人行为是个人对我们文化具有共同解释的符号、形象或事件的意义理解的产物。

含义论的起源可以追索到沃尔特·李普曼，在有"新闻传播学奠基作品"之称的《舆论学》一书中，李普曼认为，我们的身外世界越来越广阔、复杂，人们已很难直接感知、把握和理解这一世界；并且，许多因素也限制了人们获得关于这一世界种种事实的真实情况。这些限制因素包括,"人为的检查制度,社会接触的限制,每天只能用比较少的时间注意公众事物。由于必须用很简练的消息报道事件因而引起了曲解,难于用少量的词汇来报道一个复杂的世界。还有最后一点,即不敢面对可能威胁到人们既定的生活惯例的那些事实"。李普曼引用柏拉图的洞穴比喻,说明媒介就像受众身后的火光,将其背后的事物投射到前面的洞壁上,形成影像,人们借助这些影像去感知实际的存在,理解现实的社会,并据此作出反应。因此,媒介并非客观世界的镜子,而是客观世界与人们之间不易察觉而又无所不在的屏障。

含义论的观点涉及人们使用的语言符号系统在理解、体验周围世界并对周围世界作出反应时所产生的深刻影响。社会成员在文化上约定俗成,共享符号的含义,人们运用这种共享理解符号的含义,解释周围世界的一系列问题。通过参与各种传播过程,个人的含义逐渐形成,不断修正、直至最后定型。而在现代社会中,大众传播媒介在社会人员集体确定对社会现实的解释中发挥了主要作用,即媒介对现实的描绘在含义的确定、延伸、替换和稳定这四个方面发挥了主导效应。

3. 模式示范论

模式示范论是从社会学习论中派生出来的。这种理论认为,大众传播能够描述模式化的行为。受众对于媒介内容的接触,为自己提供了一种学习的对象,可以从中学得一系列行为方式,这些行为方式在一定程度上可以成为人们处理反复出现的问题的永久性方式之一部分。也就是说,媒介内容对受众的行为具有模式化的示范效果。

模式示范论和含义论一样,主要采用内容分析的方式进行研究。有两个典型的例子说明了这种方法的重要意义。第一个例子侧重研究模式对儿童自我观念的影响。伦诺·韦茨曼和她的同事对供学龄前儿童看的小人书内容进行了分析。他们在认真检查了1938年到70年代早期出版的数万种书籍,特别是1965年到1970年出版的获奖书籍之后总结说:"小人书的作用很大……因为它们是向年幼的孩子们介绍社会价值的工具……小人书还向孩子提供了各种人物角色的模型——即他们长大后能够而且应该学习的一些形象。"①第二个例子侧重研究

---

① 〔美〕梅尔文·德弗勒、埃弗雷特·丹尼斯著,颜建军等译:《大众传播通论》,华夏出版社1989年版,第385页。

广播连续剧中的饮酒行为对观众的影响。希伦·厄洛里及其同事系统地研究了14部肥皂剧,他们记下每一个饮酒镜头,对与饮酒有关的情节、人物、社会关系和其他有关因素均作了较为详尽的研究。洛厄里的研究表明,每天收看这些节目的妇女中嗜酒的人数在上升。

但是,模式示范论并不假设人们在媒介内容中接触某一行为后立即一致模仿这种行为。模仿行为可能在以后发生,并且可能成为人们长期采用的行为方式的一个组成部分。媒介内容的模式示范作用在下列三种情况下得以发生:1)受众与模式(媒介人物)认同。2)受众遇到某种情况,需要行为指南。3)受众模仿模式化的行为受到了强化。

三、从社会心理学角度提出的理论

1. 议题设置理论

议题设置是指新闻媒介选择并突出报道某些内容,从而使这些内容引起公众的注意和重视。

早在1958年,诺顿·朗就对新闻媒介形成议题的功能作过相当直接的论述。伯纳德·C·科恩在《报纸与对外政策》一书中也说过:报纸"告诉人们去想什么往往难以奏效,但告诉人们该考虑什么,却会惊人地成功。"

大多数"议题设置"研究关心的都是竞选运动。第一个关于形成议题假设的实验是由麦库姆斯与肖领导进行的。他们在北卡罗来纳州的查佩尔希尔研究了1968年的总统选举,并将大众媒介所突出报道的内容和人们公认的最重大问题加以比较,结果发现主要项目的相关系数为0.967,次要项目为0.979。但他们的研究有个明显的弱点,即没有指出孰因孰果,这也是议题设置理论受到批评的一个方面,即议题设置究竟起端于媒介,还是起端于公众成员及他们的需要,或者说,起端于充当媒介信源的机构的精英人物。

日本学者将新闻媒介的议题设置功能看作是"把事情变成事件的根源"。他们认为,有几个因素对新闻媒介实现议题设置具有重大影响:第一是议题本身的重要性;第二是媒介报道时间的长短;第三是地理的邻近性(接近性);第四是意见、消息来源的可靠性。

关于新闻媒介的"议题设置"的研究仍在继续。1991年的《新闻学论丛》发表了美国学者有关"议题设置"现象在艾滋病问题报道过程中的作用的研究论文。此项研究认为,近10年艾滋病的报道持续不断地出现在报纸和荧屏上,是由多种因素影响和促成的。

事实上,在社会生活中,常常有许多议题设置者,新闻媒介只是其中之一,尽管可能是其中较为重要的一个。总之,新闻媒介只有经常在与其他社会力量的协调和互动中才能发挥力量。

2. 创新扩散理论

创新扩散论可以追溯到拉扎斯菲尔德和默顿在《大众传播、群众的判断和有组织的社会行动》中的有关论述,即大众传播可能含有"重要的社会效果"的三个条件之一是"组织面对面的交流来补充媒介的宣传"。

从20世纪40年代以来,对这种预见的主要实地验证,是在美国和加拿大的中心地带进行的农业革新化的调查研究,以及在亚洲、非洲和拉丁美洲进行的关于执行包括农业、计划生育、保健和有关其他问题的社会和经济发展计划的研究。

1973年,罗杰斯和休梅克在《创新的传播》一书中对"创新扩散"理论的研究进行了总结,提出了四个阶段的说法:

知晓:个体意识到创新的存在,并对创新的功能有所了解。

劝服:个体对创新形成一种赞成或反对的态度。

决策:个体从事于导致对采纳或拒绝创新作出选择的行动。

证实:个体谋求加强他已作出的创新决策;如果面临对该创新有分歧意见的讯息,他可能改变他以前的决策。

施拉姆认为,创新扩散理论中至少有两个结论是能够成立的。其一是一般说来,大众媒介在一个过程的早期要比以后阶段有更大的影响;其二是不论处在什么发展阶段的国家里,传播过程通常是呈"S"形曲线,如电视机的使用,在开始之时总是相当缓慢,但是当其扩及到居民的一半时则会加快,而当接近于最大饱和点时又会相对慢下来。

3. 沉默的螺旋模式

沉默的螺旋模式是由德国社会学家伊丽莎白·诺埃尔-纽曼教授于20世纪70年代初提出来的,旨在探讨和论述舆论的形成。

这个模式部分是根据早期的社会心理学思想提出来的,即一个人自己的意见在极大程度上依赖于他人的想法,或者更确切地说,依赖于对他人意见的理解。

构成这一模式理论的基本思想是:大多数人力图避免因单独持有

某种态度和信念而造成的孤立。因此,认为自己属于持非主导观点的人由于害怕孤立而保持沉默。沉默的人越多,另一派就越占优势。而事实上,在大众传播的压力之下,随着时间的推移,持非主导观点的人数量会逐渐减少。在这样的情形之下,"一方表述而另一方沉默的倾向开始了一个螺旋过程,这个过程不断地把一种意见确立为主要的意见"①。

---

① 〔英〕丹尼斯·麦奎尔、〔瑞典〕斯文·温德尔著,祝建华、武伟译:《大众传播模式论》,上海译文出版社 1987 年版,第 93 页。

第十五章

客观报道

客观报道,在新闻领域中,是一种基本的报道形式和写作原则,它是客观主义理论所倡导的客观性原则在新闻写作方面的具体体现。客观报道作为新闻行业最基本的工作观念和报道形式,其形成被认为是新闻写作的一次根本性变革,它的意义正在于确立了新闻文体的独立性以及新闻行业的专门化。时至今日,新闻报道的形式已有大大的拓展与丰富,但客观报道无论是作为写作方法还是报道形式,仍在新闻写作领域占有不可动摇的地位。虽然不再有一统天下的往日辉煌,但当今传媒中仍有大量报道是属于客观报道这种形式的。客观报道之所以具有如此重要的地位,其根本原因是这样的工作观念和报道形式契合了新闻传播的特性。

第一节 客观报道的基本特征

一、注重事实

这是客观报道最基本的特征。注重事实是客观性原则在新闻写作领域的自然延伸。新闻报道之所以要客观是基于这样的理论前提:新闻传播是满足受众的信息需求,客观是新闻商品的必备特性。在传媒市场上,人们所要获取的是纯粹的信息,为自己的决策寻找依据。"在新闻记者进行的大量工作中,包含了这样一种认识,他们的工作是与人们的需要和目的相关联的。记者懂得:新闻对大多数人来说是真实的事物,记者要避免写抽象观念的东西。"①因此,事实本身对新闻报道而言是最重要的,事实是新闻信息的主体。新闻报道的客观,实际上所要求的是报道与事实的相符,客观报道就是试图通过真实地呈现事实与摹写现实。客观报道最基本的结构方式"倒金字塔"结构就充分体现了对事实的极端强调。"倒金字塔"结构的基本要点是将最重要的事实放在新闻的首要部分——导语里。在新闻要素5个W中,客观报道最为关注的是"What",至于"Why"通常不被强调,常被放置在"倒金字塔"的下半部分,客观报道大多为纯新闻,而"倒金字塔"结构则被认为是纯新闻写作的经典结构。虽然有许多其他的导语写作方式作为"倒金字塔"结构的补充,但在客观报道中,这种结构变换的基本原则仍是对事实的强调。路透社关于肯尼迪总统遇刺的消息就是典型的客观报道。

主题:肯尼迪遇刺丧命,副题:约翰逊继任美国总统 【路透社达拉斯1963年11月22日电】急电:肯尼迪总统今天在这里遭到刺客枪击身死。

总统与夫人同乘一辆车中,刺客发三弹,命中总统头部。

总统被紧急送入医院,并经输血,但不久身死。

官方消息说,总统下午1时逝世。

副总统约翰逊将继任总统。

这则纯新闻是事实的叙述,事实先后次序的安排由事实的重要性决定。毫无疑问,事实是此类新闻的灵魂。

麦尔文·曼切尔在谈及客观报道时特别强调了注重事实的特征。"当新闻工作者谈到客观性的时候,他们的意思是,新闻应当不受记者本人观点的约束,而应当主要根据看到的事实。当一条新闻能够被某些原始记载加以对照证实,那么它是客观的。……这种能够被证实和测定的事实的报道,是美国新闻的主线。这样的报道要求记者把眼光集中于事实。如果读者想哭,或者想笑,想写一封愤怒的信给国会议员,或者捐款给红十字会救济龙卷风的受害者,这是他们的事儿。记者应该只限于展示这些事实。"②

---

① 〔美〕麦尔文·曼切尔:《新闻报道与写作》,中国广播电视出版社1981年版,第43页。

② 同上书,第53页。

二、事实和观点分开

客观报道强调以事实为主体,实际上,在报道中完全避开由事实而引发出的观点是不可能的。有时,某些人物对新闻事实的主观认识也可看作是一种事实。在这种情况下,客观报道所要求的是将事实与观点分开,尤其强调要让受众明确报道中的哪些部分是基本事实,哪些是由基本事实引发出的观点、意见,切忌将观点与事实混为一谈,将带有强烈主观色彩的观点充作基本事实误导受众。"……事实本身不包含任何价值,价值只是追求自身利益的事实供应者和消费者综合作用的结果。"[1]美国学者米切尔·斯邱达逊进一步指出,客观报道与以往新闻报道的区别在于告诉人们事实是什么,而不是进行主观价值判断。在客观报道中,将事实和观点分开的最有效手段是交代清楚观点是由何处发出的,这样可以使受众充分了解这些观点的主观性以及主观性从何而来。以下是《弗莱斯诺蜜蜂报》一则关于贩毒案报道的前四段。

  昨天下午,在弗莱斯诺西北部的一个无花果果园里,一个59岁的咖啡馆老板被捕了,当时他正准备同一位化装的密探结清一笔大约价值2.5万美元、重30磅的大麻交易。

  经查明,他就是G大街1959号的艾尔伯特·戈尔芬。

  当地官员报告说,这是弗莱斯诺县近来缴获大麻数量最大的一宗案子。他们说,一共有10包塞得紧紧的毒品,足够制造出2万~2.5万只大麻雪茄。

  警官们为此案已工作了两个月,他们说戈尔芬是弗莱斯诺一带贩卖大麻的最大商贩。他们还认为他是圣·约其文峡谷一带最大的贩毒者之一。

这则报道的基本事实是第一、二段的叙述。三、四段中由基本事实引发出的对案件性质的判断清楚地交代了出处,两者界线分明,读者一目了然。

---

[1] 〔美〕Michael Schudson, *Discovering the News*, Basic Books Inc., Publishers, 1973, p.121.

三、避免记者的主观倾向

客观报道通常被称为"非个性化报道",即是说,在报道中,作为报道者的记者不应以任何方式在报道中表现自己。这通常包括以下四个方面的要求:1)记者在选择事实时不以自己的价值观念和兴趣偏好为标准,尽量避免个人主观判断影响对事实的了解、认识。2)记者尽量避免自己在报道中去作判断和推理,要在事实的自然叙述中合乎逻辑地得出结论。3)记者在报道中不得感情用事。感情流露常常是不自觉和无意识的。麦尔文·曼切尔举例说:"一个记者在描写他所厌恶的官员时,可能会写道,'哈里逊·格尔德,一个野心勃勃的年轻政客,今天说……',或者,一个记者在描写他所钦佩的官员时,可能会写道,'格拉德·西威尔,这个精干的年轻的州管理者,今天说……'"[1]这样的感情流露常常会通过报道给受众某种倾向性的影响。避免感情用事的最有效方法就是在报道中少用形容词和副词,多用不带感情色彩的中性动词。

记者不得在报道中加入自己的观点和意见,客观主义理论认为,新闻的最终目的是忠实地传递信息,至于记者或编辑的个人观点应由社论或专栏文章来加以阐发。因此,客观报道中不得掺杂报道者个人观点和意见是不容置疑的原则。

第二节 客观报道的写作规则

杰姆·G·斯托佛在《为大众媒介写作》一书中指出:"在美国新闻事业发展的300年中,一种强烈的新闻职业化意识已经形成了,随着新闻职业化的进程,产生了新闻写作领域势力很强的传统规范。"[2]新闻职业化的实施早在20世纪初就开始了,著名报人普利策曾热心倡导新闻的职业化。他曾说:"我们需要新闻从业者有一种职业意识,这种意

---

[1] 〔美〕麦尔文·曼切尔:《新闻报道与写作》,中国广播电视出版社1981年版,第50页。

[2] James Glen Stovall, *Writing for Mass Media*, p.54.

识不是以金钱为基础,而是建立在道德、教育和个性之上的。"①李普曼,这位客观主义理论最坚定的维护者也十分重视新闻的职业化。他认为,实践客观性原则的基本方法是科学,新闻报道只有采用类似科学研究的精确方法才能达到客观性。严格的新闻职业化训练能使新闻从业者习得一整套规范系列的新闻写作规则和操作技巧。时至今日,客观报道所遵循的写作规则仍是新闻写作中的基本要领。这包括——

一、准确

准确是客观报道所要达到的最主要的目标。报道者必须尽最大的努力保证他所叙述的一切事实都是准确无误的,对报道者来说,准确之所以重要有多重理由。首先,诚实地揭示真相是公众对大众传媒的最基本期待。公众认为大众传媒有责任准确地传播信息。其次,大众传媒的报道如果丧失了准确性,就必然丧失公众的信任感,它的社会服务最终是无效的。另外,新闻从业者也自觉追求报道的准确性,只有这样,才能使他们感到自己的工作有价值。那么怎样才能达到报道的准确性呢?记者应该有一种开放的观念。他们应该接触各种各样的观点和意见,他们应该倾听那些他们本人不赞成的想法。他们虽然不可能把看到或听到的一切都写进报道中,但了解得越多,对事物真假的判断力就越强,这有助于他们对准确性的把握。具体来说,记者要尤为注意细节的准确。整个报道的准确性是建立在每一个准确细节的基础之上的。记者的直接观察是确保准确性的最佳方式。但事实上,许多报道不能只依据记者的直接观察写成,对于第二手材料,把握消息来源是至关重要的,因此有许多新闻机构如美联社,严格要求信奉下述方针:凡不是你亲自看到的,一定要指出消息来源,除非是最起码的常识。下面是美联社的一篇稿件②:

【美联社纽约电】:
前美国公共卫生部医务主任杰瑟·斯坦菲尔德博士已被任命为全国基督教青年会卫生与体育咨询委员会主席。

---

① James Glen Stovall, *Writing for Mass Media*, p.152.
② 〔美〕麦尔文·曼切尔:《新闻报道与写作》,中国广播电视出版社1981年版,第53页。

斯坦菲尔德目前是加利福尼亚大学的医学教授,以及加利福尼亚州长滩退伍军人医院医疗中心主任。

全国理事会主席斯坦莱·恩伦今天在宣布任命斯坦菲尔德这个不带薪水的职务时说:咨询委员会今后在指导基督教青年会制定全国性计划的方向将发挥重要的作用。

第一、二段中的事实有资可查,有记录在案的上级任命和本人履历,不需再交代消息来源;而咨询委员会的作用是理事会主席提出的一种看法,所以必须指出是他本人讲的。

指明消息来源对把握准确性有以下两方面的意义:一是如果消息来源提供的事实并不真实,其责任应由提供者承担,除非记者知其不真实而有故意造假的不良意图。二是如不指明消息来源,受众会认为由于记者知道这些说法是真实的,因而支持这种说法。

二、清楚

清楚的反面是混乱,混乱会以多种方式渗透在报道中。记者的职责就在于剔除这些混乱。混乱的根源常常是报道者不清楚他要写的究竟是什么,因此人们在阅读他的报道时就产生了误解。以下是几种特别提示:1)保持简单。许多人认为他们可以使用复杂的词汇来显示他们的智慧,他们的语言可以向别人证明他们的所说所写是具有权威性的,结果是,他们用较多的词汇和复杂的句子来表达简单的思想。之所以产生这一类问题,是因为报道者忘记了新闻写作的根本目的是交流(信息或观念),新闻写作应当用尽可能简单的方式,记者和编辑应该用简单的词汇和简单的句子结构。他们不应当以自上而下的姿态与受众谈话,而是尽可能有效地传递观点和事实。2)避免各类行话术语。行话术语是社会各个集团发展出来的,学生、管理人员、医生、园艺工人都使用只有他们圈内人才能明白的语言。新闻从业者所要做的不只是精确记录他们的话,然后原封不动地告诉受众。记者必须是翻译家,他们必须能清楚地理解各类行话术语,然后将其"译"成通俗易懂,能为普通受众理解、接受的语言。3)详细和精确。这是对叙述事实的要求。报道是建立在所有事实基础上的,包括极重大或极细小的事实。有时候,某一事实的细微出入都可能导致受众对报道产生误解。记者如果用诸如"一大堆人"、"一条长长的线"、"一位漂亮的女孩"之类的模糊不清的语言,就不能将事实清楚地传递给受众。

三、简洁

简洁是所有好文章的灵魂,对新闻报道而言亦是如此。记者应当用最简洁的语言和叙述方法来撰写新闻报道。以下是达到简洁的几种技巧。1)抓住要点。报道的要点是什么?报道急需告诉读者的是什么?记者必须能回答这些问题,并用最简洁的方式在报道中交代清楚,这是整篇报道中最困难的写作问题。2)避免事实叙述的重复,用词的重复。

四、平衡

平衡对客观报道来说是尤为重要的。平衡要求记者在撰写报道时给持不同意见的各方以平等的权利。"政治家和商人们懂得,符合他们意图的报道,能够宣扬一个候选人、一个方针、一件商品,或者损害一个对手、一个竞争者。记者用归属、核实材料、平衡从消息来源那里来的主张和说法,来对付这些压力。"[①]平衡意味着公正,记者在报道中应尽量照顾到来自各方的观点,避免任意站在争论的一方,这样才能保持新闻媒介的客观立场。

例如,1994 年 5 月 1 日,美国《华盛顿邮报》的新闻《政府推迟就版权问题采取行动》说,美国贸易代表坎特宣布克林顿政府推迟就侵犯版权向中国发出最后通牒。这个决定引起不同反响。新闻这样报道:"一些行业的代表作出了强烈的反应。美国录音业协会主席贾森·伯曼说:'我们对这个决定感到非常失望,显然这是出于保护知识产权以外的种种考虑。'另一些官员说,在人权问题上的赌注太大了,不能冒知识产权引起紧张关系升级的风险。"孰是孰非,记者没有明显表示出来,让读者去评论。

[①] 〔美〕麦尔文·曼切尔:《新闻报道与写作》,中国广播电视出版社 1981 年版,第 49 页。

第三节 倒金字塔结构

提到客观报道就不能不说倒金字塔结构,因为绝大多数的客观报道以倒金字塔结构来写的。倒金字塔结构为客观报道提供了一个稳定的写作规则。

倒金字塔结构起源于美国南北战争和电讯的运用。南北战争一开,一大批记者随军采访。为争取抢先发出最新战况,一批记者开始通过电报来发出重要的消息。当时的消息写作仍然采用按时间顺序的先后来叙述事实。当时电报业务刚开始投入使用,有时电报刚发到一半就中断,致使这种没有结果的战况新闻不能成为新闻。而且由于军事行动的需要,部队也需征用电报线路,不可能让记者发出很长的消息。后来,记者们想出一种新的发稿方法:把战况的结果写在最前面,然后按事实的重要性依次写下去,最重要的写在最前面。这样,一旦线路中断或线路被部队临时征用,只要报社收到最前面的电文同样可以发出最新战况消息。于是,记者们被迫而为的应急措施产生了一种新的文体——"倒金字塔结构"。

倒金字塔结构的基本特点是

第一,把最重要的写在前面,下面各个事实按其重要性程度依次写下去,即越是重要的越写在前面。这样"头重脚轻",故称"倒金字塔"。

第二,一段只写一个事实。

第三,全部陈述事实,记者不发议论。

倒金字塔结构的长处在于:

(1)可以写得快——记者有了一种相当固定的写作模式,不必再为新闻结构苦思,而且可以写一部分送排一部分。

(2)可以快编快删。记者一边写稿,编辑一边处理导语和标题;删节时,可以不再看全文,从最后面一段一段删去,不会影响全文。

(3)可以快读。读者无须从头读到尾才得要领,读到哪里随时可以停住。

这样的长处,符合新闻最基本的要求:快。由此,南北战争时期记者的即兴之作被作为一种崭新的新闻文体得以在战后继续保留下来,并迅速在全美报纸上推广,不久被世界许多国家报纸采用。下面是倒金字塔结构的一个例子：

多数美国人对中国印象良好

【路透社纽约12月1日电】 昨天公布的一项民意测验结果表明，1989年天安门事件使美国人对中国的印象一落千丈，但是如今情况又好转了。

盖洛普组织作的这次民意测验表明，在接受调查的人当中，53%的人对中国印象良好，39%的人对中国印象不好，8%的人没有表态。

这次测验的结果与1989年7月份所做的上次类似的测验相比来了个180度的大转弯。在上次测验中，54%的人对中国印象不好，34%的人对中国有好印象。这次测验还表明，大多数美国人相信，中国会成为它所在地区仅次于日本的经济强国。

这次测验是在11月15日到16日通过电话与1008位成年人以访谈的方式进行的。抽样误差幅度为3个百分点。

盖洛普在公布这次测验结果的同时还宣布，该公司已开办了一个研究中国市场情况的子公司。这是调查这个世界上人口最多的国家的市场情况的第一家西方公司。

盖洛普说，它不会利用这个新公司去调查中国人对本国政治领导人的意见。

（原载1993年12月2日《泰晤士报》）

这篇报道先把调查的结论扼要地陈述出来，紧接着第二段写出具体结果，第三段交代背景，第四段再调转身来交代调查的日期、对象。如果按一般的写法，应该把第四小段放在最前面写。最后二小段是补充。

但倒金字塔结构也有许多弊端。西方不少记者指责这种模式是一种坏的写作形式，没有生气，没有文采，结语不是铿锵有力而是有气无力。尽管这些指责也有道理，但至今也没有一种新的写作模式可以取代倒金字塔结构，成为客观报道尤其是动态性硬新闻的写作模式。美国著名报人杰克·海敦指出："倒金字塔没有过时，也永远不会过时。倒金字塔是大多数动态性新闻必不可少的形式。"[①]

---

① 〔美〕杰克·海敦：《怎样当好新闻记者》，新华出版社1980年版，第67页。

第十六章

解释性报道

翻开美国的报纸,从体裁上看,解释性报道(Interpretative Reporting)占了大部分的报纸版面。一些著名的大报,像《纽约时报》、《华盛顿邮报》、《洛杉矶时报》等,解释性报道占了 70% 以上的版面。1978 年版的《世界大百科》把解释性报道的增加列为 20 世纪美国新闻事业发展的一大趋势。而西方其他国家,英国、法国、日本,一般都占据 50% 左右的报纸版面。美国的新闻学家把解释性报道的产生和发展称之为新闻写作的第三次革命。第一次是在 18 世纪中期,新闻文体从英国文学的束缚下解放出来。早期的英美报章文体基本上是模仿英国的散文小品,把叙述、议论、抒情混在一起,文字啰唆、矫作。18 世纪中期,英美报刊才逐步形成一种按发生的顺序来记叙一个事件的新闻文体。第二次是 19 世纪中期,以"倒金字塔"为结构的新闻报道在美国产生并迅速走向世界。第三次就是解释性报道,在 20 世纪中期正式占据报章。

第一节 解释性报道的沿革

一、解释性报道的起源

解释性报道起源于美国。美国的新闻学者把解释性报道称作 1929 年经济危机的产物。1929 年一场突然而降的经济危机席卷全美。可以说,一夜功夫,银行倒闭,公司破产,股市崩盘,成千上万工人被抛向街头,四处流浪,整个经济一片混乱。这到底是为什么? 为什么看上去一片繁荣的金元帝国像稻草人一样倒了?为什么这么多银行、公司会同时倒闭?为什么人们对股市同时失去信心……无数个为什么把美国人打入迷宫。当时美国一名记者说:"近来,有理智的读者不仅要求知道发生了什么?而且要求知道事件的原因及其政治、社会的关系。"①面对如此复杂的国际国内局势,有一些记者意识到,倒金字塔结构的纯新闻只能提供表面的事实,无法深入事件的深层,剖析其原因和深远影响。这既不能满足读者要求,也有悖于新闻记者的职责。著名政论家李普曼非常敏锐地意识到了这一点。他一针见血地指出,随着经济危机和罗斯福实施新政,"各种事件接踵发生,而这些事件本身似乎是毫无意义的。于是,一个'为什么'变得与'是什么'同样重要的时代开始了。当时,如果驻白宫的记者仅仅报道发生了什么而没有提供事件发生的原因和含义,那他只完成了一半工作。"②

二、解释性报道的兴起

而对解释性报道的兴起产生直接影响的是新闻杂志《时代》(Time)。该杂志创办于1923年。作为一份周刊,它无法在时效上与日报竞争,就在消息的综合加工和介绍新闻背景上下工夫。该杂志的创办人亨利·劳斯(Herry Lowes)自称《时代》是"新闻事件的注释家"。在20世纪30年代初,《时代》周刊对重大新闻事件的分析赢得一大批读者,发行量直线上升,使美国新闻界为之刮目相看。于是,有些报纸也尝试着开辟专栏,由经验丰富的老报人撰稿,提供重大新闻事件的各种背景材料,并作适当的分析。像《纽约时报》在20世纪30年代中期开辟"每周新闻综述",一直保留至今;有些报纸还发行"星期日杂志"、"特写专辑",发表"每日综述",并且刊登辅助性文章,提供有关历史、地理、传记等背景资料。当时,这类解释性报道刚具雏形,写法不一,名称也不一,诸如"思考性文章"、"注释性新闻"、"推测性报道"、"背景文章"、"深层次报道"等等,不一而足。直到1933年,美国报纸编辑协会通过决议,承认并强调对于新闻的解释和分析,解释性报道的名称及

---

① 引自复旦大学新闻学院编:《外国新闻事业资料》1979年第4期。
② 转引自梅尔文·曼切尔:《新闻报道与写作》,中国广播电视出版社1981年版,第198页。

其地位才得以正式确定。该决议写道:"鉴于各种复杂而又意义重大的国内外事件以超过历史上任何其他事件的速度变化发展;鉴于事实表明各行业人们对于公共事务的兴趣日益浓厚,协会一致决议,编辑要将大量的注意力与版面用于解释性报道,用于提供信息的背景,以便使得普通读者能够充分理解事件的进程和意义。"①

决议尽管做了,但传统的力量是强大的。1938年,美国名报人柯蒂斯·D·麦克道格尔把1932年出版的一本书《新闻报道入门》改名为《解释性报道》时,在新闻界引起一场风波。正如他在1977年再版的序言中所述:"我把书名更改后,曾引起轩然大波。因为当时大多数编辑还是认为,'解释性报道'是一个肮脏的字眼。"这清楚地显示解释性报道在推进过程中的重重阻力。因为当时美国新闻报道的传统是,新闻只提供事实,把事实和意见分开;而解释性的写作特点是夹叙夹议,作者倾向性鲜明。按传统的新闻学,这是大逆不道的违规行为。当时的美联社就规定,禁止记者撰写背景材料详细的解释性报道,"不需要对新闻事件作任何解释,而只要求报道显而易见的事实。"②所以,20世纪三四十年代,尽管解释性报道在美国有一定发展,但占统治地位的仍是倒金字塔结构的纯新闻。

解释性报道真正在美国报坛立足是在20世纪50年代。这是麦卡锡主义的副产品。参议员麦卡锡在50年代初期掀起一股反共恶浪,无中生有指控大批美国人为共产党。为了捞取政治资本,他四处游说,几乎天天发表讲话,而新闻媒介都一一如实报道。到麦卡锡身败名裂,美国新闻界的名声也一片狼藉。一批有见识的新闻学者在总结新闻界的惨痛教训时,看到了纯客观报道的致命弱点。新闻学家威廉·L·里弗斯指出:"过去多年中,大多数记者面临含糊不清的事例时,就不分真伪地一律加以引进……这就是约瑟夫·麦卡锡参议员得以在50年代初期蛊惑人心的基本原因。"③这使美国一批记者意识到:报纸如果像传声筒似的传播某些事实,就可能被人利用,可能危及民众和国家,是对社会的不负责任。解释性报道逐渐被新闻界所接受。麦卡锡的得

---

① 〔美〕Michael Schudson, *Discovering the News*, Basic Books Inc., Publishers, 1973, p.148.
② 〔美〕威廉·L·里弗斯:《大众媒介》,第265页。
③ 同上书,第262页。

逼使新闻媒介懂得了必须更多地刊登解释性新闻报道。"国内的麦卡锡时期,日趋复杂的国际形势,揭示了纯客观的不足,从而使我们进入了一个刚刚开始的新阶段——解释性的时代。"①

三、解释性报道占主导地位

进入20世纪60年代,有三个方面的原因使解释性报道在报纸上取代纯客观报道而占据主导地位。一是越南战争和黑人抗争引起美国国内局势跌宕起伏,扑朔迷离的国内外局势使更多的读者需要对新闻作解释;二是社会责任论已被美国从业人员普遍接受,为解释性报道提供了强大的理论依据;三是电视业迅猛发展,在新闻报道的速度上,报纸已难以与电视、广播相匹敌,不得不扬长避短,在报道的深度上与电视、广播展开竞争。所以,到20世纪60年代,解释性报道已成为报纸的当家品种。梅尔文·门切尔在美国新闻专业的一本教科书《新闻报道与写作》中说:"关于解释性报道必要性的论战早已结束,尽管有些报社和广播台的编辑坚信这种报道的危害性而很少刊登和广播这类报道。目前,刊登解释性报道已成为《纽约时报》、《华盛顿邮报》等美国报纸的通常业务,而《基督教科学箴言报》和《华尔街日报》则以其出色的解释性新闻而博得许多读者的好评。"

纵观解释性报道的发展,尽管它的产生发展是多种因素综合的结果,但其主要原因是社会需要,日趋复杂的现实和令人眼花缭乱的现实变动促使读者去了解、理解它们,从而迫使新闻媒介创造一种新的文体来满足读者的这种需要。

第二节 解释性报道的基本特点

什么叫解释性报道?自从解释性报道问世以来,西方尤其是美国的新闻学者及报人写过上百本关于解释性报道的书,一个作者下一个定义,但除去表述不同之外,含义却大同小异。所谓解释性报道,就是运用背景材料来分析一个新闻事件发生的原因、或意义、或影响、或预

---

① 引自〔美〕马克·埃思里奇:《报纸的社会责任》,第49页。

示发展趋势的一种新闻报道。

五个 W（who——报道对象，what——发生了什么，when——发生在何时，where——发生在何地，why——为什么会发生）被西方新闻界称作新闻五要素。但实际上，在倒金字塔结构的纯客观报道中，事件发生的原因并非新闻必备的要素，大部分纯客观报道不提原因，有时往往一笔带过，而着重于发生了什么即报道显而易见的事实。而解释性报道则把 why 放在最重要的位置，即着重于揭示"新闻背后的新闻"。这是解释性报道与纯客观报道最主要的区别。为了揭示事件发生的原因、意义、影响及发展趋势，解释性报道在提供背景材料的时候，必须夹叙夹议，不同于纯客观报道完全采用平铺直叙的叙述手法。这是解释性报道与纯客观报道的第二个区别。既然解释性报道旨在揭示事件发生的原因、意义、影响及发展趋势，那么作者对该事件的价值判断或主观倾向总会或明或暗地显示出来。这是两者的第三个区别。

众所周知，评论的一个重要职责就是要揭示新闻事件发生的原因、意义、影响及发展趋势，以及评判该事件的利弊、得失、荣辱、好恶。那么，解释性新闻与评论有何区别？评论对某个新闻事件的分析往往采用逻辑推理的方法，作者的立场明确，观点鲜明。而解释性报道对某个事件的分析采取提供大量背景材料的方法，作者也有自己的立场、观点，但并不明确地表达出来，而让读者在阅读了大量背景材料以后自己得出结论。

一位美国报人曾借助例证来阐述客观报道、解释性报道、评论三者的区别。"报道罗斯福总统没有与戴高乐将军会晤是新闻，解释他们为什么没有会晤是背景，而指出他们应该会晤则是评论。"①

这里要强调的一点是：解释性报道也是新闻，同样提供新鲜而重要的事实，并不是仅仅对已经报道过的新闻进行综合加工。这是近 10 年来，西方报纸尤其美国报纸上解释性报道区别于早期解释性报道的鲜明特点。以《纽约时报》1991 年 10 月 31 日的一则解释性报道为例：《在美国依赖食品券生活的人创记录》。该报道一开头就提供这样一个令人吃惊的数字：按照 9 月份的统计数字，美国几乎有十分之一的家庭依赖政府提供的食品券过活，这意味着有十分之一的家庭生活在美国政府规定的贫困线之下（按规定，只有生活在贫困线以下的家庭才

---

① 〔美〕赵浩生：《漫话美国新闻界》，新华出版社 1980 年版，第 61 页。

能领取政府发放的食品券)。作者还报道领取食品券的新特点,一批中产阶级在失业以后加入领取食品券的队伍;美国经济最发达的东北部地区领取食品券的人数激增。然后作者对此现象作了分析。作者所提供的这些事实本身就是很有价值的新闻,会引起社会各界的关注。

第三节 解释性报道的写作要领

从总体上看,解释性新闻与纯新闻有不同的重心。纯新闻的重点是向人们报告发生了什么(what),而解释性新闻的重点在原因和结果上(why 和 How)。而且每一篇解释性新闻又有不同的侧重点。

一、解释性新闻的侧重点

1. 着重揭示新闻事件的含义,对方方面面的影响

这一类可以说在解释性新闻中占的数量最大。1994 年 6 月 21 日,美元兑换日元的比价跌破 1∶100 的大关,震动整个世界。世界各报都发表报道。日本共同社发表《日元急剧升值会扼杀复苏萌芽》(6 月 22 日)。该报道大量引用政府官员、经济界权威的评论,指出日本正处于经济刚刚复苏的关键时刻,日元升值将使出口受阻,失业增加,资金外逃,产业空心化,是对日本经济的莫大打击。法国《世界报》23 日的报道《美元疲软破坏市场稳定》,分析了美元贬值对日美欧三方市场的利与害,指出"美元贬值,一把双刃的利剑",有利又有害。而英国路透社 24 日报道了美元贬值导致世界各国的股市暴跌,并发表《金融风暴》的报道,指出美元对日元贬值引发全世界对世界三大工业国——美国、日本、德国的货币政策的信任危机,威胁美国的发展,阻碍日本、德国的经济复苏。这些报道,从不同侧面、不同立场来揭示美元贬值这一新闻事件的含义以及对世界经济发展的影响。

2. 揭示新闻事件发生的原因,深挖新闻背后的新闻,搞清来龙去脉

1994 年 6 月 25 日,上台仅一个多月的日本羽田首相宣布内阁总辞职,日本政坛扑朔迷离。日本《读卖新闻》的分析是:"这场危机的主要原因是政治家们在采取行动时考虑的是个人利益而不是国家利益。"而法国的法新社 26 日的报道在分析日本各政党的力量对比、力

量组合时,指出:"争权斗争使日本陷入政治混乱","其根源是政党力量的重新组合尚未完成。"虽然也还是浅层次的分析,但比《读卖新闻》的分析显然更抓住要害,可谓旁观者清。在1994年6月上旬举行的匈牙利议会选举中,由前匈牙利共产党改名的社会党在选举中获胜。美国《华盛顿邮报》(6月12日)为此发表《列宁的事业兴旺:为什么资本主义在东欧站不稳》的分析报道,记者从农业状况、人民生活水平的前后对比、企业的现状,分析了东欧诸国面临的种种困境以及人民的心态,最后得出结论:"共产党人和前共产党人之所以正在获胜,是因为西方的经济建议已导致了毫无意义的、机能障碍性的痛苦,同时又未能给未来的发展奠定基础。"这就把主要原因揭示出来了。

3. 从"明天"的角度来分析新闻事件,展望新闻事件的发展趋势对未来的政治、经济、社会发展的影响

1994年6月中旬,欧洲各国举行欧洲议会选举。选举结果一公布,西方几乎所有新闻媒介就选举结果对整个欧洲以及欧洲各国的发展前景的影响作了分析报道。各新闻媒介对各国各政党尤其执政党在选举中的表现逐一作了评述,但对其结果的分析却大不一样。法新社认为"欧洲议会选举结果不大会影响欧洲联盟内的力量对比"(法新社巴黎6月13日电)。而《纽约时报》则得出结论是,"欧洲议会选举表明欧洲出现右倾趋势",这种右倾趋势是各国更加强调本国的独立自主,从而对欧洲联盟会构成威胁(《纽约时报》6月13日报道)。

4. 把单一的、孤立的新闻事件与其他事件联系起来,揭示其发展的方向、趋势、意义

对中国的最惠国待遇,美国每年都在国会争吵不休,但每次都获通过。1994年4月底却出现了许多国会议员联名写信给克林顿总统要求延长中国的最惠国待遇的情况。日本的《日本经济新闻》就此发表了一篇解释性报道:《探索均势的日美中俄》(4月26日)。作者没有按一般思路来分析延长中国最惠国待遇对中美经济、外交关系的影响,而把中美关系放在中美日俄四国的相互关系的大背景下来考察。作者指出,稳定日美中三角关系,进而建立包括俄罗斯在内的秩序,将是亚太地区稳定的重要因素。中美关系的动荡将使四国关系发生变化。作者继而分析中美关系变化而引发的中俄、美俄和中日、日美关系的变化,以及这一变化导致亚太地区的失衡。正是从均势战略出发,美国必须给中国最惠国待遇。作者从亚太地区的力量对比揭示了美国延长给

中国的最惠国待遇的战略意图,确实具有相当的洞察力。

5. 揭示一系列现象背景的本质,帮助受众认清问题的实质

在一段时间里,美国在亚洲的外交处处碰壁,美国的《洛杉矶时报》1994 年 6 月 3 日发表《亚洲虎显示政治力量》的报道,列举了中国、新加坡、印尼、马来西亚、越南等国在一系列原则问题上正面冲撞美国,不是使美国后退,就是使美国处于尴尬境地。这说明什么?该报记者认为是亚洲各国的国力的增强使他们有了自信心。而另一家美国报纸《巴尔的摩太阳报》(1994 年 5 月 8 日)则一针见血地指出:文化冲突,美国坚持个人主义、崇尚个人自由的哲学,并强使亚洲各国接受,引起这些国家强烈抵制;东方人坚持儒家为本的集体主义,强调社会稳定。它们从不同角度点明了美国与亚洲各国发生冲突的本质所在。

在解释性新闻的写作中,需要有娴熟的写作技巧。因为解释性新闻都比较长,除了新闻题材吸引人以外,在写作技巧上还得花工夫,使读者欲罢不能,非要一口气读完;读完全文,还得让读者接受作者作出的结论。

二、解释性新闻的写作技法

为了增强解释性新闻的可读性、可信性,西方记者一般采用的写作技法有

1. 夹叙夹议的表现手法

解释性新闻都有大量的材料(最新发生的新闻事件和背景材料),也大多有作者的分析、评论。写法上都采取夹叙夹议的手法。这种夹叙夹议不是观点加例子像油水分离的方法,而是把材料和观点水乳交融般结合在一起。"东西方之间近来频频发生冲突。有些冲突体现出太平洋地区存在着一条比喻意义上的裂隙——西方文明和东方文明间的断层线。东方文明主要是儒学。"(《美国与亚洲:政治文化冲突》,载1994 年 5 月 8 日美国《巴尔的摩太阳报》)。"美元于 27 日上午在东京跌到 100 日元大关以下,它成为一个令人丢脸的标志,提醒人们,从经济上说,美国已变得像其他国家一样了。"(《美元下跌反映美国越来越依赖别国》,载 1994 年 6 月 28 日美国《巴尔的摩太阳报》)。这些句子既是叙述事实又是作者评议,或者前一句是事实的叙述,下一句是作者的评议,一下子点中问题的实质,让读者把事实和评议一股脑儿"咽

下去，无法分离。

2. 大量地引述权威人士的观点以增强说服力

在解释性新闻中几乎极少有不引述权威人士观点的例子。在解释性新闻中引述权威人士的观点成为写作的要义，尤其在新闻写到关键处，常常以引述权威人士的发言作为结论，成画龙点睛之笔。1994年四五月间，美国和朝鲜就核查问题吵得不可开交，朝鲜声明立即退出核不扩散条约。美国上下震动。美报不断透露美国拟就制裁朝鲜的方案，但该方案迟迟未出台。美国《华盛顿邮报》发表《对北朝鲜的制裁可能带来具有讽刺意味的风险》(6月4日)。该文评述为什么不立刻制裁的原因是朝鲜可能以硬对硬，干脆放手发展核武器，使美国更加进退维谷。作者接下来写道："美国一位官员说，这种风险是到现在为止还没有进一步采取行动的主要原因。"这段引语既是报道，也是作者想要说的观点，即"借你的嘴，说我的话"。这样的例子在解释性新闻中比比皆是。

3. 大量采用文学笔法来报道现场

用比喻、对比等修辞手法，使解释性报道有一种吸引人读下去的魅力。20世纪90年代以来，越南经济有了较快发展，但伴随而来的是人口猛增。《纽约时报》于1994年5月8日刊登《人口过多的越南将面临巨大灾难》来分析越南人口猛增的原因。文章一开头就写道："马路上到处是小贩、乞丐和摩托车。几乎家家户户都儿女成群，而且要不断接待来投靠的亲戚。现在甚至连人死后要在寺庙里存放骨灰盒也成了一件困难的事。"寥寥数笔，就把人口猛增所引发的一系列社会问题描绘出来。"曼德拉今天接过的南非正处于第一世界的富裕和第三世界的贫困之间。这是南北对抗在一个国家中的体现。"(英国《卫报》1994年5月10日报道《微笑吧，南非》)。一落笔就非常洗练又形象地把南非总统曼德拉面临的矛盾说清了。

解释性报道的写作不像纯新闻报道那样有比较严格的程式，它允许记者不拘一格地来写作。但这实际上对记者的写作技巧提出了更高的要求。

第四节　全面认识解释性报道

解释性报道的产生和发展，克服了纯新闻报道肤浅、零碎的毛病，帮助读者透彻地理解发生了的、发生着的以及即将发生的许多新闻事件。报纸终于找到有效的表现形式,大大拓展了报纸的功能,并且作为抗衡电视冲击的主要手段。解释性报道摆脱了纯新闻写作凝固不变的写作模式,把新闻写作推向更具创造性、挑战性的领域。它那丰富多彩的表现手法,使新闻报道具有多样性、生动性、艺术性,给记者、编辑提供了一个展示他们才华的广阔天地,从而吸引了大批有才华的年轻人加入新闻事业的队伍。所以,把解释性新闻的崛起称作新闻事业的一场革命是恰如其分的。

但就像任何事物都不可能十全十美一样,解释性报道有着先天不足和后天失调。

解释性报道在时效上要比纯新闻慢。因为收集材料、分析背景、构思谋篇都要花去记者相当多的时间,一篇5 000字左右的解释性报道大概要花去记者30~40小时的工作时间。所以,解释性报道常常和纯新闻报道相互配合。重大新闻事件一发生,记者当天就提供一条纯新闻,向读者报告发生了什么,然后隔天再刊登解释性报道。只有新闻周刊一般都以解释性报道为主。

解释性报道一般都篇幅较长,而且需要读者边阅读边思考。所以,必须要有较充裕的时间来阅读。而解释性报道的主要读者恰恰是知识层次较高、工作繁忙、惜时如金的白领阶层。这使解释性报道的读者群数量受到很大限制。

在实际操作中,解释性报道经常出现的一个问题是记者的言论过多,而崇尚个人主义的西方读者特别厌恶所谓的"宣传"。不少年轻记者由于未能掌握解释性报道的特点,有些资深记者偷懒,不愿花工夫去收集材料、挖掘背景,就在解释性报道中大量掺入自己的思考、分析、判断;或者扯些鸡零狗碎的材料拼拼凑凑,以杜撰的"有关人士指出"、"某高级官员认为","一名不愿透露姓名的知情者提供"等称谓,把作者自己的结论硬塞进去。美国报界称这些记者是"吮指头的人"(类似中国新闻界的行话:关门拍脑袋,胡侃想点子)。这样写出的解释性报道往往材料少,背景交代少,作者议论多,像专栏作者的评论,难免以偏概全,误导读者。

解释性报道的崛起向记者提出了更高的要求。美国一名资深记者深有体会地指出:"只有那些在社会科学方面目光敏锐、具有一定专业知识的记者,才能明智地处理和解释事实。"①目光敏锐,才能抓得住重大新闻,才能意识到一个新闻事件所蕴含着的深刻意义;具有一定专业知识,才能抓得住新闻事件的要害,才能有自己的真知灼见。所以,一名出色的解释性报道的记者往往是该领域的专家,至少是行家。记者不仅仅是挂着照相机满街跑的"野小子",而且还像满腹经纶的学者那样坐在图书馆、资料室静静研究、苦苦思考的学者。学者型的记者、专家型的记者才能胜任解释性报道。

---

① 〔美〕马克·埃恩里奇:《报纸的社会责任》,第49页。

第十七章

调查性报道

调查性报道(Investigative Reporting)又称"揭丑"报道。它是西方国家报刊上的一种特殊报道形式,专门用来揭露社会阴暗面、政府里的黑幕、大企业的罪恶勾当以及黑社会的内幕等等。有时一篇调查性报道往往轰动全国乃至世界。近几十年来,尼克松政府的水门事件,里根政府的伊朗门事件,都是调查性报道的杰作。

第一节 调查性报道的发展过程

调查性报道始于19世纪末。普利策在论及调查性报道的意义时指出,"如果人们想要和世界上的罪行、邪恶和灾难作斗争,他们必须知道这些罪行,因为这些罪行、邪恶和灾难正是在秘密的基础上才得以滋生的。"① 将隐蔽的罪恶揭示出来,暴露在公众面前,这正是调查性报道的主旨所在。19世纪末,调查性报道作为一种新兴的特殊报道形式开始在美国报纸上运用,并取得了良好的社会反响。其中较为著名的报道有,1870—1871年,《纽约时报》、《纽约导报》、《纽约晚邮报》联合进行的对市府塔曼尼集团的成功讨伐;1896年《世界报》揭露标准石油公司、贝尔电话公司的垄断行径以及纽约市议员受贿协同承包商谋取特许权;1898年《纽约日报》对布鲁克林电车、电灯特许权的揭露……

进入20世纪初期,调查性报道的主要阵地由报纸转向流行杂志,其中主要刊物有《世界主义者》、《麦克卢尔氏》、《人人》、《竞技场》等。

---

① 〔美〕Frank Luther Mott, *American Journalism*, p.441.

这一时期最重要的调查报道有林肯·斯蒂芬斯的《城市的耻辱》，依达·塔贝尔的《标准石油公司的历史》，托马斯·劳森的《疯狂的金融》，戴维·菲利普斯的《参议院的背叛》等。之后，调查性报道虽然时常在报刊上露面，但未有大的社会影响，直至20世纪六七十年代才进入兴盛时期。

20世纪60年代中期和70年代初期复活起来的"丑闻揭露"，在很大程度上是对腐败现象的空前滋长的一种反应。具有远见卓识的人士担心，社会腐败现象的增多将带来严重的后果。《纽约时报》的一篇社论指出，即使那些自认为了解美国商业和政治生活现实的人，当他们不断了解到最近发生的一系列商业和政府丑闻时，也会瞠目结舌、震惊不已。这一切表明美国的政治经济制度正日趋腐败。在社会和政治危机日益严重的情况下，报纸为了维护大众的利益，有必要采用调查性报道的方式，充分揭露不为公众所知的种种内幕。改造环境的前提是充分认识环境，从这个意义上讲，丑闻的揭露有助于社会的改良。

在20世纪四五十年代，尽管也有些报刊刊登调查性报道，但这些报纸的发行量都比较小，因而影响也不大。1965年，一家不出名的旧金山月刊《壁垒》，突然成了全美国传媒界注目的中心。该杂志在七月号上刊登了一篇有关越南问题的文章，将华盛顿越南政策的幕后动机暴露无遗。随后它又揭露了中央情报局插手全国学生协会的事实。这些都引起了公众抗议的浪潮。《壁垒》杂志由于连续刊登揭露性文章，而成为20世纪60年代后期一份主要的揭露政治丑闻的杂志，其发行量从4 000份猛增到25万份。

有人认为，自1880年至1914年那段时期以来，美国报刊就把忠实于"揭露丑闻"——即揭露政府的腐败及其与私人企业间的交易——的传统当作自己的首要任务。这种说法当然有些夸张，因为揭露丑闻往往是很困难的，经常会受到来自各方面的阻力，所以不可能很普遍。不过，20世纪六七十年代的调查性报道确实比以往任何时候都更加深入，范围也更广了。在过去，调查性报道一般不越出一个城市或一家公司的范围，现在往往涉及一些引起争议的全国性问题，而且开始转向揭露政府内幕。

继《壁垒》杂志之后，专登调查性报道的报刊相继出现。有些地下新闻简报在报业老板的压力下被迫停刊，有些新闻简报的发行人失去了工作，但另一些却继续存在下来，并且赢得了越来越多的著名记者的支持和资助。这方面的许多评论文章为丑闻报道者的调查开辟了道路,后来发行量大的报刊也进行了这种调查。最有名的是关于水门事件的报道。《华盛顿邮报》的两名青年记者罗伯特·伍德沃德和卡尔·伯恩斯坦,通过揭露这件丑闻把尼克松赶下了台,还获得了普利策新闻奖。此外,如拉尔夫·纳德、西摩·赫什、林肯·斯蒂芬斯、杰克·安德森、德鲁·皮尔逊等都是名噪一时的丑闻报道者,对公众有很大影响。

加利福尼亚大学的客座新闻学教授 N·布卢姆伯格曾在伯克利市号召新闻机构发起一场揭露丑闻的运动。他认为根据当时美国社会的情况,调查性报道可以涉及的内容包括以下几方面:私人拥有的大型企业;市、州、联邦政府;法庭、法官、律师及整个司法系统;有色人种问题;黑手党、警察部门和监狱;社会贫困现象;已经封存的谋杀肯尼迪总统、马丁·路德·金和马尔库姆的案件等等。事实上,随着调查性报道范围的拓展,这种报道形式趋于成熟,并赢得了公众的广泛认同。由此,调查性报道进入鼎盛期。

布卢姆伯格教授当时还预言,随着电视网承担揭露丑闻的任务,以及训练有素的新闻工作者与出版商争夺对宣传内容的控制,20 世纪 70 年代将成为"丑闻揭露"的黄金时代。但所谓"电子丑闻揭露"实际上是非常有限的。三大商业电视网的新闻和纪录片节目本来就不多,揭露丑闻的节目就更寥寥无几了。这方面节目的大多数(如《美国的饥荒》、《美国的健康》、《一个印书商的传记》和一些关于越南战争的纪录片),是在 1969 年底共和党政府对电视中的"自由主义倾向"进行激烈攻击之前摄制的。在共和党政府一系列的威胁和政府宣传机器的暗中活动以后,电视变得驯顺多了。

1971 年春,哥伦比亚广播公司播送了长达一小时、题为《五角大楼的出卖》的节目,一些著名的电视评论员称赞这一节目揭露了国防部宣传机器的内幕,代表了最好的揭露丑闻的传统。然而,电视中的调查性报道还是极少,《五角大楼的出卖》这类新闻片没有再出现。显然,布卢姆伯格教授的预言并未成为现实。

但不可否认的是,这一时期调查性报道确实在美国的新闻媒介尤其是报刊上风行一时,其主要原因大致有以下几方面:

其一,美国新闻界在历史上就有从事调查性报道的传统,只是以前的范围比较小,目的也都是为了挖掘给政敌抹黑的材料,党派色彩较浓。现在已扩展到许多全国性问题及有争议的事件,目的是揭露政府内幕和腐败现象,让民众了解更多真相。

其二,新闻界有识之士认识到,在美国这样一个拥有庞大复杂的政府机构、企业和社会的国家,报纸只有进行广泛而巧妙的调查性报道,才能充分发挥舆论监督的作用,制止社会向腐败方向发展。

其三,在20世纪六七十年代危机四伏的形势下,报纸也面临着公众的信任危机。一次哈里斯民意测验的结果表明:从1969年到1971年,公众对新闻机构的信任从27%下降到18%。除了这将会造成在思想、道德和伦理方面的后果外,报业大亨们担心公众的不信任会引起报纸利润的下降,经济上的考虑也迫使他们设法去恢复报纸的信誉。于是报纸上出现了越来越多的揭露性文章,以示公正。

其四,在电视越来越发达的时代,报纸为了赢得读者,必须另谋出路。美国人一般从电视上获知新闻,因为它的传播速度是无可比拟的,因而报纸更重视调查性报道一类的深层次报道。而电视在这方面是难以与报纸竞争的,因为这种报道微妙而复杂,几乎是难以用画面来表达的。显然这只能是报纸的特长。

虽然调查性报道曾风行一时,但时至今日,这种报道形式并未频繁地出现在报刊上。原因是采写调查性报道并非是一件轻而易举的事,其间阻力重重,障碍甚多。

第二节　面临的困难

由于调查性报道大多涉及敏感的重大社会问题,势力集团试图隐瞒事实,而新闻媒介则竭力揭示真相。这就造成了两者之间尖锐的对立态势。采写调查性报道面临的首要问题就是如何保障并切实实行新闻媒介正当的报道权利。

一、维护公民知晓权

美国新闻理论认为报道权利是一种不言而喻的宪法权利。因为报纸如果无权采访消息、报道消息,那么出版的权利和批评的权利就都成为一纸空谈,无从实现了。否认报纸的报道权利,就是否认"人民的了解的权利",就是否认民主制度的根本原则。因为美国政治制度的基础是民主与自治政府。公民的知晓权——有权了解政府的活动,使用政府部门的文件、记录,是民主制度理论中固有的权利。

美国政府、国会、法院都有允许报纸采访、报道的传统,政府有发布新闻的制度,官员有接受采访的习惯。国会参议院和众议院分别自1789—1795年,允许记者列席(秘密会议除外)。法院开庭允许记者采访,但这是根据"公开审判"的原则,并无特别的法律规定,庭长有权决定何种案例不公开审判。国会还专门制定了法案以保障媒介的"报道权利"。

二、以新的护卫制度和宪法的威力与政府权力抗争

但美国政府亦重视新闻控制,报界和政府之间是相互依存的关系。《纽约时报》著名记者汤姆·威克说,政府官员用胡萝卜加大棒(恩威并施)的办法来驾驭记者。

新闻界坚持公众"有权知道",而政府则在某些敏感的事情上用公众"需要知道"一词来代替"有权知道",并随时以"国家利益"作为拒绝媒介暴露真相的挡箭牌。有不少人曾设法采取一种使双方都满意的方法,但无一成功。原因十分清楚,与新闻界保持良好关系著称的美国总统罗斯福对调查性报道的态度就充分展示了这一矛盾。"……罗斯福把'掏粪者'的头衔加到了讨伐性记者身上"[1],"他借用了班扬小说《天路历程》中'一个手持粪耙者'的人物形象,此人'只能低头向下',对一切好的东西视而不见","只是怀着阴暗心理,专门盯住那些卑鄙堕落的事情不放"。根据罗斯福形象化的描述,用粪耙掏出地上的污秽物是必要的,但认识生活中的美好事物同样重要。他指出,"但是这个人从来就无所事事,除了他的粪耙技能外,从不思考、谈话或写作,于是,他即刻就变成强烈的滋生邪恶的根由之一,而不是成为社会的帮手,善行的鼓舞者"[2]。"这样一来,罗斯福自己树立了作为一名总统的完整形象,他喜欢报刊为他的利益服务,唾弃报刊为其敌手效劳……换句话说,一家报刊只要为罗斯福的改革服务,就是一家好报刊,但如果这家报纸做得不够或做得过头则都不会受到信任和委托。几乎没有比

---

[1][2] 〔美〕赫伯特·阿特休尔:《权力的媒介》,华夏出版社1989年版,第93—94页。

这更清楚地表达了资本主义社会中新闻媒介充当代理人的作用了。"①

尽管遇到了来自政府的强大阻力,为了争取报道的权利,美国报界做了不懈的努力。如果说在以前报纸与政府较趋于一致的话,那么,由于越南战争和水门事件它们之间的矛盾日益激化了。由《纽约时报》和《华盛顿邮报》领导的新闻界被迫以新的护卫制度或宪法的威力来批评政府。而此时,传统的律师事务所拒绝为《纽约时报》维护发表五角大楼文件的权利。新闻界感到,他们正处在与以政府为代表的权力集团相对抗的地位。

美国的报界处在一种独特的令人称羡的地位。宪法第一号修正案明确地阐述,国会不能制定剥夺新闻自由的法律。然而这一修正案并没使州和联邦的各届政府停止这种尝试,对报刊的起诉时有发生,不过最终还是报纸胜了,并且为美国的诽谤法确立了一系列今后可以援引的案例,从而使第一号修正案的地位得到了巩固。从此以后,政府官员只有在报刊明知关于政府官员的报道是谎言,却还要恶意刊登的时候,才能控告报刊犯了诽谤罪。关于五角大楼文件一案的裁决走得更远。它实际上制止了政府对报刊的检查,制止了政府不让报刊出版的做法。报刊一旦出版发行,只有在侵犯了间谍条令,或出卖了重大国家机密时,才会受到法律追究。但在出版之前,报刊却不受任何监督。就这样,新闻机构依靠法律的支持,成了公共机构中享有平等权利的和地位牢固的批评者,成了一个永久的,又并不一定忠于政府所有部门的反对派。

然而阻力并未因此而全部消除,因为它们来自各个方面。

三、各方面的压力和障碍

采写和发表调查性报道意味着干预阴暗面,对有争议的和敏感的事件大胆提出疑问,这就会使有些人恼怒。如果调查的是件大事,那么恼怒的人也可能是个大人物。尽管对记者和报社使用暴力或以暴力相威胁的事并不多见,但施加压力却是司空见惯的,这就需要勇气来顶住压力。

在调查水门事件时,尼克松政府曾威胁吊销《华盛顿邮报》颇为赚

---

① 〔美〕赫伯特·阿特休尔:《权力的媒介》,华夏出版社1989年版,第93—94页。

钱的电视执照,使该报的股票价格大大下跌。联邦政府为了阻止发表国防部文件,曾控告过《纽约时报》、《波士顿环球报》和《圣路易邮报—快报》。在越南战争时期和对水门事件的调查进行中,联邦调查局和中央情报局的人员都曾对报社和记者进行过刁难。这些都是突出的事例,幸好这几家都是有钱的大报,他们顶住了压力。

　　压力也有直接来自经济方面的,这方面的压力关系到报纸的生死存亡。经济力量薄弱的《迈阿密新闻》刊载了一组有关食品价格的报道,于是食品联合销售系统便不在该报刊登广告,而这方面的广告收入,正是任何一家报纸赖以维持生计的主要经济来源。《费城问询报》刊登了有关警方贪污腐化的报道,当时它还是一家无利可图的报纸,警官们的妻子就在报社外设纠察线,同情警官的邮递员和报贩工会也拒绝递送该报,给该报造成数十万元的损失。

　　更为常见而又无形的压力是社会压力,是影响主编和发行人的社会势力。报社首脑通常与政界及企业界的领袖人物有社交往来。而这种领袖人物有时可能成为调查对象,那么,从事这类报道的记者被老板调开,也就成了常有的事。

　　还有一些障碍涉及报社本身。首先是经费问题,调查性报道是各类报道中花费最大的,它需要时间,而时间就是金钱。两位调查水门事件的《华盛顿邮报》记者一天工作12小时到18小时,一星期干7天,在4个月时间内采访了1 000多人。《每日新闻》的调查班子花费了9个月时间才写出一组揭露海洛因贩运的报道。《迈阿密先驱报》的两名记者在两年内花费了大量时间调查一项联邦住房计划中的贪污问题。从事调查性报道的通常是报社最优秀的薪金最高的记者。报社还经常要向有关问题的专家和律师付费。显然,没有强大的经济后盾,是没法搞调查性报道的。人员问题也是一个障碍。不论大报、小报,大多人手不足。当一名记者从事调查时,必须有人顶替他的工作。许多主编不愿由于某个主力记者长期脱离原来的岗位而不得不另行调整人力。当然也可以一面进行日常采访,一面以部分时间从事调查,但这就需要更高的工作热忱。

　　总之,从事调查性报道的记者需要具备相当的勇气和毅力,要比一般记者付出更艰苦的劳动。正是由于他们的卓越努力,调查性报道才在美国报纸上占有了一席之地,并产生着越来越大的影响。

第三节 记者的素质和调查性报道的采写

一、记者的素质

从事调查性报道的记者与一般记者不同,他必须具备更高的素质。首先要有进攻性,也就是不顾一切的勇气,有责任心;熟悉政府内幕;有公正的判断力,无党派偏见;有较高的道德水准;具有相当的分析能力,嗅觉灵敏,思维活跃。美国新闻界认为调查记者应具备如下的知识背景:

(1) 全面熟悉城市、乡村、州以及联邦各级政府组织及其运作方式,具备分析利益冲突、贪污腐化等问题的能力。

(2) 全面熟悉有关国家税收、财产评估、预算决定、政府资金收入与开支的法律,此外也应了解规避这些法律措施的种种手法。

(3) 熟悉联邦法律所规定保存的履历档案。它们包括:出生、死亡、结婚、离婚、拘捕、传唤、车辆登记、土地过户、抵押等记录。

(4) 了解"自由通讯法案"以及联邦各州的相应政策,熟悉获得和运用各级会议记录的有关法律。

(5) 了解司法系统中民事与刑事诉讼的法律程序,如遗嘱的认证等。

(6) 了解城市、乡村、州和联邦的调查员、公诉人的权限及责任。

(7) 全面了解正确的法律行使过程:程序、证人及证物的运用。

(8) 了解国会和联邦立法机构的运作,重点在其立法、拨款与调查的方式。

(9) 全面了解有关议会文件记录,州立法机构文件记录的法案,尤其应熟悉通过各种机构获取听证记录与报告的方式。

(10) 了解选举法及各层面的选举程序,获取选举记录以及选举名册的途径。

(11) 深入了解关于"秘密消息源"的法律条文及其实践,减少消息提供者与记者的危险,避免报纸陷入困境。

(12) 全面了解刑事与民事诉讼中有关证据出示的规定,了解在何种情况下既能保护秘密消息源的身份,同时又能出示重要证据。

(13) 深入了解"自由新闻公正审判法案",减少可能危害调查的进行、被告的权利以及蒙蔽公众对议题了解的行动。

二、调查性报道采写的进程

当然一切好的报道都要经过调查,但调查性报道指的是一种更有深度的报道,它的目的在于揭露被隐藏起来的情况,因而需要更广泛更深入的调查。这方面的调查往往是由某一个预感或线索引起的。它提醒记者对某件事或某个人值得认真调查一下。如果没有任何怀疑的根源,好的记者是不会着手调查的。这种根据可以是在大陪审团的报告中没有讲清楚的事,可以是说某个官员捣了鬼的小道消息,也可以是某种药品消费量突然增加的迹象,或是存在于学校中的某些长期无法解决的问题。记者根据某个传闻或怀疑,加上已经掌握的背景材料,可以先作出一个"假设"。当然报道中不能用"假设"这个词,但在开始调查前做个假设是非常有益的,它可以使记者把注意力集中在问题的要害,以免瞎碰乱撞,虚耗时间。假想一经确定,记者就要像科学家一样着手证实或否定它。假想也可能是不正确的,这一点要有准备。记者同科学家一样,并不是律师,他们是真理的追求者。新闻工作和科学一样,经常发生事实与设想完全相反的事。好的记者决不会因为某项证据与他的假想不符,就无视或低估这个证据,他们是不存偏见的。而即使假想被推翻,他们仍有可能写出一条好的报道,因为嗅觉灵敏的记者也许会在其他方面发现问题,得到意外收获。

调查的实际进程通常分为两个阶段。荣获普利策奖的记者、《新闻日报》主编罗伯特·格林把第一阶段称为"觉察"阶段,也就是前面所说的那个阶段;找到线索、作出假设以后,第二阶段——即认真进行调查的阶段也就开始了。

定出采访计划也许并不难,而真正开始采访以后就会发现这是一条充满荆棘的路。因为有关调查性报道的采访往往是不受欢迎的。这时候就需要记者灵活机动,想尽办法让采访对象接受采访。采访"水门事件"的两名记者起初到处碰壁,一无所获。但他们锲而不舍,有时展开心理战,向对方良心呼吁;有时采取一种"不大老实"的办法,比如一个说自己是共和党员,另一个说对两党都有反感等等。另外使被访人确信会受到保护,比如不记笔记等等。总之采取充分理解和体谅的态度,使被访人说出真话。于是他们获得了许多材料,从此他们的报道成为全国报纸上的要闻,并最终导致总统下台。这一切都归功于机智灵活,不怕跑腿,以及创造和被访人(无论他是否愿意接受采访)之间的融洽关系的非凡能力。

有时家喻户晓的名声也会成为障碍。著名女记者杰西卡·米特福德承认,由于她以"暴露丑闻的女皇"而闻名,有时不得不假借他人的名义来干她那棘手的工作,比如说"我是个正在写论文的研究生"等等。在米特福德看来,有时不说实话是上策,假造理由"常常是了解情况的唯一办法"。她不仅自己这么干,还支持她的一个学生(在暴露丑闻技术学习班听课)写信给制造公司说,他在为"一个争取更安全的监狱的公民委员会工作",而他当时正在调查监狱用五金制品的销售情况,结果他搜集了大量的材料。

在调查性采访中还会经常遇到的一个问题就是"不得引用"。并不是所有的人都喜欢看见自己的名字印在报刊上,尤其是在名字后面附上一段爆炸性的引语。人们喜欢真实,但是如果这种真实被当面指出,人们就不喜欢它了。所以,有时候采访对象会提出"不得引用"的要求。不指名引用时,提供情况者有时就会不承认提供过情况。

一般地说,对于简单而没有根据地提出的"不得引用"的要求,记者可以轻而易举地加以拒绝,但他却不能如此轻率地对待较为复杂的情况。例如,提出要求的是个警察,他提供的情况对一篇报道极为重要,可是如果说出他的名字,他就要受到惩罚。又如有个对雇主心怀不满的人,他说话爽直,无所不谈,但是要求绝不能透露他的名字。这时就需要记者在公众兴趣和私人忧惧之间作出慎重的选择了。

当一个采访对象要求隐匿姓名的时候,记者可以采取以下两种策略:一是直接引用被访人的话,并注明"据一个可靠人士说";二是不提出处,只转述被访人的意思——这样记者就得对准确性负责。

自然,匿名策略是有效的。如果采访对象可以不透露姓名,他们就乐于向记者倾诉一切。但有时保证不透露采访对象姓名也可能产生负面效应。首先,记者可能过分随意地作出种种匿名的保证,因而隐匿了应该指明的消息来源。记者甚至会发现,他答应为那么多被访人隐姓埋名,以至于使他的文章读来就像全是他自己凭空捏造的。其次,匿名的允诺会诱使提供消息的人想怎么说就怎么说,而不为人察觉。归根到底,匿名采访所传播的消息没有人承担社会责任。记者可能会如梦方醒似地发现消息提供人正在有意拼凑事实,编造自己对真相的解释,而记者成了他的挡风墙。最难办的是,这些采访的约定既可以帮助也可以破坏采访的根本目的,即公正地对待读者。这使人进退两难。

答案何在呢?一如既往,读者兴趣第一。如果匿名的保证鼓励了消息提供者提出种种指控,而他却不肯为自己的话提供证据,那么记者必须要求指明引语出处——这是一种对证事实依据的方法。虽然是最简单的,但是如果匿名的允诺能保证得到用其他方法得不到的准确深入的材料,那匿名策略还是很可取的。

如果运用合理,文章中不指明出处的材料有助于揭出隐秘的真相。自由撰稿人富兰克林·彼得森在调查买卖收养婴儿的问题时毫无进展。而当他采取匿名策略后事情就迎刃而解了。但与此同时,他实际上在文章里小心翼翼地大致说明了每件事实的消息来源,读者也许无法查找具体的消息来源,然而文章却保持了基本的可信感。

总而言之,读者的权利是至高无上的,当要求记者做出选择:承诺那个君子协定,隐蔽某些真相;或者引用采访对象的话,从而丧失这个消息来源。这时候首先要考虑读者的需要。如果读者应该看到某句引语,并对说这句话的人有所了解,如果引语和说话者涉及读者的事务,在这种情况下,消息提供者的最强烈的抗议也不能阻止记者不受约束地引述他的话。这样记者可能牺牲几个消息来源,失去几个朋友,但这样做对读者有利,这是最重要的。

调查结束后,下一步就是要把调查结果写成报道。调查的结果往往是很复杂的,一般地说,要尽可能写得简明扼要,这是调查性报道写作的一条原则。具体说来,撰写一篇吸引读者的调查性报道,与撰写其他好的作品一样,需要注意文章的组织结构和各个细节,但调查性报道更需注意如下几点:

(1)报道中要写人。任何有价值的调查性报道,必然在不同程度上涉及人。要把人的活动写得生动活泼,要有细节的描写。

(2)要写得简练,要设法把复杂的事情讲清楚、解释清楚。如果材料很多,可以考虑写成几篇,加以连载,或者写一篇作为主体,辅之若干篇花絮。不必每件事都写,多写反而画蛇添足。

(3)要告诉读者,你调查的结果意味着什么。有人主张,报道应当"列举事实,让读者自己得出结论"。其实这并不合适。列出事实固然有必要,但还应该告诉读者,这些事实加在一起说明了什么。

第十八章

特　写

特写(Feature)，又称特稿，是西方各新闻媒介尤其是报纸、杂志上一种重要的报道体裁。

第一节　什么是特写

特写是相对于"直写"(Straight News)即一般新闻报道而言，用一位老记者的话来说，"除新闻报道之外的任何报道都是特写。"[1]由此可见，特写具有形式多样、题材不限、篇幅随意等特点。特写写作无一定之规，可以更加灵活地使用语言；特写不受题材限制，可"新"可"旧"，可远可近，只要有趣就行；特写篇幅长短随意，短则三五十字，长则数千字甚至上万字，视题材而定。

当然，形式上的多样性并不等于没有质的规定性。美国的丹尼尔·威廉森教授把特写定义为："特写是一种带有创作性的，有时也带有主观性的文章，旨在给读者以精神享受，并使他们对某件事、某种情况或对生活中的某个侧面有所了解"[2]。可以从以下几个方面来理解这一定义。

---

[1] 〔美〕丹尼尔·威廉森：《特写写作技巧》，新华出版社1986年版，第3页。
[2] 同上书，第2页。

一、特写的特点

1. 创造性

特写同新闻报道不同,它允许记者充分发挥自己的创造力和想象力,将新闻事实、新闻背景和新闻意义熔于一炉,具有较强的可读性。当然,作为新闻报道的一种,特写仍然必须遵循真实性的原则,不能凭空捏造。

2. 主观性

特写写作个性色彩十分浓重,有些特写就直接用第一人称来写,这样,记者就可以在稿子里糅进自己的感情和想法。在一篇好的特写里,个性与社会、个性与世界间的完美关系被揭示了出来,因为特写实际上是一种用来观察世界的体裁。

3. 知识性

一篇特写文章,尽管没有纯新闻价值,但却可以使读者了解到往往被纯新闻报道所忽略的一些情况或生活的某个侧面。一名老练的记者不但可以将特写写得生动活泼,还可以使之成为向纵深探测的工具,它能唤起读者的本能,促进有关方面进行有益的改革。

4. 趣味性

不论涉及哪些内容,特写的首要目的都是要使读者从中得到消遣。因此可以说,特写就是关于人们兴趣所在的事。美国新闻学家认为,"人情味"就是人的同情心。麦克杜戈尔教授说:"正是人类兴趣,对别人的生活和福利的关心以及对整个人类福利与进步的关切,促使我们带着兴趣和同情心阅读在远离我们的社会的地方所发生的生命财产遭到损失的新闻。"[1]

5. 耐压性

直写新闻有着很强的时间性,一旦过期,新闻就成了历史。但特写却可以搁上几天,几个星期,甚至几个月。对记者来说,大多数特写没有截稿的压力,可以有充裕的时间进行推敲,甚至可以反复修改,直到达到最佳质量。

---

[1] 黎信主编:《外国新闻通讯选评》上册,长征出版社1984年版,第377页。

二、特写与新闻在选材和写作侧重上的区别

新闻与特写的区别还在于选材与处理。新闻的作者往往只选取直接与主题相关的事件,按其自身的逻辑关系,即客观的方式处理这些素材;而特写作者则侧重于人情味的角度,以主观的方式处理它们。特写无需像直写新闻那样面面俱到地交代各个新闻事实,而往往只摄取新闻事实中最富有特征和表现力的片断,通过各种表现手法进行生动的刻画,使之具有强烈的视觉和感染效果,产生立体感,从而更集中、突出地表现新闻事实及其主题。换言之,直写新闻注重报道的全面性与完整性,而特写则侧重于现实生活中的某个典型而精彩的片断。如果说直写新闻呈现在读者面前的新闻内容是一幅全景画面,而特写展开的则是一组组"放大的近景"。美联社著名特写作家朱尔斯·露更认为:"特写不仅要报道显而易见的事实,而且要触及新闻的心脏。"[①]特写往往见人之未见,深入到事件背景内幕,成为非常珍贵的历史镜头。1991年10月31日《纽约时报》在头版头条发表一篇特写《终于有了接触,但决不相互注视》。以色列和阿拉伯各国政府首脑经过40多年对抗,终于在华盛顿面对面举行和谈。记者在谈判的第一天抓住几组富有戏剧性的镜头写了特写:当记者拍照时,双方都把脸转向别处,不正面对视;当会议主持人、当时的美国总统布什和前苏联共产党总书记戈尔巴乔夫发表演讲时,他们都僵直地一动不动,凝视桌子,不看对方一眼;主持人要求各代表团相互握手,以色列只和埃及领导人冷冷地碰碰手,而不和其他阿拉伯国家打招呼。这篇特写为中东各国历史性的会谈留下了历史性的镜头。这些现场镜头显示出阿以双方终于坐下来谈判了。但仇视与猜忌没有消失,对抗依旧,谈判将是长期的和艰苦的。这些场景太细微,稍纵即逝,电视都难以捕捉到、难以表现出来,而经特写细细描绘,把现场生动地呈现在读者面前。

当然,特写与新闻并非截然有别,两者之间没有不可逾越的鸿沟。有些事件既可以写成直写新闻,也可以写成特写,这要由报社的编辑方针、已有稿件的性质,以及哪种写法更能体现其价值而定。还有的内容

---

① D. L. Ferguson Patten:"Journalism Today!",by National Textbook Company,1986,U. S. A.,p.157.

介于新闻与特写之间，兼有两者的特点，既不是纯粹的直写新闻，也不是纯粹的特写，而是用特写方式处理的新闻。

特写有时被用来作为重要的直写新闻的补充，有时则作为版面的点缀。随着电子媒介的兴起，在时效性上难以与之抗衡的报纸渐有强化特写的趋势，因为特写往往是独家的，不存在被电子新闻媒介或其他报纸抢先的问题。对于刊有广告的报纸内页来说，特写的作用也十分突出，它们经常是令读者停下来阅读的主要因素，从而增加了阅读广告的机会。

第二节 特写的种类

由于特写内容广泛，形式多样，对它的分类也就五花八门，没有统一、固定的标准。一般来说，可以从新闻价值、题材和诉求重点几个方面来进行划分。

一、从体现新闻价值角度出发

从特写所体现的新闻价值来看，可以将其分为新闻性特写、趣味性特写和实用性特写三种。

新闻性特写是指对当前公众感兴趣的事件或形势所写的时效性很强的报道，旨在把事件或形势用具有人情味的语言加以报道，并使读者对这一事件或形势产生感情上的联系。侧记和花絮是两种较为常见的新闻性特写。侧记是与主要消息（或深度报道）有直接关系的特写，它通常与主要消息刊登在同一版上，至少要与主要消息同一天见报。同其他类型的特写相比，侧记所担负的使命是最为严肃的。其他形式的特写，以取悦读者为主要目的，而侧记则是记者向读者充分报道事实的手段。花絮是一种轻松的、渲染事件的情绪和气氛的描述性特写。它既可以独立成篇，又可以是一篇侧记。例如，《布什尝试用法语对话》就是一篇轻松有趣的侧记，或侧记性花絮。

布什尝试用法语对话

【法新社肯纳邦克波特1989年9月1日电】 自从今年2月在渥太华进行了一次不成功的尝试之后，美国总统布什就曾说过他再也不愿在公共场合学着讲法语了。但是，8月31日他当着加拿大总理马尔罗尼的面又勇敢地进行了一次新的尝试。

马尔罗尼总理在对美国肯纳邦克波特的布什总统的家乡进行了24小时的私人访问之后，他按照加拿大的习惯先用英语后用法语谈了他同布什会谈的结果。布什总统用法语说了一声"谢谢"。但当一位加拿大记者问他是否愿意用法语来回答他的问题时，布什总统却断断续续地回答说："不。我不想试了。我记住了在渥太华的教训。"这后一句比较复杂一点的话还是用英语来说的。后来在接见一位加拿大女记者时，布什总统又用法语对她说："夫人，您有问题要问我吗，或者有别的……"，后面的话简直叫人听不懂是什么意思了。

人们记得布什总统在今年2月10日第一次以总统身份访问加拿大首都时，曾试图用法语来说明天气很冷，结果说成了"天气像地狱一样的冷"，这句话显然是不太合适的。布什总统承认，他的唯一的一门外语——法语的学习还完全处于"书本阶段"。

趣味性特写一般不强调新闻价值，不是报道公众关心的热点新闻，时间性要求不高。它是以满足读者对他人、他物、奇闻轶事或反常现象的好奇心为目的。例如《装了假牙的狗》。

装了假牙的狗

大多数狗的上排牙齿是尖的，就像一排字母"V"。

住在华盛顿西区3333号的麦克斯·芬克尔有一条愁眉苦脸的宠物巴斯特·芬克尔，这条狗的牙齿磨圆了，就像一排字母"U"。

巴斯特是3年前到芬克尔家的，当时它长了一口结实的犬科动物犬齿。它能咬得动最硬的牛排，对客厅里的地毯也不放过，此外，餐厅里的硬核桃木家具它也啃得津津有味。

不管它的主人——一位牙科技师如何劝告，这条狗总是用错牙齿清洁剂。

食物的残渣在牙刷刷不到的地方堆积起来，发酵后产生了酸性物质，这使巴斯特痛苦不堪。

巴斯特不咧嘴还好，一咧嘴就难看得要命。

它的主人赶紧用科学为它解除痛苦，在它的坏牙处装了一副假牙。由于没有狗的假牙，便给它装上了人的假牙。

在巴斯特痛苦不堪的牙床上业已镶了两枚金齿冠。这狗开头拒绝戴满口假牙，总是设法在院子里用爪子挖个坑把这假牙埋起来,而不是夜间把它放在杯子里,用水泡它。

现在,巴斯特已经习惯了。

他的主人说:"不过,我再也不给狗做假牙了。现在它乱咬东西比过去厉害了两倍,连喂它东西吃的那双手也不放过。"

(原载1939年2月9日美国《芝加哥时报》)

读这样的特写,既不能给人信息,也不给人知识,却让你笑一笑。让你笑一笑,就是作者的全部目的。

二、从题材角度出发

从特写的题材角度出发,可分为人物特写、风光特写、事件特写。人物特写亦称人物专访,主要以富有新闻价值的人物为中心,尤以采写名人、要人居多。普通人的奇闻轶事有时也成为特写的题材。事件特写以报道事件为主,尤其注重采写或"放大"消息报道一般难以囊括的有关细节或某个侧面。风光特写着重记叙某个地方的风土人情或名胜古迹。现代西方报刊大多定期辟有专门版面或栏目刊登这类文章,使人们足不出户即可领略天下风光。

如果从特写的诉求重点来划分,其种类更加丰富。主要有以下几种:

(1)奇趣特写。奇闻趣事总能引起人们的兴趣,如《三岁娃娃将被征入伍》

三岁娃娃将被征入伍

【合众国际社纽约电(原电日期不详)】 谁也搞不清楚这是怎么一回事儿——本星期五,居住在纽约市约克城高地的3岁小女孩皮丽·夏普洛收到了应征入伍通知书。

昨天,她像平时那样吃早餐,她边吃边看一张华盛顿征兵处寄来的通知单。根据这张通知单,她得在"从18岁生日那天起30日内报到入伍"。

尽管小皮丽仍有许多年时间考虑这件事,但她已明确表示:"我不去!"

(2)特视特写。以不寻常的视角审视寻常事件,从寻常中挖掘出不寻常,往往能化腐朽为神奇,化旧为新,写出特写佳作。

(3)体验性特写。这是最受欢迎的特写品种之一。记者或新闻界以外的人物从个人经历的角度进行描写,展开叙述,富有现场感,作者的情感和评价亦随处可见。

(4) 时令性特写。人们通常把一些重要的节假日、假期或一年一度的事件当作自己一年活动的中心。读者往往期望报纸刊登一些特写来为某一特定的节日创造气氛。不过,年年岁岁节相似,如何推陈出新,吸引读者兴趣,则是作者必须注意的问题。

(5) 戏剧性特写。有一些事件的发生、发展过程极富戏剧性,用写故事的手法处理成特写,极受读者欢迎。

(6) 补充性特写。一个重大事件往往与另一事件或一系列事件相关联,这些较小的事件常被写成侧记或花絮,作为大事件的补充。

(7) 分析性特写。报纸上常常会有记者或专家就某一重要问题而写成的解释性或评析性文章,这种文章也许趣味性不太强,但往往极有深度。如对有争议问题所作的解释或评析有利于人们全面了解、作出正确判断。

(8) 指导性特写。与分析性特写相似,但分析性特写主要针对事关大众的社会问题,而指导性特写常常就某些较小的日常生活问题提出建议和指导,如指导人们如何节食以既保持苗条又维持健康。

(9) 流行性特写。描述解释社会流行现象也是现代报纸的重要内容,如报道服饰风采、室内装潢趋势等类型的文章即属此类。

需要注意的是,以上分类只是一个大概,各种类别之间没有绝对的界限,一篇特写往往可以同时具有几种类别的特征。对于记者来说,重要的不是记住这些标签,而是如何发现好的特写素材,并且巧妙地加以组织。一个具有强烈的幽默感和人道主义精神的记者会发现,可以写成特写的内容俯拾皆是,远不止以上几种。

第三节 特写的结构与写作

特写虽然种类繁多、形式多样,但其基本结构具有较大的共性,基本上可分为导语、正文和结尾三个部分。

一、导语

特写文章写得好坏,关键在第一段——导语。没有好的导语,就等于钓鱼钩上没有挂诱饵,难以吸引读者的兴趣。特写导语和消息导语的不同之处在于,前者更加灵活多变。以下为几种常见的导语形式:

(1) 归纳性导语。它一语道破文章内容,以便让读者决定是否继续看下去。例如:

> 查尔斯自从两周前失业以来,一直同路易丝·泰勒住在一辆1964年造的福特牌汽车里。他们身无分文,汽油也快用完了。

(2) 叙述性导语。即先创造一个情景,然后让读者填上记者故意在他心中留下的空白,或者使读者把自己同情景中的某个人物联系起来,巧妙地把读者推到主角的位置上。例如:

> 在亚当斯峰北坡的一个悬崖峭壁上,查尔斯·萨默斯孤零零地悬吊在一根绳子上,猛烈的山风刮得他来回摆荡,脚下200英尺处,嶙峋的山石耸然突兀,令人心寒。

(3) 描绘性导语。它能使事件的主要人物或事件在读者心目中形成一幅图画。例如:

> 南部联邦士兵们的窃窃私语在低声回荡,奴隶们的忧郁歌声在空中缭绕。一幢有130年历史的楼房在亚拉巴马州的荼毒的烈日下,耸立于齐腰深的杂草丛中。

(4) 引语式导语。一段寓意深刻、语言简洁的引语可以构成一个有趣的导语。如果讲话者在当地颇有名望,则更是如此。所引用的话语必须能够反映讲话人的性格。

(5) 提问式导语。如果能测验出读者的知识水平和激起其好奇心,提问式导语就算是成功了。

(6) 直呼式导语。即记者在导语里直接与读者交谈,如用"你知道吗?……"或"你也许……"手法开头。

(7) 引逗性导语。即一种以玩笑形式哄骗读者的写作手法,目的在于挑逗读者的好奇心,如:"它有200条腿,1 000个脚趾,100个鼻子,数十对角。"读到这个开头,谁也不知作者写的是一个鼓乐队,而不是一个怪兽。

(8) 结合式导语。即将以上两三种导语形式的精华结合起来。

二、结尾

众所周知,新闻可以有结尾,也可以没有,但是特写却不同。因为,第一,特写的时间性不强,编辑部没有必要匆匆忙忙地把稿子编出来,而像新闻那样从尾部开始删除。第二,从根本上来说,特写就像写故事。一般说来,特写文章的情节不断地向某种结局或高潮发展,所以,对特写来说,结尾不仅是适宜的,而且在许多情况下是完全必要的。

一般来说,特写的结尾包括以下几种形式:

(1)归纳性结尾。归纳性结尾就是要把文章中的所有"线头"归拢到一起,使它同导语相呼应。像故事讲到结尾时总要说一句"从那以后,他们的日子越过越好了"一样。

(2)意外性结尾。这是一种出乎意料、使读者感到惊讶的结尾。在正文中,作者设法迷惑读者,使事情的结局出乎他的意料。这种结尾同现代电影中"好人"输给"坏蛋"的结局很相近。

(3)高潮性结尾。这种结尾在按时间顺序写成的文章中最为普遍。它同文艺作品的传统结尾方式很相似,只不过在特写文章中,记者在事件结果已经完全清楚时立即收笔,而不像文艺作品那样,在高潮之后用渐降法来收尾。

(4)悬念性结尾。记者在收笔时故意留下一个关键的问题不予解答,使读者无法肯定主人公到底是赢了还是输了。记者在高潮到来之前戛然止笔,可能是由于结果尚未可知,也可能是记者有意想让读者自己去揣摩。

三、正文

正文内容的组织视具体题材而定,有的特写像新闻那样,按主次、重要程度排列,形成一个倒金字塔。而有时,普通的倒金字塔形结构对某些文章不一定适用,如果按时间顺序来组织会显得更生动,即所谓的时间金字塔形结构。在写出一个生动的导语和简短的过渡段之后,记者就可以开始按事情的来龙去脉去写事件的经过了。

正文的组织技巧有以下三种:

(1)盘旋式。每段都对上一段的事情作进一步的发挥。

(2)分段式。要将素材分成若干个各自独立的部分,分别叙述。

(3)扣题式。每一段都突出或复述导语的内容。

在特写写作过程中,有两条原则必须始终牢记在心:一是幽默而不噱头。幽默是一种艺术,不能为了逗乐而哗众取宠,更不能尖刻地嘲笑他人。记者必须注意其特写的品格,乐而不淫,哀而不伤。二是人道主义。特写作者必须具有深刻的博爱精神,能够欣赏他人的希望、喜悦,理解他人的痛苦和悲伤。这样写出来的特写才能真正拨动读者的心弦,赢得读者的共鸣。

第十九章

精确新闻学

近20年来,自然科学与社会科学的相互渗透而产生出许多新的学科是全球科学的一个新趋势。精确新闻学(Precision Journalism)就是这一趋势的产物。

第一节 精确新闻学的由来、发展和现状

在某种程度上讲,大众传播媒介运用精确的数据来报道某些新闻始于20世纪30年代。在美国,1935年发表了一系列被认为是新闻机构制作的第一次科学的调查报告和民意测验,包括在全美范围内有多少人抽烟,他们最喜欢什么型号的汽车,什么样的人赞成分享富裕等等。1939年,美国的《读者文摘》杂志采访了一大批汽车、手表、收音机的修理行,发表的调查报告以确切的数据指责这批修理行有半数以上收费过高,且有许多判断错误造成修理不当。此报告在全美引起很大震动,各报纷纷予以转载。尽管如此,精确新闻学一直遭到冷遇,其主要原因在于时间、金钱、能力。记者们觉得搞这样大规模的调查实在太耗时间——采访需要时间,统计更花时间,往往一个月才能拿出一篇稿子来,而且有相当一批记者没有经过调查训练,缺乏调查和统计的能力。而媒介的老板觉得这样的调查花钱太多。

20世纪60年代是精确新闻学的真正诞生期。1967年美国的底特律市发生了震撼全国的黑人抗议风暴。黑人因对美国现存的严重的种族歧视强烈不满而走上街头并和赶来镇压的警察发生冲突,造成流血,大批黑人被捕。事件从发生当天起,各种媒介在现场作了大量报道。

但当时任《底特律自由报》的记者菲利普·梅耶和另外两位社会科学家进行了与众不同的工作。他们采取随机抽样的方法,在冲突地区抽取 437 名黑人进行个别访问,向每位访问对象提出相同的 40 来个问题,从每个人的基本情况到他们对这次冲突所持的态度、行为,并且把访问对象的回答记录下来。然后,把这些资料输入电脑,用统计分析的方法来找出黑人上街抗议的原因。他们把研究的结果写成报道,在《底特律自由报》上发表了一组系列文章。这组系列文章以确切的数据揭示了黑人暴乱的深层次的社会原因,不但受到各界的关注,而且获得当年全美最高的新闻奖——普利策奖。由此,精确新闻学也受到新闻界的广泛关注。

1968 年及 1972 年两届美国总统大选是美国新闻界开始推广精确新闻学的转折点。美国的许多新闻机构进行了多种选举民意测验。到 1976 年,美国总统大选时,精确新闻学更为风行,各电视台、电台,大大小小的杂志进行各种题目的民意调查。日报都在第一版的右下角开辟民意测验结果专栏,图文并茂,有数据有分析,展望选举的结果。1988 年,民主党总统候选人杜卡斯基和共和党总统候选人布什进行竞选。美国学者利用美联社电讯稿进行分析,对先后出现的对杜卡斯基和布什的褒义词和贬义词用电脑进行统计,对这些报道的倾向性作出十分客观的评价,最后得出准确的结论——美联社倾向布什。

1973 年是精确新闻学定型的一年。上面提到的菲利浦·梅耶转入美国北卡罗来纳大学新闻系任教授,并出版了一本专著《精确新闻学——一种用社会科学报道的理论》。最初,该书的书名为《社会科学方法在新闻实际中的应用》。后来,当此书用于新闻学专业教材时,梅耶的同事建议他改为精确新闻学。该书共 14 章,详尽地叙述了精确新闻报道的调查方法、统计技术、写作要求等,从而成为精确新闻学入门教科书。据 20 世纪 80 年代的统计,全美几乎所有大学的新闻学专业都开设精确新闻学这门课;80% 以上的报纸认为应该更多地刊登精确新闻报道。

第二节 精确新闻学的基本特点

严格地说,精确新闻学并非是一种"学",只是新闻报道的一种方法,正如《精确新闻学》一书作者梅耶教授最初的书名所提示的,是运用社会科学方法来报道新闻。这里"精确"一词的含义就是指数学语言。所以,精确新闻学就是运用数学语言来报道、分析新闻事件的一种方法。

精确新闻学所以受到读者的欢迎,在于它和传统的新闻报道方法相比,有许多长处。

其一,新闻报道更加客观、公正。传统的报道新闻的方法是记者采访当事人或目击者。所以,新闻来源都是第二手的。无论当事人或目击者,受其利益驱使或观察限制,不可避免地带有其主观因素。不管记者本人想如何竭力保持客观、公正的态度,其最终新闻报道难免具有主观色彩。而精确新闻学以冷峻的数据来报道新闻事件,可以避免人为的主观因素,从而使新闻报道更显客观、公正。

其二,更能反映人民的呼声和意见。"名人效应"是任何媒介都在竭力追求的。所以,传统的新闻媒介总把报道焦点集中于社会名流(影星、歌星、球星等等)、政府官员等等。反映民众的呼声和意见——各种传媒都以此为口号招徕受众,但也仅仅是口号而已,做得极少。而精确新闻学无论采用民意测验方法还是作实地社会调查,都得面向社会来收集数据,在客观上较为全面地反映了民意。

其三,新闻报道更令人信服。一方面因为精确新闻学使用确凿的数据;另一方面,对于一些复杂的社会问题,用自然语言来叙述很难清楚地表达全部意思,而精确新闻学采取科学的抽样调查方法,能够比较细致地表达新闻事件的细节。人们常说:事实胜于雄辩。而确凿的数据是最具说服力的事实。

必须指出,精确新闻学不是万能的,就像一位哲学家所说,世界不可能全部量化。新闻事件也不可能全部用数学语言来表述,尤其对某些事件复杂的政治、经济、社会、历史原因的分析,某些新闻事件的社会影响和深远意义的阐述,不得不借助于普通语言。以为可以用精确新闻报道来取代其他形式的新闻报道是不现实的。

尽管可以借助于计算机等现代技术,精确新闻报道要搜集大量的数据并加以归类、分析,必然需要花费相当长时间。所以,它的时效性较差,一般不适宜用于突发性事件,而比较适宜作社会问题的报道。

精确新闻学既然以数据来说话,那么,这样的报道必然有大量的数字和图表。人们常说:数字是枯燥的。这样的新闻报道一般都缺乏人情味,不生动,阅读这样的新闻报道不但要有相当的文化水平,而且很吃力,要仔细,要动脑筋思考。所以,不是这一领域的专家或对此特别感兴趣的读者,一般不愿读这样的新闻报道。这使精确新闻学的读者面很窄。

我们还想强调一点,指出了精确新闻学的种种长处,这仅仅是从它自身具备的特点而言。但在具体操作中,决不能排除人为的因素,即数字是人统计的,也可以由人来编造。当记者为某种目的而编造数字或玩弄数字游戏时,它就带有了欺骗的性质。

第三节 精确新闻学的报道方法

一篇精确新闻学的写作通常分为以下四个步骤。

第一,确立论题

它应该是具有现实意义的,能引起人们广泛兴趣的,通常是社会的热点或难点。这需要具备新闻记者特有的敏锐。

第二,定量调查

确定调查的区域、对象和调查方法,设计问卷,作实地调查。

第三,整理分析

把所有资料输入电脑,进行分类、归纳,并对所有数据作出分析。

第四,写作

精确新闻学的写法有两种:描述性和解释性。描述性写法就是尽可能客观地提供某方面的全面数据,如美国联邦政府每10年进行一次的人口调查。解释性写法则着重地以详尽的数据来分析事情发生的原因、后果。

在上述四个步骤中,最困难最花时间和经费的是调查阶段。它要求新闻记者掌握社会科学的研究方法和数理统计的方法。一般说来,定量调查往往采取抽样调查的方法。抽样调查有随机抽样、系统抽样、分层抽样、选择抽样四种方案,依据不同题材采用其中的一种。

精确新闻学对新闻工作者提出了全新的要求。它不但要求新闻记者具有特有的职业敏锐,而且要有社会科学工作者的研究方法和严谨态度,是真正的学者型的记者。同时,也对新闻学专业的课程设置和教学提出了全新要求,那就是必须让研究方法的训练和数理统计的课程成为新闻学专业的必修课。

第二十章

评论与辛迪加专栏

评论(Comment)是西方报纸、杂志的重要组成部分。据统计,美国97%的日报每天至少有一个版的言论。辛迪加专栏(Syndicated Columns)也是评论的一种,只是它有一定的特殊性,本章单独列出来评述。

第一节 报纸言论版的基本情况

西方大多数报纸都辟有言论专版,地方性报纸一般只辟一个版面,而全国性的、世界级的大报通常有两个整版。言论版的主要评论种类有以下几种:

社论。言论版首先刊登本报评论员撰写的社论,它们代表报纸立场,是各种评论中最重要性的一类。每天刊出数篇,依论述内容的区别分为当地事务、地区事务、国内事务及国际事务社论四大类。而每一类又可细分成政治、经济、外交政策、社会福利、教育文化等多个门类。在美国,绝大多数报纸首先是以一个城市特别是中小城市乃至小城镇为基地的,故其第一读者对象是当地居民。即使在全国乃至世界都有重要影响的超级大报,也相当注重立足本地。所以报纸社论相应地十分强调对当地事务的评论,而后再把视野扩展到地区——与相近的其他城市等共同构成的区域或范围更大的州一级,然后才是全国、全球。

辛迪加专栏。它的重要程度位居第二,与社论的最大区别在于作者的特殊身份和超脱地位。社论作者受雇于某家报纸,作品只刊登在本报,其立场观点均受到报纸政治倾向及经济利益的限制;而辛迪加专栏作家受雇于特别的新闻企业,或者是拥有多家报纸的报系,或者是实力雄厚的通讯社、大报、特稿社等。它们将专栏文章像通讯社向订户传送新闻稿那样,提供给付钱购买的报纸,所以一般是一篇专栏同时为国内乃至国外的多家报刊采用。专栏作家在选题、评论观点和写作内容诸方面的自由度更大,专栏影响力也因其覆盖面而超过报纸社论。目前,几乎所有报纸的言论版都开设一种至几种专栏,它已成为言论版具有举足轻重意义的组成部分。

读者投书。这是言论版中极受重视的一个栏目,发表读者对某些新闻事实的评判意见和对社会中各种问题的看法。它同我国媒介中的读者来信有重大差别,后者主要向媒介反映情况、提出申诉。西方评论界认为,读者投书是一种重要的"公众论坛",它给普通人提供了参与各种问题讨论的机会,是民主生活的体现,同时也是反映民意的渠道。对于言论版,它是不可缺少的组成部分,因为其他栏目一般由评论员或知识人士撰写,缺乏广泛的代表性。

个人署名专栏。有的报纸也称之为随笔、手记。与言论版中其他栏目的严肃风格相反,它活泼、亲切、轻快,形式与题材均不拘一格。一般由本报的评论员、记者、编辑一人开辟和撰写或多人合写,每天或几天刊出一次。有时候,它也会相当严肃,评论员常用个人署名的评论形式发表与社论观点不一致的看法,或议论社论、辛迪加专栏未涉及的大小问题。不过其中的大部分不讨论新闻事件,只议论生活中的有趣话题,严格说来不能算作评论。比如追怀往事,谈论旅行、花草、运动、影剧、美食、动物等等。但它们深受读者喜爱。有人把原本一向以严肃面目出现的言论版引进这类轻松小品的做法,戏称为"言论版走出了象牙塔"。20世纪50年代以来,越来越多的报纸开始采用这种严肃与活泼并存的形式来吸引读者,因为读者面的狭小对言论版的影响力是不利的。

其他。言论版还有一些次要的文章种类:1)转载或摘编其他报纸、杂志的评论。当本报社论就某问题展开讨论时,往往同时刊登其他报刊的评论,有时是两篇——一篇与本报观点一致,一篇为对立意见。这样做的目的是使报纸兼容多种声音。2)特约专论与特约专访。特别约请某方面的专家就他精通的问题发表见解。有时由报纸派人访问专家,把谈话记录用一问一答的形式发表,称作特约专访。这往往会有助于对问题的深入认识。3)随感、见闻。它们的作者一般是作家、大学教授等人。他们见多识广,常会有些感想,对现实有时不无借鉴之用,对读者来说则是新鲜有趣的。这类文章的形式格调近似于前述的随笔之类,议论问题不一定严谨深入,依据的材料也未必全面准确。

4)政治性时事漫画。

一个典型的言论版每天的主要内容有以下这些:3封读者投书,2幅漫画,3篇辛迪加专栏,1篇国内或国际事务的社论,1/2篇当地事务社论(即平均两天一篇),1/3篇地区事务社论。版面不含广告栏。

第二节 西方新闻界关于新闻评论的理论见解

一、"以读者为中心"的评论观念

纵观西方新闻评论的理论与实践,不难找出一条贯串线,这就是"以读者为中心"。

西方的政治体制及新闻体制是多元化的,各个不同的利益团体,包括政党、劳工组织、企业集团、宗教和社会团体等,都有自己主办或控制的新闻媒介;而即使是相对独立的媒介,也自有政治、经济、社会事务等观点以至文化价值观念上的倾向性。这就形成了媒介彼此之间在报道、评论诸方面的激烈竞争和对抗局面。经济的压力也大大促进了带有企业性质的媒介对受众的争夺。因此,客观的环境使报纸评论不得不注重读者的政治倾向、利益要求及阅读趣味。但是,这种注重早已不是简单的甚至无原则的迎合。尤其一些严肃报纸的评论,更着眼于对读者的帮助、引导和思想上的启发,试图通过确立自己的良好形象来赢得读者的拥护。

更重要的因素是在主观方面,严肃报纸树立了社会责任的观念,把"以读者为中心"上升到自觉的理性要求。西方评论界认识到,社会舆论的形成取决于三方面的因素:第一,人们(读者)的个人经验;其次,新闻媒介对某事件的报道;最后才是报纸言论。因此报纸言论版同时要面对两方面的压力:评论员首先应当充分意识到读者个人经验在决定自己意见时的主导作用,然后要看到报纸新闻版对事实的"客观性"报道,较之评论"主观性"的判断、批评,更能吸引和影响读者。评论显然陷在一场自己不占优势的竞争之中。但是,评论又必须取胜——因为对于读者和报纸新闻版,评论界始终持不信任甚至是质疑的态度,他们意识到了其中一些重要的缺陷。

当前,无论公共事务还是个人私事,都日益复杂化,而且越来越令人应接不暇。在这样的背景下,读者的个人经验常常难免过于褊狭或陈旧,他们的知识水准和思考能力也未必能够胜任对不少问题的认识与判断,特别是由于思想的惰性,使相当一部分人缺乏思考问题的自觉性。而评论应该而且可以帮助人们摆脱上述的困境。

其实读者也正越来越清楚地意识到自己的困境,所以一般公众对印刷文字的依赖性不断增强。他们从阅读中扩大视野以认识生活,甚至据此决定自己的某项选择乃至整个人生准则。但是占报纸主要比重的新闻版却未必能提出真正经过慎思明辨的可靠思想。所以评论的责任更显重要。而且除了给读者引导启迪之外,还负有指导包括新闻版在内的报纸整体的职责。

正是在上述意义上,西方评论界确立了评论三原则:独立性、为公众利益服务及争取在社会舆论中的领袖地位。后两项原则又具体化为评论对读者的五大作用及对报纸整体的三大作用,即评论的八项职能。独立性原则我们将在后文单独介绍。

二、评论对读者的五大作用

1. 在阅读中理清头绪

帮助读者在阅读有关纷纭复杂事件的报道时理清头绪,特别是提供认识、思考有关问题的方法给他们借鉴。

西方评论界提出这一职能的理由在于:一方面,读者比以往任何时候都更依赖于印刷文字或其他形式的信息(如广播、电视),但另一方面,他们用于阅读的时间却日趋缩短,这一事实简直可怕。相对而言,广播、电视信息缺乏深度和较多的内涵,所以容易造成读者对事物的了解浮于表面。评论可以帮助他们花较少的时间而获得较多实质性的内容。评论能告诉读者事件的背景等,使模糊的事实变得清晰,并指出事件的意义。这恰恰也就是有思考的良好习惯的读者希望报纸为他们做的。

评论员对于评论题目的选择其实告诉了读者:哪件事是最近的新闻事件中最重要的。这种对新闻价值的又一"估价"形式的分量,要重于新闻版面上的处理。同时,评论者不仅可以强调新闻的意义,甚至还可以把重大事件首先在评论中加以披露,因为报道的对象必须是业已发生的明确事实,而评论则可以相对灵活,如预测动向,揭示一些隐而未明的事件。比如《泰晤士报》便一向如此,1929年它根据种种迹象在数月前就预示了经济大衰退;1936年,评论则提醒人们德国法西斯正在预谋一场战争。所以,评论员笔下的事件往往成为社会关注的焦点,不论是否已由新闻版作出报道。这对读者关注现实起了向导的作用。

2. 促使读者理性思考

促使读者开动脑筋,帮助他们从盲信或幻想中解脱出来而代之以理性思考。同时提供给他们讨论问题的讲坛(这体现在社论版上便是对读者投书的重视,详见后)。

3. 给舆论以潜移默化影响

给舆论以潜移默化的影响,使得一旦大事临头需要大众作出抉择时,他们的决定不是出于一时的感情冲动,而是由于长期受到影响而养成的思考问题的习惯,从而能作出明智的决策。

评论者的职责首先并不在于告诉读者思考什么问题以及怎样去解决它。他没有资格把自己当成智慧的化身。其最重要的责任应当是激励读者思考问题进而得出自己的结论。读者赞同你评论的观点固然可喜,但如果他们不赞成,也不是坏事情。评论者在一篇评论中首先要表达的意愿是:"来,让我们好好想想这件事情。"这一点与第一项职能联系起来认识,评论对于事件重要性的强调和对其背景、意义等的解释分析,均应看作是给读者提供思考问题的便利,以激励其思考。

评论的一大任务是帮助读者更新观念。有些陈旧过时的想法,或传统的思维习惯对人们影响至深,而且自己往往不易察觉。不少评论家本人亦身陷其中,因此对政治家的宣言之类很是警觉,常能提出批评,但对大多数人共有的错误观念却浑然不觉。甚至报纸评论也时常站在新事物、新观念的对立面,充当守旧的角色。这种大多数人的意见,有时是可怕的,它会扼杀敏锐、正确但声音微弱的少数人的新见。旧观念有时事关国计民生,影响到最高决策层对重大问题的决定;有时却具体而微,诸如对经商的偏见,甚至包括"高速行车必定危险"、"老人做事一定效率不高且易出事故"等陈见。不过可别小看它们对新生事物的阻碍作用。评论员在这方面必须慎思明辨。

评论,由于其观点在一段时期内的一致性、连续性,而对读者发生潜移默化的重要影响,特别如有些小城市的报纸,评论所长期坚持、不断强调的观点及其代表的政治态度、价值取向,甚至会左右当地居民的政治倾向和价值观念。往往不是报纸做自由派或保守派市民们的代言人,而是市民作了报纸观点的俘虏。有责任心的评论员在这方面有可能给人民以正确的影响,推动社会的进步。

从这些观点中可以看到,西方评论界把自己社会责任的实现首先寄希望于影响读者,而不是影响上层。这或许是民主政体的一个侧影。同时,他们自觉地把激励思考使读者能够持有独立见解的目标置于宣传己方观点之上,则是民主意识的一种反映。

4. 维护民主自由权利

帮助读者维护自己的民主自由权利,特别是防止政府决策可能造成的损害。支持他们为建设美好生活而进行的努力。

在社会生活中,评论有时以战斗者的姿态出现,推进社会变革,指陈时弊,批评不正确的流行思潮,锋芒咄咄逼人。有时却又扮演一种慈祥长者的角色,循循善诱,剖析利弊,以避免无谓的矛盾冲突,弥合裂缝,促进诸如劳资纠纷、种族对立、宗教矛盾等的圆满解决;在面对灾害时安定人心。总之要在社会生活中起积极的建设性的作用。

评论的又一重要角色是"哨兵",保卫民主与自由,特别是防止政府权力的无限扩大最终导致专制。监督政府部门,向人民指出其政策上的漏洞并告诉他们:政府应当怎样改进工作才能更好地服务大众。有时候,评论可以站在大多数人的利益上呼吁并迫使政府作出某些决策,如治理环境污染,改善城市交通等。

5. 使读者在读新闻时能够识别编辑的偏见,认清事实真相

西方评论界十分关注新闻报道对于大众意见的影响乃至决定作用。他们指出,报纸新闻不仅仅在叙述、描绘事实,它们还通过编辑各种手段的处理,向读者灌输一种微妙的观念影响,可能会在很大程度上左右他们判断事物的标准,进而改变其思考问题的习惯。有时读者接受的是编辑的偏见。不少报纸新闻编辑也认为,"我们的标题就是评论"。"舆论取决于我们报道何种事实和怎样处理它"。问题在于大多数人对此不加鉴别地盲目接受,很少抱有警觉的怀疑态度。因此,评论就有必要向读者提供这方面的帮助。而且,评论者应当更加冷静、客观,努力做一个置身事外的旁观者。而读者则应当了解多方面的意见。评论版的稿子可以反映三方面人士的观点:与事件有利害关系的专家

的意见;超脱、旁观的专家的意见——评论员不是属于前一种,就是后一种;一般读者的想法。理想的范式是:严肃、理智、细心的探究态度,有组织地因而也是有效率地进行问题探讨。

三、新闻评论对报纸整体的三大作用

新闻评论对报纸整体具有以下三大作用:
(1) 确立报纸个性的重要手段之一。
(2) 体现报纸作为社会一分子的形象与职责。
(3) 整个报纸工作的向导。

评论版编辑或者通过参与报纸的编辑方针的讨论、制订,或者通过以自己的观点阐述新闻报道的意义等,给出版商、新闻编辑及记者以潜移默化的影响,进而影响报纸的观点、新闻报道重点的取舍等等,从而有可能消除报道等对读者的不利影响。

四、新闻评论的独立性原则

西方新闻界为新闻评论确定了三项原则,即:保持独立性;为公众利益服务及争取在社会舆论中的领袖地位。独立性是其中的首要原则。很显然,评论一旦失却了客观、公正的立场,无原则地为某种特殊利益所驱使,那便谈不上"服务公众利益";当失去读者的信任时,它在社会舆论中的地位自然也岌岌可危了。

所谓保持独立性,主要指以下五方面的含义:
(1) 绝对地尊重事实,在深入地掌握全面、准确之事实材料的基础上立论。
(2) 持论公正,特别是要能够公正地对待对立双方的意见和人。
(3) 洁身自好,不做政客或其他利益团体的附庸。具体而言,报业老板和评论员不应过分卷入社会团体及其活动。他们当然不可能不接触社会各界乃至有所参与,但决不能忘记自己的身份与职责;评论员可以加入党派或其他社会组织,但必须仅仅作为个人的信仰和爱好,不能因此充当一党一派的喉舌。
(4) 经济独立。就总体上说,报纸一般不应接受捐款或赞助。有时候,尽管出资一方并非别有用心,但当读者知情时,便可能怀疑报纸

观点的独立性。所以经济独立具有双重意义:维护报纸实际的独立立场;维护在读者心目中的独立形象。

(5)报纸不强求评论员写作与其本人信念相违背的东西。在这个棘手的问题上,开明的做法是:在对特别重大问题表态时,允许持不同见解的评论员暂时搁笔;除此之外,则可以允许他们在报上同时公开发表不同意见,当然只能以个人名义发表。

另外,新闻史上的一些成功报纸的实践也用不同的文字形式阐述了独立性原则的一些含义,在具体方面有所补充和展开——

约瑟夫·普利策给《世界报》确定的原则:《世界报》永远致力于推动社会进步与改革,决不向不公正或腐败现象妥协;永远同任何党派别有居心的宣传唱反调,决不从属于任何政党;永远同为富不仁和损害公众利益的人作对,永不丧失对穷人的同情心;永远为公众利益服务;决不仅仅满足于刊登新闻报道;永远坚决地保持独立性,决不畏惧向危害社会的势力进攻,不管它是富人还是穷人。

《纽约时报》:本报立志一如既往地保持高度的社会责任感,并在这种责任感的驱使下努力保持报纸的独立性。绝对地无所畏惧,不屈从于各种压力;无私地服务于公众利益,不使报纸变成实现个人野心或党派政治的工具,也不使它成为个人或宗教偏见的喉舌。

《华盛顿邮报》:报纸的责任就是最大限度地为读者和社会服务,而非服务于其所有者的私利。为了追求真理,为了大众的幸福,报纸应当准备贡献一切。报纸不应与任何特殊利益团体结盟,而应当保证公正、独立自主和全面地审视社会上的人与事。

这些阐述中最引人注目的是提出报纸不为所有者(报业老板)私利服务的原则,评论能否独立判断问题,与此关系颇大。

以上主要介绍了西方新闻界关于新闻评论的独立性原则。作为理论原则,它或多或少总带有一定的理想色彩,由于主客观方面的种种干扰,评论在实践中往往不能严格遵循这些原则,甚至会出现背道而驰的做法。所以,对理论观点的了解不能取代对西方评论实际状况的认识,两者之间总存在相当的距离。

其中,他们对于新闻媒介及其评论的独立性问题的见解,最具理想色彩。西方新闻界对此问题作过大量的实际调查和分析,结论并不乐观。事实上,经济独立对大多数报纸而言是相当困难的,当它们因为生存竞争的压力而求助于外界时,就不可避免地带上了特殊利益团体的色彩,进而也会影响到评论的独立立场。其次,大多数报纸在社会生活中的地位和影响力,并不足以同来自政府或其他集团的压力相抗衡。在西方各国,或多或少也还存在对新闻自由的干涉。最后还有一个十分重要的技术因素:大多数报纸偏于一隅,以一小城市作基地,这时便很难对发生在其他地方的事实作深入全面的了解,因此评论的立论往往根据通讯社、大报等的报道,可能由此而受到其中偏见的影响,失却判断的独立与公允。这一问题为评论所特有,不似前两项那样是媒介的共性问题,却也至关重要。

当然,一部分像《纽约时报》那样的新闻媒介(新闻企业),雄厚的财力足以保证经济独立,举足轻重的舆论地位又足以使它顶住外部压力,更不存在偏居一隅的困扰,能够消除来自外界的对评论独立立场的干扰因素。但又有其内部的问题(小报亦有),即报业老板经济利益、政治观点等对评论倾向性的决定作用。对此,往往只能寄望于有一个"开明主人",而这显然是不可靠的。事实表明,对于重大问题的判断,特别如总统选举,"开明主人"也会公开干预评论立场。《华盛顿邮报》曾因揭发"水门事件"而大获赞誉,但调查之始,该报老板格雷厄姆夫人慑于白宫压力,几次进行干预,甚至要求停止调查。美国1984年的一项调查表明,报业老板在总统选举时本报社论支持哪位候选人的问题上,有明显的决定权。统计数字显示,评论员个人的投票意向同笔下评论的支持倾向有明显差距。在前面西方评论界关于独立性含义的阐述中,有一条是允许评论员在持不同见解时不写社论,也许可看作原则对现实的让步。

独立性既然不易做到,那么"以读者为中心"和"社会责任论",也就有其实践方面的困难性了,理想色彩清晰可辨。但是,我们并不能因此否认这些理论原则的积极意义。事实上,西方媒介在实践评论理论原则方面还是有其成功的一面,且不说有良知的新闻从业人员不妥协的努力,就是经济赞助人和报业老板,也能在多数问题上尊重评论员的决定权,政府等也不敢在干预新闻自由方面走得太远。况且,他们还有一系列针对干扰的反措施,比如言论版中允许评论员以个人署名方式发表不同意见。有些报纸如今已将其发展成为规范化、制度化的"社论对版",专门发表与本报立场相异的看法。又比如针对地方小报难以就国内国际问题准确立论的技术性障碍,发展起了辛迪加专栏(详见第五节)。这其中的原因颇多,但理论原则的倡导肯定是一个重要因素,它使评论界内外人士达成共识,对妨碍评论独立的势力施加压力。

第三节 西方评论的一些具体原则

新闻评论的理论见解最终是要通过实践加以体现的。而指导实践,就需要确定一些总原则之下的具体规则,建立一套相应的方式方法。

一、评论选题——赢得读者及帮助读者

许多人从不读评论,而且公开承认这一点,也就是说他们是有意不读的。分析其中的原因,选题是个大问题。事实上,评论员自己往往也并不喜欢那些干巴巴的选题,但又不能不硬写,因为忽视有些问题意味着评论的失职。于是,对于诸如政党、国内政治、外交政策等重大新闻事件,尽管缺乏真知灼见,可也还得选它们作评论的题目。这类枯燥文字常常占据着言论版的大部分篇幅。

为了吸引读者,从而在根本上扩大评论的影响,西方评论界对选题进行了深入研究,提出如下原则:

1. 接近性

评论员必须把主要精力放在与读者切身相关的问题上面,地方报纸评论(首先指社论)的选题应当优先考虑当地事务。不少报纸热衷于谈论大问题,比如中东局势、俄国改革,有时是一种取巧的手法,它不会冒什么风险,也不至于招来批评,因为不大可能触犯当地读者的利益和信仰,或引起地方当局等的不满。但毕竟不可能吸引广大读者的关注,不过填充版面而已。作为一家好报纸的成功言论版,应该这样自我衡量:假如得不到当地读者的拥护爱戴,那么也得争取他们的重视,至少没有人憎恨和反对。否则,苍白无力,不如不写。所以言论版必须把同读者密切有关的问题,比如地方议会讨论的话题,作为第一选题。有些事情很细小琐屑,但不能不评,因为这是报纸对大众所负的责任。当然,接近性不等于地方性,国际国内的重大问题也不能不评,但选题的角度应该精心设计,努力寻找与读者的接近点。比如评论两伊战争,就

可以从战争对本国经济直至本地区的具体企业的影响入手。当然多数情况下这种直接关联是不存在的,这时,评论应着意在良知和理智方面给读者以潜移默化的教益,使得一旦同样的问题降临到他们身上时能正确地作出抉择。

2. 向读者提供参与的条件

仅仅告诉读者"这件事与你有关"是不够的。不少国际、国内问题的评论不受欢迎,往往是由于读者觉得无关痛痒。评论只是就事论事地进行评论,告诉了读者许多事情,就是没有说明:读者可以为此做些什么事情,或应当抱什么态度。1965年,美国《时代》周刊发表了33篇关于越战的评论,其中一些重要篇章从不同角度分析美国政治体制、社会观念等与介入越战的关系,隐含了"出路何在"的答案。西方评论界有一种观点:言论版不必对国际国内事件事事作评,但一旦选题,就必须揭示问题的本质,进而揭示可能的解决问题的途径。

总之,评论选题的出发点是人——读者所关心的自我及其生活环境,使他们认识到自己不是置身事外的旁观者,鼓励他们有所思考和有所行动。

3. 时间性

评论主要是对新闻事件的分析与评判,有时间性的要求。有些评论在这方面更有特殊的讲究,当它们着重分析事物发展趋势时,应该做到及时;评述将交付审议通过的政策性程序等时,则应当保证适当提前。

4. 重要性与趣味性的平衡

按传统的看法,评论是讨论重大、严肃问题的。但这个观念已经发生变化,越来越多的言论版把选题范围扩展到家庭生活、子女教育、文化艺术甚至个人兴趣爱好方面,开辟了随笔一类的栏目。虽然它们只能是"配角",但对读者的吸引力颇大。

5. 广泛性

考虑到不同读者的不同兴趣,选题面应当与读者的需求保持一致。政治、经济、科学、外交、社会等经常轮换,一段时间内的出现次数需做到均衡。

二、评论写作的两种类型：理智型与感情型

　　西方研究者把评论区分为两类，理智型与感情型。前者指正式、严肃地就有一定重要性的争论问题发表的议论，包括社论、读者投书、特约专论（特约专访）及大部分的辛迪加专栏文章和小部分的本报署名专栏。一般来说，它们涉及的问题事关公众利益，评述过程严格依据事实和可靠的逻辑方法；出发点是严肃认真的。感情型评论与之相反，讨论的问题常常只同一部分人的利益、兴趣或情感有关；写作中不那么严格地尊重事实，且往往有所保留地迎合读者的偏见；形式不那么正规，而是自由多样；特别是它的观点或多或少存在片面性。

　　不过在实际的评论写作中，不大可能找出纯理智型的文字。所谓严肃评论当中也会夹杂进一些感情型评论的写作手法。区分两者的标准是看它们如何处理与本文观点相背的事实和见解。理智型评论要求不仅列举支持论点的事实，引用与己一致的见解，而且必须忠实记录不同事实和相反观点，当然此后尽可以对它们解释一番以自圆其说。也就是说，应给读者评判你的文章提供可能。感情型评论则往往对反面的东西避而不谈，或一笔带过，所以对读者有一定"欺骗"色彩。

　　作者在评论写作时采取何种类型，取决于三方面的因素：论题、场合与读者对象。言论版不排斥感情型评论，如随笔一类的栏目，议论个人爱好和生活小事，就不妨自由发挥；即便是谈论一些大问题，因为属个人署名，不那么正规，读者一般持姑妄听之的态度，这时也尽可发表一得之见，偏激反显个性，冲动更添文采。但是它们不能成为言论版的主体。而且，还特别需要防止理智型评论滥用感情型评论的手法，否则，其观点将会丧失正确性。

　　在西方评论写作的准则中，列举出了理智型评论的三种常见错误和感情型评论写作五种不允许的情况——当然更不允许理智型评论借用这些手法。

　　（1）无意识地引用虚假事实。这有时是新闻记者采写的失误，有时则是评论员自己的疏忽，轻信了不可靠来源提供的事实材料，主要指别有用心的宣传品。

　　（2）以偏概全。立论时未能掌握全面的事实材料。西方评论界极其重视事实的全面性和准确性，为此专门确立了严格的原则，包括评论

员的选材标准和工作准则(具体参见下一部分《评论员选材与工作准则》)。

(3) 逻辑虚假。理智型评论常借助逻辑推理来增强说服力,但有时会以假乱真,主要问题在于滥用因果关系,包括:

a. 把"在此之后"错认为"因此之故"。如一项决定作出后发生了某些突发事件,硬将两者联系起来解释。

b. 把"与此有关"错认为"是此原因"。如断言某人是好父亲、好丈夫,必定能成为好总统。

c. 把"原因之一"错认为"唯一原因"。

d. 把"间接原因"错认为"直接原因"。

感情型评论不能允许的写作手法:

(1) 人身攻击。争论问题时不针对对手的论点,却指斥其品质、行为等。

(2) 利用读者偏见或恐惧感等。比如以此煽动民族对立情绪。

(3) 含有贬义的代称。如对所抨击的人与事冠以"刽子手"、"特洛伊木马"之类不符事实的蔑称。

(4) 滥用含有感情色彩的字眼。如把某事形容成"天使一般"、"伟大正确"等。

(5) 以"大众"为号召,不正当地利用人们的从众心理。

三、评论员选材与工作准则

西方评论界认为,既然新闻评论的主要任务是对新闻事件及相关的社会状况进行分析评判,那么评论员首要的工作也就应当是处理事实,他是否称职、优秀,首先应该考察其这方面的能力。所以,西方评论员之工作准则的要点,是尽最大可能获得完整、准确的事实,并对其慎思明辨,从而在根本上保证立论的独立与正确。

西方评论界认识到,新闻报道固然是获取事实的重要来源,却也不可盲目依赖。除了可能的失实、疏漏之外,新闻报道对事实的表述本身就存在局限性,记者的用词炼句未必能淋漓尽致地传达出事实之本来面目,报道与实际事实之间总隔了一层。况且,记者只可能选取事实最新变动的、显著的部分加以报道,若要分析评判其意义,却必须弄清楚与此事实纵与横两方面联系着的"次要"部分。报道与评论对于事实

的要求是不一样的。因此,评论员的工作准则是:

必须了解比新闻版上的事实报道更多的东西,应当亲身接触实际以获取第一手材料,特别是掌握将要作评的那个事件的"前后左右"的情况;评论员应该善于透过表面,深究本质,把握表面的事实报道背后的东西,特别是认清政治家演说与宣言、官方公报及来自各方面之宣传材料等有意隐秘不宣的部分,进而要求能够认识那些人这样做的动机与用意。

工作特点决定对评论员的选材标准。目前西方报纸言论版大多倾向于从记者中选拔评论人才,因为很显然,记者经历将大大有助于他们胜任工作。一般认为,记者出身的评论员有以下优点:

(1)以往丰富的实践经验,使他们面对事实之时眼光敏锐,具有某种本能的直觉,常能估计出字面以外的东西;充满好奇心,习惯于对事件刨根究底,追寻内幕。

(2)一旦需要评论员亲往调查采访时,因具有经验和熟练技巧而不至于劳而无功。此外,不少报纸甚至规定评论员必须花一半工作时间深入实际,一方面接触读者,了解他们关心的热门话题,一方面走访社会各界,听取种种情况及意见,从中汲取灵感。这显然也需要记者素养。

(3)记者写作的训练,使他们自然而然地会注意避免陈旧和空洞,这些人最清楚,没有新东西和充足事实的文章无法吸引读者。

当然,评论员在各自分工负责或侧重的领域里,也必须具备相当的理论知识,应当努力成为专家。

第四节 读者投书栏目

读者投书是报纸言论版中很受欢迎的一个栏目。据估计,在那些读报细致全面的读者中间,65%以上的男性和60%以上的女性经常读它(有的调查中此项比例更高达83%和84%)。获公众青睐的原因主要是出自普通人之手的文章于读者更具心理上的亲近感。同时,一般人都认为读者投书的作者独立性方面更可靠,更能仗义执言。

新闻界对它也给予较好评价。从理论上讲,读者投书栏目是重要的公众论坛,激励并实际提供了机会让普通人参与大小问题的讨论,特别是就与自己利益密切相关的地方性事务发表意见。这是社会民主生活的一种形式,又是反映民意的渠道。就报纸而言,这是服务公众的重要方式;就言论版而言,这是它对评论"促使读者开动脑筋……进而养成思考问题的良好习惯"之职能的实践形式。

对言论版的实际工作来说,读者投书常给评论员以选题方面的启发,显然读者最清楚自己想了解或讨论什么问题;同时,读者意见也有利于评论员发现自己观点的狭隘偏颇之处,尤其一些知情人或某个领域之行家里手的投书;再者,读者可能从向言论版写信以及阅读别人投书的过程中体会到一些"主人感",缩短心理距离,进而促使他们更踊跃、更认真地读评论。

不过不少人警告说,对读者投书栏目的估价不宜过分乐观。首先,投书中的意见往往并不代表真正的舆论。曾有调查证实,某地推行一项政策之后报社收到的大量来信中,赞成与反对之比为1:3,而民意调查却显示了恰好相反的结果3:1。应该认识到民意调查的方法是科学的,因而更可靠;而读者投书只能作为参考,不能当成了解民意的唯一渠道。其次,对来信的内容和见解不宜过分相信。占相当比例的读者投书表示的看法并不来自事实或者理智的分析,只是一种偏见甚至是无知的表白;有时还会提供不确切的事实,有诽谤之嫌。为这样的来信提供版面,不免同评论服务公众的本意相悖。还有人指出,一些特殊利益团体利用读者投书栏目牟取私利,比如出钱雇人贩卖一些"事实"和观点。据一位编辑统计,有三种人特别频繁地给言论版写信:其一是"职业性"的投书者,一般并无其他用心,只是把此当作一项爱好;其二是狂热的宗教信徒;其三就是那些政治团体、商业机构等的成员,无孔不入地想为自己的观点和商品做广告。

针对这些问题,许多报纸的对策是严格规定发表来信的同时必须公开投书人的真实姓名、确切住址。有的报纸在选中一封投书后,必先按地址姓名投寄一明信片试探虚实,或打电话查证,否则一概免登。这样做尽管会耽搁时间,花费不少钱,有时不得不忍痛舍弃一些有很好内容的投书,但为对读者负责,也为报纸的信誉考虑,它们都还是认真地执行这类"反措施"。

出于对投书栏目的重视,许多报纸在编辑手法上精心设计,着意使之醒目突出。有的将读者投书安排在与本报社论平行的位置上,并使两者的篇幅大致相当,强调它的重要性;有的报纸特别注重周末版和星期天版(从理论上讲,读者在休息日读报时间较多,阅读也更细致)上读者投书的处理,直至给它整版的空间。这一切无非是向读者表白:你们的意见多么为我们欢迎!有些报纸在栏目中印上一条含义深刻的格言,表明设此栏目的良苦用心,诸如:"思考为了你自己,让更多人都来使用自己的权利";"这就是自由:诞生在自由社会中的人们畅所欲言"。如此费尽心机,目的显而易见:"高质量的投书栏目引来高质量的读者投书",是为良性循环。

在版面处理之外,不少报纸还有高招,他们逢年底必专辟一版刊登本年度投书中选读者的名单,表示谢意和敬意;还邀请他们聚会探讨一些敏感问题,包括对栏目和报纸工作的意见。甚至在退稿信的设计方面,也注意到怎样避免对投书人积极性的伤害。

第五节 辛迪加专栏与专栏作家

本章第一节在介绍报纸言论版基本情况时,已择要介绍了辛迪加专栏的主要特点,以下再作些补充。

辛迪加专栏及其专栏作家是美国新闻业的"特产"。"专栏作家"这个词20世纪20年代起为人们普遍接受和使用,那时正逢辛迪加专栏迅速崛起,其影响很快压过了先有的报纸普通专栏(这一形式至今仍保存着,且有所发展),所以现在专栏作家一般专指写作辛迪加专栏的人。

一、观点独立于报纸立场

辛迪加专栏的最大特点是观点独立于报纸立场。这种个人独立发表言论的做法可以追溯到18世纪,开国之初的美国报纸中就有以散文形式评述国内问题的文章。19世纪,这类文章离现实渐远,偏重于展现作者的机智与幽默,这种风气在19世纪末20世纪初时为最盛,虽然也有些文章讨论政治话题,但更多的是谈论个人私事、奇闻趣事或者纯然为显示小聪明。这时已初具专栏的雏形,即作者开始固定化、专业化,在此之前的同类文章是以读者(包括一些知名作家)自发的零星投稿为特色的。报纸普通专栏的形成是在20世纪初。到20世纪20年代,由于李普曼等一批大手笔的加入,政治性专栏声名大振,深刻地影响了迅速发展中的辛迪加专栏的走向。今天美国的大小专栏超过400种,大部分是讨论公共事务的。1931年,有些专栏作家开始写作"揭丑"政治专栏,对美国政治的阴暗面及政治人物的丑闻予以不留情面的抨击,创立了专栏文章中咄咄逼人的新形式,标志着新闻媒介与政府之间客客气气关系的结束。不过,它们在政治专栏中一向不是主体,大多数还是对政策等的理智评判之作。

由于传统的延续和现实的需要,辛迪加专栏中也不乏幽默小品之类,有些还带着较浓厚的评论色彩,如议论家庭关系、婚恋以及对影剧、书籍、时装等的品评,有些就算不上评论了。这与言论版中随笔栏目(个人署名专栏)颇有相似之处。此外,时事漫画也可以作为"辛迪加"形式。

二、关于同一问题是否刊登不同观点的争议

专栏作家们就一个问题各抒己见,观点五花八门,因此自它问世以来,一直存在争论,报纸是否应该同时采用这些各执一词、观点互相矛盾的文章——它们对于读者的影响究竟是好是坏;对报纸言论版是利多还是弊多。这一争论至今还未有定论。

赞成同时采用不同观点专栏的一方认为:读者有权利要求在一份报纸上读到多种意见,因此报纸就有此义务,特别是发表与本报社论观点相左的文章——谁也不能自认为有能力正确解答任何问题。读者接触不同意见后得出的结论才是明智、可靠的。当然,报纸选登专栏时应当先研究一下作者是否"正直",可以有所取舍。有人进一步指出:许多读者不能从当地报纸上读到对一个问题的两种或多种意见,令人担忧在这种环境下成长起来的一代是否会懂得尊重不同观点,是否干脆就以为世界只有一种声音。这事关民主意识。另外还有一些次要的赞成理由:一部分地方小报没有自己的社论,或由于视野的局限,无法对全国、国际大事作评,而专栏恰能填补这一莫大缺憾——除了观点,还包括他们对某事件详尽、深入的独家事实报道。

反对一方针锋相对,《时代》周刊的创始人卢斯就认为:"一家报纸,如果它对自己刊登的每个字都持严肃负责的态度,就不应该发表作者的正直性受到怀疑的专栏文章,以及任何根本观念与己相悖的文章。

那种时髦的教条认为,为了取悦读者或者'提供给他们多种见解',报纸有权力,甚至有责任发表它为之痛惜(因其幼稚),或为之痛恨(因其荒谬)的东西。以我之见,这简直是孩子气的胡闹,毫无成年人的责任感。它以玩世不恭的态度对待美国生活的核心,甚至更坏。"反对者的理由是:从理论上讲,读者能够因听取各种见解而发现真理;但就实际情形而言,他们在找到真理之前早被弄糊涂了。报纸言论驳杂,只会弄得读者先不明白你在想什么,继而不清楚自己该想什么,最后只好怀疑思想究竟有什么用处。

好辩者尽管争论,可是在实际的报纸工作中答案却已分明。统计显示,约5/6的报纸只选用与己方立场、观点相仿的辛迪加专栏文章,仅1/6的报纸兼容不同声音;此外,仅1/5的报纸在采用几种专栏时注意不同观点的平衡——指保守、自由派与中间观点的出现次数大致相当。不过也有研究者报告,这种一边倒的情况随着时代的变迁而渐有改观。

三、专栏文章利大于弊

辛迪加专栏对本报言论版影响的利弊得失,是评论员们十分关心、时常讨论的问题。有人列举出几种不利影响,诸如:采用辛迪加专栏后,有的报纸的评论员开始松懈,不再认真地去阐释国内外新闻了,甚至干脆歇工。特别是,有些言论版连对当地事务的评述也放弃了,转而议论女装之类的趣味话题。不少评论员抱怨读者让专栏作家抢走了,事实也确实如此。

然而更多人认为辛迪加专栏利大于弊,像美国专栏作家之王李普曼指出,如果对专栏文章有个正确的估价,就是它不会造成什么坏影响:"报纸言论版可以继续在当地事务中发挥影响,应当日复一日地向所在的社区发表言论。而专栏文章毕竟是个人署名、代表个人见解的文字,有时对问题的探究不无启迪,有时却会让人更加迷茫,而且它更多地是在讨论全国性与国际性的新闻事件。"另一位研究者补充说,专栏对全国、国际大事的评论不可能站在当地居民特殊的利益和兴趣之上,而是面对更大范围内的各色人等。所以,地方报纸对同一问题的评论仍可大有作为,而且也必须有所作为。想要赢得读者,关键是要精心选择角度,把评论写得更好。

归根到底,专栏文章对报纸言论版的影响是有益的:如果它能把各种观点带进版面。它使试图探究真理的读者有了思考的基础;它冲破报业老板对言论观点的独断和控制;它还教育了编辑们,应当尊重读者的知晓权,明白如下真理:在民主社会里,没有什么见解是危险可怕的,真正危险的是封闭公众论坛。

总起来看,西方评论界是主张言论版兼容多种声音的,但他们的理想原则实践起来并不容易。除了来自各方的实际阻挠之外,怎样评价读者——他们是否真的具有接受不同观点而不致无所适从的能力,也是个相当复杂的理论难题。事实上,这个难题肯定有两种并存的答案:一部分读者这样、一部分读者那样,于是开放还是控制言论的主张将会一直对立下去。如果说判断不同观点的能力是需要创造条件去培养的,那么似乎应当支持开放。可是这些眼前事怎么办呢?迫切的现实问题催促人们迅速决断,评论员能不管那部分无所适从者吗?他们恰恰是最需要帮助的。有时候,评论界自身也会在此难题上陷入无所适从困境。

对专栏文章的评论标准的探讨近似于前面介绍的评论界对评论员工作准则的研究,答案也相同:多数专栏作家认为,专栏不应仅仅是夸夸其谈,满纸空言,而需较多地报告事实以及分析其外表之下的内核。对事件的深入调查才是文章观点之权威性的基础。思想本身苍白无力,唯有借助对事实的分析评判才能获得生命力。所以,专栏文章的重点在于阐释和分析新闻事件。这一观点也已为新闻界接受,许多报纸把它作为对专栏文章的主要取舍标准之一。

第二十一章

新闻写作的基本技法

西方各国的新闻写作的方法因各国传统文化和受众欣赏习惯的不同而各有自己的特点,但受新闻规律的支配,新闻写作的要求是基本一致的,新闻写作方法有许多相同之处,新闻写作技巧可以共同借鉴。

第一节 客观性技巧

新闻报道必须客观,这是西方各国新闻报道,尤其是消息的共同要求。一篇倾向性过于鲜明的新闻,将会招致读者的不满,甚至引起麻烦。这么说,并非抹杀西方新闻报道的倾向性,而是他们比较善于运用技巧来掩饰这种倾向。西方新闻报道中常用的客观性技巧主要有以下几种。

其一,重在表现,少去叙述。表现就是再现新闻的现场,让读者身临其境,去体会内中的意义。合众社的消息《福特总统遇刺 幸而无恙》(1975年9月6日)是重在表现的作品:

……总统福特止步,向欢迎人群挥手致意。

欢迎的人群被绳子拦在后面,他们纷纷向前涌去,同总统打招呼。

总统向左转过身。他伸出双臂去握欢迎群众伸出来的手。

每同一个人握手,他就说一句"早晨好"。

"雏鸽"(指刺客——译者注)仍没有采取行动。

突然,她从人群后面挤到前面来,边挤边用双臂拨开周围的人。

警察说,她挤到离总统只有两英尺的地方时,突然拔枪瞄准总统。

凯伦·斯凯尔顿说,总统见到这支左轮手枪,"脸刷地吓白了"。

另一位欢迎群众,50岁的罗伊·米勒说,福特"大吃一惊,吓坏了,把脖子缩了起来"。

说时迟,那时快,特工人员莱瑞·布恩道夫立即采取措施保卫总统生命安全。他冒着生命危险,冲到"雏鸽"与总统中间。

接着,他把"雏鸽"摔在地上,同警察一道缴了她的枪。

"雏鸽"尖声地叫道:"他不是你们的公仆。"……

这条消息通过对现场的场景、对话、各种人物一连串动作的描述,使读者如临其境。但如果按照"重在表现"的要求,"特工人员莱瑞·布恩道夫立即采取措施保护总统生命安全……"这一段叙述就没有必要,只需要写"特工人员莱瑞·布恩道夫立即冲到'雏鸽'与总统中间"这个行动就足够,因为这个行动的本身就是"冒着生命危险"、"立即采取措施保卫总统生命安全"。

其二,尽可能用中性词汇,除非在特例情况下,尽可能少用倾向性十分鲜明的褒义词或贬义词。美国新闻学者曾对《时代》周刊报道3名总统谈话的用词作了统计,鲜明地表现出《时代》周刊的倾向性。杜鲁门"唾沫飞溅地嚷道","气急败坏地说","粗鲁无礼地说","冷淡地说";艾森豪威尔"高兴地咧嘴笑着说","谨慎地指出","亲切地与人聊天";肯尼迪"宣告","声明","坚持认为"。三种用语、三种态度。但这样的报道受到美国新闻学者的批评。

其三,善于引用原话、文件,而且标明出处,这既有助于增强新闻的真实感,使新闻更具信任度,还可以通过别人的语言、材料来表达自己的看法。例如在前面所举"福特遇刺"的新闻中,"福特吓坏了"的场景是记者通过两名现场群众的话来说的,而不是记者直接叙述的,引用得极其巧妙。如果由记者直接来陈述,似乎让人感到记者存心要调侃总统,让记者处在尴尬境地。

第二节 易读性技巧

易读,不仅仅是让人容易读懂,文字流畅、简洁、明快,更重要的是让人乐意读。西方记者总结易读性技巧,主要有三点。

其一,抓住事件的核心,开门见山,简洁明了地叙述。抓不住一个新闻事件的要害,轻重倒置,或横生枝节,新闻报道写得杂乱无章,文字再优美,也会使读者不知所云。

其二,有人情味。任何题材,加入人情味,就会使新闻作品亲近读者,让读者兴趣盎然。《土拨鼠发出冬天的信息》①是个很好的例子。

请把耳套、手套、雪靴和烈酒放在身边——我们至少还有6个星期的冬天要过。

这是无与伦比的天气预言家、著名的潘修托尼的土拨鼠发出的信息。

星期四上午7时45分,这种啮齿动物跳出地洞,看见了自己的影子,于是又跳回自己的洞中。

据传说,如果潘修托尼的土拨鼠在2月2日看见了自己的影子,那么就得再过6星期的冬天。

据古谚语说,未来事件一定要在它们前面投下影子。

潘修托尼的土拨鼠是这则谚语的遵奉者。

在宾州的这个西北地区,自1898年以来,土拨鼠一直是气象预报家,只有1936年错报了一次。

以动植物来预报气候以及某些灾情(地震、水旱灾害等)都有科学依据,称为"物讯"。但本文作品避开科学上专有词汇,以拟人手法来写土拨鼠,既让读者容易理解又饶有趣味。《美苏跳起圆舞曲》——采用比喻手法来说明美苏核武器谈判的缓慢,形象又贴切。严肃的政治题材同样可以注入人情味。

其三,注意句子结构和遣字用语。尽可能采用动宾结构的句子,因为动宾结构的句子简洁明了。句子不宜过长,像美国的《时代》周刊、《纽约时报》都规定,尽可能采用短句,每句一般在16~18个英文单词,不超过20个。因为在人们阅读时,按读者平均文化水准,在两次眨眼之间,可以阅读16~18个英文单词。一个句子只能有一个事实。

其四,具体、形象、有色彩。人、地点、场所、时间,尽可能不要以"某人"、"某地"或其他笼统的词句来表述。比如,"小汽车停在法院前的一棵树下",最好改为"一辆半旧的灰色福特汽车停在一棵开着花的苹果树下";"他心情沉重地走上讲坛",倒不如写成"他低垂着双眼,缓慢地走上讲坛"。要写得具体、形象、有色彩,记者在采访时必须留心每一个细节。

---

① 黎信主编:《外国新闻通讯选评》上册,长征出版社1984年版。

第三节 时效性技巧

"时间就是金钱","时间就是生命"。这些话对西方各新闻媒介是个客观的事实。在一些重大事件中,以"争分夺秒"来形容记者抢发新闻决不为过。1981年3月30日下午2时30分,当时美国总统里根在华盛顿希尔顿饭店前突遭枪击。枪响后,合众国际社的记者雷诺尔兹冲到希尔顿饭店的服务台,抢过电话叫通编辑部,大声嚷道:"总统遭枪击。"顷刻间,电传机上就打出简短快讯。2时31分,合众国际社就首先向全国、全世界播发此条消息。与此同时,哥伦比亚广播公司记者塔克尔飞步跑过马路闯入一家商店,对售货员说:"给100美元打个电话。"他向总部报告完毕,就对售货员说:"不要让别人打电话。要是有人出更多的钱,我就加倍给你。"说完又冲入现场采访。而哥伦比亚广播公司仅比合众国际社晚一分钟播出了消息。美国广播公司的摄影师冒着被飞弹击中的危险,拍下了里根被推进汽车,新闻秘书布雷迪等人倒下,凶手欣克利被制服等一系列现场场景。他火速把录像片传递到电视台。2点34分,正在广播里根遇刺消息的播音员对观众宣布:"让我们一起看录像吧!"这样争分夺秒意味着什么?金钱。1970年6月底,巴勒斯坦游击队绑架了一名正在黎巴嫩执行任务的美军上校;正当朝野为该上校命运担忧时,《纽约时报》驻贝鲁特记者7月12日最先报道上校获释的消息,立即被美国和世界许多媒介广泛报道。结果《纽约时报》一下子就赚了800万美元。而对美国电视台来说,在黄金时段,每提高一个百分点的收视率,全年就可以多收入5 000万美元。据资料统计,西方各通讯社在发表重大新闻的时差全年累计只有一分钟。

为抢新闻,西方不少记者有敢冒风险的勇气,而且练就抢新闻的本领。在新闻现场,口述新闻、出口成章就是其中的一种本领。像各通讯社、报社、电台、电视台常驻白宫的记者,几乎全部采用口述新闻的办法把重大新闻发回总部,或者现场直播,或者让人记述成文字。美联社驻白宫记者杜格·科内尔就是其中一名佼佼者。他在白宫采访20年(从20世纪60年代到70年代),白宫所发生的重大新闻事件都是他口述传到总部,经人记录后马上发出。他的口述消息,记录下来后无须再作文字加工就是一条中规中矩的新闻,而且独具其个人风格。现在,随着通讯技术的发展,不但电台、电视台可以由记者现场直播新闻,报社通讯社也可以由记者用打字机打出新闻稿而直接发向全国、全世界。记者这种出口成章、落笔成章的本事显得更加重要。

寻找"最近点"是西方记者增强新闻时效性的重要技巧。美联社在发给记者的《美联社写作指南》中明确地告诉记者,不能用"前天"这样的词汇作为新闻开头,而必须写"今天"。然而,"每个记者迟早会碰到隔日新闻导语的问题,既然在新闻导语的词汇里找不到'前天'这样的字眼,那么,怎么使旧新闻具有新鲜感就成了一个问题。如果事件没有出现新的进展,解决的办法全凭记者个人的聪明才智了。"而西方记者一般会采用四种办法来解决。一是跟踪新闻事件的发展;二是挖掘今天的新闻依据;三是挖掘明天的新闻依据;四是揭示新闻来源,巧用其他线索。

第四节 导语写作技巧

"导语是记者展示其杰作的橱窗。"[1]这在西方新闻界流行很广。不管是消息(采用倒金字塔结构的),还是解释性新闻、特稿,开头第一段都必须写得很精彩。如果导语不精彩,编辑就会把记者的稿子扔掉,读者就会把报纸扔掉。读者和编辑都会自然地设想,"如果记者未能在导语中表现出水平,那么,他就是没有水平。"[2]

新闻报道的导语必须符合两个要求,一是要抓住事情的核心;二是要能吸引读者看下去。在文字上,优秀导语必须符合"简短、简单、明晰、准确、直截了当、生动、客观和富有色彩"这些特点。简短——句子要短,如太长、从句太多,读者不会有耐心读下去。简单——一句话一个段落,一个段落只提供一个事实。这最初是《纽约时报》倡导的,现在已被西方各国新闻界接受。准确——恰如其分地陈述事实。直截了当——开门见山地陈述事实,不要让读者看完导语还不知道新闻究竟要告诉他们什么事。生动——文笔要美,切忌套话、行话。客观——尽可能减少个人主观倾向;富有色彩——具体形象,有现场感。

---

[1][2] 〔美〕威廉·梅茨:《怎样写新闻》,新华出版社1983年版,第21页。

这些要求都耳熟能详,在西方各国的新闻学专业教科书上都千篇一律地这么写着。但在实际操作中,不同时期有不同要求。

在新闻写作的最初阶段,导语并无固定的程式,可以说记者爱怎么写就怎么写。导语是记者即兴发挥的产物。到了倒金字塔结构问世(1860年美国南北战争)以后,导语写作有了统一规则,那就是小结论式导语,即把五W—H全部纳入导语之中。小结论式导语的最大长处是一句话就把整个新闻事件概括出来,让读者在最短时间内了解一个完整的新闻事件。但它显得冗长、死板,不简洁,不生动,尤其是它不分轻重缓急,把五W—H平均使用力量陈述出来,让读者抓不住新闻事件的核心。这种导语主宰了新闻写作近一个世纪,到20世纪50年代末逐步让位于一种新的导语写作模式:单因素导语,即把新闻事件的核心、最重要的、最令人感兴趣的某个部分写入导语。比如,一个小结论式导语会这样报道一场空难事故:"昨天下午5时,一架从阿根廷首都布宜诺斯艾利斯起飞到旧金山的波音737客机在途中坠毁,机上185名乘客和15名机务人员生死未明,目前正在寻找中。据航空公司人士称,他们初步推测该飞机坠毁是恶劣的天气造成的。"而单因素导语则会这样报道:"一架737客机于昨天下午五时坠毁。"突出了飞机的坠毁,吸引读者非读下去不可,然后下面各段再展开有关的内容。而导语写作到了20世纪80年代以后,又出现一个新潮流:不拘一格。这个潮流看上去似乎又回复到报纸初创时代的模样。但一个本质上的差别是,报纸初创时期的新闻以"传者"为中心,即导语写作是记者的自我表现;而现在的新闻以"受者"为中心,即导语写作必须吸引读者,引发读者的兴趣,诱导读者把新闻读完。能做到这一点,记者可以自由发挥。这样一来,记者更能发挥自己的创造性,这无疑是对记者提出了更高的要求。

"钢材再次提价,对人们的费用支出将有何影响?

阿姆科钢铁公司的核算结果表明,容水量30加仑的加热器将涨价21%,该公司还估计:

家用煤气炉的价格将上涨32%;洗衣机上涨23%;洗碟机提价16%;电冰箱涨价28%;自动干燥机升价15%;机动车将提价3美元。

新的钢材价将从星期三开始实施。"

这种导语是从最贴近读者的生活角度切入,看上去都是数字,但关系千家万户日常生活,家庭主妇们可能非读不可。

【美联社纽约1982年10月14日电】 就在罗纳德·里根总统对全国说"美国正在走向经济复苏"前几小时,他的儿子普雷斯科特·里根却在这里同失业者一道领救济金。

按常规写法,新闻导语只写里根总统的儿子也失业了。但这条导语却一反常规,把小里根失业的事实和背景写在一起,形成强烈对比,好好把里根总统揶揄了一番,读者会更有兴趣。

导语写作千变万化,但万变不离其宗:以受者为中心、能吸引读者读下去的导语就是好导语。

第五节 新闻用语技巧

准确和简洁是西方各国新闻用语的一般要求。新闻用语遵循这两个要求衍生出许多技巧来。

其一,多用常用词汇。美联社的《写作手册》上要求记者:"尽量使用常用词汇。记住,美联社的工作并非在于扩大读者的词汇量。如果你不得不使用读者可能不熟悉的词,那就必须对该词作解释。"一些美国的教授和报纸编辑在调查后得出结论:美国读者的平均词汇是3 000字至5 000字左右。一般来说,西方各大通讯社和大报都有常用词汇表。新加盟的记者一进社就要认真学习。

其二,慎用副词、形容词。因为形容词、副词作为名词、动词的修饰词常常带有鲜明的感情色彩和倾向性。在西方的新闻写作著作中,作者们常常向初入门者发出警告:"形容词会戏弄人。""形容词太多是危险的。"美国著名作家马克·吐温以简明、犀利的语言风格影响了那个时代的青年。他在评点巴弗洛女子学院青年学生文章时告诉她们:"这表明该文戒除了形容词和最高级形容词,文章是富有吸引力的,顺便说一下,谁只要在他的底稿上多划掉一些形容词,他的文章就会得到改进。"①而美国一些大学的新闻专业教科书更直截了当地教育未来的记者:"形容词常常是别有用意的词,有时意味着插入记者的意见,而这是新闻报道所不允许的。""习作者常常用形容词来使新闻增加色彩

---

① 〔美〕麦尔文·曼切尔:《新闻报道与写作》,中国广播电视出版社1981年版,第133页。

或者力量,这是错误的做法。"①

其三,选用确切有力的动词。与慎用形容词、副词相对应,西方新闻媒介强调多使用动词——确切有力的动词。例如,一名银行职员琼斯从他5楼宿舍跳下来自杀身亡。但当记者赶到现场时,警察、法医或进行医务检查的人都不敢作肯定性的鉴定。因为不排除被人推下来摔死的可能性。这时记者报道选用动词就显得十分重要。如果记者写成"琼斯从5楼跳下来摔死",那么这个"跳"字意味着自杀。但万一最后调查结果是被人杀害的,报道就会失实。如果写成"琼斯从五楼被人推下来摔死",那么死者家属会据此要求警方缉拿杀人凶手。这条新闻里的关键字眼就是这个动词,记者想回避也回避不了。合众国际社的记者巧妙地使用了一个中性词:掉。这条消息是这样写的:"联合牌号公司董事长兼行政主管艾里·M·布莱克昨天从泛美大厦的44层楼上掉下来摔死。据警察说显然是自杀。"②再者,选用贴切有力的动词能使新闻显得生动、有现场感。像前面所引述的福特总统遇刺消息,全文几乎没有形容词,每个句子一个意思,一个意思由一个动词来描述有关人的动作,呈现出现场的场景。

其四,要具体,不要抽象。新闻报道提供事实,事实要求具体。所以,在新闻报道中应尽可能少用抽象的语言来概括事实,而用具体的语言来呈现事实。请看路透社消息《美国提案被击败 中国将进入联合国》:

【路透社联合国1971年10月25日电】 联合国的代表们今晚击败了美国为保住台湾在联合国的席位所作的努力,从而为北京进入联合国铺平了道路。

代表们在走廊里大声发笑,他们唱歌、欢笑、喊叫、拍桌子,有人甚至跳起舞来。……

在这里,作者用一连串动词来表现现场的情景和气氛,使读者如临其境。如果用一个陈词"代表们欢欣鼓舞庆贺胜利",那就使整条消息索然无味。

其五,尽可能少用乃至不用否定说法,把否定句改为肯定句;少用被动语态,把被动语态改为主动语态。

---

① 〔美〕威廉·梅茨:《怎样写新闻》,新华出版社1983年版,第21页。
② 〔美〕杰克·海敦:《怎样当好新闻记者》,新华出版社1980年版,第87页。

第六节　注意新闻来源

　　西方新闻报道一个非常明显的特点是：几乎所有的新闻都注明新闻的来源。为了查阅方便,我们以 1994 年 5 月 18 日《参考消息》头版为例,除简讯外,该版共有 8 条新闻,每条都有新闻来源的交代。《日提出构筑亚洲信息高速公路的设想》(日本《每日新闻》报道)。这条新闻来源于日本邮政省代表在马尔代夫举行的一个研讨会上的发言。《东盟抨击西方把劳工权利同贸易相联系》(路透社报道),新闻来自东盟六国劳工部长会议上新加坡副总理李显龙在开幕式上的发言。《美企业主力主给予中国最惠国待遇》(美国《华尔街日报》报道),新闻来源于在纽约召开的一批大公司负责人的聚会。《多尔建议放弃把贸易与人权相联系的政策》(美联社报道),来自多尔在参议院发表的演讲。《俄在对外关系中实行中国优先方针》(美联社报道),那是俄罗斯杜马主席在记者招待会上的讲话。《经合组织谋求加强同中国的关系》(时事社报道),这个意向是由参加经合组织会议的日本外务省人士透露的。《曼德拉否认有辞职打算》(法新社报道),来自曼德拉总统本人在非国大会议上的一项声明。《阿根廷引渡铁娘子》(路透社报道),来自阿根廷总统本人对记者的谈话。

　　交代新闻来源,是西方新闻构成中必不可少的一项内容。一般都放在新闻的第二或第三自然段,显得很突出。西方的新闻报道为什么如此重视新闻来源？一是为了增加新闻的权威和可靠性,让读者相信,记者所提供的新闻是靠得住的,是来自权威部门。二是为了预防新闻失实,我们以本章第四节《导语写作的技巧》所提到的"钢材再次提价"一文为例。钢材提价后,与钢材相关的家用电器将随之提价,作者交代依据"阿姆科钢铁公司的核算结果表明",——写出各项家电的提价幅度。阿姆科钢铁公司是全美最大的钢铁公司之一,它的核算具有相当权威性。如果以后的提价幅度未达到或大大超过这个数字,那么记者的报道也不失实。因为记者仅仅报道了"阿姆科钢铁公司的核算"这一事实,而没有自己去推测提价的幅度,只要记者没有抄错"阿姆科钢铁公司的核算",新闻报道就是真实,而实际的提价幅度与核算结果有出入,责任只能由阿姆科公司来负。当然,事后读者发现核算结果真的与实际有出入,一般也不会去纠缠阿姆科公司,因为这毕竟是一种推算,提价还有其他因素。但如果遇到重大的政治问题,记者不交代新闻来源,那将造成重大问题。例如上述提到《阿根廷引渡铁娘子》一文,如果不注明这是阿根廷总统亲自说的话,没准会引起阿根廷和英国对报纸的抗议。

新闻导语在引述新闻来源时,一般必须注明:

(1) 人物:要写清人物的全姓名、职业、头衔与新闻事件的关系,有时要写清地址——在没有更清楚的身份可用时。

(2) 场合:在什么情况下提供的新闻,例如,记者招待会,约见记者谈话,在某次公开会场上,等等。

(3) 时间:因为这与新闻事件直接相关。

第二十二章

西方新闻媒介的受众调查

受众调查是西方新闻媒介日常工作之一,这不但是新闻媒介寻找受众定位、改进新闻媒介的决策所需,更是争取广告、广告定价的必备数据。

第一节 受众调查的起源与发展

新闻媒介一旦从党派斗争中抽身而出,从依附于政治派别的宣传工具转变为独立的营利企业以后,就在市场"看不见的手"的支配之下,开始了新的"斗争"——争夺受众、争夺广告。可以说,自此开始,竞争即成为现代媒介发展的第一推动力,而有关受众的信息则成为竞争中最为有力的工具。西方的受众调查正是在媒介竞争日益激烈的基础上产生和发展起来的,美国受众调查的发展史便是其中的典型。

一、媒介间的竞争首先是受众之争

可以断言,如果报刊没有读者,广播没有听众,电视没有观众,那么,它们就完全失去了存在的价值。即使媒介仅仅只是作为宣传的工具,政党的传声筒,也只有当它被使用(被看,被听)时才有存在的意义。当然,作为宣传的媒介,其首要目的是宣传。因此,它以传者为出发点和中心,受众仅止于被动的接受。在这样的情形之下,受众的状况、数量等并非决定媒介存亡、优劣的关键因素(关键因素在于所传播的思想)。但是,当媒介成为独立的营利机构以后,消费者的选票(货币)而不是政治家的选票便成为其存在的基础。这时,媒介才可能充分考虑市场因素,即作为媒介产品消费者的受众以及尚未消费产品的潜在受众,并根据市场来组织生产。事实上,新闻媒介的发展史就是不断争夺受众、发掘新受众的历史。美国报纸发展史上几个具有里程碑意义的时代,包括1830年的"便士报运动"、19世纪90年代的"新式新闻事业",以及20世纪20年代的"黄色新闻时代",都曾出现了争夺受众的激烈竞争。而广播和电视的出现,更使这一竞争达到了白热化的程度。这种竞争迫使媒介了解受众,研究受众。

二、新闻媒介的受众之争实质上是广告之争

虽然早期的报刊并不以广告为主要收入来源,而主要依靠政府的印刷合同和读者支付的报费,但是,到了19世纪后期,有利于定期出版物的邮政、运输事业的进步以及商业对全国性市场的需求等因素的结合,促进了全国性报刊和广告事业的发展,媒介于是采纳了革命性的观点,即读者只需支付报刊实际成本的一小部分,而绝大部分则由广告收入来偿付。而后来出现的非实物性的广播和电视(有线电视除外),更由于难以直接就节目对受众收费,广告收入因此更成为其决定性的经济来源。企业在媒介上做广告的目的当然是为了推销产品,而只有在拥有大量受众的媒介上做广告,才能使其产品被社会的大量成员所了解。因此,只有拥有大量的受众,媒介才可能争取到更多的广告主,从而获得更好的经济效益。这样,媒介必然要研究、了解其受众的情况和特点,以更多地争取受众。

三、受众调查机构的诞生

但是,大众传播媒介的自身特点又使得其研究、测量受众的工作具有一定的难度。在面对面的传播过程中,传者可以直接通过脸部表情、手势、语调等方式了解受者的反应。但是在大众传播过程中,由于传者与受众在时间和空间上存在距离,因此,受众的反馈总是间接的和延迟的。传者只能在事后通过书信、电话等形式方能知晓受众的反应;而且由于即时的、个别的反馈并非经常出现,所以并不具有特别的重要性,重要的是受众一段时间内的累积性反应。正是由于大众传播反馈的间

接性、延迟性和累积性特点,使得专门的受众调查成为可能,也具有必要性。

最初的受众调查是由媒介自己进行的。随着新闻媒介的不断发展和竞争的不断加剧,媒介和广告主都越来越需要独立于自身的个人意见和社会环境的反馈,这种反馈必须是持续、完整和客观的。适应这种需要,专门从事受众调查的机构便应运而生。

电子媒介的出现直接催生了专门从事受众调查的机构。1929年,美国华盛顿的 KDKA 电台于11月2日播送了共和党人哈定当选总统的消息,在公众中产生了极大的影响。这一影响是如此巨大,以致曾对广播效应持怀疑态度的广告商们跃跃欲试,希望利用电台的这种巨大影响来推销其产品。当然,在他们尚未掌握这一看不见受众的神奇媒介的神奇效果的具体数据之前,他们还不愿意真的花钱做广告。于是,在全国广告协会的支持下,1930年3月,市场研究学家克罗斯尼成立了一家调查公司 CAB,在50个城市进行了为期12个月,包括17 000个有收音机的家庭的听众调查,以了解听众24小时的收听行为。第一年就有49个广告商成为该公司的调查订户。在当时的美国,市场调查刚刚起步,民意测验尚未出现,CAB 的受众调查可以说是一种勇敢的行动。

15年之后,CAB 开始陷入严重的经济困难,逐渐被调查成本很小的胡泊公司所取代。胡泊公司的前身是成立于1934年的克拉克-胡泊公司。在与克拉克合作4年之后,胡泊决定分开独干,于1938年成立了胡泊调查公司。胡泊公司每个月发布最受欢迎的15个夜间节目的调查。这一举动逐渐引起了新闻界的注意,专栏作家和电台编辑都开始引述胡泊的话,大肆宣传杰出的节目主持人。胡泊很快成为广播界最为有名的人物之一,公司的调查结果被称为胡泊指数,其调查遍及有三大广播网联监台的32个城市,在调查领域的地位逐渐稳固,并最终于1946年导致了 CAB 时代的结束。

1949年9月,后来居上的尼尔森宣布每个月发布4个调查报告,从而大大缩短了订户得到报告的周期,以快速这一优势压倒了胡泊公司。早在"二战"结束时,尼尔森调查的覆盖率已达到美国63%的家庭,在1 100个家庭里安装了13 000个计量器,积聚了同 CAB 和胡泊较量的实力。到1949年4月时,尼尔森调查覆盖了美国97%的家庭,在受众调查领域中占据了绝对优势。1949年秋天,胡泊与尼尔森举行谈判。次年3月,尼尔森收买了胡泊的大部分资产和业务。从此,尼尔森成为美国唯一的全国性受众调查机构。

1967年,尼尔森退出全国性和地区性听众调查,以主要精力从事电视收视率调查,而胡泊又无法反映户外收听情况,听众调查出现了一个空挡。于是,詹姆斯·斯勒于1949年9月成立的美国调查局乘虚而入,运用个人收听日记法进行听众调查,获得很大成功。1973年,美国调查局改名阿比特隆。1982年再次改名为阿比特隆调查公司。1984年10月,阿比特隆调查公司与布克市场调查公司合并,成立新的机构,运用电子计量系统,调查个人的视听行为以及由此产生的购买行为。

目前,尼尔森与阿比特隆可以说是平分秋色,但阿比特隆略胜一筹,因为它在纽约以外的广告商中影响更大。美国广播机构和全国销售代表1978年的一项比较研究显示,订购这两家公司服务的花费,每年达3 500万美元。约有90%的电视台订购其中至少一家公司的服务。而在竞争中处于前列的媒介则两家均订。另外的订户有广播网、国家销售代表、节目供应商等,而广告主则依赖于他们的代理商的订购。

专门的受众调查源于媒介对受众的争夺,同时又反过来促进了媒介的定位和发展,成为推动媒介事业更好地为受众服务的很有价值的参照因素。

第二节 受众调查的学科背景

社会的需求促进了西方受众调查的勃兴,而近代科学的发展则为其提供了具体操作的理论依据和方法。具体地说,有3门相邻学科对西方的受众调查产生过重大影响,即统计数学、经验社会学和应用心理学。

一、统计数学

统计数学是现代数学的一个分支,研究客观世界中"随机性事件"(也可以说是"偶然现象")之间的数量关系。它主要包括概率论与数理统计两部分。前者是基本理论,后者是具体方法。一般认为,概率论起源于17世纪中叶,至19世纪初期基本确立;在此基础上出现的数理统计学,到20世纪初期亦告形成。

简单地说,概率论的基本思想可以用以下三点来表述:第一,客观世界中纷乱复杂的随机事件的背后,无不存在着一定的必然趋势或规律(术语称之为"概率分布")。所谓"概率"就是某种随机事件出现的可能性;"概率分布",即随机事件发生可能性的规律。第二,随机事件的分布趋势,只有在进行大量观察的条件下才能得到显露或表现(术语称之为"大数定律")。就是说,随机发生的偶然现象,在一次观察中不可能确定它为必然规律;但随着观察次数的不断增加,它发生的可能性就会围绕着一个稳定的常数,作平均幅度越来越小的波动。第三,如果合理地从总体中抽样,那么大量观察所必需的次数,只须达到"充分多"而不必追求"无限多"(术语称"合理地抽样"或"随机抽样"),即要求总体内的每一个体具有相同的被抽取机会;至于在某次抽样中,抽到甲而没抽到乙,则纯属巧合,与个体自身的任何性质无关。

当然,概率论是一种高度抽象的基础理论,它需要凭借各种具体的方法,才能应用到实际生活中去。这一任务就由数理统计学来承担。比利时数学家凯特勒首先成功地把正态分布理论应用到社会生活研究领域,证明了即使偶然事物,在它们定期的复现和它们的平均率中,也具有内在的必然性。凯特勒所开创的是数理统计学中的"大样本方法"。20世纪以来,数理统计学又兴起了一套"小样本方法",如戈塞特提出的"七分布",解决了少量抽样观测值的处理问题。此后,为解决社会领域中"多因多果"的多变量关系,又出现了更先进的"多元分析方法"。这些方法大多都在受众调查过程中得到了运用。

二、经验社会学

作为社会学的一个流派,经验社会学主要从事社会问题的实地调查研究。19世纪以来,自由资本主义得到了充分的发展,工业化、都市化进程给社会带来了一系列前所未遇的问题,如贫富分化、犯罪率猛增等。欧美各国的政府机构、社会团体、慈善组织,以及一些热心社会事务的个人,纷纷进行实地考察与调查,以期寻找出解决这些社会问题的药方。其中,英国的 C·布思所做的"伦敦调查",被认为是社会调查中的经典范例。他自1885年开始,花了将近20年的时间,对伦敦居民的日常生活进行了详尽与深入的观察、分析,最后出版了17卷的巨著《伦敦人民的生活与劳动》。继布思以后,英、法两国社会学家也进行了大量社会调查。德国在数量上虽不及英、法两国,但在方法上却有其独到之处。1877年,威廉·累兑西斯发表了《大众行为论》一书,他根据数理统计学创始人凯特勒关于社会现象数量化的思想,具体地推导出一个"大众行为的数学模型"。欧洲各国的经验社会学,对美国的社会学界发生了重大影响,例如著名的芝加哥学派就是以城市实地调查起家的。1919年,C·泰勒在《社会调查的历史与方法》一书中,提出了检验调查方法是否科学的四项标准:1)提供的事实是否具有代表性,并能否从中归纳出合理的普遍结论。2)所用的方法是否客观。3)是否运用了控制和比较的程序。4)是否建立起一套定量的符号系统,以进行正确的测量并正确地报告其发现。到了20世纪20年代,美国社会学在经验研究的理论与实践两个方面,均已超过欧洲,达到相当发达的水平,这也在一定程度上说明了美国的受众调查十分发达的原因。

三、应用心理学

19世纪末,心理学的中心从德国转移到美国,研究方向也逐渐由生理-心理活动机制的"理论心理学"转向了教育、医学、社会等方面的"应用心理学"。为了适应这种应用的需要,美国心理学家们创造了一系列简单、快速的"心理测验"技术,以代替以前复杂、费时的精密实验仪器。美国心理学的创始人之一C·霍尔在他的儿童心理学与教育心理学研究中,首先发明并使用了"问卷技术"。他的学生J·卡特则在1890年发表的一篇论文中,首创了"心理测验"这个新词汇,从而成为心理测验术的始祖。以后,从心理测验中又衍生出一支"智力测验"。最早由法国的A·比纳和J·西蒙发明的"儿童智力量表"引入美国后,1916年,I·特曼提出用"智商"(简称I.Q.)作为智力测验的基本单位,从而改进了以前的"比纳-西蒙量表"。20世纪20年代末,出现了第三种测量技术——"态度量表",专门用来测量人的意见、评判、选择倾向等更为深层的心理活动。与此同时,社会心理学家又发展出一种"社会计量法"。精神病学家出身的L·莫雷诺在纽约州立妇女职业学校中实验了这种方法,并在1934年出版的《谁将获得生存》一书中,正式将其介绍给社会。这样,心理学的测量技术从"问卷"、"心理测验"、"智商测验",到"态度量表"、"社会计量法"等,逐步发展形成了一套完整的实用研究方法。这些方法(尤其是其中的问卷、态度量表、社会计量法)被直接引入传播研究领域。例如,受众调查的创始人乔治·盖洛普,他的博士论文以读者调查方法为题,最后获得的则是应用心理学博士学位。

第三节 受众调查的方法与过程

从20世纪20年代西方受众调查开始勃兴,迄今已有七八十年的历史。在这几十年的发展过程中,从事受众调查的专门机构不仅数量大大增加,而且采用的方法和手段也不断得到更新。据统计,美国20世纪80年代在全国范围内工作的这类公司就已经超过了50家,地方层次的则更多。目前,美国从事报纸杂志读者调查的著名机构有西蒙斯公司、波利兹公司等;从事视听调查的有尼尔森公司和阿比特隆公司等;民意调查的专门机构有盖洛普公司、哈里斯公司等。

受众调查可分为印刷媒介读者调查和电子媒介视听调查两大部分。对于不同类别,调查的方式和过程也各不相同。

一、读者调查

对于印刷媒介来说,衡量它受读者欢迎的程度最简单而又最直接的标志就是发行量。计算发行量并不需要特殊的技巧和专门的机构。但是,在自办发行的西方国家,印刷媒介往往虚报数字。为了争取广告商,报纸和杂志常常夸大自己的读者人数。为了杜绝这种现象,提供客观可靠的发行量报告,美国一批广告商、广告公司和出版商于1914年成立了发行量审计局,负责检查和核实期刊与报纸的发行数字和其他销售数据。

然而,发行量毕竟太笼统、太概括,对于日益讲究营销策略、有着特定目标市场的广告商来说,没有太大用处。因此,读者调查机构采用各种方法进行了深入的研究。在美国,对读者的调查主要包括以下五个方面:

(1)对读者概况的调查。此类调查提供构成报刊读者的概要信息,采用人口统计学分类法分类。例如,一美国旅游杂志的读者概况调查显示,该杂志的大多数读者是经济收入、年龄、文化程度分别为年收入 40 000 美元,25 岁至 34 岁,大学或大学毕业的社会群体,他们具备几张信用卡和每年至少旅游三次等特点。

(2) 对报刊信息选择行为的调查。此类调查用于测定哪些读者阅读报刊哪部分内容。在此类研究中,往往通过辅助回忆的方法,具体测量各报刊文章的读者率。所谓辅助记忆,就是由调查访问者将报刊给调查对象看,助其回忆阅读过的报刊文章,也可由调查访问者事先选择这类报刊文章,询问调查对象是否记得读过这些文章。

由于上门采访成本较高,现在一些研究者采取了电话访问和邮寄问卷来进行调查。在邮寄问卷调查中,又有两种略为不同的方法。一种称为"整份报刊"调查法,调查对象收到邮局寄来的前一天的整份报纸、问卷和填写问卷的说明。另一种称为"剪报"调查法,调查程序与"整份报刊"调查法相同,唯一不同的地方是调查对象收到的,是某些文章的剪报而不是整份报纸。

在这类调查中,用以分析的单元是某报刊文章或某类内容的文章,如体育新闻、经济新闻等。研究时将各篇报刊文章或各类内容的文章的读者率与受众心理或人口统计学的特点联系起来加以考察。

(3) 对读者与非读者的研究。这类调查可通过当面采访、电话采访、邮寄问卷这几种不同的方式进行。进行这种研究所面临的一个问题就是为"非读者"一词下操作定义。在某些研究中,研究者使用"你平日是否读报"这类提问方式。凡对这一问题给予否定回答的调查对象,均应列入"非读者"的范畴。也有些研究者使用一个更为具体的问题:"你今昨两日是否读过报",根据调查对象对这一问题的回答划分"读者"和"非读者"的范畴。还有的研究者则运用选择题的形式,让调查对象就"你是否经常读报?"这一问题从"经常阅读"、"常常阅读"、"有时阅读"、"很少阅读"、"从不阅读"这五种可供选择的回答中,选择一种。凡选择"从不阅读"(和"很少阅读")的,就归入"非读者"的范畴。然后再着手根据人口统计学上常用的可变因素描述这些"非读者"的社会特点。有些研究者甚至试图找到调查对象中"非读者"不读报的原因。

(4) 对读报用途和读者满足的研究。这类调查旨在探讨受众读报的动机及其得到的个人的、心理上的报偿。这类调查的方法是直截了当的:研究者给调查对象一张一览表,表内列入读报的可能用途及其可能带来的满足,并询问他们自己读报的动机是否是表中所列项目。

(5) 对编辑与读者的比较和研究。在这类研究中,研究者就某一论题询问一组编辑和一组读者,然后比较前一组同后一组所作的回答,找出两组意见之间的一致性。

二、视听调查

西方从事视听调查的公司运用各种各样的手段,进行各种各样的调查,从帮助制作节目和广告到成品的效果评估,包括购买情况、商标识别、形象确立等等,范围十分广泛。然而影响最大的还是视听率的调查,即关于人们接触媒介的纯粹数字报告。视听率能最直接、最简捷地反映媒介竞争的状况。

1. 视听率调查

视听率调查公司按固定时段以小册子的形式向其订户报告。报告的频率往往根据费用和急需的程度而定。只有给全国广播网的电视节目才作基于很少样本的每日报告。一般来说,大市场比小市场的报告频率高,电视比广播的报告频率高。对于广告商来说,全国性的视听率报告十分重要,因为它可以为广告商提供关于媒介在全国范围内的比较。这种全面性的调查称为"大扫荡"。一般来说,就广播而进行的这种全国性调查每年两次,电视则每年四次。这种"大扫荡"式的视听调查所得出的地方视听率报告是电台、电视台出售广告时间和评估自身及其竞争对手的最主要依据和手段。

视听率是一种比较性评估。比较,意味着其结果以比率的形式来表现。比较的内容不同,所得结果也不一样。受众人数与某地区的总人数之比,就是媒介对该地区的相对渗透。这是视听率调查中的一项常见内容。但是,由于它没有涉及人们的视听习惯,因而不能精确地测量出该地区的受众情况。

为了更精确地计算受众情况,调查机构常常使用以下三种测数:视听率、份额和收看电视的家庭数。这三种测数之间只有细微的差别,可以用下述公式来表示:

$$视听率 = \frac{收听(看)广播电视的家庭数}{拥有广播电视的家庭数} \times 100$$

$$使用电视的家庭数 = \frac{打开的电视机数}{拥有电视机的家庭数} \times 100$$

$$份额 = \frac{收听收看广播电视的家庭数}{使用广播电视的家庭数} \times 100$$

从上面的公式可以看出,视听率实质上是收听广播或观看电视的人数的百分比。事实上,视听率的调查数据往往偏小,因为各种各样的情况妨碍了媒介的使用,如度假、电视机或收音机坏了等等。尼尔森的电视节目黄金时间的平均视听率只有17,白天的节目为6,而广播节目更是小得几乎没有意义——常低于1,很少超过2或3。对于广告营销来说,份额是最有用的一个工具。份额是某一时刻观看或收听某一节目的家庭百分比,它能给广告商提供更为直接的竞争地位评估。

视听率作为一种比较性评估,往往只是根据统计学原理。选择/抽取一小部分人作为样本,收集其视听行为的数据,然后进行统计,从而得出所有具有类似视听行为的受众数目。视听调查不可能也无必要穷尽一定地区的所有受众。

2. 视听率的获得

视听率的获得一般需要经过四个步骤:界定市场、抽取样本、收集数据和分析评估。

(1)界定市场,即对受众或影响区域的界定。阿比特隆公司发明了一种界定电视影响区域的方法。它把美国分为210个市场区域,称为"重大影响区域",美国的3 000多个县都分别属于其中的一个市场区域。市场也根据拥有电视的家庭户数进行分级划类。而尼尔森公司则有另外的界定方法,称为"指定市场区域"。媒介买主们就是利用这种信息来争夺确定的受众。

(2)抽取样本。基本样本单位一般为"户",因为它最为方便,而且大多数收听行为都是在家庭中进行的。但以"户"为单位也有一定的缺陷,因为有些视听行为,特别是收听广播,是以个人为单位进行的;而且,以"户"为单位还排除了在旅馆、宿舍、兵营等地方的视听行为,因而也是不全面的。为了简化抽样程序,在抽样过程中可以使用三种手段。第一种,行为抽样。受众的视听行为十分复杂,调查时往往只涉及最简单的行为:开机、选台、关机等。一般来说,每25分钟内有3~6分钟保持电视机或收音机开着,即被认为"在使用"。这种方法不能说明是否喜欢、理解节目内容,受众的选择是主动还是被动,以及开机后受众离开等情况。第二种,时间抽样。媒介节目的播送是一个连续不断的过程,但调查只是根据需要选取一定的时段进行测试。第三种,人的抽样,这是争议最大的抽样。例如,调查公司只给1 000户人家安装测量计,但其结果却要代表全国所有家庭所有人员的视听行为。

(3)收集数据。调查公司根据样本收集受众视听行为数据,常常使用以下6种方法。第一种是面对面调查,调查人员深入到样本户家里,逐个询问每个家庭成员过去24小时内的视听行为。这种回忆可以获取详尽的信息,但是,也会因为记忆有误而导致调查结果失真。第二种是电话调查。调查人随机选定一组电话号码进行调查,这种调查有回忆和即时两种形式。前者由美国调查公司的创始人克罗斯尼于1930年发明,主要用于听众调查。回答者通常被引导回忆前一天自己做的事,从而确定自己在什么时候有可能听到广播。然后根据节目、频率、主持人或风格等来辨认其收听的频道。这样被调查者前一天的视听行为便显现出来了。这种形式与面对面调查一样容易受到记忆的干扰。即时调查就是回答者在接电话时的视听行为,由胡泊公司于1934年发明。这种形式限于"瞬间率",不能得到平均率和累积数,而且在凌晨和深夜也无法收集数据。总之,电话调查迅速便捷,花费相对较小,可以得到包括受众好恶的详尽信息,但没有电话的家庭和尚未列入电话号码簿的家庭便无法得到反映。第三种是日记法。调查人给一些随意选定的而又愿意作为抽样户填写视听日记的家庭发送日记本,供其记录开机、关机、频道和节目,以及观众的性别和年龄。听众调查也一样,记录其收听时间、频道,以及是户内还是户外收听的。这种调查方法能得到所有时间的数据,提供受众的组成。但是,抽样户由于意识到自己的视听行为将被记录下来,可能有意无意地比往常多听多看或少听少看节目,或者选择一些他们通常不听不看的节目。第四种是机械记录仪法。调查公司随意选定抽样户,派人在愿意合作的家庭里装上记录仪,与抽样户的每台收音机和电视机连接,随时记下开关机时间和接收频道,然后将记录送回公司。这种方法可以避免手工操作的错误和遗忘,并且,因为抽样户比较稳定,可以减少抽样户有意无意的偏差。但是,这种方法只能测量收音机和电视机的使用,无法反映谁或多少人在收听或收看,也无法提供户外的视听行为。第五种是无线电全方位受众调查,简称RADAR。在调查的前一周,调查人给随意选定的电话号码打电话,其目的是调查人进行自我介绍、解释调查的性质,以期得到合作,同时商定调查的合适时间。然后,调查人每天在约定的时间通过电话了解抽样户前一天的视听行为,并进一步确证第二天的调查时间。调查要求十分严格,从上一次截止时间始,按每一刻钟的间隔记下回答者的视听情况。所有的调查都在安装有监督设备的调查中心进行。RADAR 的调查质量相当高,合作率达到 70%。将调查所得信息分类后,可以得到某一节目或广告的确切受众人数。但是报告周期较长,往往达到 3 个月时间,费用也相对较高。最后一种是日记法和简单机械记录仪法的结合体。记录仪只记录开机时间,但每隔半小时它还发出信号提醒回答者填写调查日记,然后公司将回答者的记录和记录仪的记录进行对照比较。如果两者相去甚远,该抽样户即被取消。经常不符合要求的将被替换。因此,这种方法减少了受众事后凭记忆填写日记的情况。

美国的各个调查公司或是擅长于某一调查方法,或是将几种方法合并使用。它们的根本目的就是满足订户对受众率调查的最基本要求:快速和准确。但实际上所有的受众率都只是估计,因此准确度也只能是相对的,人们仍在探索更廉价、更能反映受众实际视听行为的调查方法。

(4) 分析评估。这是调查公司视听调查的最后一个步骤,广告商总是愿意支付更高的价格购买有区别的受众资料,因为只有这样的资料才对其产品的市场细分策略有价值。也就是说,目标受众区分得越清楚,其卖价就越高。这一点可以从下列一组数据中得到证实。该数据体现了每千人价格在以户为单位、以男人为单位和以少年为单位的 30 秒广播网调查中的明显区别。

黄金时间节目	(户) $3.61	(男人) $5.51	(少年) $17.28
白天的节目	(户) $1.87	(男人) $7.63	(少年) $14.16
世界杯棒球赛	(户) $3.94	(男人) $4.70	(少年) $32.79

实质上,分析评估就是对视听调查所得数据进行区分以获取不同节目的受众资料,然后评估各种受众资料的购买价格。这是视听调查的主要目的。

除了提供关于观(听)众数量和构成的视听率调查外,西方的调查公司还开展一些其他类型的调查,如"定性率调查",它反映受众对某一节目或人物的喜欢程度;"态度调查",它用来探求人们在接触媒介之前和接触媒介之后的行为的主观原因以测定媒介给人们的态度变化带来的影响;"概念调查",它用来测试准备中的某一节目的主题可能受欢迎的程度;"市场测试",用来检测广告对受众产生的效果以及由此产生的市场销售效果……

西方的视听调查虽有不尽如人意之处,甚至常常受到社会的批评,但是历年积累的大量数据却依然功不可没,为媒介、广告商以及各类研究人员提供了十分有用的参考数据。

第四节 受众调查对新闻媒介的影响

西方各种调查公司的存在和发展及其所进行的受众调查,构成了新闻媒介与受众之间主要的反馈机制,再加上媒介广告客户和其他社会机构对调查结果的普遍重视,使受众调查对新闻媒介产生了举足轻重的影响。

一、受众调查对新闻媒介的声望和地位具有重大影响

尽管受众率只是对过去视听情况的衡量,不能反映新的节目和广告的视听情况,但它还是被用来预测未来。新闻媒介在广大受众心目中的地位和节目受欢迎的程度,对于其声望和前途至关重要。例如,1976年,ABC黄金时间的收视率从第三位一下子上升到第一位,便引起了美国广播电视界的巨大震惊。《纽约时报》的记者在访问CBS总经理约翰·贝克后写道:"ABC在电视黄金时间的激烈竞争中超过了CBS,这一极大的屈辱和窘困,使人们有理由相信CBS的高级管理阶层将有重大改组。"这件事之所以对CBS的影响如此之大,是因为收视率的跌落意味着声望和地位的下降,从而导致其收入和股票的下跌。CBS经过改组调整后,认真分析了受众率调查结果,依据受众率调查结果全面地改进了自己的工作,收视率又重新领先。

二、受众调查对新闻媒介内容和节目的安排具有重大影响

作为商业性的新闻媒介,其最终目的是获取巨额利润。为了达到这个目的,媒介播出的节目就必须满足受众的需要,为受众服务,从而

将受众从竞争对手那里吸引过来,形成自己节目的优势地位。要做到这一点,除了要考虑节目的多样化、节目质量和广告的吸引力等因素外,节目的具体安排要以收视率及其预测为基础和依据,包括受众的组成和分布等。电视台、电台往往十分善于利用各种受众调查的分析结果,对节目做出重放、取消或改变播出时段的决定,以使自己在竞争中处于优势,最大限度地打击竞争对手。受众调查的数据还能显示电视和电台节目安排的不足之处,帮助媒介改善自己的节目,力争后来居上。我们知道,受众对于频道和节目的选择是处在流动过程中的,一个节目如何将受众吸引过来?如何使抱着试试看心理的受众最终成为定期受众?一个节目结束后受众会转向另一个什么节目?凡此种种,新闻媒介经常对这些问题进行研究,以便更好地安排节目,使自己的节目赢得受众的青睐。这样的研究当然离不开受众率的调查。

三、受众调查对新闻媒介的经济状况具有重大的影响

由于电视、广播等电子媒介具有瞬间即逝的特点,受众率便成了衡量节目的主要标准。它在电视台、电台与广告客户、广告代理商打交道时,有着不容置疑的作用。例如,1983年,电视黄金时间的收视率每增加一个点的指数,广告费的年收入就增加5 000万美元;白天的收视率每增加一个点的指数,年收入便增加3 500万美元。另外,经济专家们在估算利润和损失、编制预算、预测资金流通和花费时,也大量使用受众率调查的结果。

受众调查的作用无疑是重要的。但是,也有人指出,就目前的情形而言,由于受众调查的方式、手段并不十分科学,调查结果往往存在着许多偏差;而且在调查期间,有的媒介有作弊行为,导致视听率的结果不准确、不公正,不能反映出真正的视听情况……凡此种种,受众率的可靠性是值得怀疑的。对于受众率的可靠性的抱怨,美国国会20世纪60年代曾发起过一次调查,在听证会上揭露了大量篡改、欺骗和矛盾的受众率调查的案例。然而,正是这样的调查结果,在影响甚至主宰着媒介的工作,因此不可避免地对新闻媒介产生一定的负面影响。例如新闻节目,为了增加视听率,美国不少媒介的新闻广播员像闲谈一样播发新闻,并且经常插入一些友好的旁白;而在新闻采写时,大力组织所谓"行动新闻";一些新闻咨询机构甚至建议把消息像商品一样包装,以增加视听率。

无论如何,只要广播和电视继续存在,受众调查就会继续存在。问题的关键不在于它有什么样的影响,而在于如何正确地利用它,而不是一味地依赖它或者指责它。

第二十三章

西方新闻媒介的体制和管理

诚然,自由主义报刊理论是西方新闻体制的基石,西方各国在宪法或各种宣言中都高扬新闻自由的旗帜。但绝对自由是不存在的,无法无天是不容许的。新闻自由必须控制在西方的政治制度范围之内并为西方的政治制度服务。300多年来,西方各国经过不断探索、调整,逐步形成既基本相同又有各国自己特点的新闻媒介体制和管理模式。

第一节 三种所有制形式

西方各国的新闻媒介存在着三种所有制形式,即私有制、公有制、国有制。有些国家以某种所有制形式为主,兼有其中的一种或两种;有些国家则三种所有制形式并存。在此,我们作一个较为详尽的考察。

一、私营媒介

完全由私人(资本家)独资或集股兴办(股份制)。以美国三大广播公司(ABC、NBC、CBS)、英国独立广播公司(IBA)、日本民间放送联盟等为代表。而西方各国的报纸,无论美国的《纽约时报》、《华盛顿邮报》,还是英国的《泰晤士报》、日本的《朝日新闻》等等,都是私营的。私营的新闻媒介有以下特点:

(1) 依托财团。大多数私营媒介都有财团的背景,像美国三大广播公司和摩根财团、洛克菲勒财团关系十分密切。所以,它们在不同程度上代表各大财团的利益。

（2）以盈利为目的。私营媒介的最高目标是盈利,盈利是所有私营媒介的基本方针。所以,它们完全按商业原则来经营媒介。私营媒介故而又统称为商业媒介(商业台、商业报)。

（3）广告是主要收入来源。无论是报纸还是电台、电视台,私营媒介的主要财源是广告收入。私营报纸的发行基本都亏本,靠广告来弥补,报纸上的广告一般都占全部版面的60%~70%,如果低于60%,整个报社就将入不敷出,面临倒闭的危机。而电台、电视台则全部依靠广告收入来维持。所以,广告客户是所有私营媒介真正的衣食父母。在重大问题上,绝大多数私营媒介都不敢得罪广告客户尤其是大客户,即著名的大公司。所以,西方的许多新闻学者都尖锐地指出：媒介以自己丰富的节目来吸引受众,然后把受众卖给广告客户。

（4）迎合受众。为了吸引广告客户,提高广告收费,必须提高发行量、收听率、收视率,这样,私营媒介的节目从内容到形式必须不断追随受众的兴趣,加上私营媒介的机制比较灵活,所以节目更新很快,不断推陈出新。从总体上说,私营媒介的内容丰富多彩,形式活泼多样,新闻力争迅速,报道面广,同时有大量煽情性内容。

（5）监督政府有一定力度。私营媒介往往以"民众代表"、"舆论代表"自居。为了争取受众,私营媒介往往抨击政府的纲领和政策,尤其对政府的丑闻不遗余力地进行揭露。由于独立负责,立场、观点不受政府制约,有些新闻、评论有一定的深度,有独到的见解。

二、公营媒介

以英国广播公司、日本放送协会和德国的电台、电视台为代表。但世界上绝大多数国家都有公营电台、电视台(又称公共电台、电视台),这就是教育电台、电视台,以播放社会教育和少儿节目为主。公营台都通过国家立法而建立,并受政府保护。西方目前还没有公营报纸。公营台的基本特点是：

（1）半官方机构。在名义上,公营台是独立的,自订工作方针,自制节目,自主经营,自负盈亏,不受政府领导,不对政府负责,不代表任何党派(不管是执政党还是在野党)。但公营台和政府有着千丝万缕的联系。公营台的负责人是政府首脑任命的,视听费由政府代收。所以,公营台本能地偏向于政府,本能地维护现政府的主张,反映政府的立场。至少,它们不会公开地抨击政府的纲领和立场,在某些枝节上的批评,也不过是"小骂大帮忙"。这样,人们常常把公营台称作半官方机构。

(2) 以视听费为主要收入来源。公营台的财源主要依靠收取受众缴纳的收听、收看费(或称执照费)。例如在英国,一台收看 BBC 节目的彩色电视机的收看费每年为 38 英镑;在日本,一台收看 NHK 节目的彩色电视机的收看费约 18 美元。视听费由政府邮政部门代收。

(3) 强调对公众负责。正因为公营台以受众的视听费为主要经济来源,受众成了公营台真正的衣食父母,再加上近几年公营台都受到来自私营台的强有力挑战,所以,公营台特别强调对公众负责、为公众服务。这就决定了公营台节目的特点:重视新闻、服务、社教类节目;新闻重视真实、全面、客观、公正;娱乐节目比较健康,基本不播煽情性内容。公营台一般都重视受众调查,试图根据受众要求来更新节目。但公营台面对的两大难题是:多层次的受众常常对节目提出截然相反的要求,一台难调众人口,使公营台莫衷一是;当受众的观点和政府立场鲜明对立时,公营台左右为难。

(4) 不播广告。公营台以受众的视听费为主要收入,所以,公营台在节目中一般不播商业广告;有些国家,像丹麦、瑞典的公营台虽然也插播商业广告,但数量极有限,且基本上都是与教育文化有关,像购买电脑、新书,介绍新电影之类。

三、国营媒介

以法国为代表。在 1984 年 11 月以前,法国的 3 家电视台即电视一台(TF1)、电视二台(A2)、电视三台(FR3)都由政府直接控制。此外,西方大多数国家还有些在野党的机关报,性质近似于国营媒介,但影响都不大。国营媒介的基本特点是:

(1) 完全依赖政府。国营媒介的领导由政府任命,工作方针由政府决定;经费全部或大部分来自于政府提供。

(2) 政府的宣传机构。国营媒介自觉地站在政府立场上,宣传政府的施政纲领、方针政策。

(3) 节目严肃但呆板。国营媒介以新闻节目、言论、教育节目为主,娱乐节目强调健康。节目内容很严肃,基本上没有诲淫诲盗的内容。但国营媒介内部缺乏活力,层次多,所以,节目更新慢,形式呆板,且职工缺乏积极性、主动性,很少有创新。

由于国营媒介的节目单调乏味,引起受众的不满,从20世纪70年代起,历届法国政府试图对国营电视台作调整,但面貌依旧,变化不大。直到1984年11月,法国政府批准第一家私营电视台——法国电视四台正式开播,打破了国家垄断电台、电视台的局面。1987年6月,法国电视一台也由国营改制为私营。

第二节 三种管理模式

由于所有制性质不同,所以,对媒介具体管理的模式也不同。

一、私营媒介

股份制的私营媒介名义上把股东大会作为最高权力机构。但零散的小股东对媒介决策几乎没有影响力,而由大股东组成的董事会作为最高决策机构。董事会负责媒介的财政预决算,任命媒介的负责人(报纸的发行人、电台电视台的台长)和确定媒介的基本方针。媒介的负责人执行董事会的决议和具体操作媒介。在西方各国,私营媒介的负责人往往就是握有最大股份的股东,或者就是董事长,是真正的老板。所以,他们对媒介拥有极大的发言权。

私营媒介和公营、国营媒介在管理体制上的一个显著的区别是重视经营活动。因为它的收入主要依靠自身的经营(广告是主要财源)。所以,在其内部管理机构里,往往由总编辑、总经理分别负责编务和经营,而且总经理的地位往往比总编辑高。

二、公营媒介

日本、英国、德国的公营电台、电视台在管理体制上稍有不同。为叙述方便,以德国为例说明德国的广播系统为防止被政府控制和某个集团垄断,议会特地制订一部《广播法》,规定广播属于全体公民所有,并由各社会阶层的代表组成管理机构。电台、电视台的管理机构有三个层次。列表如下：

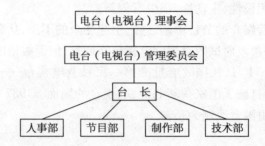

其中，理事会由有社会影响的民间组织和议会中各政党的代表组成，由议会批准建立。理事会负责制订电台、电视台的基本原则，决定章程，决定电台、电视台的年度预算、决算以及对某些重大问题作出决议，向管理委员会推荐台长人选。管理委员会是电台、电视台的监督机关。它由社会知名人士、技术专家组成，其职权是任命台长，与台长签订工作合同书；审查年度预算、决算和年度工作报告并送理事会审查；监督电台、电视台的节目内容。台长是整个业务工作的责任领导，对外则全权代表电台、电视台。

三、国营媒介

法国的电台、电视台由政府全面管理，控制极为严格。1959年，政府建立"法国广播电视公司"，全权管理所属电台、电视台，并负责节目制作和发播。其经费除小部分来自广告收入外，其余由国家税收供给，重要人事任命由内阁会议决定。1975年，由于经营不善，亏损严重，广播电视公司被撤销，成立7个各自独立的国营公司，即电视一台、电视二台、电视三台、制片公司、发行公司、广播公司、视听研究所，由政府新设立的广播电视部负责管理。电台、电视台的工作方针、主要领导以及年度财务预算决算都由政府最后决定。

公营、国营媒介的经费基本上靠视听费、国家拨款，所以，它们都不重视自身经营活动，而把主要精力放在节目上。

第三节 西方国家的新闻法规

西方工业发达国家都号称是"法治国家",一般都通过法律手段来调控新闻媒介。当然,西方各国千方百计地用直接或间接的行政手段来控制新闻界的努力从来没有停止过。

在论述西方各国的新闻法规以前,我们首先要分清西方国家的两大法系。一为大陆法系,除以英语为母语的国家外,西方其他国家大多采用此法系。大陆法系一般都是单一的成文法系并采用法典式;法院审理案件只能依据和服从成文法,法官只能运用法律,不能创造法律。二为海洋法系,又称英美法系。在所有以英语为母语的国家,例如英国、美国、加拿大、澳大利亚、新西兰等国通用。这些国家的法律由形式不一、来源不同的法律构成,一般不倾向于成文法典;在审查案件时主要依据以前最高法院的判例,即"遵守先例";同时,上级法院的判例对下级法院有约束力。从这个意义上说,法官既运用法律,也创造法律。从新闻法规上看,西方任何国家都有新闻法规来保护、制约、控制新闻媒介,只不过大多数采用大陆法系的国家都有单独的新闻法,有些虽然没有单独新闻法,也包含在其他法律条文中,例如刑法、民法、青少年法等等,对新闻媒介的活动有明确条文规定。而采用海洋法系的国家都没有单独成文的新闻法,而按照判例来审判新闻案件。

现在,我们对西方国家的一些重要的新闻法规作一评述。

一、新闻自由法和国家安全保障

这些新闻法规和政府有密切关系,所以放在一起来阐述。

无论是实行哪个法系,西方国家都把新闻自由看作是社会的基本价值,各国都以法律条文明确宣布保护新闻自由。

美国于1789年由国会通过宪法的十条修正案(又被称作"人权法案"),其中修正案第一条这样写道:"国会不得制定法律,建立宗教或禁止宗教信仰自由;剥夺人民言论或报刊自由;剥夺人民和平集会及向政府申冤请愿之权利。"这一条修正案在以后的一系列重大新闻案件中不断被法院援引。

法国在1789年的"人权宣言"第十一条庄严宣布:"思想与意见的自由交换,是人类最宝贵的权利。只要在法律限制范围内,担负起此项自由的责任,每个公民都拥有自由说、写及出版的权利。"法国的1958年宪法没有把权利、自由包括进去,但上述的"人权宣言"在法国有着与宪法同等的价值。

德国鉴于法西斯统治的惨痛教训,在宪法第五条对新闻自由作了慎重又明确的规定:"(一)每个人有通过可利用的渠道不受阻碍地获得信息的权利,有使用口头、文字、图像的形式自由表达和传播自己意见的权利。新闻自由和通过电台及影片进行报道的自由受到保护。没有新闻检查。(二)这种权利受到现有宪法规定的约束,受到保护青少年的法律规定以及个人名誉权利的约束。"

在这些法律条文的保护下,西方各国都取消了新闻检查(事后追惩是任何国家都存在的);取消了报纸、杂志的出版登记;允许记者采访除属国家机密的任何部门和查阅除属国家机密的任何材料。

但在法律条文明确保护新闻自由的同时,西方各国同样有法律条文明确新闻自由必须在法律所容许的范围内。为此,西方各国都规定:新闻媒介不得以任何形式危害国家安全。这包括:不得煽动以武力及其他非法手段推翻政府,破坏国家制度和社会秩序;不得泄露国家机密;不得煽动宗教、民族对立等等。例如,英国制订有"公务机密条例",严禁新闻媒介泄露有关国家安全的机密。在法国,如果新闻媒介刊载政府认为危害国家内外安全的消息,政府有权没收报纸、取消广播电视节目,甚至逮捕有关记者、编辑。澳大利亚、新西兰等国几乎所有有关国家安全的新闻,都须经有关部的部长亲自签字同意才能发表。而美国自1884年国会通过《煽动法》、《叛国罪》两个法案以来,从未明确宣布取消过。所以,西方的新闻学者都明确地说,绝对的新闻自由是不存在的。一切危害国家安全或者说危及资产阶级统治、危及资本主义制度的"自由"在西方是不容许的。

二、知晓权和消息自由法案

知晓权即公民拥有知的权利,本来是新闻自由题中应有之义,但真正提出知的权利不过是近40年的事,因为政府的保密制度在很大程度上妨碍了新闻采访。号称新闻自由程度最高的美国就有两条法律实施保密。一是1789年的档案管理条例,规定政府机构的负责人有权决定本部门文件的管理、使用和典藏办法;二是1946年的行政制度法规,规定政府由于正当理由即为了公共利益可以对有关文件保密。

在近30年中,有两件大事使公民的知晓权有了实质性的突破。一是在1958年、1966年国会两次通过的消息自由法案,规定公民有权使用政府的文件、记录、政策声明等档案材料,如申请遭拒绝,可向法院起诉。二是1971年的"五角大楼文件案"。1971年6月13日,《纽约时报》刊登了被美国国防部(即五角大楼)列为绝密的文件《美国的越南战争政策制定过程史》,把美国卷入越南战争的始末作了详细的追述。此时正值越美谈判关键时期,当时的尼克松总统亲自下令,要政府律师出面向纽约联邦法院提出要求:禁止《纽约时报》继续刊登。经过几度反复,《纽约时报》向美国最高法院提出上诉。6月30日,最高法院以6票对3票作出判决,《纽约时报》胜诉,"五角大楼文件"得以继续刊登。最高法院判决的全部依据是宪法第一修正案——禁止政府对言论自由和出版自由进行事先限制。这一案件轰动一时,在美国立法史上具有重大意义。此外,美国会又在1974年通过"消息自由法案补充法案"和1976年的"阳光普照法案",进一步削减保密范围,加快申请使用政府材料的过程。以后,西方不少国家,像英国、日本、德国、加拿大等都仿照美国制订了消息自由法案。

三、关于诽谤罪的定性

新闻诽谤是西方各国涉及面最广、案情最为复杂,也是令新闻界、司法界最挠头的案件。"不准使用新闻媒介诽谤他人"是西方任何国家新闻法规必备的条文。但一涉及具体案件,是否构成诽谤罪,是轻微伤害还是严重伤害,那就变得非常复杂,有时官司一打几个月甚至拖上一年半载。

什么是诽谤?各国法律的解释各有不同。美国法律研究会编辑的《法律的重述》所下的定义为:"无确凿的证据而散布对他人不真实的事实并损害他人的名誉。""传播足以损害他人名誉的事实使其在社会上处于不利地位或有碍其与第三人的往来。"

诽谤的对象一般有三种:一是个人(无论普通公民还是政府官员);二是某个特定团体(企业、事业单位及政府部门);三是企事业单位所生产的产品(包括服务)。

诽谤罪的确认一般有四个条件:一是特定的对象,可以让他人确认的对象,不是泛指。例如"无官不贪"、"无商不奸",虽然指责了所有政府官员、所有商人,但不是指向特定对象,不构成诽谤罪。二是歪曲、夸大、捏造事实;三是必须含有恶意;四是公开传播,造成对象的名誉损害。

在新闻媒介,批评政府以及政府官员时,西方国家有一个传统原则:公正评论。这里包括两个条件:一是真实,只要材料是真实的,任何批评都是合法的;二是公正,不是出于恶意。否则,很可能触犯诽谤罪。美国1960年的"沙里文案"和1983年的"沙龙案"对确认新闻媒介对政府的批评权利具有重大意义。

1960年《纽约时报》刊登一则广告,一黑人组织揭露亚拉巴马州蒙哥马利市警察局长沙里文镇压黑人运动。沙里文提起诉讼,指出广告中有几项事实不实,并控告《纽约时报》诽谤其名誉。州地方法院判决《纽约时报》赔偿沙里文名誉损失50万美元。《纽约时报》上诉,美最高法院否定原判,并在全体一致的判决书中写道:"宪法第一号修正案的规定,旨在提倡大胆的揭露。辩论中不可避免地会有一些不准确的说法。如果抓住这些错误说法,特别是对议论政府部门工作时出现的错误说法加以惩罚,今后就会窒息这种讨论。……对于公开问题的讨论,应当是不受约束的,大胆地开放绿灯。"

"沙里文案"涉及的是部分事实的失实,而"沙龙案"涉及一个事件关键性问题上失实。1983年2月,美国《时代》周刊报道1982年9月发生在巴勒斯坦两个难民营内的大屠杀经过。报道中提到,当黎巴嫩总统杰马耶遭暗杀后,当时的以色列国防部长沙龙曾和杰马耶家属讨论过复仇一事。1983年6月,沙龙专程赴纽约,向联邦法院起诉,认为《时代》的报道暗示他曾鼓励乃至教唆了这场大屠杀,对他构成诽谤。虽然法院的调查确认《时代》对上述细节的报道失实,但《时代》周刊并不是故意的、恶意的,因此判沙龙败诉。

无论是"沙里文案"还是"沙龙案",都可以看出,西方一些国家对新闻媒介的诽谤罪的确认主要针对公民个人(包括法人组织),而对政府及政府官员的公务活动的批评、指责,只要不涉及个人私人生活,一般都从严控制,作出有利于新闻媒介的判决。

四、隐私权

美国的《法律大辞典》对隐私权下了这样的定义,隐私权是"不被干涉的权利;免于被不正当地公开的权利……个人(或组织)如果愿意,有使他本人和他的财产不受公众监视的权利"。

隐私权虽然是个人神圣不可侵犯的生存权,但在西方各国的宪法中都没有提到这个概念。在法律词汇中出现隐私权的条文还是近百年的事,但也只有近几十年才逐渐被社会所重视。因为随着各种电子监视器无孔不入地侵入人们的私生活,人们越来越感到正常生活受到威胁,需要运用法律来保护自己。

美国著名的法学家威廉·L·布鲁塞在《现代民主国家的新闻法规》一书中对侵犯隐私权的情况分为四类:1)闯入原告的私人禁地。例如记者用远摄镜头、监听器或装扮成其他身份的人混入他人家庭、病房或私人聚会获取材料,并在媒介上公开传播。但在公共场合所获取的任何个人资料均不在此列。2)公开私人物件,使原告的正常社会生活被破坏。例如未经本人同意,公开私人信件、日记、病例、档案。3)在公众面前将原告置于错误位置。例如,某家地方报纸在报道警察抓获一名盗窃犯时,不小心将协助警察抓盗窃犯的居民名字错写成盗窃犯,该居民上诉当地法院,获得50万美元名誉赔偿费。4)未得本人同意,利用原告的姓名、肖像等进行商业活动,例如刊登商业广告、拍摄广告片等等。

在确认诽谤罪时,真实性是防止触犯诽谤罪的最强大武器;但在确认犯隐私罪时,真实不起作用,唯一能起作用的是"新闻价值"。法院在判决时,常以传播内容是否有新闻价值作为决定性依据。例如,英国伊丽莎白女王的女儿安娜公主在度假时,和其男友在游泳池裸体游泳,被人偷拍照片,登在报纸上,引起全英轰动。安娜公主上诉法院,法院以此照片有新闻价值为由,令安娜公主败诉。

五、新闻自由与公正审判

新闻界与司法界最大的摩擦是关于记者对消息来源的保密问题。一般说,新闻媒介都不愿公开信息来源,而法院为调查需要,常常会强迫记者公布消息来源。英、法等国有个法令,规定只有当记者的消息来源与国家安全或司法机关无关时,他们才有权拒绝透露。美国有"考德威尔案"作为判例。1972年,《纽约时报》记者考德威尔采访黑人左翼组织黑豹党,写了一篇调查报道。联邦大陪审团在调查左翼黑人活动时,传讯记者作证,考德威尔拒绝,而政府则认为每个公民都有义务向调查犯罪活动的法院审判团作证。最高法院判决:宪法第一修正案以及其他宪法条款,均未给予记者拒绝对大陪审团提供有关公益的消息之权。1978年,法院又命令《纽约时报》记者迈伦·法伯交出一个案件的采访笔记。法伯拒绝。法院以藐视法庭罪逮捕法伯,并对《纽约时报》处以罚金。

上述法令和判例都清楚地显示出西方新闻法规的倾向:新闻自由必须在资产阶级的统治所能容许的范围之内并为维护其统治服务,否则,就将被剥夺。

第二十四章

西方新闻业的经营管理

西方新闻业的经营管理的基本点就是如何节省开支,扩大财源,增加收入,获取利润。这关系到每一家新闻媒介的生死兴衰。所以,西方任何一家新闻媒介都把经营管理视为新闻业的生命线。

第一节　经营管理在西方新闻业中的地位

一、历史回顾

如果说"书简报纸"是产生于中世纪末期通商和贸易的时代,那么近代报纸则是出现于资本主义初期政治的时代。报纸置身于政治斗争之中,主要职能是从事政治性评论,获取商业利润属于次要问题。所以近代报纸首先是作为"政论报纸"而出现的。随着时代的变化,报纸的性质也发生了变化。1833年,美国23岁的印刷工人本杰明·戴在纽约创办了《太阳报》,把6美分1份的报纸价格降到1美分,雇用一个叫乔治·威斯勒的人专门采访警察局及法院,报道各种犯罪活动,刊登群众关心的有趣味的新闻和文章,获得了城市的广大新读者群。尤其重要的是,他把报纸发行变为面向群众出售新闻的一种商业。发行方面,不再依靠传统的订阅办法,以街头零售为主。不到6个月,《太阳报》发行量达8 000份,比当时最大的正统报多一倍。发行量大,为广告商重视,而广告多,报纸收入就增加,这就是《太阳报》成功的秘诀。以后,效法者接踵而至,有詹姆士·戈登·贝内特的《纽约先驱报》,霍勒斯·格里利的《纽约论坛报》。这样,报纸便从"政论报纸"过渡到了向群众出售新闻的"大众报纸"时代。本杰明创办《太阳报》时,只有每小时至多印 200 份报纸的老式印刷机和微小的资金,而亨利·雷蒙德在 1851 年创办《纽约时报》时,已拥有配备着价值 2 万美元的蒸汽轮印机的 6 层大楼,和 10 万美元的资金。报纸走上了企业化的道路,原来在"政论报纸"时代被人忽视的经营管理,在新的自由而竞争的市场上发挥了越来越重要的作用。

1922 年,美国电话电报公司单独在纽约建立了一个电台(WEAF),并出售广播时间做广告,从而拉开了美国商业性广播的序幕。第二年,它又利用拥有的电话线将几个城市的电台连接起来,形成一个广播网。这就是广播网的开始。其他几家公司也各办有自己的电台,进行竞争,逐渐形成美国 3 家最大的全国性广播网——全国广播公司(NBC)、哥伦比亚广播公司(CBS)和美国广播公司(ABC)。电视出现后,3 家大公司都同时经营电视广播业,成为有利可图的事业。

二、强有力的经营举措

《华盛顿邮报》公司的主席凯瑟琳·格雷厄姆夫人,曾不止一次地说,在经营管理上不成功的报纸几乎不可能是一张在编辑上非常出色的报纸[1]。

Adweek 杂志在 1984 年 4 月公布了由 12 位权威人士评出的"美国十大最佳日报"名单,排在前 5 位的是《纽约时报》、《华盛顿邮报》、《洛杉矶时报》、《华尔街新闻》和《迈阿密先驱报》。它们无一例外地具有成功的经营管理。

奥克斯费尽心力经营四十载,为《纽约时报》奠定了雄厚基础。美西战争爆发,美国数十家报刊力争以战地新闻吸引读者增加销量。这对于当时出不起钱而未派战地记者的《纽约时报》来说,甚为不利。善动脑筋的奥克斯却在发行上出奇制胜地把报价从 3 美分降为 1 美分,结果销量迅速上升。报纸独家刊登查尔斯·林白所撰写的飞行故事,奥克斯最后将出售这项报道所得的 6 万美元作为稿费,全部赠给林白,这一举动在作者群和读者群中引起了广泛的赞誉。随着《纽约时报》业务的日益兴旺,其篇幅与销量也与日俱增,广告业务更是源源而来。

---

[1] 〔英〕马丁·沃克:《报纸的力量》,新华出版社 1987 年版,第 233—238 页。

小苏兹贝格关闭了一直赔钱的西海岸版，买下了几家地方小报和"考斯传播公司"，这些附属机构给《纽约时报》带来了很大的利润。新闻版由8栏改为6栏，广告版由8栏改为9栏。改版之后新闻内容并不减少，却增加了刊登广告的行数。《纽约时报》在利润不断增长的同时跃升为美国的"三大报"之一。

《华盛顿邮报》由菲利浦·格雷厄姆接办后，沿着尤金·迈耶的路线经营。首先调整班子，聘拉斯·威金斯为编辑部主任，约翰·斯威特曼为营业部主任，随后又提升他当了总经理，哈里·格拉德斯坦为发行部主任。其次强调国际报道。继而不断开拓阵地，扩充实力，先控制了华盛顿的WTOP广播电台和电视台，以及佛罗里达州、康涅狄格州的一些电台电视台，又买下《时代先驱报》，独占了华盛顿的晨报市场，买下《新闻周刊》，与《洛杉矶时报》合创"洛杉矶时报华盛顿邮报通讯社"。不久又投资840万美元，控制鲍沃特·默西造纸公司49%股权，该公司日后供应了该报所需的大部分印刷纸张。这一系列令人眼花缭乱的经营举措，令《华盛顿邮报》名声大振。后来，菲利浦自杀后，其妻凯瑟琳续办，自任董事长、总经理和发行人，一改过去作风，千方百计抢发独家重大新闻，一方面发动编辑部内部记者竞争，另一方面宣布对外目标为战胜《纽约时报》，以获得名利双收之效。

三、丰厚利润的"无烟企业"

美国报业利润之丰厚令人难以置信，收入甚至可以抵挡经济衰退的冲击。它是美国的第三大行业，多年来一直跻身于美国最赚钱的十大行业之列。在股票市场，它凌驾于其他大公司之上。1980年报纸雇员计43.2万人，居美国劳工部所列全国最大制造业雇主名单的第一位，比钢铁业、汽车制造业都多，仅日报的广告收入就达156亿美元。据美国《广播年鉴(1981年)》统计，在晚上"黄金时间"平均每30秒钟广告收费7.5万美元，高的可达15万美元，低的平均也要4.5万多美元。1981年超级足球赛实况转播时，估计观众有1.04亿，1分钟广告收费55万美元。当然电视节目的生产费用昂贵，1小时达30万美元。取得一部电影的放映权需付高达90万美元的巨款，转播一场全国性大型体育比赛，如橄榄球、垒球和拳击比赛，甚至要付百万、千万美元。如ABC为取得转播1996年5月在美国举行的奥运会的权利，出价4.5亿美元。

自1884年老奥蒂斯以《洛杉矶时报》为基础组成"时报-镜报公司"以来,这家公司的规模和财富日益扩大,现已发展为美国西部最大的报团,资产超过1.7亿美元。目前分支机构有三四十个之多。它创建第一家由报纸经营的广播电台。目前广告是报纸主要财源所在,占总篇幅的70%。像《华盛顿邮报》一样,丰厚的利润为该报的基本建设与采用先进技术提供了条件。记者写稿,编辑修改组稿已普遍采用荧光屏幕显示等电子技术;有每小时印刷64页、100万份报纸的52台高速印刷机。

而美国金融资本的全国性财政金融专业报纸《华尔街日报》,是道·琼斯公司的骨干企业,收入在公司总收入中占很大比重。

这种"无烟企业"的有利可图使企业家们竞争激烈,中间不乏被挤垮者。1981年8月,《华盛顿明星报》倒闭,3周后,美国最大报纸《纽约每日新闻》的姊妹报《晚报》也倒台,4个月之后,南北战争前创刊并拥有40多万份销路的《费城公报》也关门大吉……它们倒闭的共同点是经营不善。新闻媒介在激烈的广告争夺中,偶一不慎,就丧失了优势,走向末路。

四、经营管理者的地位

新闻业作为企业,要生存,必须得受受众欢迎。尽管销售收入在利润中所占比例有所下降,但广告收入却随受众的多少而升降。新闻业的政治独立性建筑在经济独立性上,要使新闻业摆脱各种控制,尽量客观公正,必须要有自己的经济命脉,经营管理地位的重要性可想而知。

下面是一张典型的日报组织模式(见289页上的图示)。

很显然,经营管理部门占据很大的位置。

一张协调的报纸一般包括以下8个主要部门:编辑部、广告部、发行部、生产部、市场部、发展部、研究部和行政部。这些都是报纸正常经营所必不可少的。

美国著名报人彼得·强科尔认为,经营管理者必须能在不确定的环境下作决断,迅速适应战略规划。那些仅在理论上或技术上受过教育却不能真正把握管理基础的人,不是管理者,最多只是技术员。

几乎每一家成功的新闻企业都有一位经营管理的好手,他们不是社长、发行人本身,就是身居要职、大权在握的重臣。像《纽约时报》的奥克斯·苏兹贝格父子,《华盛顿邮报》的格雷厄姆夫妇,《读卖新闻》的正力松太郎和务台光雄,不胜枚举。

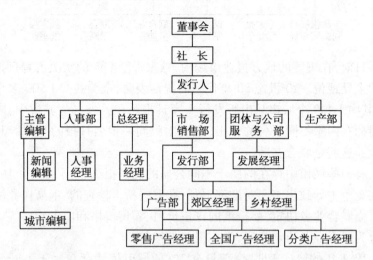

经营管理甚至决定编辑方针。《生活》画刊,原为周刊,杂志以照片为主,发行量800万册。由于电视的迅速发展,邮费的上涨,每年都亏损百万美元以上。按照新的经营方针,在停刊6年之后改出月刊,减少新闻照片,提出了"我们的目标是那些真正欣赏好照片的人"的策略。虽然发行量仅为70万册,并准备限制在200万册左右,《生活》反而盈利颇多。

第二节 西方新闻业经营管理的理论

一、报业市场结构

在美国,以报纸作为产品的全国报业市场,是由无数个地方报业市场所组成的。因为存在着以自由主义报刊理论为依据的报业反托拉斯法,美国目前还没形成全国报业市场的总体垄断,但集中的趋势显然在时快时慢地增长着。

一般说来,市场有四种状态:完全竞争状态、垄断性竞争状态、少数厂商共同影响市场状态和垄断状态。就美国报业市场而言,完全竞争状态早已消失。20世纪80年代以来,报业市场的状况处于少数报业主共同影响市场的状态及垄断状态之间。美国报业市场的大致结构可用如下轴线显示：

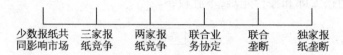

目前,在美国的地方报业市场中,独家报纸垄断的状况占着日报市场的主导地位。20世纪80年代初的统计表明,全美共有1 500多个城市,其中1 400个城市只出版发行一家日报。在另外一些城市中,同一公司拥有两家不同报名的日报,或者出版同一报名日报的上午版和下午版。这就是联合垄断。

有一些城市中存在的属于不同公司的几家报纸,为了瓜分市场,避免在竞争中导致损害而对谁都不利,在那些易于检查的、不易作弊的方面订立联合业务协定,如报纸的订户价格、零售价格和广告价格等。这被称为联合业务协定状况,又称报业卡特尔。

1981年的统计表明,全美只有2%的城市依然存在属于不同公司的两三家日报之间的市场竞争。这已不属于完全的自由竞争的范畴。除了争夺读者对象、提高报纸发行量和争夺广告客户外,竞争还带有一方想吃掉另一方的性质。美国新闻学研究者将这种竞争称作"生与死的斗争",失败的一方不是破产就是被另一方吞并。

在这样的报业市场结构中,新的投资者是很难插足于报业市场并获得成功的。美国学者洛伦·加吉莱昂于1984年估计,一家新创办的报纸只有在能分享一个报业市场的40%时才可能生存下来①。可是,在垄断、联合垄断和联合业务协定的报业市场上,新的投资者想要分享40%的报业市场几乎是白日做梦。即使在竞争的市场上,原有的争夺已很激烈,新创办的报纸想在短期内抢占40%的市场,可能性极小。报业市场的集中垄断趋势必然有增无减。但是,随着第二次世界大战结束后美国整个新闻事业结构的变化,主要是广播电视的后来居上,报业的集中垄断并不一定会导致信息和意见传播的集中垄断。按照美国反托拉斯法的规定,任何公司不能在同一城市或地区同时拥有报纸、广播台和电视台,同一城市或地区因此有多种大众传媒的存在,保证了多

---

① 〔美〕本·巴格迪坎:《传播媒介的垄断》,新华出版社1985年版,第89页。

种不同声音的存在。

二、报业的规模经济学

规模经济指厂商采用一定的生产规模,而能获得经济上的利益。

报业的生产规模和市场规模与成本和利润之间的相互关系,牵涉到三个主要方面。首先是原材料的费用。在美国,纸张、油墨供过于求,购买量愈大价格愈便宜。一次购买量愈大,单位运输费相对降低。所以报业的生产规模越大,原材料的单位成本就愈低。

其次是报社内部的各项成本和费用。编辑部的费用,包括人员工资、社外活动费用、技术设备费用、向通讯社特稿社的订稿费用等。印刷厂的费用,除了原材料外,主要是机器设备费和劳务费。当报纸的发行量不断增大时,编辑部、印刷厂的费用折合成本在每份报纸中所占的比例就越小,有利于提高利润。在发行量一时难以有较大的增长时,为降低成本提高利润率,可采取:1)裁减各类人员。报业主乐意采用新技术设备,也乐意向各类通讯社订稿。2)增加报纸总版面数。广告收入的增长远远弥补了编辑部提供的报纸内容所花的费用,美国报纸的版面的60%—70%用于做各类广告。当报纸总份数不增加时,版面总数的增加也会降低印刷成本,有的报纸周末版和星期日版甚至超过100版。

最后是发行费用。美国各个城市和社区的报纸发行主要通过两级传递:报纸先由报社运往各个发行站,再由发行站将报纸送到零售摊、零售报箱或订户手中。报纸发行量和版面总数的增加,对于降低单位运输费用是十分有利的,因为运输工具的容量愈大,单位运输费就会相对降低。报摊零售量和订户量的增加都会使发行人员劳务费增加,而由于无人看管的零售报箱的大量增加,又降低了发行人员的劳务费用。总之,报纸市场规模的扩大,无疑会降低每份报纸的平均发行费用。

提高报纸的发行量和版面总数并不是报业主的最终目的。报纸发行量表明了该报纸在读者市场上的地位,它决定着报纸在广告市场上的地位。从目前的报纸经营状况来看,销售量所得至多占报纸总收入的四分之一,而报纸主要的经营收入来自于广告。这种财政经济收入的结构决定了争夺读者市场仅仅是报纸拥有者的手段而已,其真正的目的是为了争夺广告市场。当一家报纸在某个城市或地区中一旦击败其竞争对手,实现了对市场的垄断后,便实行广告垄断定价。广告收费标准高于通常情况下以报纸实际销售量为依据计算出来的收费标准,从中取得超额的利润。

三、新科技与产品差异战略

新的科学技术与产品差异能抵制规模经济。在最近10年里,把计算机、电传和摄影业的新突破融合进新的印刷工艺里,报业取得了巨大的技术进步。这些新技术进步最显著的部分是:

（1）信息处理的计算机化。
（2）冷版光排字和胶印。
（3）透印版印刷术。
（4）卫星传真。

这些进步导致了整个生产过程速度和效益的巨大提高。这些提高节约了劳动力和资金,降低了长期以来各类日报的平均费用标准。通往规模经济道路上的障碍排除了,中小型报纸对于大型报纸有了更强的竞争力。这种适宜的环境最终能够延缓竞争着的非正式注册出版报纸的消失趋势,在不同层次引起新的竞争。卫星和微波传真的发展意味着地下报纸现在能拥有维持生存的卫星印刷设备,以减少额外时间,在最广的传递范围内分布,与报业规模经济相抗衡。

产品差异是克服规模经济带来的效益和日报间永无止境的竞争的另一方法。通过产品差异,报业能建立一个无弹性的需求,即使提价依然不会失去一批忠诚的读者。用高价来维持高花费,使报业总保持一个令人满意的利润。产品差异的领域包括:

（1）发行时间——早晨、下午或整天。
（2）编辑宗旨定位——民主党或共和党;工党或自由党。
（3）外观——小报或标准报;标题、图片、纸张、印刷的差异等。
（4）性质——准确性的差异、涉及面的深度、报道风格、特写的数量、广告的百分比。

前三项差异能够客观衡量,性质的差异需要主观判断,是研究的焦点。性质的差异造成读者分类,他们根据报纸在多大程度上满足他们对一些特殊领域(如体育、流行及其他所有个人兴趣)的需要,来挑选一张报纸舍弃另一张报纸。当然,在信息市场上,可以有互相差异、各有所长的报纸并存。

四、定价行为

定价行为是报业市场上的主要行为之一,其焦点主要集中在广告的定价上。报业作为企业是不寻常的,它生产一种产品,满足互相影响的两个市场:信息用来满足媒介消费者(读者市场);空间或读者被卖给广告主(广告市场)。读者市场的需求相对来说是非弹性的,而广告市场的需求因时而异。

广告在经营中一般占收入的四分之三;因此十分重要。一般理论上,广告版面的价格由总发行量、花费和竞争出版物(假如存在的话)决定。后来也有人加上威望、发行质量、读者分布、产品服务和地方经济等因素。传统上对不同层次的广告户设置不同的广告价格,全国性的高些,地方性的低些,还以提供的服务、广告的地位与一年内的广告总量为衡量指标。

在独家报纸垄断报业市场,以及同一家公司拥有两家报纸而被称为联合垄断的状况下,广告定价主要以报业主为一方和以广告客户为另一方。以报纸发行量作为参照,通过讨价还价以双方共同接受的单位价格作为广告的定价。在存在着两家以上报纸竞争的报业市场上,定价不仅要顾及成本和利润,更要考虑到竞争条件与竞争对手。在有竞争的状况下,定价比较合理,读者与广告客户都希望存在着至少两家报纸的竞争。在一些非常时期,当一家报纸企图吞并另一家报纸时,报纸销售价格和广告价格会被压得极低,读者与广告客户在短期内会有所得益。一旦这种竞争以一家报纸破产退出该市场而告结束后,其价格就会反弹上升。从长远看,读者和广告客户还是得不偿失的。

在一些存在着分属不同公司的两家以上报纸的报业市场上,为了避免因竞争而导致相互损害,报业主之间往往在订户价格、零售价格和广告价格等方面,以协定的形式分享市场。1970年通过的《报纸保护法案》对这种行为提供了法律保护。目前,这种联合业务协定的范围已扩大到共同利用印刷设备以及报纸的发行网络。在定价方面,往往在定价前先定报纸的发行量与广告量,以便分享读者市场和广告市场。

第三节　西方新闻业经营管理的实践

一、多种经营

在今天，美国几乎没有一种行业不拥有一家重要的传播媒介，也很少有哪家规模可观的主要传播媒介不在一个大产业中拥有一家公司的。

在美国垄断报系中排列第五位的时报-镜报公司，出版《洛杉矶时报》、《新闻日报》、《达拉斯时代先驱报》、《体育新闻》4家报刊以及电话号码簿、《圣经》、书籍和公路地图。它还拥有两个电缆电视网和3家平装本书籍出版公司。哥伦比亚广播公司在美国、加拿大、拉丁美洲国家50家公司有部分或全部股份，经营唱片、乐器及电视机维修业务，还拥有4个庞大的出版公司，经营《世界网球》、《茶》等杂志。美国广播公司经营电视台、电台、电影院，录制音乐唱片，出版图书杂志，在风景名胜区开辟休假游乐场所。

早在1976年，日本新闻协会曾就"在报纸本业的两大收入部门——发行和广告以外，报纸经营者还考虑怎样的增收政策"为题进行调查，被调查者举出了"出版部门的增设或扩充"、"社会文化事业的扩大"、"新的情报服务"等措施。问题的提出，体现了报社对开发除发行和广告以外新财源的思路，问题的答案却合乎今日西方报业多种经营的演化趋势。飞速发展的社会对新闻界造成了巨大的经济压力，现代化的通讯设备、印刷设备和发行采访费用，都需要以巨额资金做保证，多种经营为之开辟了新天地。

多种经营提高了办报效率。在一个拥有报纸、杂志、书籍出版和电影电视等传播工具的大公司里，一个好题材可以发展成系列产品，报纸上的文章，杂志可以利用，书籍出版公司可扩充成书，又可再进一步拍成电影或电视。这一过程就像流水线一样衔接自然，增强了信息流通和使用效率，避免了外来竞争，保住了利润不会外流。

西方新闻业多种经营项目令人眼花缭乱，日本报界曾专门组织调查了一部分报刊的经营范围：

（1）杂志、书刊编辑、出版。

（2）从外单位承接的印刷业务。
（3）广播、电视业。
（4）电影制作、影像、录音业。
（5）文学、艺术、体育活动及各种文体团体。
（6）教育事业、学术活动。
（7）各种展览会、博览会。
（8）观光旅游、旅店服务业。
（9）交通运输业。
（10）保险代理业。
（11）商业。
（12）不动产（一般不动产的买卖、建设资金的贷付等）。
（13）情报开发、信息资料服务业。
（14）电信服务业。

二、日本报纸的销售

　　日本的有代表性的报纸实现全国化和拥有巨大发行量，从一定意义上说是依赖于独特的发行、销售政策的。日本采用的是独一无二的成套制以及专卖、送报到家的销售方式。所谓成套制，即以同一报社，发行的同一报纸的早、晚报为一套，成套地出售。这样发行的结果，日刊实际上也就变成了半日刊。所谓专卖制，即报纸销售店和某一报社签订专属合同，不出售别家报纸，成为这一家报纸的专卖店。
　　一般说来，英美报纸主要依赖广告生存，广告收入通常占总收入的70%。而《朝日新闻》的财源主要来自报纸订费，广告收入仅占40%。它97%的销量是直接订户，其发行队伍浩浩荡荡，有6 000名报纸代销商、7 000名报童以及800多辆卡车组成的车队。为适应这家销量巨大的报纸，它拥有9 000多名工作人员和172台轮转印刷机、胶印机。
　　《读卖新闻》早晚刊相加达1 338万多份，1983年美国《时代》说它比全美销量最大的17家报纸销量的总和还要多，是"目前全球发行量最大的报纸"。担任过社长的务台光雄擅长企业的经营管理。他接任时，《读卖新闻》销量仍居日本三大报之末。他立誓在销量上赶超当时发行量最高的《朝日新闻》，经过激烈角逐，于1976年12月，把《朝日新闻》在日本保持50年之久的日发行量最高的"宝座"抢了过来。

1978年7月,日销售量突破800万份大关。在销售战中,压倒竞争对手,主要采取以下措施:

(1) 向订户赠送礼物,从饭锅、洗衣粉、啤酒到毛毯、小型电子计算器。据说,为保持其800万份销售纪录,每月用于扩大订户的费用即达10亿日元。

(2) 改进服务质量。几乎全部采用送报上门的办法,每逢下雨,《读卖新闻》的贩卖店就将报纸装进印有"读卖"字样的塑料袋投入订户信箱,从而给订户留下了"服务周到"的良好印象,有的家庭从祖父辈起一直订阅此报。

(3) 压低报价。日本报纸的订费随物价上涨,经常提价。《读卖新闻》在《朝日新闻》涨价之后却一拖再拖,这种"迟缓"战术,不仅保持、还增加了不少订户。

(4) 打折扣。为鼓励老订户,一年少收几个月报费。

(5) 利用报社主办的"巨人"棒球队扩大报纸影响,还组织交响乐团、旅行社方法来吸引读者。

该报记者一年的平均工资约为24 000美元左右。

三、默多克的传播业帝国

鲁波特·默多克是当今西方咄咄逼人的传播业后起之秀,他的传播业帝国近年来已迅速扩及非洲、拉美以外的世界各地。默多克最大的成就,在于他能在别人认为不可能赚钱的领域立足并一步步发展起来。他之所以愿意借钱收购报纸、电台、出版社,甚至电影制片厂,是因为在他看来,这些行业之间都存在着内在的联系,因此可以相互支持,降低成本,扩大影响。1986年,他仅新闻纸就购买了80万吨,比其他报社获得了更多的折扣。他的总公司还有专人负责将公司借到的款项和营运的利润在外汇市场上买进卖出,1987年仅此一项就收入6 000万美元。

默多克帝国是一个复杂的网络。他的总公司还留在澳大利亚老家。截至1987年6月底,这家公司1987年财政年度的营业额约有32亿美元,盈利6亿美元。公司资产已逾70亿美元,仅次于资产为100亿美元以上的甘尼特报系和时代杂志公司(78亿美元),超过了美国最大的电视广播网哥伦比亚广播公司(57亿美元)。

在英国,他拥有世界著名的《泰晤士报》和《星期天泰晤士报》,还拥有《太阳报》和《世界新闻》、时装杂志《她》,并在路透社拥有9.5%的股份,掌握了三家出版社和一家电视台。在美国,他不仅拥有数家报纸,几十种杂志、电视台、电台,还拥有闻名全球的"20世纪福克斯"电影公司。澳大利亚、新西兰是默多克起家的地方,他在那里的势力自不待言。就是在亚洲,1985年,他出资3亿美元买下了中国香港的英文版《南华早报》,收购了《远东经济评论》51%的股权。那一年,他仅用于收购世界各地的报纸、电台的支出就近50亿美元!

默多克1953年毕业于英国牛津大学,毕业后从父亲手里接过了名不见经传的《阿得莱德新闻报》。他的成功不仅是因为经营有方,而且是因为他敢于冒险。他是靠借钱发家的,银行之所以敢借钱给他,只因为他常常能使新购入的企业扭亏为盈。他是用自己"传播业帝国"的全局观念判断每一项交易的价值的,只要货好就不在乎多花几个钱。收进来的产业被分割开来,卖掉不需要的一部分,使另一部分与帝国的其他企业联成一体,原来无法实现的价值就实现了。如"20世纪福克斯"电影厂连年亏损,被收进的许多电视台也曾是严重亏损户,但默多克把它们一一盘进,利用电影厂的制片能力为电视台制作娱乐节目,于是两全其美,亏损情况也在迅速扭转。

四、甘尼特报系

报系又称报团,拥有两家或两家以上位于不同地区的报纸。目前,美国最大的报系是甘尼特报系。

1967年是甘尼特报系的一个重要年份。那一年,甘尼特参加了1963年形成的大报系,它们的股票进入了华尔街,列身于国际金融舞台,年收入达2.5亿美元。从1967—1982年,甘尼特公司利润逐季增大。其时所有工业股票利息平均为15%,而甘尼特的股票利息是21%。连一些死板的投资人,一年也得到红利30%~50%。在纽哈斯的推动下,甘尼特报系拥有报纸88家,23个周刊,13家广播台和17个电视台,3.8万个广告牌,一家民意测验所,一家电影制片公司,在电视电缆制造厂有一半股权,在35个州有经营卫星的业务。

大多数报系对它们新收买的报纸作财务上的安排是最重要和最机密的,甘尼特在这方面干得比多数报系更为干练和凶狠。它向当地的班子下达它的盈利命令,当地的发行人被明确通知,他每一个季度必须获利多少。甘尼特报系的地方报的总编辑和发行人凡能达到利润指标的,享有很大的自由,完不成的就要受处分。他们在地方上失败,就丧失了报系大部分总编辑和发行人的前程——被提升到较大的报纸或进入全国性机构的特权阶层的机会。甘尼特经营报纸的主要原则是"地方自治",地方编辑的工作不受上面的干涉。

第二十五章

新技术和新媒体

第一节 互联网技术

当1969年网际网络(Internet)在美国加州洛杉矶大学的实验室中诞生的时候,世人正忙着庆祝当时在全世界看来最伟大的壮举——太空登月。然而30年之后,同样在美国加州洛杉矶大学,庆祝网际网络成立30周年的声明告诉我们,太空登月已经渐渐被人们遗忘,而当时被人们忽略的网络却影响到世界上更多人的生活,尤其是在过去的5年中[①]。

人类正在进入互联网时代,这已经成为世界公认的现实。网络技术的飞速发展使人相信:互联网将无处不在。

网际网络又称国际互联网,主要是将许多计算机连接在一起的网络,是目前国际上最大的信息网络。它不仅可以提供各个领域内的丰富资源,而且为人们架起了交流和沟通的桥梁。在被"一网打尽"的世界上,变革似乎发生得特别快,即使再大胆的预言也可能在极短的时间内被奇迹般地实现。互联网对于人类生产和生活的影响,无疑可被称为人类文明史上的一个重要的里程碑。

一、互联网的"前世今生"——源起与发展

互联网源于1969年由美国国防部的研究人员和一些大学共同开

---

① SESCAL 99:Notes the Start of the Internet at UCLA, http://www.sescal.org/inetstory.htm.

发的军用计算机网络 ARPAnet。ARPAnet 研制的最初目的是为了防止冷战时期核战争的毁灭性打击,它使整个网络中的政府官员、科研人员可以借此互相交换重要信息。在冷战结束后,这一军事目的逐渐转向为和平目的使用的交互通信网。

互联网第一次快速发展出现在 20 世纪 80 年代中期。1985 年,美国国家科学基金会(NSF)利用 ARPAnet 系统的技术开发了国际科研基金网 NSFnet,采用 TCP/IP 协议,将各个大学、研究所的计算机连接起来,NSFnet 成为重要的主干网。从 1986 年到 1991 年,并入 NSFnet 的计算机子网从 100 个增加到 3 000 多个,几乎每年都以 100% 的速度增长。

互联网发展中的一个重要加速器是万维网(World Wide Web,WWW)的出现。1990 年,英国人提姆·柏纳·李发展出万维网,采用超文本标识语言(HTML)——一个可以获得图形信息的超文本互联网协议,NSFnet 则正式宣告"退休"。1991 年,网络上商业限制取消,互联网开始转向商业化。1993 年,美国政府提出了"信息高速公路"计划,万维网开始起飞,到 1994 年重要网站数目超过 300 万。万维网增长的最大因素在于大众媒体报道的"信息高速公路"吸引了互联网上成千上万的商业兴趣。

互联网发展历史上的第二次飞跃归功于商业化浪潮。1995 年以后,互联网进入商业应用阶段,众多商业机构一踏入互联网,很快就发现了它在通信、资料检索、客户服务等方面的巨大潜力。于是世界各地无数的企业和个人纷纷涌入互联网,World Wide Web 彻底包含了所有网际网络海量的互通,连被视为最保守的梵蒂冈教廷也上了网。

1995 年 10 月,美国联邦委员会一致通过一项决议,对互联网作出了这样的界定:Internet 是全球性信息系统,1)在逻辑上由一个以国际互联协议(IP)及其延伸的协议为基础的全球唯一的地址空间连接起来;2)能够支持使用传输控制协议和网际互联协议(TCP/IP),或其他 IP 兼容协议的通信;3)公开或不公开地提供利用通信和相关基础设施的高层次服务。这是迄今为止对互联网所作出的一个比较明确的定义。我们也可以简单地概括为:互联网是一个使用同一个通信协议(TCP/IP)的计算机网络,它能够使各种不同的计算机互相交换信息[①]。

[①] 参见 Internet & World Wide Web History, http://www.slsop.com/wrc/h_web.htm, and Hobbes' Internet Timeline V. 5.1, by Robert Hobbes'Zakon, http://www.isoc.org/guest/zakon/Internet/History/HIT.html。

互联网的历史发展过程决定了它的最初用户主要是大专院校的学生和专业研究人员。后来随着互联网范围的扩大,商业和其他领域的用户开始迅速增多。互联网向商业及其他领域迈进的重要原因是,由于它能够提供各种便利的服务,人们不再仅仅局限于利用它进行科研和教育等活动,而是利用其功能进行其他各种业务。

二、互联网的强大功能

互联网具有相当强大的功能,基本功能主要有:信息浏览(WWW)、电子邮件(E-mail)、远程登陆(Telnet)、文件传输(FTP)和新闻组(Usenet)等等。

1. 信息浏览(WWW)

信息浏览(WWW)是互联网最基本的应用方式。正是 WWW 的简单易用和强大的功能,极大地推动了互联网的发展和普及,它可以使一个从没有用过计算机的人,几分钟内就可以学会浏览网上丰富多彩的多媒体信息,只需用鼠标点击相关题目和图片,就可以从一个网站进入另一个网站,从一个国家进入另一个国家。

2. 电子邮件(E-mail)

E-mail 是 Electronic Mail 的缩写,即电子邮件。它是随计算机网络的出现而出现的,依靠网络的通信手段实现普通邮件的传输。是计算机与通信相结合的产物,主要用于计算机用户之间交换电子信件。发信者在计算机上输入发信文件内容,存入发信方信箱中,借助通信网络将放在发信方信箱中的信件传送到收信方信箱中,当收信人打开自己的计算机,借助通信网络便可打开收信方信箱,阅读发方传来的信件。电子邮件是在互联网中使用最频繁、最受欢迎的一种应用。据 IDC 公司统计,2004 年全球电子邮件信箱数量已达 10.8 亿,2005 年平均每天发送邮件的数量多达 350 亿封。

电子邮件具有电话通讯的速度与邮政通讯的直观性,同传统的通讯方式相比有着巨大优势。首先是高速度,电子邮件通常是在瞬间就送达至收件人信箱中;其次是方便,与电话通讯不同,发送电子邮件时不会因"占线"而浪费时间,从而跨越了时间和空间的限制;第三则是低价格,用户可以低至几分钱的代价发送用其他通讯方式难以承担的信息。

随着时代的发展,电子邮件正附加着许多新的内容:比如自动回复、小组发送、列表服务等。同时,电子邮件的内容也并不局限于文字,还可以包括图形和声音等。

3. 远程登陆(Telnet)

远程登录是指在遵循 Telnet 协议下,允许客户(Client)以终端的方式去访问并登录到 Internet 网络上另一台主机上,即 Server。通过使用远程登陆,互联网上的用户可以将自己的计算机仿真成一台远程计算机的终端,然后在它上面运行程序,或者使用它的软件和硬件资源。

远程登陆的主要用途是可以检索远程计算机的数据库,使用其中的信息资源,同时可以异地操作,减少传输之间的麻烦。如果要进行两地间的文件传输,则 FTP 有效得多。

4. 文件传输(FTP)

FTP 是 File Transfer Protocol 的缩写,即文件传输协议,是互联网上使用非常广泛的一种通讯协议,是计算机网络上主机之间传送文件的一种服务协议。FTP 可以传输文本文件、压缩文件、二进制文件以及多种文件类型和文件格式。

5. 新闻组(Usenet)

新闻组是一种被广泛使用的互联网服务。作为一个世界范围的电子公告板,新闻组主要用于发布公告、新闻和各种文章供大家使用。新闻组就如同报纸一样,每篇来稿被看成一篇文章,每个人都可以阅读,每个读过文章的人都可以根据自己的观点发表评论。新闻组的种类繁多,从"两会"报道到英国王室的花边新闻,从相对论到"超级女声",不管想到还是没有想到的任何话题,在互联网上都可以找到相对应的新闻组。新闻组目前在互联网上最常见的形式是电子公告牌(BBS)和网络聊天室,在我国比较有名的有天涯论坛和网易聊天室等等。

随着互联网的商业化进程,网络在线服务越来越完备,涉及各个不同领域。强大的搜索引擎提供多功能的信息检索,电子报纸和新闻专业网站的不断扩张,企业上网和交流的增多使电子商务成为一种重要的商业模式。由此出现的网络奇迹也在不断冲击着老牌的网络帝国如微软、美国在线等等。

三、互联网的基本特点

互联网的高速发展和广泛运用,绝不是一个偶然。这和互联网技术的显著特点密不可分。

互联网的迅速发展和广泛应用,是与它的特点密不可分的。

1. 高度的开放性

开放的网络结构,是互联网的核心技术思想。也就是说,任何一个网络类型、技术选择和活动范围都不受特定网络结构的支配,而是可以通过网络互联结构与其他网络连接。这种"无疆界"的优势得益于它所采用的 TCP/IP 协议,TCP/IP 协议是互联网实现不同网络互联的标准,也是互联网所采用的数据交换协议的统称。任何计算机只要采用了 TCP/IP 协议与互联网中的任何一台主机通信,都可以称为互联网的一部分。在开放的网络结构中,每个网络都可以根据特定的环境和用户特点自行设计和发展,而且可以有自己的向用户提供内容的单独接口[①]。

互联网最突出的特点是没有人"拥有"它。这个超级网络实际上是一个由众多网络组成的"网中网"(这正是 Internet 名称的由来),任何组织和机构都不能对它进行集中式管理和统一规划。与传统传媒网络广播网和电视网的不同之处在于,互联网是用户驱动型网络。用户是互联网的使用者和服务对象,也是它的开发者和服务提供者,因此互联网的生存和发展主要依靠用户对它的支持,用户是它的财富和活力的源泉。"受众是上帝"成为互联网的生存法则。

2. 互动性和个性化

互联网将网络技术、多媒体技术和超文本技术融为一体,因而同时具有发布和交流的功能。它可以支持一对一、一对多、多对多等各种交流模式,而且可以用来交替地"说"和"听",实现传受双方的互动。这种不断地从传统大众传播模式向现代私人通信式的人际传播模式的转变,密切了不同地区人与人之间的关系,使他们可以就许多不同的主题进行讨论,这是报纸、广播、电视等传统媒体无法实现的。

---

① 黄育馥:《信息高速公路与两个文明建设》,中国社会科学出版社 2000 年版,第 23—24 页。

电脑和网络代表了我们时代科技文明发展的前沿,同时也是崇尚创新和个性的"圣地"。互联网不仅是一种信息技术,也是一种社会技术,对于创新和个性的崇尚经过社会网络的渗透,已经成为现代公众的一种价值取向,并不断得到张扬。技术的发达使复制和模仿变得轻而易举,同时也突兀出创新的价值。互联网最有价值的信息和最有特色的服务肯定是充满鲜明个性特征的。互联网"只有第一"的法则一直在实现着自己的诺言:坚决把平庸拒绝到底。

3. 丰富的信息资源

互联网上庞大的数据库使信息储存几乎没有容量限制,因此拥有丰富的信息资源,从科研领域的最新文献、数据图表,到生活中的天气、交通、旅游,从新闻时事、金融股市,到体育赛事、娱乐休闲,从计算机程序到游戏软件等无所不包。而且这些信息分类科学,检索方便,缩短了信息交流的周期,对社会发展和文明进步起到巨大的推动作用。

互联网自身成功的重压和当前在技术上的局限也使它存在一些不足之处。主要表现在随着用户的增加,图文的丰富完美,网络出现拥挤"塞车",因此,有人把 WWW 戏称为"World Wide Wait"(全球在等待)。另外,网络"无疆界"带来的管理上的一些困难,像虚假信息和色情内容的传播、网络安全和知识产权保护等都是值得特别关注的问题。

四、互联网的新时代——Web2.0 的到来

Web2.0 是目前互联网最热门的关键词,但目前并没有统一的定义,我们这里采用的是互联网协会对于 Web2.0(互联网2.0)的定义:

互联网2.0(Web2.0)是互联网的一次理念和思想体系的升级换代,由原来的自上而下的由少数资源控制者集中控制主导的互联网体系,转变为自下而上的由广大用户集体智慧和力量主导的互联网体系。互联网2.0 内在的动力来源是将互联网的主导权交还个人,从而充分发掘了个人的积极性参与到体系中来,广大个人所贡献的影响和智慧,以及个人联系形成的社群的影响,就替代了原来少数人所控制和制造的影响,从而极大解放了个人的创作和贡献的潜能,使得互联网的创造力上升到了新的量级。

互联网协会还将 Web2.0 的重要特征概括为:

(1) 互联网成为平台(参与体系)而不是利用互联网来统治和

控制；

（2）充分重视并利用集体力量和智慧；

（3）将数据变成"Intel Inside"；

（4）分享和参与的架构驱动的网络效应；

（5）通过带动分散的、独立的开发者,组合各系统,进一步扩大网络规模；

（6）通过内容和服务的联合组成轻量的业务模型,分享经济的模式；

（7）注重用户体验的持续的服务（"永久的 Beta 版"）；

（8）服务和应用无处不在（非单机版和单一平台版本）；

（9）不仅仅是少数重要用户,而是渗透到全体用户,包括大量的普通用户,要有拉动"长尾"的能力。

虽然从这些碎片化的定义上来看,Web2.0 依旧是一个比较模糊的概念；但有一点是全世界都达成共识的：Web2.0 的出现使得整个互联网未来的创新将转向个人市场。虽然这些应用目前在商业模式上还不够成熟,技术上也有待完善,但是相对门户、E-mail 等早期互联网技术而言,在"个性"（原创能力、定制能力）和共性"聚合能力,共享能力"方面都有明显的提高。

目前,对于 Web2.0 的成型应用元素主要包括：博客（Blog 包含文字、声音、图像、视频,让个人成为主体）、Rss（简易聚合）、Web Service（Web 服务）、开放式 API's（开放式应用程序接口）、WIKI（维客）、TAGs（分类分众标签）、Bookmark（社会性书签）、SNS（社会网络）、Ajax（异步传输）等等。现简要介绍一下其中比较主要的一些元素。

（1）Blog：网站内的个人网站,通过 BBS 变形使个人可以管理自己发布的帖子的区域。

（2）TAG：相当于互联网上个人文章的摘要,由文章作者决定如何书写,供互联网用户搜索和查询时使用。

（3）SNS：在互联网 sns 网站上共享自己的个人简历,通过网络把有相同兴趣、爱好和利益的人聚合称为一个虚拟社区的概念。

（4）Rss：Xml 协议的一个应用,一个网站用相同的数据格式向外部提供信息,这些信息被其他网站读取后同步更新自己网站的信息。

（5）WIKI：BBS 功能的变形；所不同的是在 BBS 上并不是所有人都拥有更改信息的权限,而在这里,你可以任意增删修改他人留下的信息。

（6）六度分割：通过不超过6个人的关系，可以找到世界上任何一个人，比如上海复旦大学的学生通过不超过6个人的相互关系，可以认识美国篮球明星乔丹。

（7）xml：如果互联网上编写网页用的 html 格式是一个法律的话，xml 就是制定这类法律的法律，相当于"宪法"。

（8）Ajax：一种不用自己刷新，网页上的信息会自动更新的技术，比如我们在网上观看火箭队比赛的文字直播，比分是 80:65，姚明投进一球，屏幕比分将会自动变成 80:67。

但 Web 2.0 带给我们的不仅于此。Web2.0 不单纯是一项技术或者一个解决方案，而更是一套可执行的理念体系，它会实现网络社会化和个性化的理想，使个人成为真正意义上的主体，实现互联网生产方式的变革从而解放生产力。这个理念体系在不断发展完善中，并且会越来越清晰。Web 2.0 可以有效地利用消费者的自助服务和算法上的数据管理，以便能够将触角延伸至整个互联网，延伸至各个边缘而不仅仅是中心。不断创新，注重用户体验，开放平台和鼓励用户的参与创造，这是 Web2.0 留给我们最大的财富。

典型的例子来自 Overture 和 Google 的成功——众多小网站的集体力量提供了互联网的大多数内容，而 It Torrent 则采用了一种激进的方式来达到互联网去中心化的目的，这也是 Web 2.0 的关键原则：用户越多，服务越好。可以说，有一种隐性的"参与体系"内置在合作准则中。在这种参与体系中，服务主要扮演着一个智能代理的作用，将网络上的各个边缘连接起来，同时充分利用了用户自身的力量。

源于用户贡献的网络效应，是在 Web 2.0 时代到来之际，统治市场的关键。

第二节 全球宽带和卫星传输网络的发展

一、全球宽带发展

宽带市场调研厂家 Point Topic 一份报告称，随着发展中国家高速互联网接入的飞速增长，全球宽带用户数量突破了两亿户。Point Topic

称,2005年全球宽带互联网用户达到了2.05亿,比2004年同期增长了将近35%①。

在过去的三至五年中,宽带在全球范围内经历了爆炸式的增长,各主要地区的渗透程度越来越高。韩国率先于2002年末拥有了超过800万宽带用户。日本于2003年奋起直追,宽带用户数量在2003年末突破了1 000万大关。2005年,以用户数量作为衡量标准,中国占据了宽带大国的头把交椅,据估计,中国联通与中国网通的用户数量接近1 700万。预计到2008年末,宽带的总体普及率将翻一番,用户数量将超过3亿。在地区增长方面,行业分析师预测,随着诸如视频及VoIP等具有较高ARPU值的服务在宽带用户中得到普及,欧洲、北美及中国地区的宽带将保持强劲增长势头②。此外,当前互联网宽带用户高速增长的地区在中东和非洲地区。尽管上述地区的宽带用户在全球所占比重很小,但其增长速度迅猛之势却不容小觑:2005年第三季度内,该地区的宽带用户增长速度达到了16.5%,而在同期,全球的宽带互联网用户的增长速度仅为7.3%。因此,宽带在人口众多的发展中国家尚有巨大的未被开发的潜力③。

美国具有全球最多的宽带用户,共计有3 820万,DSL增长率达到16%,而其他技术增长率仅为10%。目前,美国的宽带普及率为13%,排在全世界的第13位。宽带普及率最高国家为韩国,25.5%,其次为中国香港地区、荷兰和丹麦④。

二、宽带多媒体业务的种类

宽带多媒体业务根据其内容分为以下几类:互联网业务、移动信息业务、移动商务类业务、多媒体类业务、视频类业务等。目前已实现且应用较多的宽带多媒体业务主要有远程医疗、网上购物、网上投票、网上视频直播、VOD视频点播、网络电视、网上教学、宽带游戏、视频会议、视频聊天、多媒体邮件等业务。

---

① 中国国际广播电台主办:《世界广播电视参考》,2006年第2期。
②③ 《支持FTTN部署的超高速DSL技术》,光纤通信专业情报网。
④ 吕海亮:《全球宽带用户人数已达1.76亿 年底有望突破2亿》,http://net.Chinabyte.com/416/2128916.shtml。

(1) 远程医疗:远程医疗系统能对各地的疑难病进行及时的治疗,这能有效地解决各地医疗水平不一的情况。这也将是宽带多媒体业务发展的一个重点。

(2) 网上购物:欲购某种物品时,就"可到各商场去看看,进行实地考察"(利用宽带多媒体业务),然后进行比较(品牌、质量、价格等),决定购买后,进行网上购物。

(3) 网上投票:每年春节晚会都有精彩节目,并都要评选优秀节目,观众投票时总是"凭印象"。宽带多媒体投票系统为观众提供条件,投票时可将自己喜欢的节目调出来进行比较,最后决定投哪个节目,这样可真正实现公平、公正、公开。

(4) 多媒体监视系统:城市交通管理系统,实时采集各路段、各交叉口的交通状况,根据路况调整车辆流向,实时控制各路口的红绿灯,充分发挥道路作用。这种应用很普遍,例如智能大厦监控系统、工业监控系统和安全警卫系统等。

(5) 网上教学:名牌大学很受人们青睐,这些学校有学术渊博和经验丰富的教授,还有先进的实验室和教学条件,远程教学系统可充分利用这些资源,就像亲自在这些学校上学一样,取得满意的学习效果。这类系统还可用于远程培训和远程图书馆等。

(6) 点播电视:现在的电视系统用户只能通过频道转换改变不同的节目,而点播电视系统,用户不仅可以单独调用需要的内容,还可以实现如同录像机的倒带、快进、搜索和暂停等功能,获得高质量的宽带多媒体信息服务。

(7) 多媒体邮件业务:多媒体邮件业务与多媒体短消息业务(MMS)相类似,可以收发内容丰富的多媒体内容,包括格式化的文本、声音、图像以及视频内容,这种由文本到多媒体的转变,就如同 PC 领域中,由 DOS 到 Windows 的转变一样。多媒体邮件业务让用户可以使用自由编辑模板或选择固定格式模板,在邮件正文插入视频、音频、图像格式的文件,编辑文字,享受边听边看的感觉,用最直观的方式,充分表达最丰富的情感内容。

(8) 电子银行:电子银行是一种交易型业务,用户不仅要向数据库索取必要的信息,还要修改数据库的内容;这种业务涉及钱物交易,要求保密性强,可靠性高。有了电子银行,可实现银行之间的互通,并且24 小时办公,大大方便了用户。这类应用还可用于证券交易、期货交尽管目前宽带多媒体业务已经有了广泛的应用和发展,但是目前网络上的多媒体业务服务还是不能让消费者完全满意。例如在线观看电影,一旦网站的访问量超出某种限度,在线观看的体验就变得极其糟糕。这种现象只能有望在 3G 时代得到明显的改善。

三、最受欢迎的接入方式

当前全球的宽带接入方式呈现出多元化的局面,较为成熟和活跃的接入技术有:DSL、ISDN、CableModem、以太网、光纤接入、宽带无线接入等。

(1) DSL 技术(DSL、ADSL、VDSL):它利用现有的模拟铜缆向用户方设备传送速率高达 8M bps 的数据。DSL 的优点在于它利用现有的市内电话网和电话交换局的机房,可以降低施工和维护成本,并且对电话业务没有影响。缺点在于它对线路的质量要求较高,当线路质量不高时,推广使用就有困难。由于它基于现有的电话线,因此对于电话公司来说是一种比较合适的方案,可以充分挖掘现有网络的潜力。

(2) ISDN 接入方式:这种应用主要适用于商业用户和部分个人用户,ISDN 同样基于电话线,能提供 BRI(144K bps)和 PRI(2M bps)两种传输速率,满足中等接入速率的要求,因此仅仅是一种过渡方案。

(3) CableModem(电缆调制解调器)技术:它是一种基于 CATV 网络的技术,可在不影响有线电视广播的频带内实现对互联网信息的接入与访问。它的优点是带宽宽、速度快。它存在着以下缺点:它需要对原有网络进行很大的改造,这需要耗费巨额的资金;并且 CableModem 技术使用的是共享访问平台,因此可能出现用户争夺带宽的现象,从而影响接入速率。

(4) 以太网接入技术:以太网是目前应用最为广泛的局域网络传输方式,它采用基带传输,通过双绞线和传输设备,实现 10M/100M/1G bps 的网络传输,是一种较为成熟的接入技术。

(5) 光纤接入方式:与其他技术相比,光纤接入在带宽的接入速度和稳定性等方面都具有不可比拟的优势,但是由于成本太高,在目前很

---

① 邓政宏:《宽带多媒体业务:3G 应用的先行者》,载《通信信息报》。

难得到普及。现阶段,运营商一般都是采用"光纤尽量接近用户"的方案,来逐步实施光纤接入①。

在众多宽带传输技术中,"数字用户线路"(DSL)是当今世界上的主流技术,它能够为各个家庭提供高速因特网接入。根据 DSL 论坛提供的统计数据,2004 年第三季度末,全球有超过 8 500 万的 DSL 用户,其中中国以总数 1 370 万胜出,而韩国在普及率上以每 100 条电话线路有将近 29 个 DSL 连接处于领先地位。展望未来,至 2008 年末,DSL 技术将在全球宽带部署中占据 70% 的份额。除了 DSL 以外,缆线及 WiMax 技术也将继续为全球用户提供宽带服务,预计在今后 3 至 5 年内光纤的部署将加快速度。预计光纤部署的增强在 2008 年乃至其后将成为宽带增长的重要推动因素②。

四、卫星传播网络

利用卫星传输数字电视有两种方式,一种方式是将数字电视信号传送到有线电视前端,再由有线电视台转换成模拟电视信号传送到用户家中,我国目前的压缩上星传输采用的就是这种方式。另一种方式是将数字电视信号直接传送到用户家中,即 DTH 方式(卫星直播电视 Direct-to-Home Satellite Television)。两种方式最本质的区别在于,DTH 方式可以提供直接到户的用户授权和加密管理,开展数字电视、高清晰度电视等多种类型的先进电视服务,不受中间环节的限制。此外,DTH 方式还可开展许多电视业务之外的数字信息服务,如高速 Internet 下载等,在电视与电脑、电信日益融合一体的今天,这一点更显重要③。

直播卫星(Direct Broadcast Satellite,DBS)是卫星直播系统的一个重要组成部分,为空间段的运营平台。为迎合直播卫星业务市场需求的增长和新业务的拓展,近年来全球电视直播卫星的订购、建造和发射业务呈现上升态势。另一方面,与上一代直播卫星相比,新一代直播卫星在功率、服务寿命、容量、EIRP 及波束设计等方面都有长足的进步。

---

① 张茂州:《宽带之路不平坦——全球宽带产业发展透视》,http://www.ctiforum.com/hangye/broadband/2001/12/boardband1201.htm。

② 《支持 FTTN 部署的超高速 DSL 技术》,载光纤通信专业情报网,http://www.gdov.com.cn/technology/technology_wk.asp?article_id=2864。

③ 《卫星直播(DTH)技术与发展》,http://www.tvworld.com.cn/XW/DTH.htm。

在亚洲,直播卫星只有日本 BSAT 1A/2A/2C 三颗,欧洲的直播卫星也只有"热鸟"系列(Hot Bird)等多颗。相比之下,北美洲在轨直播卫星虽然较多,但也只有美国 EchoStar 系列、DirecTV 系列及加拿大 Nimiq 系列等近 20 颗。预计在 2005—2007 年,全球将发射 10 多颗电视直播卫星,包括美国 DirecTV 系列 6 颗、EchoStar 系列 2 颗、欧洲 Hot Bird 系列 2 颗,以及我国 SinoSat 2 和中星九号(Chinasat 9)等直播卫星。其中美国 Spaceway 1/2 和 DirecTV 10/11 是 Ka 波段高清电视直播卫星,将采用点波束技术。另外,2004 年 11 月,美国 Rain-bow DBS 公司授予洛克希德·马丁商业空间系统公司建造 5 颗新一代 Ka 波段高清电视直播卫星(Rainbow Ka1—Ka5),并已下订单(合同金额 7.4 亿美元),卫星交付期限为 38~50 个月。市场分析家指出,美国及北美地区近年来之所以加快发展直播卫星,主要是因为当地市场对高清电视的迫切需求,而卫星频带宽的特性最适合用来传输高清电视[①]。

截至 2005 年 1 月,英国 BSkyB、美国 DirecTV 及 EchoStar 三大直播卫星系统用户达到 3 250 万户,英美两国直播卫星在电视家庭用户市场上占有的份额已分别上升到 29% 和 22.6%,甚至原有的部分有线电视用户也转向接收卫星直播电视。德国、法国、墨西哥、巴西卫星直播系统家庭渗透率方面分别达到了 35%、32%、25%、23%。非洲、大洋洲以及日本、中国台湾等亚洲许多国家和地区已经发展了自己的直播卫星系统。

五、各国卫星电视的发展

1. 美国 DirecTV

默多克把收购 DirecTV 视为实现其全球卫星电视战略最重要的一步。2001 年默多克提出以 225 亿美元的价格收购 DirecTV,然而经过一年多谈判,默多克的收购计划惨遭失败。2001 年 10 月,通用汽车公司将 DirecTV 以 190 亿美元的价格出售给新闻集团的竞争对手美国第二大卫星电视服务商——艾克斯达(EchoStar)电视公司。尽管如此,默多克并没有放弃收购 DirecTV 的努力。通过多方面的努力,终于新闻集团宣布,同意以每股 14 美元的价格收购通用汽车公司持有的直接

---

① 谢丰奕:《全球直播卫星系统及其新发展(一)》,载《世界广播电视》。

卫视母公司休斯电子公司19.9%的股份,休斯公司34%的股份将转入新闻集团控股的美国福克斯电视公司。

经过10年的发展,同时伴随着一系列的资产收购,DirecTV系统已从最初的53个频道,扩展到今天的871个,DirecTV公司已经成为美国第三大多频道数字电视节目供应商,全球最大的卫星数字电视服务提供商。目前,DirecTV系统向全美52个州府城市传送当地的频道节目,覆盖了大约6 100万个家庭;截至2004年9月底,DirecTV系统已有用户1 350万;DirecTV公司已占美国本土电视市场的12%,占美国本土卫星电视市场将近60%的份额。在美国,每9个看电视的家庭用户就有超过一户享受由DirecTV提供的服务。DirecTV能够提供871个视频和音频频道,其中包括125个基本的娱乐频道、31个额外的电影频道、超过25个地域性的体育频道,合计超过600个的地方频道、35个西班牙语和汉语的特殊兴趣频道、55个按次付费的电影和新闻频道和7个高清频道。

如今的DirecTV已经成功地将自己定位为有线电视的超级替换者。全美最大的有线电视运营商Comcast与第二大的有线电视运营商时代华纳是DirecTV在美国最大的竞争对手。在DirecTV历年新增用户数中,有70%来自原来的有线电视用户[1]。而美国有线电视用户近几年基本上没有增长。由此可见,DirecTV的成长是建立在有线电视的日益式微之上的。

2. 美国EchoStar直播卫星系统

EchoStar直播卫星系统由EchoStar通信公司通过其拥有的Digital Sky Highway Network(简称DISH Network)为用户提供DBS电视服务。与大多数直播卫星服务提供商不同,EchoStar公司拥有十分丰富的直播卫星资源及DBS相关接收设备的研制生产能力,从而大大增强了自身的竞争力。EchoStar身兼卫星运营商、DBS服务提供商和卫星接收相关设备供应商三种角色,有利于降低EchoStar直播卫星系统运营成本。正是由于这些有利的条件,从1996年3月DISH Network开始为用户提供DBS服务以来,EchoStar直播卫星系统用户市场一直在快速成长,令业界瞩目。据EchoStar通信公司2005年1月31日发布的消息,

---

[1] 《世界各国直播卫星运营商运营报告综述》,载中国直播卫星网,http://info.broadcast.hc360.com/2005/12/02090885111.shtml。

DISH Network 的用户增至 1 100 万户,只比美国最大的直播卫星系统 DirecTV US 少 290 万用户。据统计,从 2000 年 1 月起至今,DISH Network 共增加了 760 多万用户。业界专家指出,美国现有约 1.1 亿电视家庭用户,而 EchoStar 公司已拥有 1 100 万用户,这意味着现在每 10 个美国电视家庭用户中,就有一户选择订购 DISH Network 的直播卫星服务,同时反映了美国直播卫星电视良好的发展势头。EchoStar 直播卫星系统在强大的竞争对手面前取得快速的市场成长的原因,主要是以下几点:相对较低的数字电视收视服务费,不断推出广受用户欢迎的本地频道、高清电视、交互电视、体育节目、国际频道等具个性化特色的新服务,适时引进可以在收看一套节目的同时录制另一套节目的数字视频录像机(DVR)、带录像功能的数字高清卫星电视接收机等新型卫星接收设备,加上公司近年来在美国有线电视与卫星电视服务业用户满意度评比中,多次获得第一名的荣誉,应该是 DISH Network 订户快速增多的主要原因[1]。

3. 英国 BSkyB 卫视

BSkyB 是英国领先的付费电视运营商,也是全球最成功的 DTH 运营商之一。自 1988 年成立以来,BSkyB 几乎完全按照其商业计划实现了目标,建立了英国第一个数字电视平台,开播 200 多个卫星频道,并于 1999 年推出互动体育频道,使观众成为主导者,改变了传统的电视收看方式,创造了世界广播电视发展史上的一个奇迹。BSkyB 在节目方面的投入占到所有运营费用的 50% 以上,整合了 500 多个频道。英国广播公司 2005 年 12 月 19 日宣布其卫星直播用户已超过 800 万,提前完成预期目标。据报道,BSkyB 的中期核心运作目标是到 2010 年其卫星直播电视用户达到 1 000 万,其中 Sky + 用户为 25%,多室用户为 30%[2]。

BSkyB 在节目制作上耗巨资购买对观众有巨大吸引力的节目,如好莱坞的最新电影和英格兰足球超级联赛的独家转播权等等。另外,BSkyB 也投入大量资金和人力制作了新闻、娱乐等节目频道。BSkyB 在电影和体育方面的优势,加上制作出其他优秀的节目,是 BSkyB 能够迅速吸纳用户,增加收入的主要原因。在节目销售方面,BSkyB 以电影和体育为主要分类,把所有节目分成比较简单的几个包,让用户选择。这

---

[1] 谢丰奕:《全球直播卫星系统及其新发展(一)》,载《世界广播电视》。
[2] 《世界广播电视参考》,2006 年第 2 期,第 54 页。

种方式能够降低用户选择的难度,同时也减少了推销管理的复杂性,使得 BSkyB 能够很方便地管理起数百万名订户。BSkyB 有一半以上的雇员是服务于用户管理部门,说明 BSkyB 相当重视改善用户体验,维护用户忠诚度。BSkyB 每周还要处理来自用户的上百万个电话。正是由于这些优质的服务,BSkyB 吸引了大批的用户加入,也极大地降低了用户的流失率。除了传统的付费收看模式,BSkyB 开发了大量互动电视服务,包括赌博、游戏、竞猜、购物、互动广告等,成为收入的新增长点。

4. 日本 SKY Perfect

日本是亚洲唯一的已经形成规模的 DTH(卫星直播电视 Direct-to-Home Satellite Television)运营国家。从 1994 年起,日本国内的 8 家大公司联合成立 Perfect TV 开展 DTH 业务,随后,世界两大 DTH 运营商 DirecTV 和新闻集团相继登陆日本。激烈竞争的结果是 JskyB 与 Perfect TV 合并成为 SKY Perfect;DirecTV 退出,用户全部被 SKY Perfect 吸收。

SKY Perfect 在发展战略上非常明确,就是在核心业务——多频道的卫星广播平台业务方面,力求取得最大利润,同时不断渗透到其他平台,扩展新的商业模式。与世界的其他运营商一样,通过不断地增加内容,改善用户服务,来增加新用户和防止老用户流失,另外,还开发各种互动服务吸引用户。在内容方面,SKY Perfect 购买了意大利甲级联赛、英格兰超级联赛、世界杯、欧洲冠军联赛、棒球、武术等多项体育赛事的独家转播权,形成自己的竞争优势。尽管如此,SKY Perfect 还是强调内容的整合,而自身则以平台运营为核心。在其他运营平台方面,SKY Perfect 把触角伸到了针对商业用户的数据和图像传输领域,针对无法接收卫星电视用户的光纤传输领域,通过宽带进行内容分发的领域。SKY Perfect 还为上游的内容提供商提供数字化和卫星上行服务。这样,SKY Perfect 以内容整合和内容分发为核心,形成了链接上下游的多平台运营商,开发了多种商业服务模式。这也将是 SKY Perfect 未来发展的重要趋势[①]。

---

① 《世界各国直播卫星运营商运营报告综述》,载中国直播卫星网,http://info.broadcast.hc360.com/2005/12/02090885111.shtml。

第三节 新　媒　体

一、什么是新媒体

随着新技术的迅速发展,新媒体的出现如同风起云涌,从最初的互联网媒体到今日的手机媒体、数字电视和 IPTV,一时间全世界都为新媒体而疯狂。究竟什么是新媒体呢？一般的定义是:新媒体是一种互动式的由数字化技术复合而成的媒体。新媒体的特点可以概括为以下几点。

（1）分众性。新媒体是分众媒体而非大众媒体,面对的受众具有一定的特征,传播模式也不是一般意义上的广播而是窄播。

（2）互动性。新媒体具有充分的互动性。相对于旧媒体,新媒体的最大力量莫过于受者和传者之间的边界消解。过去是单一的传输,而由于新媒体的互动性,使得受众可以反过来对传者产生影响。

（3）复合性。新媒体属于复合媒体(多媒体),内容呈现方式也多样化,除了文本之外,还有视频和音频,同时三者可以任意转换。

借用熊彼特的话说,新媒体的根本特点是"破坏性创造"。新媒体的发展过程,实际上也是媒体自身反省、整合的过程。从 AOL 并购时代华纳,到华纳 CEO 就任雅虎 CEO,都证明了这一点。新媒体具有绝对的核心竞争力,这取决于新技术,也取决于新整合。

新媒体的出现使得传媒的性质发生了巨大的改变。

首先是传播方式的改变。早期的新媒体特指网络和互联网。而由于网络的存在,单向播出的旧媒体方式变成了用户有选择地选取信息。因此,注意力争夺之战将成为未来传媒发展的一个关键。

其次,则是对于传统媒体的广泛冲击。印刷媒体(报纸、杂志)的数量已经大大降低,越来越多的报纸、杂志选择跨越地域合并,以求应对新媒体的冲击。电视台的效益也大大受到影响。据 A·C·尼尔森(世界领先的媒体调查公司)统计,1998 年第四季度美国电视观众就下降了 575 万(达 9%)。针对这些情况,新的电视将以数码传输为依托,传播包括图像、文字、声音在内的多种数据流。多媒体技术的发展将提供基础设施、平台与内容的融合。

第三，新媒体的出现向媒体工作者提出了更高的要求。数字时代的记者必须具备会写综合报道、能拍令人激动的节目、能掌握网页设计及动态双态数字摄影内容制作方式等多种素质。怎样在手机媒体等全新媒体的载体下做出符合受众口味的节目，这是新一代媒体工作者的艰巨任务。

二、新媒体的分类

1. 手机媒体

手机媒体，顾名思义就是利用手机这一载体进行信息的传播。手机现阶段在中国最流行、最重要的存在方式是短信。但这种传播并不代表手机媒体的未来。随着通讯技术、计算机技术的发展与普及，手机媒体将会成为网络媒体的另一种延伸。

手机媒体的最大优势就是具有随时性。它打破了地域、时间和电脑终端设备的限制，可以随时随地接收文字、图片、声音等各类信息，真正实现了用户与信息的同步。而随着手机成本的逐步降低，手机媒体将不再是少数社会精英的专利，成为大众化媒体是手机媒体的必由之路。

（1）手机报纸。手机报纸主要是通过无线技术平台将纸媒体的新闻内容发送到用户手机上，使得用户可以通过手机阅读到当天或者查询过去报纸的内容。可以说，手机报纸是网络报纸的延伸，目前世界上比较著名的手机报纸来自日本的 I-MODE 手机报纸。诞生于 1999 年的 I-MODE 是世界上最成功的互联网服务之一，能够使用户以低廉的费用上网，并且达到 56K bps 的速度。在日本报业持续低迷的大环境下，《朝日新闻》率先通过 I-MODE 手机媒体传送新闻，一时间赢得了大批受众，传为佳话。

（2）手机电视。随着数字技术的发展，全球广播电视正经历从模拟向数字的转换工作。数字技术不但使得电视观众能够收看到数量更多、效果更清晰的电视节目，而且还使得电视信号的传送渠道更加多样化。除传统的有线、卫星、地面 DTV 业务外，IPTV、移动电视、手机电视等新业务也正在兴起。同时，流媒体及视音频压缩技术的迅速发展、网络带宽的进一步突破，使视频业务手段越来越丰富。手机电视，便是在众多新技术条件下诞生的新的视频收看手段。

手机电视主要通过无线通讯网络传输,由手机终端接收。手机电视业务可以实现电视直播、节目点播和下载以及手机短信、彩信、WAP等多项功能,同时手机用户可以通过手机与电视节目形成互动。

目前手机电视的技术实现主要有以下两种:一种是基于移动运营商的蜂窝无线网络,实现流媒体多点传送;另一种则是利用数字音讯广播频谱商的数字多媒体广播(DMB),实现多点传送。同时,移动通信的3G流媒体技术也能支持移动多媒体功能。流媒体是指视频、声音等数据以实时传输协议承载,并以连续流的形式从源端向目的端传输,在目的端接收到一定缓存数据后就可以播放出来的多媒体应用。

我国的手机电视业务仍处于起步阶段。移动通讯网络方面,目前中国移动、中国联通基于2.5G的手机电视服务只能算作为用户体验式的市场预热。2005年底,信息产业部副部长奚国华表示,3G牌照发放所涉及的技术和业务成熟性、竞争格局优化、知识产权以及中国标准TD-SCDMA的发展等四个问题已经逐步明朗,目前看来,第三代移动通信牌照发放的决策时机已经到来。移动通信领域也正在从2.5G向3G发展,DVB-H作为欧洲DVB的手机终端标准,已经在欧洲、美国等国家及地区开始了手机电视的试验以及运营。

但由于手机电视涉及广电部门和移动运营商两方面的共同地带,要想把电视的内容移植到手机终端,都必须持有广电总局发的牌照。至今只有上海文广在2005年5月获得中国第一张手机电视的牌照。

(3) 手机广告。手机广告是基于手机媒体的一种广告活动,目前手机广告最普遍的形式是短信广告,但显然这是一种最低端的广告,随着技术的进一步发展,手机广告的前途不可限量。

手机媒体与手机广告最发达的国家莫过于日本。日本的手机媒体是建立在I-MODE技术上的。近年来,日本手机广告年收入均超过100亿日元。I-MODE的优势在于用户无论何时何地可随身携带、使用频率高,可以网上确认与收发E-mail;I-MODE的手机广告回应率高,是高效的媒体。日本手机是单向收费的,用户无须为手机广告增加经济负担。手机广告形式多样,如通过手机送虚拟优惠券、有奖应征。I-MODE广告具体做法有:在适当的时机发送手机电子邮件,吸引顾客;通过网络游戏吸引用户等[1]。

---

[1] 匡文波:《手机媒体:展望2006》,载《传媒(Media)》,2006年第1期。

（4）手机博客。手机博客将是手机和 Web2.0 技术的完美结合，随着 3G 的普及，手机的上网用户将会大幅度增加，其中的一部分手机网民将成为手机博客的使用者。手机博客将具有现有的电脑博客的特点；不同的是手机博客们可以随时随地发布信息。

2. 数字电视

数字电视是指从演播室到发射、传输、接收的所有环节，都是使用数字电视信号或对该系统所有的信号传播都是通过由 0、1 数字串所构成的数字流来传播的。数字信号的传播速率是每秒 19.39 兆字节，如此大的数据流的传递保证了数字电视的高清晰度，克服了模拟电视的先天不足。同时还由于数字电视可以允许几种制式信号的同时存在，每个数字频道下又可分为几个子频道，从而既可以用一个大数据流——每秒 19.39 兆字节，也可将其分为几个分流，例如 4 个，每个的速度就是每秒 4.85 兆字节，这样虽然图像的清晰度要大打折扣，却可大大增加信息的种类，满足不同的需求。例如，在转播一场体育比赛时，观众需要高清晰度的图像，电视台就应采用每秒 19.39 兆字节的传播；而在进行新闻广播时，观众注意的是新闻内容而不是播音员的形象，所以没必要采用那么高的清晰度，这时只需每秒 3 兆字节的速度就可以了，剩下 16.39 兆字节可用来传输别的内容。

目前对数字电视的具体解释主要有两种：

（1）20 世纪 80 年代 ITT 公司研制了一套数字处理芯片，在接收模拟电视信号的情况下，再经模拟高中频处理，最后经模/数转换成数字信号进行数字处理，以改进图像清晰度。90 年代又出现多种具有画中画、倍行和其他质量的、改进的"数字电视机"，不过这些电视机接收的仍是模拟电视信号，仍处于模拟传输的模拟系统中，所以只能称为"数字模拟电视机"，并不是真正意义上的数字电视。

（2）美国的"数字电视"（简称 DTV）专指地面数字电视广播系统。在这种系统中，除了目前节目制作中还有一部分是模拟的以外，从演播室到发射、传输、接收的所有环节都是使用数字电视信号或对数字电视信号进行处理和调制。而也只有这种接收地面数字电视广播信号的电视机才是名副其实的数字电视机。有线数字电视的广播网采取的是 HFC 网络体系，与传统的模拟有线电视网络体系架构相同，而开展新型的交互式业务情况下（如 VOD），网络体系会有所不同。有线数字电视 VOD 系统主要包括 VOD 服务、节目采编、存储及认证计费系统，主要存储及传送的内容是 MP-2TS 流,采用 IPOVERDWDM 技术,基于 DVDIP 光纤网传输,与 IPTV 的分布式架构不同,有线数字电视 VOD 系统采用的是集中式的服务架构,在 HFC 分前端并不需要配置用于内容存储及分发的视频服务器,只需要放置 DWDM 接收机及 GAM 调制等设备即可,大大降低了系统的运营成本及管理复杂度,用户终端是数字机顶盒+电视机。目前国内已经基本形成数字电视产业链,出现了众多的数字电视机顶盒制造商、前端设备制造商、系统集成商。

我国的 HDTV 总体组、广电总局广播科学研究院、清华、成电等 4 家单位一直都在进行数字电视方面的研制工作。1998 年 9 月,总体组完成了我国第一套 HDTV 电视功能样机系统,该系统先后申请国家发明专利 26 项,被两院院士评为 1998 年全国十大科技进展之一。1999 年 10 月,总体组研制的第二代 HDTV 系统,对 50 周年国庆典礼成功进行了现场直播。同时做直播的还有另外一套系统,是广电总局广播科学研究院开发的。国庆后,广科院系统继续使用,每天为中南海的 50 个用户播出两小时节目。目前,各省市台已经全面开始数字卫星 DVB-S 广播;地面数字电视广播标准在制定中;数字电缆广播已经开始在部分城市开始应用。

3. 交互电视(IPTV)

交互电视(IPTV)主要是利用 DSL 等电信宽带网络为用户传输交互式多媒体服务,这些服务主要是包括电视节目,但并不是其服务内容的全部。IPTV 的系统结构主要包括流媒体服务、节目采编、存储及认证计费等子系统,主要存储及传送的内容是以 MP-4 为编码核心的流媒体文件,基于 IP 网络传输,通常要在边缘设置内容分配服务节点,配置流媒体服务及存储设备,用户终端可以是 IP 机顶盒+电视机,也可以是 PC。

IPTV 的最大特征就是交互性,因为具有 IP 网的对称交互先天优势,其节目在网内,可采用广播、组播、单播多种发布方式。可以非常灵活地实现电子菜单、节目预约、实时快进、快退、终端账号及计费管理、节目编排等多种功能。另外基于 Inter 网的其他内容业务也可以展开,如网络游戏、电子邮件、电子理财、网上购物等。同时,IPTV 还可以轻而易举地将电视服务和互联网浏览、电子邮件,以及多种在线信息咨询、娱乐、教育及商务功能结合在一起。

IPTV 实现途径主要有以下 4 种:一为电信运营商或 SP 主推,终端为电脑；二也是电信运营商主推，但终端为电视机，加一个机顶盒；三则为电视台主推，终端为电视机＋机顶盒（数字电视主要是指这种形式）；第四种也是电视台主推，但其终端为电脑，目前中央电视台和上海文广新闻传媒集团都开通了这项业务。

当今世界，IPTV 发展较快的国家是美国与日本。在美国，IPTV 已经实现了三重业务整合的目标（数据、语音、多媒体，即 TriplePlay）。这对只向客户提供语音与数据服务的电信公司而言将会构成巨大的威胁，越来越多的电信公司认识到 IPTV 将是宽带未来发展的杀手级应用，它们正在加强其 DSL 基础设施建设并希望通过采用能高效利用带宽的先进视频编解码器，以增加其 IP 视频与 IP 语音服务。三重业务整合功能为客户提供了全面捆绑式服务，使电信公司只需要通过单一收费、单一窗口即可为客户提供多种服务与支持，此外，视频聊天、视频点播、IP 多播视频或时间位移等集成服务也将刺激客户对宽带连接的使用，让电信公司建立更好的盈利平台，并减少用户流失。

在我国，IPTV 还刚刚起步，2004 年，全国 IPTV 用户为 73.4 万，上海文广集团目前在 23 个城市启动了 IPTV 的电视试点，预计到 2007 年年底，IPTV 用户将增长到 350 万，业务收入将达到 102 亿美元，年复合增长率为 125％。

第二十六章

西方新闻伦理问题与新闻职业道德建设

第一节 早期新闻职业道德问题与新闻自律思想

一、早期新闻职业道德问题

自新闻传播活动成为一种社会职业、近代化报刊成为新闻传播的主要手段之时起,新闻职业道德问题一直为西方新闻界内外的正直之士所关注与忧虑。虽然绝大多数新闻从业人员坚持新闻必须真实等职业道德原则,但是各个时期各个国家的统治阶级为了维护自身的利益,总是想方设法地对新闻职业道德原则加以扭曲与践踏。

在西方封建专制统治时期,教皇和欧洲各国权贵几乎在近代报业出现的同时,就采用出版特许、出版保证金、新闻检查等手段,竭力钳制新闻事业的发展,堵塞新闻流通的渠道,歪曲事实真相,致使报刊只能刊登"一些鸡毛蒜皮的琐事"(伏尔泰语)。法国喜剧作家博马舍在其代表作《费加罗的婚礼》中,对当时法国新闻界的卑劣与无耻作了辛辣的嘲讽:"只要我的写作不谈当局,不谈宗教,不谈政治,不谈道德,不谈当权人物,不谈有声望的团体,不谈歌剧院,不谈别的戏园子,不谈任何一个有点小小地位的人,经过两三位检查员的审查,我可以自由付印一切作品。我因为想利用这个可爱的自由,所以宣布,要出版一种定期刊物,我给这个刊物起的名字是'废报',以为这样就可以不和任何报纸引起竞争了。哎呀!不得了!我看见无数靠报纸为生的可怜虫起来反对我。我的刊物被取消了,这一下,我又失业了!"①这样的历史条件,这样的工作环境,使得一批新闻工作者依附于王公贵族的门下,新闻的真实性无从谈起。

进入资本主义阶段后,自由主义新闻体制的确立,使新闻事业不再被封建专制制度所扭曲,讲真话被新闻从业人员视为理所当然之事,新闻职业道德水平上升到一个新的高度。但是,物极而反,新闻自由这一捍卫新闻职业道德的思想武器不久后即被新闻从业人员所滥用,使西方新闻界重新陷入了道德的困境,产生了许多新的职业道德问题。在美国,绝大多数的新闻从业人员毫无自我约束意识,滥用新闻自由权利,并将社会上的指责一律视之为对新闻自由原则的践踏。在美国政党报刊时期,各党派主办的报刊均站在本党派的立场上,对其政敌采取攻其一点不及其余的战略,甚至不择手段地进行人身攻击。19世纪30年代商业报刊成为报业发展主流后,新闻媒介及其从业人员转而一切向钱看,以谋取最大的利润为计,广告可以冒充新闻,新闻可以借助幻想,甚至以讹传讹、诲淫诲盗。例如,1835年8月,美国《纽约太阳报》凭空捏造了一系列英国天文学家发现"月球人"的报道,自8月21日一直闹腾到31日,旨在耸人听闻,从而增加报纸销量。又如,1896年,《纽约日报》老板赫斯特指派该报美术记者芮明顿去哈瓦那作战争速写。芮氏到达哈瓦那后发现那里没有战争,致电赫氏请求返回,但赫氏复电说:"请留下,你提供速写画面,我将提供战争。"在法国,报刊由于企业化水平低,经济拮据,不得不接受政府或工商界的津贴或馈赠,因而使法国报刊的宣传报道具有严重的倾向性,丧失了报业应有的独立与公正的品质。在1904—1908年俄国向法国借贷期间,所有法国报纸都接受了一笔数额巨大的广告资金,因而对沙俄帝国政治、经济的恶劣形势保持缄默。在欧洲其他国家,新闻职业道德问题也十分严重,有人曾讽刺英国大多数报纸"就像伦敦西区那些风雅的妇女,她们热衷于自己那窈窕的身型,对自己的道德品质却漠然处之。"②19世纪末,西方报业进入了垄断阶段,新闻自由权利由于媒介的集中而掌握在少数人手中,滥用这种权利的现象更为严重。

---

① 〔法〕阿尔贝等:《世界新闻简史》,中国新闻出版社1985年版,第16—17页,许崇山等译。
② 同上书,第73页。

二、新闻自律思想的出现

新闻职业道德问题的日益严重,迫使西方新闻界有识之士对此进行深刻的反思。自19世纪上半叶起,以新闻自律为核心的新闻伦理思想在西方开始出现,其最初萌芽是一些有见识的报业主为自己的报馆制定的办报宗旨、方针与工作守则。1841年,美国报人霍勒斯·格里利在其创办的《纽约论坛报》的发刊启事中声称:本报的办报方针是"努力维护人民的利益和促进他们道德的、社会的和政治的权益,""摒弃许多著名便士报上的不道德的、下流的警察局的新闻、广告和其他材料","尽心尽力地把报纸办成赢得善良的、有教养的人们嘉许的、受欢迎的家庭常客。"①1855年,英国报人斯莱创办了《每日电讯信使报》,其创刊号上发表的社论宣布其办报宗旨说:我们的目的是在君主立宪的制度下,办成一张报价低廉而质量优良的报纸,保卫国家,提高道德和促进民主的进步。1868年,美国报人查尔斯·达纳接办《纽约太阳报》后制定了13条报馆工作规约,对该报工作人员提出了采写人物访问记须经被采访者许可后方能发表,引用已发表的材料时须注明材料来源,严格区分新闻与广告等自律要求。1878年,美国报人普利策创办了《邮讯报》,规定该报的办报方针是:"不为党派服务,而为人民服务;不是共和党的喉舌,而是真理的喉舌;不追随任何主张,只遵循自己的结论;不支持行政当局,而是批评它;反对一切骗局,不管发生于何处,也不管它是何种性质的;提倡道德原则和思想,不提倡偏见和政党派性。"②正是在上述基础上,正面阐述早期西方新闻伦理思想的专论开始出现,其中最著名的是1904年普利策在纽约出版的《北美评论》上发表的《新闻学院》一文。这篇西方新闻伦理学的奠基之作,基于对报业社会功能的认识,提出了报业的社会责任问题,强调指出:"只有最高的理想,兢兢业业的正当行为,对于所涉及的问题具备正确知识及真诚的道德责任感,才能使得报刊不屈从于商业利益,不寻求自私的目的,不反对公众的福利。"③这些早期的西方新闻伦理思想,从社会伦理

---

① 张隆栋等:《外国新闻事业史简编》,中国人民大学出版社1988年版,第69页。
② 〔美〕埃德温·埃默里等:《美国新闻史》,新华出版社1982年版,第296页。
③ 〔美〕韦尔伯·施拉姆等:《报刊的四种理论》,新华出版社1980年版,第97页。

的角度出发,呼吁新闻从业人员的言行要符合全体公民认可的社会伦理精神;同时,还从报业功能的角度出发,呼吁新闻从业人员忠诚于公共利益而不为商业利益所屈服。但是当时对传统的自由主义新闻理论还不敢有丝毫的怀疑。

　　自19世纪70年代起,西方新闻职业道德建设也开始起步。瑞典是第一个开展新闻职业道德建设的西方国家。1874年,瑞典建立了发行人俱乐部,后改组为报纸发行人协会。该俱乐部由各报社长、主笔或主编组成,旨在建立新闻职业的业务标准与道德标准,定期检查各报社的执行情况,以免新闻事业内部腐化或受外部攻击,从而维护新闻事业的尊严与恪守其职责,在国内外代表编辑人员的共同利益。进入20世纪后,瑞典又率先建立了提供免费判决的新闻督察制度。1916年,瑞典议会、报纸发行人协会、律师协会三方代表组成特别委员会,由该委员会任命新闻督察员5人,其中3人为新闻从业人员、2人为社会知名人士。新闻督察员任期3年,可连任,其工资由报纸发行人协会支付。督察员组成委员会,审议各督察员提交的重要案件,其判决、决议与结论具有约束力。同年,瑞典还建立了报业公正经营委员会,后改称荣誉法庭,其判决也具有约束力。在北欧,挪威也早在1910年就建立了类似的新闻职业道德监察机构——报业仲裁委员会,1927年改组为报业评议会。

　　在美国,新闻职业道德建设的早期措施主要是制订与确立新闻职业道德规范。1908年,美国密苏里大学新闻学院创办人与首任院长沃尔特·威廉主持制订了《记者守则》,在西方首次提出了一个系统的新闻职业道德规范。《记者守则》指出:新闻事业是一种专门职业,其成功之道在于敬畏上帝和尊重人类,坚持超然地位,不为成见和权力的贪欲所动摇;新闻报道必须真实、正确、公正与符合社会公益;一家大众的报纸必须为大众服务。1923年,美国报纸编辑人协会在其年会上通过了由《纽约环球报》创办人赖特执笔的《新闻界信条》,强调新闻从业人员必须具有道德责任感。这一《信条》指出:新闻自由是作为一项极其重大的权利而予以维护的,新闻记者如果为了任何自私或其他不正当目的而使用其权力,即为不忠于其所承受的一种崇高的信托;新闻事业应该忠于读者、忠于社会利益;新闻报道应避免含有观点或成见以及损人名誉或传播卑劣行为的诱导因素。紧接着,全国广播工作者协会、美国广播工作者协会、美国记者公会、无线电-电视新闻主管人协会等新闻职业团体也纷纷制定出各自的职业道德规范,其中以1934年美国记者公会通过的《记者道德律》最负盛名。《记者道德律》强调,新闻记者的首要责任是向公众报道正确的、无偏见的事实,要求新闻记者遵守正确与公正两大原则,不为政治的、经济的、社会的、种族的以及宗教的偏见所左右,不得在新闻版上刊登宣传性材料,不能因与自己有特殊关系而扣发应该发表的新闻。

但是,早期的新闻自律思想并未能使西方新闻从业人员所广为信服与接受,新闻职业道德建设也未能制止西方新闻伦理水平的日益下滑。在美国,直至20世纪40年代初,"只管报道事实"、"不必考虑后果"等极端口号仍然甚有市场,自由主义新闻观仍在同社会责任思想的激战中占据上风。究其原因,主要是早期西方新闻伦理思想还缺少一个可资依托的坚实的理论基础,因而还无力与自由主义新闻理论抗衡。

第二节 社会责任论与西方新闻评议制度

一、"社会责任论"的问世

实践是理论的催生剂。20世纪40年代后,西方一些新闻传播学者开始对自由主义新闻理论作认真的、深刻的检讨,认识到自由主义新闻理论不可能作为当时新闻职业道德建设的理论基础,因为这种理论所宣扬的自由放任观念只会导致混乱并最终失去新闻自由。真正的、积极的新闻自由必须是与秩序并存的新闻自由,必须是基于社会责任的新闻自由。要解决新闻职业道德问题,保证新闻职业道德建设的顺利展开与深化,就必须创建一种新的、以社会责任为核心的新闻理论,以与传统的自由主义新闻理论分庭抗礼。

1947年春,美国芝加哥大学出版社推出了一本140页厚的杰作《自由和负责的新闻业》,宣告了一个称为"社会责任论"的新的新闻理论的诞生。"社会责任论"实际上是一种新闻道德理论。"社会责任论"问世,为西方新闻伦理思想的进一步发展奠定了一个坚实的理论基础。此后,西方新闻职业道德建设步入了一个新的发展阶段。

二、新闻评议制度的兴盛

新闻评议制度的兴盛，是西方新闻职业道德建设向纵深发展的一个重要现象。新闻评议制度，是运用自律方式让新闻界履行社会责任的一种有效方法，包括建立民间自愿性的新闻行业道德评议组织，出版新闻职业道德评议刊物，制订新闻职业道德规范和开展日常性的新闻职业道德评议活动。

1. 英国报业总评议会的诞生和影响

1953年建立的英国报业总评议会，因其体制之完善、成效之显著而著称于世，成为许多西方国家仿效的典范。第二次世界大战结束后，英国议会有鉴于新闻业垄断已导致新闻职业道德水准下滑的现实状况，于1946年建立了皇家报业委员会，对新闻业现状作彻底调查。1949年，皇家报业委员会的调查报告发表，其中提出了建立报业评议组织以维护新闻自由、提高新闻道德的建议。1953年7月1日，在英国政府的支持下，英国报业总评议会宣告成立。该组织共有25名委员，均为来自英国7个报业团体的编辑或经理代表，其主要职责是受理外界对报界的控告与申诉，作出裁决与结论，但这些裁决只有道义上的权威，并无实际约束力。据统计，英国报业总评议会每年收到的申诉信为100多件，其中60多件被立案处理。1963年7月，英国报业总评议会根据第二届皇家报业委员会的建议，改组为由报界、司法界以及其他社会各界人士共同组成的报业评议会，以增强其权威性与社会性。在此前后，日本、比利时、荷兰、德国、意大利、土耳其、奥地利、韩国、南非、智利、巴基斯坦、以色列、加拿大、丹麦、印度、菲律宾等国家的新闻评议组织也纷纷建立，其名称除了报业评议会外，还有新闻纪律评议会（比利时）、新闻荣誉法庭（荷兰）、报业荣誉法庭（意大利、巴基斯坦、土耳其）、报业伦理委员会（韩国）等，其地区也已由欧洲扩展到亚洲、非洲以及南北美洲。

2. 新闻评议组织的职能

这些新闻评议组织的基本职能是对报业与其他传媒的表现进行评议，并对一些违反新闻道德的案件作出不具有法律效力的裁决，一般不受理违法案件。但是，悖德与违法之间的界限是很难划分的，有些国家因而对此另作特殊规定。例如，土耳其报业荣誉法庭规定，凡法院审理过的案件,荣誉法庭不再审理;挪威报业评议会规定,在受理案件时,如果认为被告已触犯法律,则应请求法院或律师公会派员参加审理;瑞典、菲律宾等国的报业评议会要求原告在投诉的同时须发表一项保证不将该案件向法院控告的书面声明。这些新闻评议组织的权力,在大多数国家仅有裁决权,但也有少数国家如日本等则既有裁决权、又有处罚权,处罚的项目有警告、记过、罚款、开除会籍等。其中个别的国家由于新闻评议组织与政府机构紧密结合,使这些组织带有半官方色彩,因而还拥有核发与取消记者证、向报社征税等权力。就人员构成而言,大多数国家的新闻评议组织是由新闻界与其他各界代表共同组成的,也有的仅有新闻界代表而无其他社会各界代表,或仅有社会各界代表而无新闻界代表。

3. 美国的新闻自律

在美国,新闻评议制度迟至20世纪60年代后才开始出现。1967年,在麦莱特基金会的支持下,加利福尼亚、俄勒冈、伊利诺伊、圣路易斯、西雅图6个地方新闻评议会率先成立。紧接着,密苏里、马萨诸塞、夏威夷、肯塔基、明尼苏达等州也先后建立了当地的新闻评议会。1971年夏,美国20世纪基金会建立了全国新闻评议会专案研究小组;1973年,美国全国新闻评议会在8个基金会的资助下宣告成立,其成员包括各地新闻界与其他各界代表。这些新闻评议会,无论是全国性的还是地区性的,其性质均为民间性的组织,其主要活动是定期或不定期地举行会议,对新闻媒介及其活动进行评议,并将评议结果公开发表,在道义上对新闻界的不良现象施加影响。但是,美国新闻评议制度建立后,新闻界人士对此褒贬不一,不少新闻媒介公开声言反对。《纽约时报》认为,全国新闻评议会等类似组织妨碍了报社的编辑自主权,对有关报道不公允的指控可由报社自己处理,无需评议会插手,因而公开表示拒绝同全国新闻评议会合作。在这种情势下,美国全国新闻评议会以及各地的社区新闻评议会都处境艰难,因内部缺乏资金与人员、外部得不到新闻媒介的支持与合作而难展宏图。全国新闻评议会在苦斗10年后于1984年被迫宣告解散。地方性的新闻评议会也陆续偃旗息鼓,目前仅剩夏威夷、明尼苏达两地的组织尚在逆境中求生与发展。但是,美国新闻媒介内部的督察制度却前景见好。不少新闻媒介为了加强新闻自律,设置了专职的督察员(有的称道德顾问),作为媒介与受众的桥梁。督察人员的职责是搜集、调查受众对媒介及其活动的反应与指控,并将调查结果撰写成书面报告,呈送媒介负责人,其中有些调查报告还公开发表,以昭示于世。在调查过程中,督察人员也有时兼做调解工作。自《路易斯维尔信使报》首先设置督察员至今,设有这类督察人员的新闻媒介已达 50 多家,其中包括著名大报《华盛顿邮报》。

三、新闻职业道德规范的制定与完善

新闻职业道德规范的日趋完善,是新闻职业道德建设的另一重要现象。在制定新闻职业道德规范方面,日本与其他国家相比最为完备。1946 年 7 月 23 日,刚成立的日本新闻协会就制订了《新闻伦理纲领》,要求新闻从业人员努力提高职业道德水平,造就高尚的新闻工作风格。1954 年 12 月,日本新闻协会又制定了《日本报纸贩卖纲领》,旨在制止报纸发行的不正当竞争。1958 年 10 月 7 日,日本新闻协会推出了《日本广告伦理纲领》,强调广告不得损害社会公德。比利时在这方面也较他国先进。1947 年 9 月 7 日,第 25 届比利时报业会议在卢森堡举行,拟定出 8 条报业道德的基本原则。嗣后,比利时报业道德委员会建立,并于 1951 年发表了《新闻记者的权利与义务》一文。该文长达 200 多页,包括 202 节,是世界上最为详尽的报业道德规范文件。目前,西方国家大众传播的各个领域,如报刊、广播、电视、公共关系、广告、摄影等,都已制定出适合自身特点的、成熟的职业道德规范与准则。其中比较著名的有 1923 年制定、1975 年修订的美国报纸编辑人协会的《新闻界信条》;英国全国记者公会制订的《记者公约》;1964 年 2 月加拿大法文报人协会制订的《报业廉政章程》等。各国新闻职业道德规范的内容,其共同处有以下 7 条:1) 新闻要真实、客观、公正,发现错误尽快更正。2) 维护国家安全。3) 维护司法公正。4) 保守职业秘密。5) 尊重他人名誉与隐私,不诽谤中伤他人。6) 以正当方式从事本职工作,不受贿,不剽窃。7) 不伤风败俗,注意保护青少年。为某些国家所有而其他国家所无的特殊规定有:新闻从业人员不得参加商业或广告活动(如法国、加拿大);一般不应报道自杀或企图自杀的新闻(如瑞典、挪威);不得破坏种族关系与宗教关系(如英国);不得鼓吹动乱或暴乱(如印度),等等。至于这些新闻职业道德规范的实际效果,则因各国国情的不同而有强弱、大小之别。

第三节　美国的新闻职业道德建设

一、新闻职业道德外部建设的缺陷

马克思告诉我们："道德的基础是人类精神的自律。"新闻职业道德水平的提高，起最后决定性作用的是新闻从业人员的内在信念。然而，为世界各国采用的制定新闻职业道德规范、建立新闻职业道德评议组织等举措，就其性质而言，均属新闻职业道德的外部建设，即旨在调整新闻传播活动中各种外在的道德关系，制约新闻从业人员的外部表现行为，并未深入到新闻从业人员的内在道德信念的层次。特别是新闻职业道德规范，无论规定得多么详尽与完整，均有一个致命的弱点，即无力为活生生的新闻实践活动提供明白无误的答案。在实践中，人们往往把自己的理解强加给这些词不达意的条文规定，而这些理解多半曲解了原意，甚至与原意大相径庭。因此，"社会责任论"问世后，新闻职业道德建设的必要性虽然已广为世人所认识与承认，但是其实际效果在世界各国特别是新闻自由观念强烈的美国很不理想。许多新闻职业道德问题依然存在，其中有些问题甚至更为严重。于是乎，新闻职业道德的内部建设也悄然出现，在各国中数美国起步最早，举措最多。

二、美国的新闻职业道德内部建设

在美国，新闻职业道德内部建设的具体措施，一是开展"新闻评论"运动，通过形成一个有利于解决新闻职业道德问题的社会舆论环境，以影响或改变人们的内在道德信念。早在20世纪20年代，《时代》杂志开辟了取名《报界》的专栏，专门发表检讨新闻媒介及其活动的文章。40年代后，《纽约客》杂志也步《时代》的后尘，在该刊的显著位置开辟利布林主撰的专栏，发表针砭报界流弊的文章。此外，《新闻周刊》、《星期六评论》等杂志也曾发表过一些批评新闻媒介的文章。但是，这些对新闻媒介的批评之声极其微弱，根本形成不了一个有利的舆论。"社会责任论"问世后，情况大为改观，新闻界内外赞成以各种方式批评新闻媒介的呼声日益强烈，对新闻媒介及其活动的批评文章日益增多,至20世纪60年代初形成了一个声威俱壮的"新闻评论"运动。1961年,哥伦比亚大学新闻学研究生院创办《哥伦比亚新闻学评论》,"评价各种形式的新闻报道工作的表现,指出其缺点和力量所在,并协助确定或重新确定新闻工作的正直无私和认真负责的准则。"① 该刊物为季刊,头几年的发行量仅有9 000份,但不久后即因其敢于针砭新闻界的时弊而大受人们的欢迎,1982年时发行量已增至35 000份,并由季刊改为双月刊,经济也臻于自立。在《哥伦比亚新闻学评论》创刊后,又有10多种旨在评价新闻媒介的刊物在20世纪六七十年代间先后问世。这些刊物分别在芝加哥、费城、休斯敦、圣路易斯、巴尔的摩等城市出版,大部由对新闻报道现状不满的年轻新闻从业人员创办,以自我批评为天职,富于战斗性。由于经费有限,这些刊物大多为小型月刊,也有不定期出版的,且不支付稿酬。其中《芝加哥新闻学评论》最为著名,自1968年创刊至1975年停刊历时7年,发行量最高时达1万份,为新闻从业人员提供了一个批评新闻媒介的战斗阵地。例如,当时芝加哥几家报纸的负责人成为一家从事可疑业务的银行的股东或董事,该刊闻讯后立即予以披露与指责,迫使他们退出这家银行。此外值得一提的还有《多闻》和《华盛顿新闻学评论》。《多闻》于1971年在纽约创刊,销量约2万份,其产权曾两度易主,1978年为《哥伦比亚新闻学评论》所收购。《华盛顿新闻学评论》于1979年创刊,曾戏弄《华盛顿邮报》,调查该报从业人员对自己所在报纸的看法。但是,这些新办的、以"新闻评论"为己任的刊物,大多经费不足,旋起旋辍,至1978年时仅剩6家刊物还在继续出版,一股强劲的"新闻评论"大潮渐渐变成了一脉涓涓细流。

　　二是加强新闻职业道德教育,培养新闻从业人员以及未来的新闻从业人员的职业道德素质。不少学术性的基金会增加了有关新闻伦理问题研究的拨款,新闻伦理问题研究会、座谈会与讲座日益增多,专门研究新闻伦理问题的学术研究中心也应运而生。与此同时,愈来愈多的新闻与传播院校、系科开设了新闻伦理课程。据统计,至20世纪90年代初,一半以上的大学新闻与传播专业已开设了这一课程,其中不少单位还将这门课程列为必修课。据另一份资料的统计,1977年时全美200多个新闻与传播专业仅68个设有有关新闻伦理科目,至1984年

---

① 美国驻华大使馆新闻文化处:《传播媒介之职能》,1984年11月,第45页。

时已增至117个。当然,这些有关新闻伦理的课程还不够成熟,大多停留在经验教训的总结阶段,缺少系统的理论分析。

三是不少学者将新闻职业道德研究的重点转向潜在的新闻伦理意识方面,且已取得了一些可喜的成就。例如,美国传播学者、心理学家劳伦斯·考尔伯格在潜心研究了新闻职业道德行为的内在因素后,提出了新闻职业道德意识的7种境界,即把新闻职业道德意识由低向高分成7个层次,以期揭示出支配新闻从业人员道德行为的内因。第一种境界,即最低层次的新闻职业道德内在意识,是对惩罚的惧怕:"我的上司说怎样做,我就怎样做。我不想被解雇或给自己惹麻烦。"处于这一境界的新闻从业人员,支配其行为的是儿童时期常有的怕受惩罚的心理,对其行为的是非曲直浑然无知。第二种境界是对名誉的追求:"我之所以这样做,是因为我希望得到普利策新闻奖。"其心理虽不同于第一种境界者,但仍不在乎其行为的是非曲直。第三种境界是迎合社会的价值取向:"我不能把这些东西写进报道中,因为我不想惹恼了广大读者。"处于这一境界者已开始考虑是非问题,但自己心中尚无一定的价值标准。第四种境界是遵循规章制度:"这是报社的规定,我必须服从我的主编的旨意。"处于这一境界者,同前者一样没有自身的价值标准。第五种境界是出于社会功用的考虑:"我发表这篇报道,是因为这篇报道有助于改进这个城市的卫生状况。"处于这一境界者往往信奉实用主义的原则。第六种境界是出于内心的正义感与责任心:"我必须坚持我认为是正义的原则。我要说真话,我不能失信于读者。"处于这一境界者的行为受其意识所支配,已有了自己衡量是非的标准,不再可能作出出卖灵魂的丑事。第七种境界,即最高层次的内在意识,职业道德原则已融合于个人意识之中:"我之所以能够随心所欲而不逾矩,是因为我本来就是这样一个有道德原则的人。"处于这一境界当然最为理想,但修炼成道德的化身又谈何容易。考尔伯格区分法的具体内容也许可以商榷,但其意义在于为新闻职业道德建设指出了一条新的探索之路。

第四节 国际新闻职业道德建设与有关规约

随着新闻传播活动的国际化程度的加深,国际新闻职业道德建设问题被提上了议事日程。为了改善与加强各国间新闻传播活动的合作与交流,建立世界新闻传播的良好秩序,国际新闻职业道德建设在20世纪后开始起步。国际性新闻职业道德规约的制定,是这一建设的重要内容。

一、国际性新闻职业道德规约的制定

早在1910年,国际期刊业联合会在布鲁塞尔宣告成立。保护国际期刊业的道德利益、确保公众与官方的信任,是该国际组织的宗旨之一。1916年,第一届世界报业大会通过了美国密苏里大学新闻学院院长沃尔特·威廉主持制订的《记者守则》,使之成为第一个具有国际影响的新闻职业道德规范,被译成50多种文字。1926年,第一届泛美报业会议通过了一项旨在协调美洲国家之间新闻传播活动的职业道德规则,提出了正确而真实地报道新闻、不在报道中掺杂个人意见、不得借报纸之名在其他方面享有特权等要求。

第二次世界大战结束后,国际秩序的恢复,使国际性新闻职业道德规约日趋完善。1948年4月,联合国新闻自由会议通过了《国际新闻自由公约草案》,其中不乏有关新闻职业道德的条款。这一文件的第二公约草案《国际新闻错误更正权公约》,提出了限制新闻自由的滥用、防止虚构的与歪曲的新闻的传播等问题,实际上就是一个新闻职业道德的国际性规约。1954年,《联合国国际新闻道德信条》正式颁行。这一全球性的新闻职业道德规约,由联合国经济及社会理事会草拟,并由联合国大会颁发给各会员国新闻工作者协会参照执行。这一规约将新闻自由与新闻职业道德联系起来进行考察,认为新闻职业道德建设并不妨碍新闻自由权利的行使,恰恰相反,它是新闻自由权利行使的有效保障。其《序言》宣称:"新闻及出版自由是一项基本人权,是《联合国宪章》及《世界人权宣言》中所尊崇与宣示的所有自由权利的试金石;因此,和平的增进与维护,必须靠新闻及出版自由。"新闻自由与新闻职业道德并无矛盾,"当报业及所有其他新闻媒介的工作人员,经常自动努力保持最高度的责任感,切实履行道德义务,忠于事实,以及在报道、说明和解释事实中追求真理时,这项自由将获得更好的保障。"因此,《联合国国际新闻道德信条》"对所有从事新闻及消息采访、传递、发行和评论的人,以及对从事文字、语言,或任何其他表达方法,描述当前事件的人而言,可作为职业行为的标准。"这一《信条》要求新闻从业人员做到以下五条准则:1)"尽一切努力,确保公众所接受的消息绝对正确"。2)"献身于公共利益",不得"谋求个人便利及争取任何有违大众福利的私利",视任意中伤、污蔑、诽谤、缺乏根据的指控以及抄袭剽窃等行径为"严重的职业罪恶","发现严重错误,应立刻自动更正"。3)"发表任何消息或评论的人,应对其所发表的内容负完全责任",尊重个人的名誉与隐私,保护消息来源,保守职业秘密。4)"描述及评论另外一个国家事件的人,有责任获得有关这个国家的必需知识,确保自己作出正确而公正的报道和评论"。5)"确保对职业道德忠实遵守的责任,落在从事新闻事业者身上,而不是由任何政府承担,"任何政府均不得"以任何方式加以干涉,并强制新闻界遵守其中所列举道德义务的理由。"①据称,国际新闻记者联合会于同年通过了《记者行为原则宣言》,以作为"从事新闻采访、传递、发行与评论者,以及从事事件之描绘者的职业行为标准",强调"尊重真理及尊重公众获得真实的权利,是新闻记者首要责任","为履行这一责任,新闻记者要维护两项原则:忠实收集和发表新闻的自由,及公正评论与批评的权利。"具体而言,"新闻记者仅报道知道来源的事实,""用公平的方法获得新闻、照片和资料,"勇于更正错误,"保守职业秘密。"②

二、国际性新闻职业道德规范的不断完善

此后,随着国际形势的变化,联合国以及其他国际性组织根据国际新闻职业道德的新问题、新情况,不断修正原有的道德规范,制定新的道德规范。《联合国国际新闻道德信条》在颁行后,至今已作过 5 次讨论修订,以适应新的情况。新制定的国际新闻职业道德规约主要有以下几个:《国际文化合作原则宣言》,1966 年 11 月由联合国教科文组织大会第 14 届会议通过并颁行,强调各国之间的文化交流"应着重足以创造一种友好与和平气氛的思想和价值","应避免任何敌意的痕迹","在提供资料和传播资料时,应力求保证资料的真实性。"③《关于宣传

---

① 周鸿书:《新闻伦理学论纲》,新华出版社 1995 年版,第 256—257 页。
② 同上书,第 258 页。
③ 甘惜分主编:《新闻学大辞典》,河南人民出版社 1993 年版,第 938 页。

工具为加强和平与国际了解，为促进人权以及为反对种族主义、种族隔离和反对煽动战争作出贡献的基本原则宣言》，1978年由联合国教科文组织通过并颁行，强调"宣传工具在世界各地其作用为促进人权作出有效的贡献，尤其是让人听到正在与殖民主义、新殖民主义、外国占领及一切形式的种族歧视与压迫作斗争的、并在本国领土上无法发表意见的被压迫人民的呼声"，提倡与发展"在权利平等、互利和尊重各种不同文化——人类共同遗产的组成因素——的基础上"，"所有国家之间，特别是不同经济和社会制度的国家之间的双边或多边的新闻交流。"①我国也是这一《基本原则宣言》的签字国之一。

1981年5月由21个发达国家与发展中国家的代表在法国塔卢瓦尔签署与颁发的《塔卢瓦尔宣言》，对联合国教科文组织关于"世界新闻新秩序"问题的各种报告与文件提出尖锐的批评，强调"讯息与意见的自由传播对于相互了解与世界和平极为重要"，"在任何社会中，多样化的独立新闻传播媒介最符合公众的利益，"要求联合国教科文组织和一些国家的政府"不应再试图管制新闻内容并为新闻界制定规则。"②

当然，上述国际性的新闻职业道德规约在实际施行中并不理想，但不同的文化传统，不同的社会意识形态的国家，能够在某些现实问题上达成共识，并制定出原则性的公约与宣言，毕竟是人类建设新闻职业道德的过程中迈出的可喜的一步，具有十分重要的现实意义。

第五节 当今西方新闻职业道德问题种种

西方各国的新闻职业道德建设至今已走过了约一个半世纪的历程，以"社会责任论"为核心的新闻伦理思想已为绝大多数新闻从业人员所接受。但是，新闻职业道德问题尚未解决，仍然是摆在新闻从业人员面前的一个解不开的戈尔迪绳结。在美国，有些新闻传播学者将新闻职业道德问题视为20世纪90年代新闻传播界的两大难题之一。究其原因，主要是新闻伦理原则与各种社会利益存在着不易调和的矛盾与冲突。新闻自由权利的滥用，个人名利的追求，社会价值观念的歧

---

①② 甘惜分主编：《新闻学大辞典》，河南人民出版社1993年版，第939页。

异……使新闻从业人员稍一不慎,就有可能陷入悖德的泥潭而不能自拔。

目前,西方新闻传播界存在的职业道德问题,其主要表现有以下种种。

一、片面强调新闻信息的知晓权

片面强调新闻信息的知晓权,在新闻取舍上持"宁肯因发表了报道而犯错误,不愿因封锁新闻而犯错误"的态度,从而对社会或他人造成伤害。

肯尼迪遇刺事件的报道就是这一方面一个典型的例证。1963年11月22日,美国总统肯尼迪遇刺身亡。当天,警方将凶手李·哈维·奥斯瓦德抓获。由于顶不住哥伦比亚广播公司等新闻媒介的记者的纠缠,因而警方只得将本应秘密进行的审讯、转移凶手的工作改为公开,使犯罪集团获得了杀人灭口的机会。两天后,凶手奥斯瓦德被暗杀,使肯尼迪遇刺事件的调查工作无法继续下去,在美国历史上增加了一个千古之谜。因片面强调知晓权而侵犯个人隐私权的事例也屡见不鲜。1991年3月,美国佛罗里达州发生了肯尼迪外甥史密斯涉嫌强奸案。在报道这一案件的过程中,《纽约时报》、全国广播公司等竟无视个人的隐私权利,公开报道女事主的姓名,发表叙述女事主身世背景的特写,引起了新闻界内外的强烈不满。《纽约时报》社内部有100多位编辑、记者以及其他职工联名向报社当局提出书面抗议,使该报陷入危机。经过全编辑部300多人开大会激烈争论,《纽约时报》于4月26日刊出向读者致歉的启事,表示该报将引以为戒,"在可能的范围内,以及符合正确新闻标准的要求之下,保护性犯罪中被害人的身份"①。

二、不择手段抢新闻

在激烈的新闻竞争下,不少新闻媒介与新闻从业人员为了抢"独家新闻",制造轰动效应,常常不择手段,置社会公德于不顾。在20世纪80年代初,英、美等国的新闻界大搞"支票新闻",即用高额金钱贿

---

① 魏永征:《被告席上的记者》,上海人民出版社1994年版,第118页。

赂知情者提供材料。例如,英国一个奸杀 13 位青年女子的罪犯受到法律严惩后,他的妻子却因此而大发横财,收到了许多报社寄来的出价购买单独采访权的信件,所出价额少则 5 万英镑,多则上百万英镑。更有甚者,日本朝日电视台导演中川勉在 1984 年曾用 14 万日元收买了几个小流氓,炮制出一条性暴力"新闻"。这场新闻骗局的经过是:1984 年 8 月,日本东京多摩川河边,60 多位中学生正在举行消夏野外大宴会,事先由中川勉花钱收买的两个小流氓寻机挑衅,另外两个不良少女大打出手,对 5 名参加活动的女学生拳打脚踢、肆意欺辱,使中川勉摄制出一套名为《中学女学生性暴力全告白》的"新闻"专题节目。至于采用隐匿身份等手段进行秘密采访与调查的行为,在西方新闻界更是数不胜数。有时报刊会派一名假冒身份的记者到精神病院或护理病房之类的地方去做调查性报道或揭露坏事。例如,美国《芝加哥太阳时报》为了获得关于本市监察员贪污受贿的情况,出资购入了一个名叫"海市蜃楼"的酒馆,并把它长期经营下去,以作诱饵。不过,对用何种手法进行调查性报道尚有不少争议。

三、制造假新闻

追求个人名利,按照西方的价值观念是无可非议的,然而新闻从业人员因过分追求个人名利而作出有悖职业道德的行为者也为数不少。制造假新闻是惯用的手法之一。例如,1980 年 9 月,《华盛顿邮报》发表了该报女记者珍妮特·库克杜撰的"新闻特写"《吉米的世界》,绘声绘色地描写了一个 8 岁的男孩吉米在母亲及其姘夫的诱使下染上毒瘾的故事。1981 年 4 月,库克因此而获得了普利策奖新闻特写奖。真相大白后,普利策奖金委员会收回了这一奖项,但是《华盛顿邮报》与普利策奖金的声誉却受到了很大的损害。又如,1984 年 4 月,联邦德国记者海德曼伪造希特勒日记,在其任职的《明星》画刊上用 17 页篇幅刊登《希特勒日记被发现》的独家"新闻",一时出尽风头。但是,这个自作聪明的记者最终反为聪明误,受到了法律惩处。此外,为了谋取个人的私利而违背职业道德的,接受采访对象的优待或钱物者有之,从事与自己的身份不相适合的社会活动者有之,利用职权对采访对象进行敲诈勒索者有之……

四、诱发犯罪动机,制造恐怖气氛

报纸、电台、电视台等新闻媒介是为受众服务的,因而报纸、电台、电视台等新闻媒介上的内容必须具有高尚的情趣,至少不能引起受众反感,更不能诱发受众的犯罪动机。但是,不少新闻从业人员为了追求新闻价值而在这一点上屡犯错误。1976年,联邦德国出版的《快捷》画刊连载该市一个妓女被谋杀的故事,虽真实而又生动曲折,但却不乏淫秽的、足以诱发卖淫犯罪欲望的内容,对青少年的毒害尤烈。由于广大读者的投诉,德国报业评议会当即作出责成该刊终止连载的裁决。由于新闻图片具有鲜明的表达力,因而报刊在选用时尤须持慎重态度。1963年6月11日,美联社从越南西贡发出一张触目惊心的照片:一位73岁的越南佛教徒端坐在西贡街头,浑身燃烧着火焰。对于这张照片,虽然不少报纸因其具有很高的新闻价值而采用,但也有许多报纸没有采用,甚至向美联社表示抗议,因为"这张照片的主要效果,在于它令人可怖地描绘了一个人自焚致死的情景"。《纽约时报》的值班编辑们一致决定不用这张照片,因为它至少有点可怖,"多年来我们一直遵循阿道夫·奥克斯的一句老格言,《纽约时报》上的东西都应适合早餐桌上的气氛。"①

五、采写、报道新闻违背人道主义精神

新闻从业人员当然以采写、报道新闻为天职,但是在履行自己的这一职责时不得违背人道主义的精神。1985年6月18日,涉嫌犯有诈骗罪的日本丰田商事会会长永野一男的寓所里挤满了前去采访的新闻记者。下午,两个不明身份的男子冲进永野的房间,一个揪住永野的脖子,一个用匕首刺向永野的头部和胸部。在场的记者目睹了这一凶杀事件的全过程,却无一人报警或上前阻拦,电视记者还将凶杀实况全部摄录了下来。当晚,当人们从电视上看到这幕惨案时,对在场记者的无动于衷表示义愤,引发了一场抨击新闻界的风波。此外,当有人处于极

---

① 〔美〕约翰·赫尔顿:《美国新闻道德问题种种》,中国新闻出版社1988年版,第60页,刘有源译。

度悲痛或绝望之际,不少新闻从业人员往往毫无感情地将此人的悲痛与绝望当作自己撰写报道的素材,甚至将其悲痛与绝望之状用新闻图片的形式披露于报端,引起社会上的强烈不满。

六、干扰司法工作

新闻媒介的舆论审判手法尤不可取,因为它将严重影响甚至干扰司法工作。可惜不少新闻媒介在报道司法工作时常常带有倾向性,从而使司法工作的公正与准确受到影响。例如,1956年,美国佐治亚州杰弗逊市的一名富商在家中被暗杀,该地区的流浪汉詹姆斯·福斯特涉嫌被捕。在报道这一暗杀案时,该州的一些报纸竟没有根据地断言凶手就是福斯特,从而使法院受此影响而轻率地判决福斯特死刑。所幸真正的凶手后来被警方抓获,福斯特才得以解脱,否则后果将不堪设想。

凡此种种,西方新闻传播界还需要进一步完善新闻职业道德建设。

再 版 后 记

这是《西方新闻事业概论》的第三次修订版。本书自1997年问世以来，西方的传媒业不断地发生着巨大的变化，政府对媒体新规制的出台，受众需求的转移，以及新技术的广泛运用，推动传媒业发展的三大动力一起发威，促使西方传媒业日新月异。这使我不得不下决心再次修订《西方新闻事业概论》。

本次修改的主要内容是增补西方传媒的概况——从历史到现状，目的是使读者对西方传媒业有更全面的了解。同时对若干章节作了必要修改，全书从原先的十八章增加到二十六章。为使本书适用面更广，删去了原先的第一章"西方新闻学的研究框架"。

本书第八章由我指导的研究生李舒、单凌完成，第二十五章也由她们重新改写。其余新增补的第一、二、三、四、五、六、七章和第十三章均由李良荣撰写。

西方新闻业涉及面之广、之深是众所周知的，单单研究一个国家都需要投入巨大精力，何况是整个西方。本书的缺憾之处会不少，讹误也会出现，尤其对于西方媒体的经营管理部分，是本书薄弱之处，拟对它再作观察和思考，留待下次再版时作修订。

深深感谢读者们的厚爱，期待着大家的批评指正。

作　者
2006年4月5日

复旦大学出版社新闻传播类重点图书

复旦博学·新闻与传播学系列教材(新世纪版):

新闻学概论*(李良荣,32.00);马克思主义新闻经典教程*(童兵,28.00);新闻评论教程*(丁法章,32.00);中国新闻事业发展史*(黄瑚,30.00);外国新闻传播史导论*(程曼丽,29.00);当代广播电视新闻学(张骏德,32.00);当代广播电视概论*(陆晔,36.00);网络传播概论*(张海鹰等,30.00);新闻采访教程(刘海贵,25.00);西方新闻事业概论(李良荣,22.00);新闻法规和职业道德教程(黄瑚,29.80);中国编辑史(姚福申,49.00)

复旦博学·当代广播电视教程(新世纪版):

当代电视实务教程(石长顺,36.00);中外广播电视史*(郭镇之,36.00);当代电视摄影制作教程(黄匡宇,30.00);影视法导论:电影电视节目制作须知(魏永征、李丹林,38.00);电视观众心理学(金维一,28.00);当代广播电视播音主持(吴郁,28.00);电视制片管理学(王甫、吴丰军,38.00);广电媒介产业经营新论(黄升民等;30.00);电视节目策划学*(胡智锋);视听率教程*(刘燕南)

复旦—麦格劳·希尔传播学经典系列:

传播研究方法;传播学导论;大众传播通论;电子媒体导论(张海鹰,32.00);跨文化传播;公共演讲;说服传播;商务传播;倾听的艺术;访谈技艺:原理和实务;20世纪传播学经典文本(张国良,30.00);媒介与文化研究方法(Jane Stokes, 22.00)

复旦博学·新闻传播学研究生核心课程系列教材:

马克思主义新闻思想概论(陈力丹,30.00);当代西方新闻媒体(李良荣,29.00);中国现当代新闻业务史导论(刘海贵,36.00);中国当代理论新闻学(丁柏铨,26.00);媒介战略管理(邵培仁等,38.00);数字传媒概要(闵大洪,25.00);传播学研究理论与方法*(戴元光,30.00);国际传播学导论*(郭可,25.00)

新闻传播精品导读丛书:

新闻(消息)卷——范式与案例(孔祥军,20.00);广播电视卷(严三九,27.00);通讯卷(董广安,20.00);外国名篇卷(郑亚楠,16.00);广告与品牌卷——案例精解(陈培爱,28.00);特写与报告文学卷(刘海贵、宋玉书,28.00)

新闻传播名家自选集丛书:

童兵自选集:新闻科学:观察与思考(童兵,39.00);李良荣自选集:新闻改革的探索(李良荣,39.00);陈力丹自选集:新闻观念:从传播到现代(陈力丹,36.00);喻国明自选集:别无选择:一个传媒学人的理论告白(喻国明,36.00);黄升民自选集:史与时间(黄升民,38.00);尹鸿自选集:媒介图景·

打*者为教育部评审、确定的"十一五"国家级规划教材。

中国影像(尹鸿,38.00);罗以澄自选集:新闻求索录(罗以澄,35.00);戴元光自选集:传学札记:心灵的诉求(戴元光,32.00);王中文集(赵凯主编,45.00);丁淦林文集(丁淦林,25.00)。

全球传播丛书:

畸变的媒体(李希光,26.00);中西方新闻传播:冲突·交融·共存(顾潜,21.00);世界百年报人(郑贞铭,28.00);当代对外传播(郭可,15.00);中美新闻传媒比较:生态·产业·实务(薛中军,19.80);国家形象传播(张昆,25.00);跨文化传播:中美新闻传媒概要(高金萍,15.00)

传媒经营丛书:

中国传媒经济研究:1949—2004(吴信训、金冠军,48.00);报刊传播业经营管理(倪祖敏,29.80);图书营销管理(方卿,24.00);战略传媒:分析框架与经典案例(章平,30.00);报纸发行营销导论(吴锋、陈伟,29.80);报刊发行学概论(倪祖敏、张骏德,35.00);现代传媒经济学(吴信训,30.00);中国图书发行史(高信成,45.00);媒体战略策划(李建新,38.00);娱乐财富密码——引爆传媒心经济(张小争,30.00)

新闻传播学通用教材:

精编新闻采访写作*(刘海贵);当代新闻采访(刘海贵,16.00);当代新闻写作(周胜林等,20.00);高级新闻采访与写作(周胜林,32.00);当代新闻编辑(张子让,16.00);传播学原理(张国良,10.00);新闻心理学(张骏德等,11.00);新闻与传播通论(谢金文,20.00);实用新闻写作概论(宋春阳等,40.00);新闻写作技艺:新思维新方法(刘志宣,36.00);新闻报道新教程:视角、范式与案例解析(林晖,38.00);电视:艺术与技术(张成华、赵国庆,15.00);创新启示录:超越性思维(王健,30.00);实用英汉汉英传媒词典(倪剑等,40.00);全球化视界:财经传媒报道(安雅、李良荣,48.00);财经报道(安雅·谢弗琳)

影·响丛书(电影文化读物):

好莱坞启示录(周黎明,35.00);映像中国(焦雄屏,36.00);香港电影新浪潮(石琪,45.00);台湾电影三十年(宋子文,35.00);影三百:南方都市报中国电影百年专题策划(南方都市报,36.00)

请登陆 www.fudanpress.com,内有所有复旦版图书全书目、内容提要、目录、封面及定价,有图书推荐、最新图书信息、最新书评、精彩书摘,还有部分免费的电子图书供大家阅读。

意见反馈、参编教材、投稿出书请联系 journalism@fudanpress.com;fudannews@163.com;liting243@126.com。电话:021-65105932、65647400、65109717;传真:021-65642892。

打*者为教育部评审、确定的"十一五"国家级规划教材。

图书在版编目(CIP)数据

西方新闻事业概论/李良荣著.—3 版.—上海:复旦大学出版社,2006.6(2019.3 重印)
(博学·新闻与传播学系列教材)新世纪版
ISBN 978-7-309-05007-3

Ⅰ.西… Ⅱ.李… Ⅲ.新闻事业-概况-西方国家-高等学校-教材 Ⅳ.G219.1

中国版本图书馆 CIP 数据核字(2006)第 048577 号

西方新闻事业概论(第三版)
李良荣　著
责任编辑/顾　潜

复旦大学出版社有限公司出版发行
上海市国权路 579 号　邮编:200433
网址: fupnet@fudanpress.com　http://www.fudanpress.com
门市零售: 86-21-65642857　团体订购: 86-21-65118853
外埠邮购: 86-21-65109143　出版部电话: 86-21-65642845
宁波市大港印务有限公司

开本 787×960　1/16　印张 22　字数 345 千
2019 年 3 月第 3 版第 9 次印刷
印数 19 201—20 800

ISBN 978-7-309-05007-3/G·639
定价: 38.00 元

如有印装质量问题,请向复旦大学出版社有限公司出版部调换。
版权所有　侵权必究